इतिहास
और
विचारधारा

वाणी इतिहास श्रृंखला

इतिहास और विचारधारा

इरफ़ान हबीब

सम्पादन एवं अनुवाद

रमेश रावत

वाणी प्रकाशन

वाणी प्रकाशन

4695, 21-ए, दरियागंज, नयी दिल्ली 110 002

फ़ोन : +91 11 23273167 फ़ैक्स : +91 11 23275710

शाखाएँ

अशोक राजपथ, पटना 800 004, बिहार

कॉफ़ी हाउस कैम्पस, महात्मा गांधी मार्ग, इलाहाबाद 211 001, उत्तर प्रदेश

महात्मा गांधी अन्तरराष्ट्रीय हिन्दी विश्वविद्यालय, वर्धा 442 001, महाराष्ट्र

www.vaniprakashan.com
marketing@vaniprakashan.in
sales@vaniprakashan.in

Itihas Aur Vichardhara
by Irfan Habib
Edited & Translated by Ramesh Rawat

ISBN : 978-93-5518-589-1
History

प्रथम संस्करण : 2023

मूल्य : ₹ 695

आर. टेक ऑफ़सेट प्रिंटर्स, दिल्ली-110 032 में मुद्रित

वाणी प्रकाशन का लोगो मक़बूल फ़िदा हुसेन की कूची से

विषयानुक्रम

प्रस्तावना

मेरे मित्र और कामरेड डा. रमेश रावत मेरे लेखों को लगातार हिंदी में अनूदित करते जा रहे हैं। इसके लिए मैं उनका हार्दिक रूप से कृतज्ञ हूं। प्रस्तुत संग्रह में मुख्यतः वे सैद्धांतिक लेख संकलित हैं जिनमें ऐतिहासिक पद्धति और मार्क्सवादी दृष्टि का विवेचन-विश्लेषण किया गया है। इनमें कुछ ऐसे लेख भी संकलित हैं जिनमें 'राष्ट्रीय आंदोलन' और 'उर्दू कविता के सांस्कृतिक स्रोत' जैसे विशिष्ट विषयों को स्पर्श किया गया है।

ये लेख एक लंबे अरसे (करीब चालीस वर्ष) में लिखे गए हैं। स्वभावतः इन लेखों के विषयों के चुनाव तथा दृष्टिकोण पर अपने दौर के वाद-विवादों की छाप स्पष्ट रूप से देखी जा सकती है। हर लेखक की तरह मैं भी इन लेखों के प्रकाशन के प्रति मोहग्रस्त रहा हूं। और मेरे मोह का बुनियादी कारण मेरा यह आत्मविश्वास रहा है कि अपने भविष्य को बेहतर बनाने के लिए यदि हम अपने अतीत और वर्तमान को समझना चाहते हैं तो मार्क्सवाद आज भी प्रासंगिक है। मार्क्सवाद की मेरी व्याख्या अथवा अन्य विचारधाराओं और इतिहास-दृष्टियों की मेरी समीक्षा कितनी सही है, इसका निर्णय तो सुधी पाठक ही करेंगे।

इरफ़ान हबीब

संपादकीय

इरफ़ान हबीब ने एक इतिहासकार के रूप में अंतर्राष्ट्रीय स्तर पर तो प्रतिष्ठा अर्जित की ही है अपने ज्ञानानुशासन की सीमाओं को लांघकर एक ऐसे बुद्धिजीवी की पहचान भी उन्होंने बनाई है। जहां एक व्यापक शिक्षित समुदाय विभिन्न मुद्दों पर उनके मत की प्रतीक्षा करता है और उसका आदर करता है।

प्रस्तुत संग्रह में उनके ग्यारह लेख संकलित हैं। सरसरी तौर पर देखने से यह स्पष्ट हो जाता है कि इन लेखों में विषयगत एकता और एकरूपता चाहे न हो, किंतु अपनी मार्क्सवादी इतिहास दृष्टि के कारण उनमें एकसूत्रता अवश्य दिखाई पड़ेगी। उनके ये लेख लंबे अंतराल के बीच लिखे गए हैं। इनमें मार्क्सवादी इतिहास-लेखन की परंपरा की गहरी छानबीन से लेकर भारतीय राष्ट्र के निर्माण की प्रक्रिया, उपनिवेशवाद, राष्ट्रीय आंदोलन और राष्ट्रीय आंदोलन में वामपंथ की भूमिका आदि का विस्तृत मूल्यांकन किया गया है। उन्होंने अंधराष्ट्रवाद और अविवेकवाद की भी जमकर आलोचना की है।

इरफ़ान हबीब मार्क्सवाद में अविचल आस्था रखते हैं। किंतु वे मार्क्सवाद को कोई ऐसा तावीज नहीं मानते जिसे पहनते ही किसी भी व्यक्ति में स्वत: इतिहास-बोध उत्पन्न हो जाएगा। वे मानते हैं कि मार्क्सवाद से प्राप्त दृष्टि की परख किसी भी देश के इतिहास के ठोस विश्लेषण के संदर्भ में ही की जा सकती है। उन्होंने मार्क्सवाद की यांत्रिक व्याख्या के प्रति बराबर सचेत किया है। अपने व्यक्तिगत अनुभव का जिक्र करते हुए उन्होंने लिखा है कि शुरू में हमें यह बताया जाता था कि 'जब आदमी इस दुनिया में आया तो वह आदिम ढंग का साम्यवादी था। इस आदिम साम्यवाद के बाद दासप्रथा आई। उसके बाद सामंतवाद आया, फिर पूंजीवाद आया और उसी क्रम में अनिवार्यत: समाजवाद भी आएगा।' इरफ़ान हबीब टिप्पणी करते हैं कि यह मार्क्सवाद नहीं, मार्क्सवाद का धर्मशास्त्र है। वे स्थापित करते हैं कि मार्क्सवाद का नियतिवाद से कोई संबंध नहीं है और क्रांति के विषय में निश्चयात्मक ढंग से कुछ भी नहीं कहा जा सकता।

इन लेखों को पढ़ते हुए यह जरूर लगता है कि जो सवाल इरफ़ान हबीब को बेचैन करते रहे हैं आज वे खुद मार्क्सवादी बुद्धिजीवियों के एक बड़े वर्ग के बीच

भी अपनी प्रासंगिकता खो चुके हैं। आज तरह-तरह के विमर्शों का बोलबाला है। उनके प्रभाव के फलस्वरूप मार्क्सवादी बुद्धिजीवियों के सोच-विचार का अपना ढंग और शब्दावली भी बड़ी हद तक बदल गए हैं। इरफ़ान हबीब की खूबी यह है कि वे इतिहास और विचारधारा के सवालों को आधुनिक राजनीति की ठोस जमीन पर खड़े होकर जनपक्षधरता के साथ उठाते हैं। इसीलिए वे अतीत और वर्तमान के बीच एक सार्थक संवाद स्थापित कर पाते हैं।

इसमें दो राय नहीं कि इरफ़ान हबीब इतिहासलेखन के संदर्भ में विचारधारा की भूमिका को बहुत महत्वपूर्ण मानते हैं, किंतु इतिहासलेखन के बुनियादी प्रतिमानों की कीमत पर नहीं। इन बुनियादी प्रतिमानों में सर्वाधिक महत्वपूर्ण है तथ्य का सम्मान और उसकी स्वीकृति। किंतु तथ्य भी अपने विशेष संदर्भ और दृष्टिकोण के तहत ही अर्थगर्भत्व प्राप्त करता है।

वस्तुत: साहित्यकार की भांति इतिहासकार की लेखन प्रक्रिया भी जितनी सामाजिक और सांस्कृतिक होती है, उतनी ही वैयक्तिक भी। इतिहासकार की व्यक्तिगत प्रतिभा, विवेक, आकांक्षा, उद्देश्य, साधना और संघर्ष उसके लेखन को बहुत गहरे स्तर पर प्रभावित करते हैं। इसीलिए प्राय: यह देखा गया है कि एक ही विचारधारा को मानने वाले इतिहासकार भी विभिन्न मुद्दों पर भिन्न-भिन्न राय रखते हैं। इन लेखों में इरफ़ान हबीब ने मार्क्सवादी इतिहास दृष्टि को अधिकाधिक परिमार्जित और वस्तुनिष्ठ बनाने पर बल दिया है। उन्होंने मार्क्सवाद विरोधी विभिन्न विचारधाराओं की सूक्ष्म ढंग से शिनाख्त करते हुए उनके जनविरोधी चरित्र को उजागर किया है और इतिहासलेखन को हर प्रकार के संकीर्णतावाद की गुंजलक से निकालकर उसे वैज्ञानिक और मानवतावादी आधार प्रदान करने की कोशिश की है।

यह दोहराने की जरूरत नहीं है कि इतिहासलेखन के क्षेत्र में विभिन्न विचारधाराओं की उपस्थिति और टकराव हमेशा रहा है। किंतु पिछले दिनों न केवल वैचारिक संकीर्णता बढ़ी है, अपितु अकादमिक स्तर भी हास्यास्पद ढंग से नीचे गया है। सांप्रदायिक संकीर्णता के संदर्भ में उन्होंने एक दिलचस्प उदाहरण दिया है। जब 'संघ' के मुखपत्र 'ओर्गेनाइजर' ने एक ऐसा लेख प्रकाशित किया जिसमें मुगलकाल के महत्वपूर्ण स्मारकों, जैसे ताजमहल और लाल किला आदि, को हिंदू शासकों द्वारा निर्मित घोषित किया गया था तो प्रोफेसर आर.सी. मजूमदार ने इस पत्र से अपना संबंध विच्छेद कर लिया। उल्लेखनीय है कि आर.सी. मजूमदार इतिहासलेखन के क्षेत्र में हिंदुत्ववादी दृष्टिकोण के प्रबल प्रवक्ता थे। किंतु उनके अकादमिक स्तर और निष्ठा के बाबत शायद ही कभी किसी ने कोई प्रश्न चिह्न लगाया हो। हिंदुत्ववादी इतिहासकारों की जो नई पीढ़ी आई है उसने इतिहासलेखन को मजाक बना दिया है। उनका काम सिर्फ हिंदुत्ववादी राजनीति के लिए इतिहास से सामग्री जुटाना भर

है। अत: इन तथा कथित इतिहासकारों से अकादमिक संवाद का कोई अर्थ ही नहीं रह गया है।

इसी तरह 'सबाल्टर्न स्कूल', 'न्यू कैंब्रिज स्कूल' और उत्तर आधुनिकतावाद के प्रवक्ताओं द्वारा राष्ट्रीय आंदोलन का अवमूल्यन भी एक खास ढंग की बौद्धिक जड़ता और खोखलेपन को ही उजागर करता है। वेलेन्टाइन चिरॉल, पर्सीवल स्पीयर, अनिल सील, सी.ए. बेली, आन्द्रेविन्क, फ्रैंकपर्लिन आदि इतिहासकार उपनिवेशवाद जैसी किसी सामाजिक संरचना को स्वीकार नहीं करते। उनकी राय में उपनिवेशवाद महज एक विदेशी सत्ता थी, उससे ज्यादा कुछ नहीं। एक समीक्षक ने तो यहां तक लिखा है कि इन इतिहासकारों के निष्कर्षों तथा रॉलट (सिडीशन) कमेटी और मांटेग्यू चेम्सफोर्ड कमेटी की रिपोर्टों के निष्कर्षों में कोई अंतर नहीं है। अनिल सील तो गांधी, नेहरू और पटेल को राष्ट्रीय नेता नहीं, बल्कि ऐसे दलालों की संज्ञा देते हैं जिन्होंने अपने-अपने वर्गहितों का प्रतिनिधित्व किया था। इरफ़ान हबीब ने बड़े प्रमाण पुष्ट ढंग से इन इतिहासकारों का प्रतिवाद किया है। निश्चित ही ये लेख हमें विभिन्न मुद्दों और समस्याओं के संबंध में गहरी अंतर्दृष्टि प्रदान करते हैं। वे हमारे इतिहास-बोध को परिमार्जित और समृद्ध करते हैं। पाठकों को इनसे यदि किंचित भी लाभ हुआ तो मैं अपना श्रम सार्थक समझूंगा।

ग्रंथ शिल्पी के प्रबंध निदेशक डा. श्याम बिहारी राय ने इन लेखों के प्रकाशन में अपना विशेष उत्साह और रुचि प्रकट की है, इसके लिए मैं उनके प्रति हार्दिक रूप से कृतज्ञ हूं।

रमेश रावत
रीडर, हिंदी विभाग,
ए.एम.य, अलीगढ़

1. भारतीय राष्ट्र की परिकल्पना

अपने जीवन के अंतिम दिनों में कामरेड नंबूदिरिपाद ने संघ परिवार द्वारा फैलाए गए विषाणुओं तथा भाजपा के सत्ता पर काबिज होने को लेकर गहरी चिंता व्यक्त की थी। वे यह महसूस करने लगे थे कि देश के राजनीतिक जीवन में एक नया पड़ाव आ गया है। वामपंथी और जनवादी ताकतों को इस नए पड़ाव को ध्यान में रखते हुए ही अपनी रणनीति तैयार करनी चाहिए।

इस समझदारी के तहत ही मैं भारत के संबंध में (एक देश और राष्ट्र के रूप में उसके विकास को दृष्टिपथ में रखते हुए) अपने विचार प्रस्तुत करूंगा। मैं यह भी स्पष्ट करना चाहूंगा कि किस प्रकार संघ परिवार के विचार और क्रियाकलाप उस राष्ट्र की अवधारणा को तहस नहस कर रहे हैं। यदि मैं इस संबंध में आवश्यकता से अधिक समय लेता हूं तो पाठक मुझे क्षमा करें।

इतिहास में कुछ भी शाश्वत नहीं होता और इस नियम का कोई अपवाद भी नहीं है। जिस क्षेत्र की भौगोलिक विशेषताएं सुनिर्दिष्ट होती हैं, वह क्षेत्र भी, एक देश के रूप में, स्वत: मान्य नहीं हो जाता। आस्ट्रेलिया के अनेक देशज समुदाय जानकारी के अभाव में यह नहीं जानते थे कि वे एक ही भूभाग में रहते हैं। उन्हें यह जानकारी भी नहीं थी कि सांस्कृतिक दृष्टि से वे दूसरे देशों के लोगों से भिन्न हैं। अत: उन्नीसवीं सदी से पहले आस्ट्रेलिया की देश के रूप में कोई अस्मिता नहीं थी।

इस उदाहरण के आलोक में हम यह देख सकते हैं कि देश के रूप में भारत की अवधारणा के उद्भव से पूर्व भौगोलिक ज्ञान उसकी पूर्वापेक्षा थी। हमें इस पर कोई आश्चर्य नहीं होना चाहिए कि वेदों में इस तरह की कोई अवधारणा नहीं है। भारत की अवधारणा का प्रथम दृढ़ साक्ष्य (सुनील खिलनानी से साभार) शायद गौतम बुद्ध के समय (लगभग 2500 वर्ष पूर्व) से पहले का नहीं है। हमें उनके समय में पहली बार सोलह महा जनपदों की चर्चा सुनने को मिलती है। इनमें उत्तर भारत तथा अफगानिस्तान के कुछ हिस्से शामिल थे। किंतु मौर्य शासक अशोक के अभिलेख पूरे देश में बिखरे हुए मिलते हैं जिनका समय 250 ई.पू. है। इनमें से शिलालेख I में भारत के प्रारंभिक नामों में से एक नाम जंबूद्वीप (जंबूद्वीप का पाली रूप) मिलता है। यह नाम संपूर्ण देश के लिए ही इस्तेमाल किया गया है। भारतीय लोगों की सांस्कृतिक सह-संबद्धता जो दूसरे लोगों से उत्तर में ऊंचे पहाड़ों, दक्षिण में भारतीय महासागर द्वारा पृथक कर दिया

गया था, उस समय अधिक स्पष्ट होकर सामने आई, जब उन्हें इन भौगोलिक सीमाओं से परे के लोगों के बारे में जानकारी हुई और उन्हें इन्होंने सांस्कृतिक रूप से भिन्न रूप में पहचाना। अशोक अपने शिलालेख XIII में कहता है कि यवन भिन्न थे, क्योंकि उनमें 'समन' (श्रमण), 'बौद्ध पुरोहित' और ब्राह्मण नहीं थे। इस प्रकार सांस्कृतिक वैशिष्ट्य ने क्षेत्रीय वैशिष्ट्य को भी मुखर किया। ऐसा ही वैशिष्ट्य *मनुस्मृति* (लगभग 100 ई.पू.) में आए एक वक्तव्य में देखने को मिलता है जिसमें विदेशियों को म्लेच्छ कहा गया है। ये (म्लेच्छ) वे लोग हैं जिनके यहां ब्राह्मण यज्ञ नहीं करते तथा द्विज नहीं रहते (मनु II 22-24)। महाभारत अथवा समुद्रगुप्त के इलाहाबाद वाले शिलालेख, अथवा कालिदास के मेघदूत में भारत के जिन क्षेत्रों को रेखांकित किया गया है, उनमें भारत की अपनी विशिष्ट भौगोलिक और सांस्कृतिक पहचान मिलती है। इन साक्ष्यों में रेखांकित भारत की छवि एक देश के रूप में उभरती है जो दुनिया भर से अलग-थलग था। अलबरूनी ने लाहौर में 1035 ई. में भारतीय सभ्यता के विषय में *किताबुल-हिंद* नाम से एक पुस्तक तैयार की। उसमें उसने भारतीयों के इस अलगाव-बोध पर प्रतिकूल टिप्पणी की है। उसने कहा है कि ये लोग यह मानते हैं कि उनके जैसा कोई देश नहीं है और उनमें दूसरे लोगों से सीखने की कोई इच्छा भी नहीं है।

अलबरूनी की इस पुस्तक को सुप्रसिद्ध इतिहासकार के.एम. पणिक्कर ने अत्यंत महत्वपूर्ण माना है। उनकी राय में यह पुस्तक भारत की सांस्कृतिक एकता की अवधारणा के विकास के संदर्भ में मील का पत्थर है। वस्तुतः यह पुस्तक किसी भी भाषा में (संस्कृत समेत) भारतीय सभ्यता का सांगोपांग अध्ययन है। इससे यह बोध भी होता है कि किसी देश की अस्मिता की चेतना बाहरी लोगों के इस एहसास से भी निर्धारित होती है कि इस देश के रहने वाले लोगों की संस्थाएं तथा विशेषताएं उनसे भिन्न हैं।

ईरान में बहुत पहले से सिंधु (नदी) के लिए हिंदू शब्द का उच्चारण होता था, क्योंकि प्रारंभिक ईरानी भाषा में 'स' का 'ह' हो जाता है। वे इस हिंदू शब्द को उस देश के लिए प्रयोग करने लगे थे जो सिंधु नदी के किनारे तथा उसके पार बसा था। उसी के आधार पर यूनानियों ने 'इंडिया' शब्द का व्यवहार किया और शायद चीनियों ने 'यिन-तू' शब्द का। उत्तर यूनानी ईरान के विभिन्न भौगोलिक क्षेत्रों के नामों के साथ 'स्तान' प्रत्यय का प्रयोग होने लगा था। इसीलिए, हिंदू के साथ 'स्तान' जुड़कर हिंदुस्तान हो गया। इसे अन्य ऐसे ही नामों जैसे 'सकस्तान' (सीस्तान), गुर्जिस्तान, खुजिस्तान आदि के आधार पर भी समझा जा सकता है। हिंदुस्तान शब्द भी हिंदू के साथ ही पूरी तरह ईरानी शब्द है। हिंदुओं की भूमि के अर्थ में 'हिंदुस्तान' शब्द को इस तरह लिखना कि मानो वह कोई संस्कृत शब्द है, आधुनिक प्रवृत्ति है। क्लासिकीय संस्कृत में यह शब्द नहीं मिलता। हमें यह भी ध्यान रखना चाहिए कि हिंदू शब्द भी शुद्ध रूप से ईरानी है जिसका अर्थ है हिंद (भारत) का रहने वाला। यह शब्द ईरानियों से अरबों

और सामान्य रूप से मुसलमानों द्वारा ग्रहण किया गया। अलबरूनी के काल तक यह फर्क करना मुश्किल था कि कौन हिंदुस्तानी है और कौन वे लोग हैं जो हिंदुस्तानी होने के साथ इसलाम के अतिरिक्त अन्य धार्मिक संप्रदायों के अनुयायी हैं। जब मुसलमान हिंदुस्तान के विशाल भूभाग में स्थापित हो गए, विशेष रूप से तेरहवीं सदी के उपरांत, तो उक्त शब्द अपने संकीर्ण अर्थ में अधिक प्रमुखता के साथ व्यवहृत होने लगा और हिंदू शब्द ने धार्मिक रंग अख्तियार कर लिया। किंतु स्वयं हिंदुओं ने इस शब्द को उक्त अर्थ में चौदहवीं सदी के उत्तरार्ध से पहले ग्रहण नहीं किया था। इस काल तक विजयनगर के शासक तथा बाद में मेवाड़ के शासक अपने आपको 'हिंदू सुलतान' (हिंदू सुरत्राण) कहकर पुकारते थे। साथ ही, हिंदी और हिंदुस्तानी शब्द भी सामान्य रूप से भारतीयों के लिए प्रयुक्त होते थे। इन अभिधानों को अमीर खुसरो (1324 ई.) तथा इसामी (1350 ई.) ने हिंदुओं और मुसलमानों के लिए सम्मिलित रूप से प्रयोग किया है।

इस बहस से हम भाषिक इतिहास की ओर मुड़ सकते हैं, किंतु भाषिक प्रयोग के पीछे भी कुछ नई अवधारणाएं होती हैं। भारत के हिंदुओं और मुसलमानों के लिए हिंदी और हिंदुस्तानी शब्दों का समान रूप से व्यवहार करने के पीछे समझ यह थी कि दोनों ही सामान्य ऐतिहासिक विरासत और सामाजिक संस्कृति के अंग हैं। अमीर खुसरो ने नूहसिपेहर (1318 ई.) भारत और उसकी प्राकृतिक-सांस्कृतिक महत्ता का बखान किया है। अमीर खुसरो से पहले शायद ही किसी ने भारत की प्राकृतिक और सांस्कृतिक महानता के बारे में इतने मुखर ढंग से बात की हो। लेखक 'हुब्बेवतन' (देशभक्ति) का गुणगान करता है। वह अपने देश हिंदुस्तान के बारे में कहता है कि यहां लोग विभिन्न भाषाएं बोलते हैं। वह उन्हें सूचीबद्ध करता है। उनमें मुख्य हैं: कन्नड़ (घोर समुंदरी), तेलुगु (तेलंगी) तथा तमिल (माबारी)। लगता है मलयालम अभी तक तमिल से पूरी तरह मुक्त नहीं हो पाई थी। अतः अमीर खुसरो की सूची में इसका न होना आश्चर्यजनक नहीं है। इन सभी भाषाओं को वह हिंदवी कहता है। हिंदवी से तात्पर्य उसका उन भारतीय भाषाओं से है जिन्हें आम लोगों द्वारा व्यवहार में लाया जाता है। उनके अतिरिक्त, वह संस्कृत और उसके संपन्न साहित्य की प्रशंसा करता है। वह मानता है कि संस्कृत विद्वानों की भाषा है। वह बड़ी सावधानी के साथ यह भी दर्ज करता है कि फारसी भी हिंदुस्तान की भाषा हो गई है। चूंकि 'गौरों' तथा तुर्कों के आने के बाद अब लोगों ने इसे भी सीख लिया है। अमीर खुसरो भारतीय जनता और उसकी विभिन्न भाषाओं की छवि को उकेर रहे हैं। उनके वर्णन से लगता है कि हिंदुस्तानी लोग एक इकाई के रूप में अपनी निर्मिति की प्रक्रिया में हैं।

खुसरो के वक्तव्यों में देशभक्ति का स्वर स्पष्ट रूप से सुनाई पड़ता है। उसने अन्य देशों की तुलना में भारत को प्रमुखता दी है। उसने भारत की वस्तुओं, फलों, पशुओं, स्त्रियों के सौंदर्य, ब्राह्मणों की विद्वत्ता की विस्तार से चर्चा की है। उसने भारत

की विभिन्न सांस्कृतिक उपलब्धियों, जैसे अंकों के आविष्कार, शतरंज, पंचतंत्र (कलीलो-दामा) आदि की चर्चा भी की है। स्पष्टत: भारत और उसकी संस्कृति की यह व्यापक छवि उस एकांगी छवि से भिन्न है जो हमें अलबरूनी के यहां मिलती है। खुसरो भारत की संस्कृति के खुलेपन, नवोन्मेषशीलता तथा सहिष्णुता की चर्चा करता है। उसके यहां भारतीय संस्कृति के विषय में एक नई दृष्टि मिलती है और उसका कारण यह है कि खुसरो के समय तक भौतिक परिस्थितियां बदल चुकी थीं। इस बदलाव के पीछे दो संस्कृतियों (प्राचीन भारतीय संस्कृति तथा इसलामी संस्कृति) के संगम की भूमिका थी। इस संगम को मेरे स्वर्गीय मित्र प्रो. अतहर अली 'मध्यकालीन पल्लवन' कहा करते थे।

महान मुगल बादशाह अकबर (1556-1605 ई.) के काल में भारत की यह अवधारणा और इसकी विशिष्ट सामाजिक संस्कृति अपनी पराकाष्ठा तक पहुंची। उसके मंत्री अबुल फजल ने *आईने-अकबरी* (1595 ई.) में भारत की संस्कृति के विषय में विस्तार से वर्णन किया है। उसमें अलबरूनी के बाद भारत के समाज, धार्मिक मतों और संप्रदायों, ज्ञान तथा कलाओं का सर्वाधिक विस्तृत विवेचन है। उल्लेखनीय है कि उसमें मुसलिम तत्व को भी सावधानीपूर्वक जगह दी गई है। उसी काल में भारत का प्रथम इतिहास निजामुद्दीन अहमद द्वारा लिखित 'तबकाते-अकबरी' (1592 ई.) भी लिखा गया। इसके बाद अन्य लेखकों ने भी उसी विषय पर लिखा। भारत के विषय में उक्त अवधारणा मुगल शासन की लंबी अवधि और स्थिर शासन काल में और भी सुदृढ़ हुई। इस एकता को मजबूत करने में मुगल शासन ने जो भूमिका निभाई उसे निरक्षर और जनसाधारण द्वारा भी महसूस किया गया। इस संदर्भ में डा. ताराचंद (1928 ई.) का यह वक्तव्य व्यापक रूप से उद्धृत किया जाता है कि मुगल शासन ने भारत को जो राजनीतिक एकरूपता तथा व्यापक निष्ठाबोध दिया, वह भारत के अस्मिताबोध के लिए आवश्यक था।

अब हम देखते हैं कि भारत की अवधारणा कैसे विकसित हुई और वह कैसे क्रमशः समृद्ध होती चली गई। जहां तक ऐतिहासिक साक्ष्य का संबंध है, मुगल काल में भारत विषयक एक देश की अवधारणा अपने पूर्ववर्ती किसी भी काल की तुलना में अधिक मजबूत थी। हालांकि भारत एक ऐसा राष्ट्र नहीं था। यह तभी संभव था जब उसे एक राजनीतिक इकाई के रूप में समझा जाता। बेनेडिक्ट एंडरसन ने अपनी सुप्रसिद्ध पुस्तक (जो सर्वप्रथम 1983 ई. में प्रकाशित हुई) में यह कहा कि राष्ट्र की अवधारणा पूरी तरह कल्पना पर आधारित है। यकीनन है, लेकिन क्या यह बात सभी तरह के समुदायों के बारे में भी समान रूप से लागू नहीं होती? धार्मिक समुदाय भी कोई सहज रूप से विकसित समुदाय नहीं हैं, वे भी कल्पनाजन्य हैं। वस्तुतः यह सब शब्द व्यापार है। इतिहासकार लंबे अरसे से कल्पना के बजाए चेतना शब्द का प्रयोग करते रहे हैं जैसे

राष्ट्रीय चेतना आदि। हालांकि उस शब्द के व्यवहार से राष्ट्र उतना अवास्तविक नहीं लगता था जितना एंडरसन द्वारा प्रयुक्त 'काल्पनिक समुदाय' शब्द के बाद लगने लगा है। बहरहाल यदि इसे स्वीकार कर भी लिया जाए तो भी एक प्रश्न यह उठता है कि इतिहास के एक विशेष पड़ाव पर ही देश अथवा कोई भौगोलिक क्षेत्र एक काल्पनिक राष्ट्र क्यों लगने लगते हैं।

बहुत लंबा अरसा नहीं हुआ जब 'सामान्य भाषा' को राष्ट्र निर्माण के लिए एक निर्णायक तत्व माना जाता था। 1906 में प्रकाशित आक्सफोर्ड इंगलिश डिक्शनरी में राष्ट्र को परिभाषित करते हुए लिखा था कि राष्ट्र में रहने वाले लोग अपनी सामान्य उत्पत्ति, सामान्य भाषा और सामान्य इतिहास से जुड़े होते हैं। स्तालिन ने भी 1913 में राष्ट्र को परिभाषित करते हुए राष्ट्र के उद्भव के सिलसिले में सामान्य भाषा को रेखांकित किया था। यह सही है कि सामान्य भाषा लोगों के बीच सांस्कृतिक एकता का एक महत्वपूर्ण सूत्र है, किंतु मार्क्सवादी इतिहासकार ऐरिक हांब्सबाम ने अपनी पुस्तक *नेशन्स एंड नेशनलिज्म सिंस 1970* में यह स्थापित किया है कि राष्ट्र के निर्माण में भाषा का तत्व अनेक तत्वों में से एक है, वह सांस्कृतिक समुदायों के बीच ऐसा विशिष्टता बोधक तत्व नहीं है जिसे प्राथमिक माना जाए। बहुभाषी होने के नाते भारत को पुरानी परिभाषा के अनुसार अधिक से अधिक एक ऐसा देश माना जा सकता है जिसमें अनेक अंतर्राष्ट्रीयताएं रहती हों, प्रत्येक की अपनी भाषा हो, किंतु अब हमें यह एहसास होता है कि यदि भाषा कोई बुनियादी आधार नहीं है और वह राष्ट्र निर्माण की प्रक्रिया का महज एक घटक है तो भारत भी विभिन्न भाषाओं के बावजूद अपनी ऐतिहासिक प्रक्रिया के तहत राष्ट्र बना होगा, चाहे राष्ट्र शब्द की परंपरागत परिभाषाएं जो भी रही हों।

राष्ट्र-राज्य का उद्भव पश्चिमी यूरोप में सोलहवीं सदी में उस समय हुआ जब व्यापारिक पूंजीवाद के अंतर्गत पूंजीवाद का विकास होने लगा था और उसने राष्ट्रवादी राजतंत्र को आर्थिक आधार प्रदान किया था, किंतु यूरोप से बाहर राष्ट्रवाद के उद्भव की प्रक्रिया भिन्न रही है। एंडरसन ने उन्नीसवीं सदी में लैटिन अमरीकन में राष्ट्रों के निर्माण की प्रक्रिया की ओर ध्यान आकृष्ट करते हुए यह रेखांकित किया है कि वहां ऐसा कोई पूंजीवादी आधार नहीं था। उसने इस तथ्य को रेखांकित किया है कि इन राष्ट्रों के निर्माण के पीछे वेस्ट इंडीज के हब्शियों अथवा स्थानीय गोरे बाशिंदों की भूमिका थी। वे भूस्वामी थे और उनके हितों का टकराव वहां के मूल निवासियों के साथ था, चाहे वे अमरीकी-भारतीय हों अथवा अफ्रीकी दास हों। उक्त लोगों द्वारा जनता के दूसरे तबकों को दी गई रियायतें नाममात्र की होती थीं। किंतु यदि बोलीवार और सैन मार्टिन को आज भी राष्ट्र निर्माताओं के रूप में याद किया जाता है तो उसका कारण यह है कि उन्होंने अमरीका के बड़े हिस्से को स्पेनिश उपनिवेशवाद से मुक्त कराया था जो महाद्वीप की अधिकांश संपदा का दोहन कर रहा था। एंडरसन यह नहीं

देखते कि बुनियादी रूप से यही उपनिवेशवाद विरोधी प्रतिरोध दक्षिण अमरीकी राष्ट्रवाद तथा दक्षिण अमरीकी राष्ट्रों के निर्माण का मूल स्रोत था। एक-दूसरे के संदर्भ में उनकी वास्तविक भौगोलिक सीमाओं अथवा सुदूर अस्मिताओं के बीच समीकरण का महत्व गौण है।

दक्षिण अमरीका में राष्ट्र निर्माण की प्रक्रिया का मूल स्रोत उपनिवेशवाद विरोध था तो यह स्पष्ट है कि यह प्रक्रिया घटित ही नहीं होती यदि विद्रोही लोग राष्ट्रवाद संबंधी विचारों से परिचित और प्रभावित न होते। ये विचार शुद्ध रूप से देशज नहीं थे, न तो दक्षिण अमरीका में, न अन्यत्र। हालांकि दक्षिण अमरीका आदि में बसने वाले यूरोपियनों (क्रियोल) में उच्च शिक्षा बहुत सीमित थी, तथापि वे स्पेनिश भाषा प्रयोग करते थे और फ्रांसीसी क्रांति (1789 ई.), स्वतंत्रता, समानता तथा भ्रातृत्व के महान नारों से प्रेरित थे। अतः इसमें कोई आश्चर्य नहीं कि अमरीकी अर्ध गोलार्ध में स्पेनिश राज्यों से बने सभी राष्ट्र गणतंत्र के रूप में स्थापित हुए, हालांकि वहां कोई वास्तविक ढंग का जनतंत्र स्थापित न हो सका था। इस संदर्भ में दक्षिण अमरीकी विद्रोहों की हमारे यहां के 1857 के विद्रोह से तुलना की जा सकती है। हालांकि 1857 का विद्रोह बड़े व्यापक क्षेत्र में फैला था, लेकिन उसके नेताओं में राष्ट्रवादी चेतना का स्पष्ट अभाव था। राजा राममोहन राय बड़े दूरदर्शी नेता थे। उन्होंने 1830 में ही यह लक्षित किया था कि भारत एक राष्ट्र नहीं है, क्योंकि वह जातियों में विभक्त है। जातिगत विभाजन के साथ वे चाहते तो धार्मिक विभाजन को भी रेखांकित कर सकते थे। जब तक भारतीय लोग इन सीमाओं को नहीं तोड़ते (जिनके आधार पर उन्होंने अपनी अस्मिताएं खड़ी की हैं और जिनके कारण अपने राष्ट्र के प्रति उनकी निष्ठा विभाजित हो जाती है), वे एक राष्ट्र का रूप ग्रहण नहीं कर सकते। अतः लोगों के मानस से इन सामाजिक विषमताओं का दूर होना अति आवश्यक है। जाति तथा अन्य प्रकार की संकीर्णताएं दूर हों तभी वास्तविक राष्ट्रवादी चेतना का उदय हो सकता है। प्रस्तुत संदर्भ से यूरोप सगृहीत पूंजीवादी जनतांत्रिक विचारों के महत्व को अतिरिक्त रूप से रेखांकित करने की आवश्यकता नहीं है। मार्क्स इस संदर्भ में उपनिवेशवाद की सृजनशील भूमिका का उल्लेख कर चुके थे। प्रशासनिक सहूलियत के लिए अंग्रेजी भाषा का जो प्रचार-प्रसार हुआ, उससे इन विचारों की ग्रहणशीलता बढ़ी। मार्क्स ने अपने एक लेख 'दि फ्यूचर रिजल्ट आफ ब्रिटिश रूल इन इंडिया' (1853) में यह भविष्यवाणी की थी कि किस प्रकार भारतीय इन विचारों से सुसज्जित होकर तथा आधुनिक भौतिक परिस्थितियों के बदलाव के आधार पर ब्रिटिश शासन से अपने आपको मुक्त करने में कामयाब हो सकेंगे।

यह भी उल्लेखनीय है कि समाज सुधार के आंदोलन भी आधुनिक विचारों से प्रभावित थे, जिनके तहत उक्त विषमताओं और संकीर्णताओं को समाप्त करने का प्रयास किया गया। इन प्रयासों को हिंदू अथवा इसलामी विरासत से जोड़ना अनैतिहासिक

होगा। राष्ट्रवाद की अवधारणा का उद्‌गम वस्तुतः उस समय होता है जब राष्ट्रीय अस्मिता की चेतना, जातिगत, संप्रदायगत अथवा क्षेत्रगत अस्मिता की चेतनाओं के ऊपर अपना वर्चस्व स्थापित कर लेती है तथा सामाजिक वर्जनाएं शिथिल होने लगती हैं। इस संदर्भ में राजा राममोहन राज्य (1832) तथा केशवचंद्र सेन (1884) की भूमिकाएं विशेष रूप से उल्लेखनीय हैं। उन्होंने जातिगत अयोग्यताओं को दूर करने तथा नारी जागरण को व्यापक बनाने का महत्वपूर्ण कार्य किया जिससे राष्ट्र निर्माण के कार्य में विशेष सहायता मिली।

1909 में गांधीजी ने अपनी पुस्तक *हिंद स्वराज* में प्राचीन भारत की संस्थाओं की भूरि-भूरि प्रशंसा की है और उनकी कमजारियों को दरगुजर किया है। किंतु 1915 में दक्षिण अफ्रीका से भारत लौटने पर उन्होंने जातिगत अयोग्यताओं और नारी समानता के लिए अथक संघर्ष किया और अपने आचरण से यह भी सिद्ध किया कि उनका यह संघर्ष राष्ट्रीय मुक्ति संघर्ष का अविभाज्य अंग है। इस संदर्भ में उनकी भूमिका किसी भी राष्ट्रीय नेता की तुलना में कहीं अधिक श्लाघनीय थी, संयोगवश उनके और उन शक्तियों के बीच यह एक बुनियादी संघर्ष था जिन्होंने बाद में चलकर हिंदुत्व की अवधारणा को अपना लिया।

जहां एक ओर समाज सुधार आंदोलनों ने हमारी पुरानी संस्कृति द्वारा खड़ी की गई दीवारों पर प्रहार करके देशवासियों के बीच एकता का संदेश दिया, वहीं एक अन्य दिशा से भी देश के रूपांतरण की प्रक्रिया को गति मिली—शोषण और गरीबी से मुक्ति के रूप में राष्ट्रीय नियति का आदर्श। आर्थिक मुक्ति की अवधारणा का मूल उत्स भी बाह्य था। प्रथमतः इसकी प्रेरणा फ्रांसीसी क्रांति से मिली लिस्ट के आर्थिक राष्ट्रवाद तथा मार्क्स के समाजवाद की अवधारणाओं ने भारतीय राष्ट्रकवियों को प्रभावित किया।

भारतीय राष्ट्रवाद की प्रारंभ से ही एक विशेषता यह रही है कि उसने ब्रिटेन की आर्थिक शोषण की आलोचना की। राष्ट्रीय आंदोलन के 'दि ग्रांड ओल्डमैन' की उपाधि से विभूषित दादाभाई नौरोजी ने 1870 से ही इस शोषण तथा उसके द्वारा भारतीय जनता पर थोपी गई गरीबी की ओर ध्यान आकृष्ट करना शुरू कर दिया था। उनकी पुस्तक *पावर्टी एंड अनब्रिटिश रूल इन इंडिया* (1901 में प्रकाशित) से ही यह ध्वनित होता है कि ब्रिटिश शासन का सर्वाधिक दुष्प्रभाव भारत की गरीब जनता को झेलना पड़ रहा है। आर.सी. दत्त ने दो भागों (1901 तथा 1903) में प्रकाशित अपनी पुस्तक *इकानामिक हिस्टरी आफ ब्रिटिश रूल इन इंडिया* में विस्तार से ब्रिटिश शासन के आर्थिक पक्ष की समीक्षा की। उनके निष्कर्ष भी लगभग वही थे। एक स्थान पर उन्होंने कहा, 'हर सच्चे भारतीय को यह आशा है कि छोटी खेती का स्थान जमींदारी प्रथा नहीं लेगी।' ऐसा लगता है कि उनकी देशभक्ति के केंद्र में छोटा किसान था। ऐसा नहीं है कि ये प्रारंभिक राष्ट्रवादी नेता छोटे उभरते हुए मध्य वर्ग तथा व्यापारी वर्ग के हितों के प्रति लापरवाह

थे; अपितु प्रायः उक्त वर्गों के हित उनकी चिंता के प्रमुख विषय होते थे। प्रो. बिपिनचंद्र ने अपनी पुस्तक *दि राइस एंड ग्रोथ आफ इकानामिक नेशनलिज्म इन इंडिया* में विस्तार से इस विषय पर प्रकाश डाला है। मध्य वर्ग के प्रति उनकी चिंता भी छिपी हुई नहीं थी। वस्तुतः, इन राष्ट्रवादी नेताओं ने उनके हितों को अपना पूरा स्वर दिया। उनका तर्क था कि शिक्षित मध्य वर्ग न केवल अपने हितों का प्रतिनिधित्व कर रहा था, अपितु जनसाधारण के हितों का प्रतिनिधित्व भी कर रहा था, चूंकि जनसाधारण अपने हितों का प्रतिनिधित्व स्वयं करने की स्थिति में नहीं था। इस दृष्टि की सीमा स्पष्ट है, लेकिन यह एक तथ्य है कि इन राष्ट्रवादियों ने ब्रिटिश उपनिवेशवाद की आलोचना करते हुए गरीब जनता की बदहाली को एक प्रमुख तत्व बनाया और इसी के कारण परवर्ती काल में राष्ट्रवादी विचारधारा को व्यापक प्रचार-प्रसार मिला। ब्रिटिश उपनिवेशवाद की आर्थिक आलोचना के सार रूप को पैंफलेट तथा पुस्तिका रूप में (जिसका एक रूप गांधीजी की पुस्तक *हिंद स्वराज* में देखा जा सकता है) लगभग सभी भाषाओं में प्रकाशित किया गया। इन विचारों के व्यापक प्रचार-प्रसार ने राष्ट्रीय आंदोलन में जनसाधारण की हिस्सेदारी के लिए दरवाजे खोल दिए।

जनसाधारण की भागीदारी गांधी के अपने प्रयत्नों और प्रयोगों (जो 1917 के चंपारण के किसान सत्याग्रह से शुरू हुए थे) असहयोग आंदोलन, खिलाफत आंदोलन, 1920 के वामपंथ के उदय, 1930-31 में किसानों तथा महिलाओं के बड़े पैमाने पर हिस्सेदारी आदि के साथ बढ़ रही थी। राष्ट्रीय आंदोलन में यह जो रूपांतरण आ रहा था, उसके तहत स्वतंत्रता प्राप्ति के साथ राष्ट्र के भविष्य की रूपरेखा की मांग भी की जा रही थी। न तो आधुनिक पूंजीवादी राज्य, जो माडरेट्स की एक परिकल्पना थी और न ही गांधीजी के हिंद स्वराज में परिकल्पित प्राचीन भारत का परिष्कृत रूप उन वर्गों की आकांक्षाओं के अनुरूप थे जो स्वाधीनता संग्राम की प्रमुख शक्ति थे। यह नई स्थिति भारतीय राष्ट्रीय कांग्रेस के अत्यंत महत्वपूर्ण दस्तावेज के लिए बुनियादी आधार बन गई थी, जो उसने मूलभूत अधिकारों के संबंध में कराची में पारित किया था।

यह प्रस्ताव इस घोषणा के साथ शुरू होता है, 'राजनीतिक स्वतंत्रता के अंतर्गत लाखों भूखे लोगों की आर्थिक स्वाधीनता भी अंतर्निहित है।' उसमें एक ऐसे जनतांत्रिक राष्ट्र की कल्पना की गई है जिसमें वयस्क मताधिकार, नारी समानता, धर्म के मामलों में सांविधानिक निरपेक्षता तथा अल्पसंख्यकों की सुरक्षा की चर्चा की गई थी जिसमें ऐसे प्रावधान भी थे जिसमें श्रम की सुरक्षा, भूमि अधिग्रहण, लगान को कम करना तथा किसानों को कर्ज से राहत शामिल थे। पूंजीवाद भी नियंत्रित होगा, 'राज्य प्रमुख उद्योगों, सेवाओं, रेलवे, नहर नौपरिवहन तथा सार्वजनिक यातायात के अन्य साधनों को संचालित करेगा।' अतः उसमें एक मजबूत सार्वजनिक क्षेत्र की कल्पना थी जो देश हित में औद्योगिक विकास को बरकरार रखेगा। *सहमत* ने *इंडियन पीपुल इन दि स्ट्रगल फार*

फ्रीडम नाम की पुस्तिका का पुनः प्रकाशन करके बड़ा श्लाघनीय कार्य किया है।

कराची प्रस्ताव में स्वतंत्र भारत की एक ऐसी छवि प्रतिबिंबित होती है जिसमें राष्ट्रीय आंदोलन में शिरकत करने वाला प्रत्येक तबका (गांधीवादियों से लेकर साम्यवादियों तक) अपनी-अपनी भूमिका को स्पष्ट रूप से लक्षित कर सकता है। यह एक प्रकार की प्रतिज्ञा थी जिसे 1937 के चुनावों में कांग्रेस के घोषणापत्र में पुनः दोहराया गया था और उसी के आधार पर जनता से आग्रह किया गया था कि वह राष्ट्रीय आंदोलन को अपना समर्थन दे।

इसके बावजूद राष्ट्रीय आंदोलन में दो धाराएं कराची प्रस्ताव के सिद्धांतों की बुनियादी रूप से विरोधी थी। ये थीं हिंदू और मुसलिम संप्रदायवाद।

स्वाधीनता आंदोलन के प्रारंभिक चरण में धर्म ने जनता को संगठित करने में निश्चित रूप से महत्वपूर्ण भूमिका निभाई थी। 1857 के क्रांतिकारियों ने धर्म रक्षा की गुहार लगाई थी (यह विद्रोह चरबी लगे कारतूसों के विरोध से शुरू हुआ था)। उस महान घटना का जिक्र प्रत्येक स्कूली पाठ्य पुस्तक में मिलेगा। 1890 में तिलक ने भी धर्म के आधार पर राष्ट्रवादी विचारधारा का विकास किया था जो कभी-कभी जितनी ब्रिटिश साम्राज्य के विरोध में दिखाई पड़ती थी तो उतनी ही मुसलिम विरोधी। अरविंद घोष ने 'हिंदू राष्ट्र' को एक दार्शनिक आधार प्रदान किया था। दूसरी ओर जमालुद्दीन अफगानी ने अपनी अखिल इसलामी विचारधारा को विकसित किया था जिसके तहत दुनिया भर के मुसलमानों को ब्रिटिश साम्राज्यवाद के विरुद्ध लामबंद किया था। हालांकि राष्ट्रवाद के ये सांप्रदायिक रूप ब्रिटिश साम्राज्यवाद का विरोध तो करते थे, लेकिन अंततः वे भारतीय जनता को विभाजित ही करते थे। जमालुद्दीन अफगानी को यह शदीद एहसास था कि ब्रिटिश साम्राज्यवाद का विरोध करने के लिए हिंदुओं और मुसलमानों को एकजुट रहना चाहिए और उसके अखिल इसलामी राष्ट्र में हिंदुस्तान की कोई जगह नहीं है। कलकत्ता के नौजवान मुसलमानों को संबोधित करते हुए उसने अपने ये विचार व्यक्त किए थे। तिलक भी अपने परवर्ती काल में अधिकाधिक समन्वयवादी होते चले गए थे। हिंदू-मुसलिम एकता उनका मुख्य उद्देश्य बन गया था। 1916 के कांग्रेस-मुसलिम लीग समझौते के वे प्रमुख सूत्रधार थे। इसमें कांग्रेस ने मुसलमानों के लिए अलग निर्वाचन की मांग को स्वीकार कर लिया था और मुसलिम लीग ने भारत के संदर्भ में 'स्वराज' के आदर्श को स्वीकार कर लिया था। यह घटना इस दृष्टि से बहुत महत्वपूर्ण थी कि उसने भारतीय राष्ट्र की उस परिकल्पना को मान्यता दी जिसमें सभी धर्मों के लोगों की भूमिका को समान महत्व दिया गया था। भारतीय राष्ट्रीय कांग्रेस के संस्थापक भी अपनी प्रतिष्ठा के अनुरूप इसी अवधारणा पर बल देते थे।

जैसे-जैसे राष्ट्रीय आंदोलन का विस्तार होता गया और उसका वास्तविक रूप से जनवादी चरित्र बनता गया तो उसमें किसानों और मजदूरों, महिलाओं तथा सामाजिक

और आर्थिक रूप से शोषित पीड़ित अन्य वर्गों की भागीदारी बढ़ती गई क्योंकि उसने 98 प्रतिशत जनता के लिए क्रांतिकारी आश्वासन दिए थे (सी.आर. दास, 1922)। इसका परिणाम यह हुआ कि जो संपत्तिशाली वर्ग थे, विशेष रूप से भूस्वामी वर्ग, उनका रुझान सांप्रदायिक होता गया और उन्होंने राष्ट्रीय आंदोलन का विरोध करना शुरू कर दिया। इसके लिए उनको साम्राज्यवाद से भी मदद मिली। साइमन कमीशन ने बड़े परिश्रम के साथ अपनी रिपोर्ट तैयार की थी और धार्मिक तथा भाषिक वैविध्य के आधार पर यह स्थापित किया था कि भारत एक राष्ट्र नहीं है। अतः पूर्ण विकसित 'द्वि-राष्ट्र' के सिद्धांत के लिए जमीन तैयार कर दी गई।

सामान्यतः यह माना जाता है कि द्वि-राष्ट्र का सिद्धांत मुसलिम सांप्रदायिकता की उपज है। किंतु वास्तविकता यह है कि 'हिंदी, हिंदू, हिंदुस्तान' का नारा पाकिस्तान के नारे से कहीं ज्यादा पुराना है। 'पाकिस्तान' शब्द की ईजाद 1930 में रहमत अली ने की थी, जिसे मुसलिम लीग ने 1940 के लाहौर प्रस्ताव के बाद स्वीकार कर लिया था। राष्ट्रीय स्वयंसेवक संघ ने, 'हिंदू राष्ट्र' का आदर्श प्रस्तुत किया जिसकी स्थापना 1925 में हुई। उस राष्ट्र में मुसलमानों तथा अन्य अल्पसंख्यकों का कोई स्थान नहीं था। संघ यह मानकर चलता था कि भारत में दो या उससे भी अधिक राष्ट्र हैं। बहुसंख्यकों की सांप्रदायिकता ने मुसलिम सांप्रदायिकता के समान ही देश की एकता को तोड़ने का उद्देश्य ही सामने रखा। अतः उसने भी राष्ट्रीय आंदोलन को कमजोर किया। अतः यह महज संयोग नहीं है कि संघ ने हमेशा ही अपने आपको राष्ट्रीय आंदोलन से दूर रखा।

1947 में देश का विभाजन भारतीय जनता की एक कठिन परीक्षा थी। मुसलिम राज्य के रूप में पाकिस्तान की स्थापना के बावजूद भारत के लोगों ने भारतीय गणराज्य को जनतांत्रिक और धर्मनिरपेक्ष रखने का निर्णय लिया। यह एक ऐसा निर्णय था जिसे सांप्रदायिक शक्तियों ने कभी स्वीकार नहीं किया। 30 जनवरी 1948 को गांधीजी की नृशंस हत्या उस निर्णय के विरोध की खुली घोषणा थी। वे लोग जो गांधीजी के हत्यारे के विचारों से सहमति रखते थे और आज भी सहमति रखते हैं, वे 30 जनवरी के दिन उपवास रखने का चाहे जितना पाखंड करें, वह पाखंड उनके पापों को धो नहीं सकता।

राष्ट्रीय आंदोलन की विरासत और राष्ट्रीय एकता के लिए यह एक बड़ा खतरा है कि जिन लोगों ने गांधीजी की हत्या का उत्सव मनाया था, वे ही लोग आज सत्ता पर काबिज हैं। ऐसा कैसे हुआ ? इसकी व्याख्या अनेक प्रकार से की जा सकती है। कांग्रेस की असफलता तथा लंबे समय तक उसका सत्ता में बने रहना; हाल के वर्षों में समाजवाद को लगने वाले झटके; धर्मनिरपेक्ष राजनीतिक दलों का संगठित न हो पाना और अंततः बड़े पूंजीपति घरानों का भाजपा को संरक्षण; एक राजनीतिक दल के रूप में भाजपा भी उस वर्ग के हितों का पूरा खयाल रखती है जैसा कि संघ परिवार के स्वदेशी प्रवक्ता श्री गुरुस्वामी ने स्वीकार किया है। राष्ट्र को यह परिवर्तन बड़ा महंगा पड़ा है। ऐसा लगता

है जैसे 1992 में बराबरी मसजिद का ध्वंस भारत को दुनिया के सामने अपमानित और बदनाम करने के लिए काफी नहीं रहा। अब ईसाइयों पर लगातार होने वाले बर्बर हमलों के जरिए हमारे धर्मनिरपेक्ष राष्ट्र की बुनियाद को कमजोर किया जा रहा है। पोखरन के विस्फोट तथा उसके बाद दिए जाने वाले युद्धोन्मादी बयानों से दुनिया में भारत के दीर्घकालिक हितों को नुकसान पहुंचाया है। ये बयान देश के अंदर अपनी खोखली प्रतिष्ठा अर्जित करने के लिए दिए गए थे। जहां एक ओर जनता की निगाहें देश की जनतांत्रिक व्यवस्था के सामने एक के बाद एक आने वाले संकटों तथा जन-प्रवादों पर टिकी होती हैं, वहीं नया शासक वर्ग टी.वी. तथा प्रेस का इस्तेमाल सांप्रदायिक प्रचार के लिए कर रहा होता है, इतिहास के नाम पर सांप्रदायिक तथा संकीर्ण मिथकों का प्रचार-प्रसार कर रहा है। पाठ्यक्रमों तथा पाठ्य पुस्तकों में ऐसा हेर-फेर कर रहा है जो नई सरकारी नीति के अनुरूप हो। अत: भारतीय राष्ट्र की धर्मनिरपेक्ष तथा जनतांत्रिक प्रकृति के समक्ष दीर्घकालिक खतरा गंभीर है और यदि भगवाकरण की यह प्रक्रिया जारी रहती है तो देश की एकता और अखंडता के लिए इसके गंभीर परिणाम होंगे।

इस तथ्य को बलपूर्वक रेखांकित किया जाना चाहिए कि राष्ट्र के रूप में यह निर्मित भारतीय जनता के सैकड़ों वर्षों के प्रयास का फल है। जैसा कि हमने देखा लगभग ढाई हजार साल पहले भारतीय जनता के मानस में भारत देश की एक अस्पष्ट सी अवधारणा मिलती है। तदुपरांत जैसे-जैसे उसकी जानकारी अपने और दूसरों के बारे में बढ़ती गई, वह अपनी कुछ सांस्कृतिक समानताओं की पहचान करने लगी तथा उसने विभिन्न धर्मों और विभिन्न भाषाओं के बीच एकता के सूत्रों की तलाश भी की। किंतु उपनिवेशवाद के विरोध तथा जनतांत्रिक (बाद में समाजवादी) विचारों को आत्मसात करने की प्रक्रिया में उसने भारत को (जो एक भौगोलिक तथा सांस्कृतिक इकाई था) एक वास्तविक राष्ट्र के रूप में बदला। अत:, 'भारत' भारतीय जनता की सृष्टि है। वह प्रकृति की अथवा अंध परिस्थितियों की उपज नहीं है। अपितु जनता की चेतना की सजग संरचना है। अत: जिस प्रक्रिया में उसकी सृष्टि अथवा निर्मिति हुई है, उसी में उसका विघटन भी हो सकता है। गत दस वर्षों तक हम स्थापित राष्ट्रों का विघटन देख चुके हैं जैसे कि सोवियत संघ, यूगोस्लाविया तथा चेकोस्लाविया। सोवियत संघ की बहुसंख्यक जनता किसी भी तरह सोवियत संघ का विघटन नहीं चाहती थी। 1990 में जो जनमत संग्रह हुआ, उससे भी यह स्पष्ट है। बहरहाल, चूंकि लोग पर्याप्त रूप से सजग और सतर्क नहीं थे, सत्ता एक छोटे से वर्ग के हाथ में आ गई जिसने रूसी राष्ट्रवाद के नाम पर झूठ का उग्र अभियान चलाया, उसने जारवादी प्रतीकों को भी प्रचारित-प्रसारित किया तथा वैचारिक रूप से सारे राष्ट्र को भ्रमित किया तथा शक्तिहीन बनाया। सोवियत संघ के पूर्ववर्ती क्षेत्रों—विशेष रूप से रूस के लिए इस प्रक्रिया के क्या परिणाम रहे, यह आज भी पूरी दुनिया के सामने स्पष्ट है। उत्पादन में गिरावट

आई। लोग भीख मांगने लगे और भुखमरी फैली। जो एक समय दुनिया की दूसरी महाशक्ति था, उसकी यह हालत।

भारत जैसे देश को इस सबसे सबक लेना चाहिए। यदि हम लोग भी सतर्क नहीं रहेंगे और विचारों के मैदान में लड़ाई हारते हैं जैसे हम 1947 में पाकिस्तान के निर्माण के दौरान हारे थे तो भारत भी एक राष्ट्र के रूप में सुरक्षित नहीं रहेगा। अत: भाजपा सरकार को एक अन्य बुर्जुआ शासन नहीं मानना चाहिए। इसकी संकीर्णतावादी तथा फासीवादी विचारधारा शासन की मजबूरियों से प्रभावित नहीं होगी। शायद भ्रमवश कुछ लोग ऐसी आशा करते हैं। राष्ट्र की सुरक्षा के संघर्ष में वामपंथियों से विशेष भूमिका की अपेक्षा की जाती है। यकीनन उनको यह लाभ है कि वे मार्क्सवाद से लैस हैं और मार्क्सवाद के पास सांप्रदायिकता के विरुद्ध सुसंगत और वैज्ञानिक तर्क प्रणाली है। अत: यह सभी मार्क्सवादियों का कर्तव्य है कि वे सभी धर्मनिरपेक्ष तथा सच्चे राष्ट्रवादियों का संयुक्त मोरचा बनाएं ताकि वे हिंदुत्ववादी तथा अन्य सभी कट्टरपंथी और संकीर्णतावादी शक्तियों के विरुद्ध मोरचा ले सकें। नंबूदिरिपाद मार्क्स के इस सूत्र वाक्य को हमेशा अपने दिल में संजोकर रखते थे कि 'दार्शनिकों का काम जीवन और जगत की व्याख्या करना भर नहीं है, उसमें बदलाव लाना भी उनका काम है', उनकी विरासत की रक्षा करने का यही एक शानदार तरीका हो सकता है।

2. भारत की आत्मसमीक्षा

पिछले कुछ दिनों से इतिहासलेखन के क्षेत्र में अभूतपूर्व विकास दिखाई पड़ रहा है मानो कोई विस्फोट हुआ हो। गत एक या दो दशकों में इतिहास के शोध कार्य में संलग्न विद्वानों की संख्या में असाधारण बढ़ोत्तरी हुई है तथा साहित्यिक प्रदेय भी उसी अनुपात में सामने आ रहा है। हालांकि अधिकांश कार्य अंग्रेजी भाषा में प्रकाशित हुआ है, किंतु विश्वविद्यालयीय शिक्षा के बढ़ते हुए प्रसार के कारण उसे संतोषजनक पाठक वर्ग भी उपलब्ध हुआ है। इसके अतिरिक्त, अमरीकी और रूसी विद्वानों ने इस क्षेत्र में बड़ी संख्या में प्रवेश कर उस असंतुलन को दूर कर दिया है जो अंग्रेज विद्वानों की उदासीनता के कारण उत्पन्न हो गया था। कुछ जापानी विद्वान भी भारतीय इतिहास के अध्ययन में जुटे हुए हैं।

प्रकाशित कार्य की मात्रा की अधिकता और विषयवस्तु की व्यापकता को देखते हुए उसकी गुणवत्ता तथा उपलब्धि का सामान्य मूल्यांकन यहां संभव नहीं है और साथ ही यह पता लगाना भी कोई मामूली काम नहीं है कि उसमें नया क्या है। फिर भी ऐसा लगता है कि इनमें से ज्यादातर काम उन्हीं सूत्रों के तहत किया गया है जो दो या तीन पीढ़ी पहले विकसित किए गए थे।

उदाहरण के लिए विषयों के चुनाव के संबंध में जो सामान्य धारणाएं और विशिष्ट आग्रह रहे हैं, उनका मूल उत्स उन्नीसवीं सदी के ब्रिटिश प्रशासकों और विद्वानों के स्वांत:सुखाय तथा आधिकारिक लेखन में खोजा जा सकता है। इतिहासलेखन के क्षेत्र में इन लोगों के योगदान को निर्विवाद रूप से स्वीकार करने के बावजूद इतना अवश्य कहा जाएगा कि इनकी इतिहास दृष्टि संकीर्ण थी। ये लोग यह मानकर चलते थे कि पूर्वी देशों में 'परिवर्तनशीलता' कभी थी ही नहीं। उनकी राय में गांव, जाति, जनता में व्याप्त अंधविश्वास सब कुछ अनंत काल से अथवा कम से कम आर्यों के आने के बाद से यथावत चले आ रहे हैं। ऐसी स्थिति में दो विषय ही ऐसे थे जिनका ऐतिहासिक विवेचन संभव था। पहला निरंकुश राजाओं के क्रियाकलाप, दूसरा विरोधी धर्मों का परस्पर टकराव। इनके अतिरिक्त, अतीत के कुछ स्मारकों ने भी ध्यान आकृष्ट किया। कालक्रमागत व्यवस्था के अंतर्गत प्रस्तुत घटनाओं के शुद्ध वर्णन को उनके लेखन की विशिष्ट शैली माना जा सकता है, हालांकि उसमें कहीं-कहीं चिंतन की झलक भी मिल जाती है।

इस सदी के प्रारंभ में जब भारतीय लोगों ने अपना इतिहास स्वयं लिखना शुरू किया तो उन्होंने सामान्य रूप से अपने पूर्ववर्ती और समकालीन अंग्रेज इतिहासकारों

का ही अनुसरण किया। अत: समय के साथ उन्होंने राज्यों, राजवंशों, राजाओं, गवर्नर जनरलों तथा वाइसरायों के इतिहास बड़ी संख्या में प्रस्तुत किए। इसके लिए उन्होंने मूल स्रोतों की छानबीन की तथा उच्च कोटि की वस्तुनिष्ठता अर्जित की। फिर भी उन्होंने अनिवार्यत: राजनीतिक इतिहास को उसके सामाजिक और आर्थिक परिदृश्य से काटकर देखा। राजनीतिक इतिहास पर आज भी जिस बड़ी संख्या में पुस्तकें प्रकाशित हो रही हैं, उनके संदर्भ में भी यह बात उतनी ही सही है। हालांकि आधुनिक इतिहासलेखन की मांग के तहत राजाओं और राजवंशों पर लिखे गए 'विशिष्ट निबंधों' (मोनोग्राफ्स) में सामाजिक और आर्थिक परिस्थितियों पर भी कुछ अध्याय होते हैं, लेकिन वे अध्याय अपूर्ण और अति सामान्य होते हैं और प्रमुख विषय से प्रत्यक्षत: उनका कोई संबंध नहीं होता।

वस्तुत: भारत में सामाजिक और आर्थिक (प्रशासनिक भी) अध्ययन का विकास अपेक्षाकृत रूप से हाल में हुआ है। इसकी प्रमुख प्रेरणा उस विवाद से मिली जो राष्ट्रवादियों तथा साम्राज्यवाद समर्थकों के बीच ब्रिटिश शासन की ऐतिहासिक भूमिका तथा भारत के आर्थिक पिछड़ेपन को लेकर उत्पन्न हुआ।

इसके पीछे की राजनीतिक जटिलताओं का भी अपना महत्व था। विरोधी भी चूंकि निकट ही था और चौकन्ना भी, अत: इस विवाद के प्रभाव में संपन्न बहुत से कार्यों की अकादमिक गुणवत्ता असाधारण रूप से उच्च कोटि की थी। दो भिन्न-भिन्न कालों पर एक-दूसरे के ठीक विपरीत दृष्टिकोणों से लिखते हुए आर.सी. दत्त तथा डब्ल्यू.एच. मोरलैंड ने भारतीय आर्थिक इतिहास के संबंध में स्थायी योगदान दिया। उसी प्रकार सामाजिक तथा प्रशासनिक इतिहास के संदर्भ में संपन्न अधिकांश कार्य भी बुनियादी रूप से महत्वपूर्ण था जो प्रमुख रूप से 1920 तथा 1930 में प्रकाशित हुआ (के.पी. जायसवाल, यू.एन. घोषाल तथा अल्तेकर का कार्य प्राचीन भारत के संदर्भ में तथा त्रिपाठी, अशरफ, इमाम हसन का कार्य मध्यकाल के संदर्भ में द्रष्टव्य है)।

यदि प्रकाशित कार्य के आधार पर ही निर्णय किया जाए तो पता चलेगा कि इतिहास की इन शाखाओं में पिछले दशक में अत्यधिक रुचि बढ़ी है। निस्संदेह, मूल स्रोतों से जो सूचना इन पुस्तकों में प्रस्तुत की गई है, वह चकित कर देने वाली है। अब चूंकि पुराना विवाद अपनी प्रासंगिकता खो चुका है, अत: लगता है जैसे बहुत से लेखकों के पास कोई दृष्टिकोण ही नहीं रहा। उनमें शुद्ध वर्णनात्मकता बहुत ज्यादा होती है, कोई तर्क प्रणाली अथवा विश्लेषण नहीं मिलता। उनमें व्याख्या को स्रोत के अनुसार ढालने की प्रवृत्ति भी बड़ी प्रबल है। किंतु ब्रिटिश काल के संदर्भ में वे अभिलेखों तथा व्यक्तिगत कागजों में उपलब्ध ब्रिटिश अधिकारियों के विचारों को निदर्शित करके ही संतोष कर लेते हैं।

भारतीय इतिहासलेखन की एक सशक्त प्रवृत्ति वस्तुत: सांप्रदायिक परंपरा के

साथ विकसित हुई है। इस प्रवृत्ति के तहत भारतीय इतिहास को बारहवीं-तेरहवीं सदी से (मुसलिम शासन की स्थापना के काल से) मुख्यत: हिंदुओं और मुसलमानों के संघर्ष की कहानी के रूप में पेश किया गया है। अनेक इतिहासकारों ने (जिनमें से कुछ अत्यंत प्रतिष्ठित भी हैं) खुद को अपनी व्यक्तिगत आस्था के आधार पर इस या उस पक्ष से जोड़ लिया। उन्होंने अपने-अपने नायकों को महिमामंडित किया है तथा विरोधियों पर प्रहार किए हैं। उन्होंने उन घटनाओं पर विद्वतापूर्ण ढंग से लिखा जो वैसे तो अल्पज्ञात थीं किंतु जिन्होंने सांप्रदायिक ज्ञान लाभ की दृष्टि से महत्व अख्तियार कर लिया था। यह सही है कि इस प्रकार के लेखन के आलोचक भी थे। उन आलोचकों ने भारत की सामाजिक संस्कृति पर बल दिया जो हिंदू और मुसलमानों की परंपराओं के एकीकरण पर आधारित थी। उन्होंने इस समझ पर प्रश्नचिह्न लगाया कि शासकों अथवा शासितों की जीवन पद्धति के संदर्भ में धर्म ने निर्णायक भूमिका अदा की थी। इस संदर्भ में 'इलाहाबाद स्कूल' का योगदान विशेष रूप से उल्लेखनीय रहा है। किंतु इसके बावजूद सांप्रदायिक लेखन प्रचुर मात्रा में होता रहा तथा उसे आज की राजनीतिक परिस्थितियों से खुराक भी मिलती रही।

सांप्रदायिकता के साथ-साथ भारतीय इतिहासलेखन की एक दु:खद प्रवृत्ति अंध-राष्ट्रवाद भी रही है। प्राचीन भारत को प्राय: विश्व की आर्य सभ्यता के केंद्रबिंदु के रूप में प्रस्तुत किया जाता रहा है। उसके अपने उपनिवेश थे और अपना एक मिशन था। इसीलिए बृहत्तर भारत की अवधारणा (जिसमें समूचा दक्षिण-पूर्व एशिया तथा मध्य एशिया सम्मिलित था) पर बल दिया गया।

जहां एक ओर पूरी दुनिया ने इस विचार को त्याग दिया है कि ऐतिहासिक प्रगति में नस्ल की कोई निर्णायक भूमिका हो सकती है, वहीं भारतीय इतिहास पर प्रस्तुत अब तक की सर्वाधिक महत्वाकांक्षी शृंखला (विद्या भवन) में यह स्थापित किया गया है कि भारत ही आर्यों का मूल उद्गम रहा है। इसके साथ ही भारतीय सभ्यता को अधिक से अधिक पुराना ठहराने के लिए एक वैसी ही असंगत धारणा का व्यापक रूप से प्रचार-प्रसार किया गया है।

इस सबसे ऐसा प्रतीत होता है कि भारतीय इतिहासलेखन अत्यंत संकीर्ण है और उसमें ऐसा बहुत कम है जिसका संबंध प्राथमिक महत्व के उन मसलों से हो जिनमें बाहर के इतिहासकार अपनी रुचि रखते हैं। हालांकि यह उपेक्षाकृत कुछ अधिक कठोर टिप्पणी है, क्योंकि इसके तहत अतीत में हुए कुछ मूल्यवान कार्यों की उपेक्षा हो जाती है। अभी भी भारतीय इतिहासलेखन में कोई आमूल चूल परिवर्तन दिखाई नहीं पड़ता, फिर भी हम इस दौर को संक्रमण काल के रूप में देख सकते हैं।

अनेक कारणों से भारत में नई-नई इतिहास दृष्टियों तथा ऐतिहासिक विश्लेषण की पद्धतियों के प्रति ध्यान दिया जा रहा है। इसका एक कारण तो यह है कि पिछले दो

दशकों में एशिया के हालात में जो व्यापक परिवर्तन हुए हैं, उन्होंने बहुतों के संकीर्ण दृष्टिकोण को तोड़ दिया है और इतिहासकारों पर भी ऐसा दबाव बना है कि वे भारत को एशिया तथा विश्व के अंग के रूप में देखें। भारत का इतिहास और उसका संदर्भ इतना विशिष्ट और पृथक नहीं है कि उसका शेष दुनिया से कोई संबंध ही न हो। इसके अतिरिक्त, अपने-अपने देशों के ऐतिहासिक प्रशिक्षण से प्रभावित विदेशी विद्वानों के कार्यों के माध्यम से नई-नई शोध तकनीकों का आयात भी हुआ है।

बहुत से नए विचारों और पद्धतियों का अभी व्यापक उपयोग होना है तभी भारत के संदर्भ में उनकी सार्थकता प्रमाणित होगी। इस संदर्भ में मार्क्सवादी पद्धति एक अपवाद है। मार्क्सवादी दृष्टि के अंतर्गत इतना कार्य प्रकाशित हो चुका है कि उसके आधार पर उसकी उपलब्धियों और सीमाओं का लेखा-जोखा प्रस्तुत किया जा सकता है।

मार्क्सवाद का नयापन उन्हीं इतिहासकारों को आश्चर्यजनक लग सकता है जिन्हें यह याद न आए कि 1940 से पहले तक भारत को उसकी छूत से बचाने के लिए सरकारी स्तर पर प्रभावशाली व्यवस्था की गई थी। उसके बाद ही रजनी पाम दत्त की पुस्तक *इंडिया टुडे* आई (प्रथम संस्करण, 1947) जिसमें ब्रिटिश शासन की प्रकृति की विश्वसनीय व्याख्या तथा राष्ट्रीय आंदोलन का इतिहास था। 1956 में प्रकाशित डी.डी. कोसंबी की पुस्तक *एन इंट्रोडक्शन टू दि स्टडी आफ इंडियन हिस्टरी* शीर्षक से प्रकाशित हुई। इस पुस्तक में जो गहराई और विस्तार है, उसका पता उसके सामान्य ढंग के शीर्षक से नहीं चलता। उक्त पुस्तक द्वारा उन्होंने मार्क्सवादी विश्लेषण का विस्तार प्राचीन भारत तक कर दिया। इन पुस्तकों के बाद मार्क्सवादी दृष्टि से किए गए अध्ययनों का एक लंबा सिलसिला रहा है। उदाहरण के लिए, आर.एस. शर्मा, डी. चानना, डी.पी. चट्टोपाध्याय ने प्राचीन भारतीय समाज और विचारधारा के विभिन्न पक्षों पर लिखा है। स्वर्गीय के.एम. अशरफ, मो. हबीब, एस.एन. हसन, एस. चंद्र और स्वयं मैंने मध्यकाल पर लिखा है। एस.जे. पटेल तथा डी. थार्नर ने आधुनिक आर्थिक इतिहास पर तथा ए.आर. देसाई और बिपनचंद्र ने राष्ट्रीय आंदोलन पर लिखा है। सोवियत विद्वानों का उल्लेख भी आवश्यक है जिनकी निष्ठाएं सामान्यत: अघोषित नहीं रहतीं।

विभिन्न महत्वपूर्ण विषयों पर इन इतिहासकारों में गहरे मतभेद भी हैं, किंतु सामान्यत: बहुत कम लोग (खुले तौर पर तो सिवा सोवियत विद्वानों के) यह मानने को तैयार हैं कि एशियाई उत्पादन पद्धति के संदर्भ में क्लासिकीय मार्क्सवादी प्रतिरूपों जैसे दासप्रथा, सामंतवाद, पूंजीवाद के अलावा किसी अन्य प्रकार के वर्गीय समाज की संभावना को नहीं तलाशा जा सकता। अत: उन्होंने मार्क्स के काल-विभाजन की अपेक्षा उसकी पद्धति के विनियोग में ही अधिक रुचि दिखाई है। सामान्यत: उनके अध्ययन मूल स्रोतों पर अधिक निर्भर हैं। इनमें अनुसंधान के विकसित औजारों का उपयोग

मिलता है। हालांकि, यह भी सही है कि मार्क्सवाद के लेबल के तहत कुछ विचित्र ढंग का अगंभीर कार्य भी हुआ है।

मार्क्सवादी तथा अर्ध-मार्क्सवादी विद्वानों के शोधों के जो परिणाम रहे हैं तथा उनकी चर्चाओं में जो प्रमख विषय उठाए गए हैं, उनका उल्लेख भी समीचीन होगा ताकि जिन समस्याओं को उन्होंने रेखांकित किया है, उन्हें स्पष्ट किया जा सके।

पहले तो यह कि उन्होंने एशियाई पद्धति की अवधारणा को पूरी तरह अस्वीकार कर दिया है: एशियाई पद्धति से अभिप्राय उस सामाजिक संरचना से है जो आर्थिक रूप से ऐसे ग्राम समुदायों द्वारा निर्मित थी जिनके ऊपर निरंकुश सत्ता का आधिपत्य था। यद्यपि इस अवधारणा को विटफोगिल ने भी अपनी पुस्तक *ओरिएंटल डेस्पोटिज्म* में उसके चरम रूप में स्वीकार नहीं किया है। फिर भी जो लोग पूर्वी समाजों के पिछड़ेपन को सार्वभौमिक रूप से व्याख्यायित करने में रुचि रखते हैं, उनके लिए इसमें सदैव आकर्षण रहा है। अब तक वे मार्क्सवादी विद्वान, जिन्होंने अपने अध्ययन की शुरुआत एशियाई पद्धति की तलाश से की थी, भारत में किसी ऐसे सामाजिक स्वरूप का पता नहीं लगा सके हैं जिसे किसी भी तरह यह अभिधान दिया जा सके। निस्संदेह, कोसंबी भारतीय ग्राम समाज के निर्माण को मौर्योत्तर काल से जोड़कर देखते हैं और डी.डी. कोसंबी तथा आर.एस. शर्मा दोनों की दृष्टि में इस समाज व्यवस्था से उस उत्पादन पद्धति का विकास हुआ जो कुछ रूपों में यूरोपीय सामंतवाद के अनुरूप था। दूसरी ओर, जहां मुगल साम्राज्य (सोलहवीं-सत्रहवीं सदी) प्राच्य ढंग का एक विशिष्ट निरंकुश राज्य प्रतीत हो सकता है, वहीं यह भी दिखाया गया है कि उसमें ग्राम समुदायों के अनुरूप अभिलक्षणों का अभाव है। इसके अतिरिक्त, उसमें बाजार के लिए होने वाला उत्पादन भी व्यापक स्तर पर मिलता है, जबकि उत्तर भारत में व्यापक पैमाने पर कृत्रिम सिंचाई के साधनों का साक्ष्य नहीं मिलता। यह माना जाता है कि सिंचाई के ये कृत्रिम साधन ही निरंकुश सत्ता की सामाजिक शक्ति थे। वस्तुत: यह आग्रह किया गया है कि परिवर्तनहीन एशियाई समाज की अवधारणा को स्वीकार कर मार्क्स इतिहास में अनवरत वर्ग संघर्षों तथा सामाजिक परिवर्तन के अपने बुनियादी विचारों का खंडन करते हैं।

प्राचीन तथा मध्यकाल से संबंधित मार्क्सवादी अध्ययनों में दोनों युगों के समाजों के उपयुक्त वर्गीकरण की समस्या को भी उठाया गया है। हालांकि दोनों ही प्राक्-पूंजीवादी समाज हैं तथा कृषि अर्थव्यवस्था पर आधारित हैं, लेकिन एक दूसरे से बहुत भिन्न हैं। पूर्ववर्ती समाज (अर्थात 400 ई. से लेकर 1200 ई. तक) को सामंती कहकर अभिहित किया गया है तथा कृषि दासता की उपस्थिति, प्राकृतिक अर्थव्यवस्था और राज्य व्यवस्था के रूपाकार के आधार पर यूरोपीय सामंतवाद तथा उक्त समाज व्यवस्था के बीच समानताएं तलाश की गई हैं (देखें आर.एस. शर्मा)।

लेकिन परवर्ती युग (1200 ई. से 1700 ई. तक) में इस प्रकार की बहुत कम समानताएं मिलती हैं। मुगलकालीन भारतीय समाज के जिन मूलभूत तत्वों को उद्घाटित किया गया है, वे इस प्रकार हैं: किसान वर्ग के अंदर स्तर भेद; किसानों की अतिरिक्त उपज के एक छोटे से हिस्से पर अधिकार रखने वाला उच्च ग्रामीण वर्ग अर्थात जमींदार; भूराजस्व (यह सामान्यत: किसानों से नकद रूप में वसूल किया जाता था तथा इसमें अतिरिक्त उपज का एक बड़ा हिस्सा समाहित होता था) बादशाह और उसके नौकरों से बने गैर-वंशानुगत शासक वर्ग में इन राजस्व संसाधनों का वितरण तथा एक विशाल शहरी बाजार जो अमीर वर्ग द्वारा अपनी सैनिक टुकड़ियों तथा राजपरिवार पर किए व्यय पर निर्भर था। वाणिज्यिक साख व्यवस्था तथा आरंभिक ढंग की जमा बैंकिंग की उपस्थिति से नवजागरणकालीन यूरोप का परिदृश्य उपस्थित हो उठता है।

सोवियत विद्वान इन तत्वों (वाणिज्यिक साख तथा जमा बैंकिग) को पूंजीवाद के उद्भव के संकेत के रूप में लेते हैं। वे मानते हैं कि यह एक शुरुआत थी जो अंग्रेजों के आगमन से नष्ट हो गई (देखें एन्तोवा, पावलोव)। इसके जवाब में यह प्रश्न उठाया गया है कि क्या मुद्रा के प्रचलन को हमेशा पूंजीवादी संबंधों के उद्भव का द्योतक माना जा सकता है? और क्या मुगलकालीन आर्थिक तंत्र उत्पादन व्यवस्था अथवा कृषि संबंधों में बिना बुनियादी परिवर्तन किए उच्च स्तरीय मौद्रिकीकरण को बरकरार नहीं रख सकता था अथवा उसे अंतर्भुक्त नहीं कर सकता था। यह समूची बहस किसी भी प्राक्-पूंजीवादी समाज में मौद्रिक अर्थव्यवस्था के प्रसार और उसके प्रभावों के अध्ययन के संदर्भ में प्रासंगिक हो सकती है।

मार्क्सवादी इतिहासकारों ने पहली बार (शुरुआत राइजनर तथा डब्ल्यू.सी. स्मिथ ने की) मुगल साम्राज्य के विरुद्ध होने वाले विद्रोहों में किसान तत्व की ओर संकेत किया। हाल ही में जमींदारों की भूमिका का भी अध्ययन किया गया है। उसके साथ ही चीन में होने वाले किसान विद्रोहों की परंपरा की ओर ध्यान जाता है और यह मन होता है कि दोनों के बीच तुलनात्मक अध्ययन किया जाए।

ये कुछ ऐसी समस्याएं हैं जो मार्क्सवादी दृष्टि से किए गए अध्ययन के दौरान उपस्थित हुई हैं। इनका चुनाव करते समय हो सकता है मेरी व्यक्तिगत रुचि का आग्रह आवश्यकता से अधिक रहा हो। इस संदर्भ में मैं इतना और जोड़ना चाहूंगा कि जहां एक ओर मार्क्सवादी विद्वान सामान्यत: सकारात्मक विश्लेषण का प्रयत्न करते हैं, वहीं वे गलत सामान्यीकरण करने का जोखिम भी उठाते हैं और यह जोखिम वहां ज्यादा होता है जहां उपलब्ध साक्ष्य या तो सीमित होता है या अपूर्ण।

अन्य प्रकार के प्रभावों में आधुनिक मानवविज्ञान (एंथ्रोपालोजी तथा समाजविज्ञान की महत्वपूर्ण भूमिका को रेखांकित किया जा सकता है। बीस वर्ष पहले अकेले प्रो.

डी.पी. मुखर्जी की आवाज सुनाई पड़ती थी। उन्होंने इतिहासकारों और अर्थशास्त्रियों के समक्ष समाजशास्त्र के अध्ययन के महत्व को प्रतिपादित किया। तब से भारत में समाजविज्ञान संबंधी अध्ययनों का बहुत विकास हुआ है। जातियों तथा समुदायों के संदर्भ में व्यापक तथा ग्राम स्तरीय अध्ययन खूब हो रहे हैं। उन अध्ययनों के निष्कर्ष इतिहासकारों के लिए भी कम महत्व नहीं रखते। कुछ ऐसे अध्ययन भी हुए हैं जिनमें वर्तमानकालीन राजनीतिक इतिहास का जातिगत विश्लेषण प्रस्तुत किया गया है तथा स्थानीय सामाजिक समूहों पर ब्रिटिश शासन के प्रभाव की जांच-पड़ताल की गई है (देखें, आर. फ्राइकेन बर्ग, बी. कोहन)। एम.एन. श्रीनिवास ने संस्कृतीकरण की जो अवधारणा प्रस्तुत की है, उसका आधुनिक भारतीय समाज के इतिहासकार के लिए असाधारण महत्व है। उक्त अवधारणा से उस प्रक्रिया का संकेत मिलता है जिसके तहत ज्यों-ज्यों आधुनिकता बढ़ती जाती है, निम्न जातियां उच्च जातियों की रूढ़ परंपराओं और प्रथाओं को ही अपनाती चली जाती हैं। इस प्रकार आधुनिकीकरण अपने बढ़ते कदमों के साथ स्वयं अपने मार्ग में बाधाएं खड़ी कर लेता है।

जब पेशेवर अर्थशास्त्रियों ने मौजूदा तथा गत सदी के आर्थिक इतिहास की कुछ समस्याओं पर विचार किया तो उन्होंने एक सामान्यत: उपयोगी मूल्यांकन प्रस्तुत किया। उस प्रक्रिया में स्वीकृत मान्यताओं के संदर्भ में यदि आमूल परिवर्तन नहीं हुआ तो संशोधन अवश्य हुआ। उदाहरण के लिए, ब्रिटिश शासन के दौरान उत्पन्न खेतिहर मजदूर वर्ग में हुए विस्तार को लेकर जो विवाद हुआ (देखें, एस.जे. पटेल, डी. कुमार) तथा उन्नीसवीं सदी के दौरान भारतीय विउद्योगीकरण की अवधारणा पर जो प्रश्नचिह्न लगाए गए (देखें, डी. थार्नर तथा ए. थार्नर, एम.डी. मौरिस)।

भारतीय इतिहास के विश्लेषण की उस नई दृष्टि का उल्लेख भी आवश्यक है जिसके पीछे अमरीका के 'मुक्त उद्यम के अर्थशास्त्र' की प्रेरणा रही है अर्थात ऐतिहासिक स्थिति को पूर्ण बाजार के आदर्श की दृष्टि से देखना और उन घटकों की जांच पड़ताल करना जो उस समय इस आदर्श की प्राप्ति में बाधक बने। यह संभव है कि इन विचार पद्धतियों के तहत किए जाने वाले अध्ययन से हमें आर्थिक इतिहास की सीमित पक्षों के विषय में कुछ नई दृष्टि प्राप्त हो, किंतु उक्त दृष्टि के तहत व्यापकतर ऐतिहासिक प्रक्रियाओं की संतोषजनक व्याख्या शायद ही की जा सके। डब्ल्यू.सी. नील की पुस्तक *इकानामिक चेंज इन रूरल इंडिया* को इस प्रकार के लेखन का एक मानक उदाहरण मान सकते हैं। पुस्तक उन्हीं सब पुराने रूढ़ कथनों की पुनरुक्ति से शुरू होती है जो प्राक्-ब्रिटिश भारतीय समाज के विषय में दिए गए हैं तथा कृषि सुधार के विरुद्ध परंपरागत उपदेश के साथ समाप्त हो जाती है।

इतिहास की एक अन्य दिलचस्प शाखा पिछले दशक के आसपास स्थापित हुई। इसके तहत उन विचारों का अध्ययन किया गया है जिन्होंने प्रशासनिक कार्यों को प्रभावित

किया अथवा उन्हें निर्धारित किया। इस दिशा में पथप्रदर्शक कार्य ई. स्टोक्स की पुस्तक *दि यूटीलिटेरियन्स एंड इंडिया* (1959) है। रणजीत गुहा ने बंगाल में स्थायी बंदोबस्त के विचार को 'प्रकृति तंत्रवादियों' (फिजियोक्रेट्स) से जोड़ा है। यद्यपि इसके तहत ऐसी संभावना भी बनी रहती है कि विचारों के उद्भव की तलाश में आप इतने डूब जाएं कि आपकी आंखों से वह सामाजिक परिप्रेक्ष्य ही ओझल हो जाए जिसमें उन विचारों को चरितार्थ किया गया था। आशा है, एक न दिन पूर्ववर्ती कालों के संदर्भ भी विचार और कार्य के बीच के रिश्ते की तलाश कर ली जाएगी, हालांकि उक्त संदर्भ में उपलब्ध शोध सामग्री अत्यधिक विषम है।

विश्लेषण के औजारों के संबंध में स्पष्टत: परिमाणन (क्वांटिफिकेशन) के उपयोग का सामान्य विस्तार हुआ है। अकस्मात ढंग से मैं जिन अध्ययनों का उल्लेख कर सकता हूं, उनमें भिन्न-भिन्न क्षेत्रों के संदर्भ में, जैसे प्राचीन भारतीय सिक्कों के संदर्भ में (कोसंबी) तथा मुगलकालीन अभिजात वर्ग की संरचना और संघटन के विषय में अतहर अली का उल्लेख किया जा सकता है। दोनों ही संदर्भों में महत्वपूर्ण परिणाम सामने आए हैं।

भारत में लुईस नेमियर की पद्धति में रुचि प्रकट की जा रही है। व्यक्तिगत कागजों पर दिए जाने वाले बल के पीछे आंशिक रूप से उसी की प्रेरणा रही है। इसे हाल ही में प्रकाशित अध्ययनों में लक्षित किया जा सकता है। यह कहा गया है कि उपलब्ध साक्ष्य को दृष्टि में रखते हुए राष्ट्रीय आंदोलन के नेताओं का उपयोगी ढंग से संरचनात्मक विश्लेषण किया जा सकता है। लेकिन ऐसे अध्ययनों के परिणाम अभी मुद्रित रूप में सामने नहीं आए हैं। यद्यपि ऐसा लगता है कि अंशत: इसी उद्देश्य को सामने रखकर भारत तथा इंगलैंड में प्रोफेसर जे. गेलेगर के अधीन शोध परियोजना जारी है।

अत: यह कहा जा सकता है कि हालांकि भारतीय इतिहासलेखन ने अभी अपनी पुरानी लीक को नहीं छोड़ा है, फिर भी उसने नई-नई प्रेरणाओं के लिए अपने दरवाजे बंद नहीं किए हैं और ऐसी संभावना है कि इन नई प्रेरणाओं का प्रभाव भविष्य में और भी अधिक बढ़ेगा। सामान्यत: इसका परिणाम अच्छा ही होगा। निस्संदेह जैसे भारतीय इतिहास के सदंर्भ में ऐतिहासिक अनुसंधान की जहां सूक्ष्म छानबीन और पुन: छानबीन हमेशा संभव नहीं होती वहां उतावलेपन में किए गए सामान्यीकरणों तथा दायित्वहीन ढंग से किए गए मूर्तिभंजन का खतरा बना रहता है। यह खतरा वैसा ही है जैसे किसी पुरानी चीज को नई शब्दावली में व्यक्त करने का खतरा रहता है। किंतु जब विश्लेषण के नए प्रयत्नों से इतना कुछ प्राप्त होने की संभावना है तो स्पष्टत: उसके लिए जोखिम भी लिए ही जा सकते हैं।

3. मार्क्सवादी इतिहासलेखन की समस्याएं

मार्क्स ने अपनी एक स्थापना देते हुए कहा था : 'दार्शनिकों ने अब तक इस संसार की सिर्फ व्याख्या की है। प्रश्न इसे बदलने का है।' मार्क्सवाद अतीत बोध और वर्तमान समय के व्यवहार के बीच एक सहज संबंध देखता है। इस संबंध से यह संकेत मिलता है कि दोनों के बीच अनवरत अंत:क्रिया चलती रहती है। जैसे-जैसे समय बीतता जाता है और इतिहास (अर्थात मानव अनुभव) लंबा होता जाता है, वैसे-वैसे हमारा वर्तमानकालीन अनुभव हमारे सामाजिक क्रियाकलापों की संभावनाओं तथा सीमाओं को स्पष्ट करता जाता है तो हम अपने अतीत की ओर मुड़ने लगते हैं और हमें उसका नया बोध प्राप्त होता है। फ्रांसीसी क्रांति के संदर्भ में मार्क ब्लाख की दृष्टि पर विचार कीजिए। वे उसे फ्रांसीसी कृषि इतिहास की निरंतरता में देखते हैं, विच्छिन्नता में नहीं। यह दृष्टि उन्हें 1917 की रूसी क्रांति के बाद प्राप्त हुई। उसी प्रकार चीनी क्रांति एक महान क्रांति थी और 1949 में उसकी सफलता के बाद, हमें सोवियत किसानों की लामबंदी की सीमाओं के संदर्भ में एक नया बोध प्राप्त हुआ। अतीत और वर्तमान की एकता के संदर्भ में मार्क्सवादी इतिहास-लेखन की यह बुनियादी जिम्मेदारी है कि वह अनुसंधान और पुन: अनुसंधान के लिए नए-नए पक्षों का उद्‌घाटन करता रहे और नए-नए प्रश्नों और उनके उत्तर तलाशना जारी रखे। 1917 के बाद के समाजवादी समाजों के इतिहास के संदर्भ में इसकी आवश्यकता को अधिक स्पष्ट ढंग से समझा जा सकता है। जाहिर है कि समाजवाद के विषय में इतिहास का अध्ययन सार्थक ढंग से केवल उस सूचना के आधार पर नहीं किया जा सकता जो मार्क्सवाद के क्लासिकीय ग्रंथ हमें उपलब्ध कराते हैं। समाजवाद का लंबा तथा जटिल इतिहास न केवल समाजवादी देशों की जनता के लिए अत्यंत महत्वपूर्ण है बल्कि उन सबके लिए महत्वपूर्ण है जो अपने-अपने समाजों को समाजवाद का रूप देना चाहते हैं।

इसके अतिरिक्त कुछ अन्य कारक भी पूर्ववर्ती धारणाओं पर निरंतर पुनर्विचार की प्रेरणा देते हैं। जैसे-जैसे अनुसंधान विस्तृत होता जाता है तो उस प्रक्रिया में कुछ ऐसे नए-नए तथ्यों का उद्‌घाटन भी होता रहता है जिसकी जानकारी हमें पहले नहीं थी। बिना किसी अनावश्यक शालीनता के हम यह कह सकते हैं कि भारत के विषय में हमारी जानकारी मार्क्स से अधिक है। भारत के विषय में मार्क्स ने जो वक्तव्य दिए हैं, क्या हम उन्हें प्रामाणिक मान सकते हैं; विशेष रूप से तब जब हमें यह मालूम हो कि उक्त संदर्भ में उनके पास उपलब्ध सूचना अत्यंत सीमित थी। विकसित ज्ञान ने हमें

स्वभावत: यह दायित्व सौंपा है कि हम उपलब्ध सूचना के आधार पर पुरानी व्याख्याओं की जांच पड़ताल करें। यह एक निरंतर प्रक्रिया है।

यह सही है कि हमें इतिहास के प्रति धर्मशास्त्रीय दृष्टिकोण नहीं अपनाना चाहिए। जब मैं विद्यार्थियों के एक ऐसे संगठन से जुड़ा जिसका नेतृत्व कम्युनिस्ट पार्टी के हाथ में था तो मुझे उन बैठकों में जाना पड़ता था जहां मार्क्सवाद की शिक्षा दी जाती थी। उन बैठकों में यह बताया जाता था कि जब मनुष्य इस संसार में आया तो वह आदिम ढंग का साम्यवादी था। इस आदिम साम्यवाद के बाद दासप्रथा आई। उसके बाद सामंतवाद आया; फिर पूंजीवाद; और चाहे जो हो, उसी क्रम में समाजवाद भी आएगा। यह तो एक प्रकार का धर्मशास्त्र है, मार्क्सवाद नहीं। मार्क्सवाद हमें यह शिक्षा देता है कि हम वास्तविक जीवन से जुड़ें। हमारा जो वास्तविक अतीत है और उस अतीत के विषय में हमारा जो ज्ञान है, वह हमारे अनुभव के समृद्ध होने के साथ-साथ ही विकसित होता जाता है।

इसके अतिरिक्त, मजदूर वर्ग की विचारधारा के रूप में कोई ऐसी विचारधारा नहीं है जिसका अपने परिवेश में कोई संबंध न हो। हमेशा ही प्रतिद्वंद्वी व्याख्याएं जन्म लेती रहती हैं। हो सकता है इन प्रतिद्वंद्वी व्याख्याओं का आधार वर्ग-दृष्टि न हो, किंतु बुर्जुआ कहकर उनकी उपेक्षा करना बहुत विश्वसनीय नहीं होगा। हमें विरोधी विचारधाराओं की चुनौती का मुकाबला करना चाहिए तथा उनका विरोध करना चाहिए। यदि मार्क्सवाद को शून्य में रहने की सुविधा होती और किसी मार्क्सवादी को किसी विवाद में न फंसना पड़ता तो बहुत ही अच्छा होता। किंतु इससे हम किसी को शिक्षित नहीं कर सकते। यदि आप किसी को आश्वस्त करना चाहते हैं तो आपको तर्क करना ही होगा और यदि आप तर्क करते हैं तो फिर दूसरे के तर्क को भी सुनना चाहिए और यह देखना चाहिए कि आपको किस चीज का उत्तर देना है। हमें संप्रदायवादी, क्षेत्रीयतावादी तथा जातिवादी विरोधियों से तर्क करना चाहिए और उस प्रक्रिया में अपनी भूलों को भी सुधारना चाहिए अन्यथा हमारे विरोधी हमें कठघरे में खड़ा करेंगे।

इसके अतिरिक्त, कुछ और अधिक बुनियादी चुनौतियां भी हैं। ग्राम्शी ने बुखारिन की साम्यवाद पर लिखी ए.बी.सी. शृंखला की आलोचना करते हुए लिखा था कि विचारों के युद्ध में, किसी सामान्य युद्ध के विपरीत, आपको अपने शत्रु के सर्वाधिक शक्तिशाली गढ़ पर प्रहार करना चाहिए, कमजोर ठिकानों पर नहीं। इसके लिए अनवरत तैयारी तथा आत्मपरीक्षण की आवश्यकता होती है। मार्क्सवादी दृष्टिकोण के विस्तार तथा परिमार्जन की आवश्यकता होती है। यह परीक्षण सामान्य सिद्धांतों से लेकर विशिष्ट तथ्यों तक के संदर्भ में होना चाहिए; चूंकि दूसरे लोग उक्त स्थापनाओं पर बराबर प्रश्नचिह्न लगाते रहते हैं। दूसरों की भर्त्सना करके हमें उत्तर नहीं देना चाहिए। यह अत्यंत अशोभनीय ढंग है। हमें सावधानीपूर्वक जांच पड़ताल करके उत्तर देना चाहिए।

मैं यह मानता हूं कि वैज्ञानिक समाजवाद निरंतर अपने अंदर एक बहस चलाता है, चाहे बाहरी वादविवाद का दबाव न भी हो। 'बहुलता' के सिद्धांत की मौजूदा मान्यता से बहुत पहले माओ त्से-तुंग ने कहा था कि 'सत्य' अल्पसंख्यकों के पक्ष में भी हो सकता है और सभी 'सत्यों' को पहले पहल अल्पसंख्यकों द्वारा ही अपनाया जाता है। यह सिद्धांत क्रांतिकारी दल तथा समाज दोनों पर समान रूप से लागू होता है।

इसी दृष्टिकोण के तहत मैं उन समस्याओं को आपके सामने रखता हूं जो मेरी दृष्टि में मार्क्सवादी इतिहासकारों के लिए बड़ी समस्याएं रही हैं। वादविवाद आमंत्रित करने के लिए मैं अपना मत आपके सामने प्रस्तुत करता हूं। मैं हरगिज ऐसा नहीं मानता कि मेरा मत अनिवार्य रूप से ठीक ही होगा।

इतिहास में चेतना और पदार्थ

मेरी राय में मार्क्सवादी इतिहासलेखन के विषय में सामान्य रूप से जो भ्रामक धारणा बनी है उसका एक कारण तो वह पाठ्य पुस्तकीय दृष्टिकोण है जिसके तहत मार्क्सवाद को नियतिवाद के पर्याय के रूप में प्रस्तुत किया जाता है। जहां एक ओर मार्क्सवादियों ने इस मान्यता का विरोध किया है, वहीं दूसरी ओर उन्होंने ऐतिहासिक भौतिकवाद की व्याख्या (उदाहरण के लिए देखें, द्वंद्वात्मक भौतिकवाद और ऐतिहासिक भौतिकवाद पर स्तालिन का निबंध) उसी नियतिवादी शब्दावली में की है। हमें यह बताया जाता है कि किसी विशेष युग की प्रौद्योगिकी (उत्पादन की शक्तियां) उस युग के सामाजिक संबंधों (उत्पादन संबंधों) को निर्धारित करती है। ये दोनों मिलकर उत्पादन पद्धति का निर्माण करते हैं और उत्पादन पद्धति विचार जगत और सांस्कृतिक अधिरचना का निर्धारण करती है।

और चूंकि मार्क्स ने कहा ही है कि मनुष्य का सामाजिक अस्तित्व उसकी चेतना का निर्धारण करता है। यह तो ठीक है कि तकनीक, वर्गीय संबंध, उत्पादन पद्धति तथा संस्कृति की अंतःक्रिया निर्णायक रूप से महत्वपूर्ण हैं किंतु यह कैसे कहा जा सकता है कि संबंधों का एक पक्ष शेष संबंधों के समीकरण का निर्धारण करेगा। कहा जाता है कि मार्क्सवाद पूंजीवाद की ही देन है। यदि पूंजीवाद ने मजदूर वर्ग को पैदा न किया होता तो उसकी उत्पत्ति भी संभव नहीं थी। किंतु यह सिद्ध करना बहुत मुश्किल होगा कि मार्क्स के बहुआयामी विचार अनिवार्य रूप से अथवा स्वतःस्फूर्त रूप से पूंजीवाद द्वारा उद्भूत परिस्थितियों की ही देन हैं। हां, इतना अवश्य कहा जा सकता है कि पूंजीवाद ने मार्क्सवाद की पृष्ठभूमि तैयार की थी, किंतु संरचना नहीं और ऐसा सोचना किसी भी तरह के नियतिवाद से भिन्न होगा। फिलहाल मैं अल्थूसर की 'नियतिवाद' और 'अति नियतिवाद' की बहस में नहीं पड़ना चाहता।

ग्राम्शी महान कम्युनिस्ट थे और साम्यवादी दल के संस्थापकों में से एक थे। उनको मुसोलिनी ने जेल में डाल दिया था। उन्होंने एक बार कहा था कि पराजय की स्थिति में 'अनिवार्यता' का सिद्धांत मार्क्सवादियों के लिए सदैव उपयोगी होता है। जब-जब प्रतिक्रियावादी शक्तियों ने हमें बाहर निकालकर फेंक दिया है, हमें जेल में डाल दिया है, हमारा कत्ल किया है तो हम अपना मनोबल यह कहकर ऊंचा रखते हैं कि क्रांति अनिवार्य है। ग्राम्शी ने कहा कि भावनाओं के उदात्तीकरण का यह एक तरीका है। किंतु समाजवादी क्रांति अनिवार्य रूप से होगी ही, यह विचार कम्युनिस्टों तथा मजदूरों के लिए अत्यंत घातक होगा। क्रांति के संदर्भ में कुछ भी अनिवार्य नहीं है। क्रांति के लिए पूंजीवाद नहीं, उसके विरुद्ध संघर्ष अनिवार्य है।

मार्क्सवादी पाठ्य पुस्तकें प्राय: यह बताती हैं कि उत्पादन पद्धति, विशेष रूप से उत्पादन शक्तियां हमारे भौतिक आधार का प्रतिनिधित्व करती हैं और विचार उस स्वतंत्र अधिरचना का निर्माण करते हैं जिसकी बुनियाद यही भौतिक आधार होता है। पुरातत्ववेत्ता गोर्डन चाइल्ड अपनी पुस्तक के शीर्षक *मैन मेक्स हिमसेल्फ* द्वारा यही दरशाता है कि उत्पादन तकनीक का विचारों से अविभाज्य संबंध है। पदार्थ तकनीक को जन्म नहीं देता। मानव विचार ही उसको उत्पन्न करते हैं जो कुशलता, दक्षता तथा विज्ञान के रूप में प्रतिबिंबित होते हैं। मौरिस डॉब अपनी पुस्तक *स्टडीज़ इन दि डेवलपमेंट आफ कैपीटलिज्म* में यह तर्क देते हैं कि उन आविष्कारों ने जिन्होंने अठारहवीं सदी में ब्रिटिश औद्योगिक क्रांति को जन्म दिया था, उसके पहले नहीं, अपितु बाद में ही अस्तित्व में आए, क्योंकि उससे पहले आर्थिक परिस्थितियां उनके अनुकूल नहीं थी। वस्तुत: इस तर्क के तहत वे उत्पादन शक्तियों का प्रतिलोमी स्वरूप सुझाते हैं अर्थात सामाजिक संबंधों द्वारा भौतिक आधार का निर्धारण।

मार्क्स द्वारा प्रस्तुत ऐतिहासिक विकास की अवधारणा स्पष्ट रूप से अधिक परिष्कृत तथा विश्वसनीय है। वह सामाजिक विकास के संदर्भ में भौतिकवादी नियतिवाद का विस्तार भर नहीं है। उदाहरण के लिए, उनका यह मानना कि जिस प्रकार हम किसी व्यक्ति का मूल्यांकन इस आधार पर नहीं कर सकते कि वह अपने बारे में क्या राय रखता है, ठीक उसी प्रकार हम सामाजिक परिवर्तन के काल का मूल्यांकन सिर्फ उसकी अपनी चेतना के आधार पर नहीं कर सकते। इस वक्तव्य का अभिप्राय यह है कि पूर्ववर्ती उत्पादन पद्धतियों तथा सामाजिक संबंधों की जटिलताओं को उस काल में रहने वाले लोग नहीं देख सकते थे। उनके बाबत वे हमेशा भ्रम में रहे। मार्क्स की राय में इस प्रकार के भ्रामक और अपूर्ण बोध ने विचारों के भावी विकास में बाधा उत्पन्न की तथा सामाजिक परिवर्तन की प्रक्रिया में भी बाधा पहुंचाई। जब उन्होंने यह कहा कि जनसाधारण को अपनी गिरफ्त में लेने के बाद विचार भी भौतिक शक्ति बन जाते हैं

तो उनका अभिप्राय यही था कि कोई भी चेतना अपना सामान्य रूप ग्रहण करने के बाद व्यक्तिगत विचारों तथा सामाजिक क्रियाकलापों के क्षितिज को सीमित कर देती है। धर्म, नस्ल और समुदायगत पूर्वग्रहों ने वर्ग संघर्षों को अपने रंग में रंग दिया तथा उनके परिणामों को भी अपनी तरह से आकार प्रदान किया। यह ऐसी वास्तविकता है जिसे हम सहज रूप से अपने इतिहास से भी प्रमाणित कर सकते हैं। पूंजीवादी युग में जो कुछ हुआ तथा उसके साथ ही वैज्ञानिक क्रांति का जो परिणाम हुआ, उसके तहत उत्पादन पद्धति तथा सामाजिक संबंधों के बारे में अधिक तथ्यपूर्ण तथा निकटतर बोध की संभावना का जन्म हुआ। साथ ही सामाजिक परिवर्तन अथवा सामाजिक क्रांति के विषय में भी स्पष्ट तथा प्रशस्त दृष्टि प्राप्त हुई। इसी अर्थ में वर्गीय चेतना के रूप में मजदूर वर्ग की जो उपलब्धि रही है अर्थात अपने चारों ओर के वास्तविक जगत के सम्यक बोध तथा उसकी क्रांतिकारी भूमिका की संभावना को मार्क्सवादी व्यवहार में इसीलिए महत्वपूर्ण स्थान दिया गया है। वस्तुत: इसका अभिप्राय यह है कि विचारों की भूमिका आधुनिक युग में पूर्ववर्ती युगों की तुलना में पर्याप्त रूप से व्यापक हो गई है। दिशाहीन संघर्षों का स्थान अब दृष्टिसंपन्न संघर्षों ने ले लिया है। क्या हम यह नहीं कह सकते कि यह मानव विकास की एक विशेषता है और पूंजीपति वर्ग (जिसने कम्युनिस्ट मैनीफेस्टो के अनुसार क्रांतिकारी भूमिका निभाई थी) ने राष्ट्र-राज्य के निर्माण, संसदीय जनतंत्र के निर्माण, स्त्री-पुरुष के बीच मत-पेटिका की समानता की स्थापना आदि के द्वारा वैचारिक विकास में महत्वपूर्ण योगदान दिया था।

और अब मार्क्सवाद तथा समाजवाद के पथप्रदर्शक सिद्धांत से लैस होकर मजदूर वर्ग ने आर्थिक समानता, अवसर की समानता, नागरिक कल्याण के संदर्भ में राज्य की भूमिका जैसे नए विचारों को जन्म दिया है। अत: यह कहा जा सकता है कि इतिहास का मार्क्सवादी सिद्धांत केवल भौतिकवादी नियतिवाद नहीं है, अपितु मानव प्रगति के संदर्भ में विचारों की बढ़ती हुई भूमिका तथा उसके योगदान को रेखांकित करता है।

मैं समझता हूं कि आज भारत में हमारे लिए इसका विशेष महत्व है। हमारा वामपंथी आंदोलन अपनी इसी सही समझ के साथ आगे बढ़ रहा है। उसी के तहत हमें मजदूरों, मध्यम वर्गों को वेतन, मजदूरी और बोनस आदि की मांगों के आधार पर संगठित करना चाहिए। ये सभी मांगें सही हैं क्योंकि यदि हम उन्हें नहीं उठाते तो हम मजदूर वर्ग तक अपनी पहुंच नहीं बना सकते। बहरहाल, यदि हम इन संघर्षों के माध्यम से अपना संबंध वैज्ञानिक समाजवाद के विचारों, विशेष रूप से जनता की जनवादी क्रांति के विचारों से नहीं जोड़ते तो हमारे सभी प्रयास निष्फल होंगे। मजदूर संघ के क्रियाकलापों के द्वारा प्रत्येक व्यक्ति (भारतीय जनता पार्टी के समर्थकों से लेकर कांग्रेस (आई) तक) को मजदूर संघ की मांगों के आधार पर जोड़ा जा सकता है। मैं यह

महसूस करता हूं कि इतिहास के प्रति सही मार्क्सवादी दृष्टि और उस विशेष दृष्टिकोण के तहत विचारों की भूमिका अत्यंत महत्वपूर्ण है।

यदि हम 'अनिवार्यता' और नियतिवाद को ही इतिहास की विशेषता के रूप में पढ़ाते रहेंगे तो इनसे उस अर्थवाद को एक औचित्य और तार्किक आधार प्राप्त होगा जिस पर हमारे मजदूर संघ अतिरिक्त रूप से बल देते रहे हैं। यदि एक ओर हम मजदूरों की सांगठनिक गतिविधि जारी रखते हैं और दूसरी ओर हमारे मजदूर जाति और धर्म पर आधारित भेदभाव में पहले जैसी आस्था रखते हैं; अथवा हमारे इलाके या बस्ती में किसी भिन्न धर्मावलंबी की हत्या कर दी जाती है और हम अपना मुंह फेर लेते हैं; अथवा हमारे साथी सांप्रदायिक दंगों में भाग लेते हैं तो इसके लिए सिर्फ मजदूर दोषी नहीं हैं, अपितु हम सब जिम्मेदार हैं, क्योंकि हमने मजदूर वर्ग के अंदर सही विचारों का प्रचार-प्रसार नहीं किया। मैं यह देखकर बेहद खुश हूं कि इंडियन स्कूल आफ सोशल साइंसेज ने अपने तत्वावधान में इतने मजदूर कार्यकर्ताओं को जमा किया है। यह आपने एक बड़ा कदम उठाया है, और सारे देश में इसका अनुसरण होना चाहिए। जातिवाद, सांप्रदायिकता तथा क्षेत्रीयतावाद के विरुद्ध विचारों के युद्ध में भारत में वामपंथी आंदोलन की जीत निश्चित है।

मैं पूर्णतः आश्वस्त हूं कि मार्क्स यह मानकर चलते थे कि भविष्य में विचारों का महत्व बढ़ता जाएगा। जब उन्होंने यह कहा कि भविष्य में मानव जाति आवश्यकता की परिधि से निकलकर स्वतंत्रता के क्षेत्र में पहुंच जाएगी तो मेरा विश्वास है (यह दुर्भाग्यपूर्ण है कि एंगेल्स ने स्वतंत्रता को 'आवश्यकता' बोध के रूप में व्याख्यायित किया है) कि मार्क्स उत्सुकतापूर्वक यह प्रतीक्षा कर रहे थे कि अंततः एक न एक दिन विचार पदार्थ पर अपना प्रभुत्व स्थापित कर लेंगे। विचारों का यह वर्चस्व किसी अध्यात्मवादी गतिविधि के माध्यम से नहीं, अपितु उस प्रचुर भौतिक संपदा के द्वारा स्थापित होगा जिसे साम्यवाद के तहत उत्पादित करना संभव होगा।

वस्तुतः मार्क्सवाद भौतिकवादी नियतिवाद से अलग हटकर अतीत की व्याख्या भौतिक जगत के साथ उसके वास्तविक संबंधों के संदर्भ में करता है और यह आशा करके चलता है कि एक न एक दिन मानवता की ही सार्वभौमिक सत्ता स्थापित होगी। यह सत्ता समाजवाद और साम्यवाद के तहत की जाने वाली प्रगति द्वारा स्थापित की जा सकेगी। यह प्रगति सामाजिक विकास के दो स्तरों, मौजूदा और भावी पर घटित होगी। इनकी रूपरेखा मार्क्स ने 'गोथा कार्यक्रम की आलोचना' में विश्वासपूर्वक प्रस्तुत की है।

मार्क्सवाद के साथ अनिवार्यता का जो पाठ्य पुस्तकीय सिद्धांत गलत ढंग से जुड़ गया है, उससे मुक्ति आज हमारी बड़ी आवश्यकता है। पूंजीवाद और अन्य शोषणमूलक पद्धतियां अपने ही बोझ अथवा पूंजीवाद के सामान्य संकट से टूटने वाले नहीं हैं। इसके लिए वैचारिक युद्ध में हिस्सा लेने के अतिरिक्त और कोई चारा नहीं है।

मेहनतकशों से लेकर शिक्षकों द्वारा श्रम के पक्ष में आर्थिक कार्रवाई से सहायता तो मिलती है, किंतु वह वर्ग चेतना का विकल्प नहीं हो सकती।

सामाजिक संरचना और वर्ग संघर्ष

अब तक मौजूद समाजों का इतिहास वर्ग संघर्ष का इतिहास रहा है। कम्युनिस्ट घोषणापत्र के गूंजते हुए ये शब्द, ऐसा लगता है कि मार्क्सवादी इतिहासकारों की उन लंबी-लंबी बहसों में कहीं खो गए जो 'उत्पादन पद्धति', 'सामाजिक संरचना', विशेष रूप से 'सामंतवाद' को लेकर चलती रही हैं। मैं स्वयं भी इस विषय में बहुत अधिक विरोध करने की स्थिति में नहीं हूं, चूंकि मैंने स्वयं भी इन बहसों में हिस्सा लिया है। और ऐसा भी नहीं है कि ये बहसें पूरी तरह निरर्थक थीं, हालांकि ऐसा मुझे अवश्य लगता है कि पेड़ गिनने के फेर में जंगल को आंखों से ओझल नहीं करना चाहिए।

मेरी राय में अतीत के संदर्भ में कोई भी मार्क्सवादी दृष्टि अपूर्ण है, जो वर्ग संघर्ष से जुड़ी नहीं है। उदाहरण के लिए, डी.डी. कोसंबी के कार्य को लें, जिनके लिए मेरे मन में अपार सम्मान है। उन्होंने मार्क्सवादी इतिहासलेखन को एक सम्मानजनक प्रवृत्ति के रूप में स्थापित किया। किंतु यदि आप उनकी पुस्तक *एन इंट्रोडक्शन टु दि स्टडी आफ इंडियन हिस्टरी* को पढ़ें तो पाएंगे कि उनके यहां वर्ग संघर्ष के सिवा मार्क्सवादी इतिहास-लेखन के सभी तत्व मौजूद हैं।

मार्क्स एक महान सिद्धांतवेत्ता, बड़े भारी पद्धतिकार तथा श्रेष्ठ तर्कशास्त्री थे। उनका वैचारिक प्रारूप बड़ा सुव्यवस्थित था। आप देखें कि उनका ग्रंथ *कैपीटल* किस प्रकार पूंजीवादी संचय की ऐतिहासिक प्रवृत्ति के साथ समाप्त होता है ? वे उसे क्रांति का आह्वान करते हुए समाप्त करते हैं: 'संपत्ति अपहर्ताओं का संपत्ति हरण।' *कैपीटल* में उनका विश्लेषण एक विशेष निष्कर्ष की ओर ले जाता है अर्थात पूंजीवादी वर्ग को उखाड़ फेंकना। भारतीय इतिहास का अध्ययन करते समय हमें इस तथ्य को नजरअंदाज नहीं करना चाहिए कि हम वर्ग शोषण से युक्त समाज में रह रहे हैं, अत: वहां वर्ग प्रतिरोध और वर्ग संघर्ष भी होगा। यह भी कि यही हमारा अतीत भी रहा है।

सामाजिक संरचनाओं को परिभाषित करने का प्रश्न इसलिए उठता है कि बिना वर्गों को पहचाने आप वर्ग संघर्ष का अध्ययन नहीं कर सकते तथा वर्गों का संबंध उन रूपाकारों से होता है जिन्हें हम सामाजिक संरचना कहते हैं। सामाजिक संरचनाएं क्रमागत सामाजिक संगठनों का निर्माण करती हैं। क्लासिकीय ढंग की क्रम व्यवस्था इस प्रकार रही है—आदिम साम्यवाद, दासप्रथा, सामंतवाद, पूंजीवाद। क्या यह क्लासिकीय व्यवस्था सार्वभौमिक रही है ? यह एक ऐसा प्रश्न है जो बहुत विवादास्पद रहा है। मार्क्स प्राक्-उपनिवेशी भारत को सामंतवादी नहीं मानते थे। उसमें भूदासता नहीं थी

तथा कर और लगान में एकरूपता थी। समीर अमीन ने एशियाई पद्धति को जिसकी परिकल्पना मार्क्स ने 1850 ई. में की थी, 'करदाता पद्धति' के रूप में पुनर्जीवित किया है। क्रिस विखेम ने उसको 'सामंती' (लगान के आधार पर) तथा 'निरंकुश' (कर के आधार पर) रूपों में उप-विभाजित किया है। कोसंबी तथा आर.एस. शर्मा ने तर्क दिया है कि भारत दासप्रथा के चरण से नहीं गुजरा, किंतु सामंतवाद के विभिन्न रूप प्रथम सहस्राब्दी अथवा उसके आसपास से उपनिवेशवादी युग के प्रारंभ तक रहे।

यह विवाद अभी रुकने वाला नहीं है। मैं यहां विस्तार से इस पर चर्चा करना नहीं चाहता। मैं सामंतवाद को सभी प्राक्-पूंजीवादी पद्धतियों को अंतर्लीन करने वाली पद्धति के रूप में एक सार्वभौमिक व्यवस्था मानने के विरुद्ध हूं। अतिरिक्त उत्पादन को अपहृत करने का वास्तविक ढंग भिन्न भी हो सकता है। मैं इस बात से सहमत हूं कि यदि हमें सामंतवाद को एक सार्वभौमिक पद्धति के रूप में देखने में सफलता नहीं मिलती तो उसका परिणाम यह होगा कि हम विभिन्न क्षेत्रों में विविध सामाजिक संरचनाओं का अस्तित्व देख सकेंगे और मैं इसमें कुछ भी असंगत नहीं समझता। मैं पुनः बलपूर्वक आग्रह करूंगा कि यह बात कम्युनिस्ट घोषणापत्र में भी अंतर्निहित है। उसमें पूंजीवाद को ही प्रथम सार्वभौमिक उत्पादन पद्धति के रूप में स्वीकार किया गया है और उससे पहले की जटिल वर्गीय संरचनाओं की बात भी की गई है।

मेरी राय में जिस दृष्टिकोण में संशोधन की आवश्यकता है और जिसे चुपचाप बहुत से मार्क्सवादी इतिहासकारों ने स्वीकार कर लिया है वह यह है कि प्रत्येक समाज व्यवस्था अपनी पूर्ववर्ती समाज व्यवस्था के अंतर्विरोधों से जन्म लेती है और वह भी जब वह अपने विकास के चरम बिंदु पर पहुंच जाती है। इस प्रकार दासप्रथा, सामंतवाद, पूंजीवाद को एक रेखीय क्रम में देखा जाता है जो यदि यूरोप तक भी सीमित रखा जाए तो पता चलेगा कि सामाजिक विकास की उच्चतर अवस्थाएं केवल यूरोप तक ही सीमित रहीं। मैं इस प्रकार की समझ का विरोध करूंगा। मार्क्स और एंगेल्स के अनेक वक्तव्यों से यह जाहिर होता है कि वे विश्व के अन्य भागों के समकालीन समाजों की तुलना के आधार पर यूरोपीय सामंतवाद के पिछड़ेपन के प्रति जागरूक थे। उपभोक्ता वस्तुओं के संदर्भ में उत्पादकता तथा अन्य पक्षों की दृष्टि से यूरोपीय सामंतवाद किसी भी तरह संसार की अपने समय की सर्वाधिक विकसित सामाजिक अवस्था नहीं कहा जा सकता। और यह कि यूरोपीय सामंतवाद केवल अपने आंतरिक अंतर्विरोधों के कारण ही पूंजीवाद में परिवर्तित नहीं हो गया था। जोसेफ नीधम ने यूरोप के परवर्ती सामंतवाद तथा सामंतवादोत्तर यूरोप के प्रौद्योगिकीय विकास के संदर्भ में चीन के प्रौद्योगिकीय आविष्कारों जैसे कागज, छपाई की मशीन, पेडल, मुक्त चक्र (फ्री व्हील) का इस्तेमाल करते हुए माल द्वारा शक्ति-संचरण, नाविक का दिशासूचक यंत्र, बारूद आदि पर उचित

ही बल दिया है। वस्तुतः इसके बिना औद्योगिक क्रांति के आधार की कल्पना ही नहीं की जा सकती। यह सही है कि सार्वभौमिक स्तर पर मानव प्रगति हुई है, किंतु विभिन्न कालों में विभिन्न क्षेत्र एक दूसरे से आगे रहे हैं। बारहवीं सदी से पूर्व चीन स्पष्ट रूप से बहुत आगे था। फिर भी चीन में पूंजीवाद नहीं आया। पूंजीवाद के उद्भव के लिए कुछ दूसरे कारकों की भूमिका अपेक्षित होती है। उक्त संदर्भ में जहां एक ओर समुद्र पारीय लूट (जो पंद्रहवीं सदी के बाद से यूरोप की एक प्रथा बन गई थी) तथा दासों के लिए अफ्रीका का रौंदा जाना, एक कारक था वहीं दूसरी ओर वैज्ञानिक क्रांति ने अपनी भूमिका निभाई थी।

भारत और चीन को सामंती समाजों का नाम देकर हम यह संकेत देते हैं कि यदि उपनिवेशवाद ने हस्तक्षेप न किया होता तो इन समाजों में पूंजीवाद का उद्भव होता। हालांकि यह अवधारणा बड़ी आकर्षक है, लेकिन मैं इसका विरोध करूंगा। वह भी सिर्फ इसलिए नहीं कि इस तरह की अवधारणा के लिए कोई तथ्यपरक आधार मौजूद नहीं था (हालांकि मेरे सहयोगी इख्तिदार आलम खान ने उसके पक्ष में ठोस तर्क दिए हैं), अपितु इसलिए भी कि सार्वभौमिक सामंती पद्धति की समझ असमान विकास के नियम के (जो मार्क्सवादी द्वंद्ववाद का अत्यंत महत्वपूर्ण पक्ष है) आश्चर्यजनक ढंग से विरुद्ध होगी।

सभी सामाजिक संरचनाओं के अपने अंतर्विरोध होते हैं। सर्वाधिक महत्वपूर्ण अंतर्विरोध वर्गीय होते हैं तथा उनकी अभिव्यक्ति वर्ग संघर्षों के रूप में होती है। भारत में हमें यह याद रखना चाहिए कि अंग्रेजों के आने से पहले वर्गीय शोषण का एक तंत्र था। वर्ग संघर्ष भी हुए, जिनमें किसानों और नगरों में रहने वाले गरीब लोगों ने भाग लिया। जहां एक ओर मार्क्सवादी इतिहासकारों का यह काम है कि वे भारत की जनता के सामने गरीब और दलित लोगों की कहानी प्रस्तुत करें, वहीं दूसरी ओर यह भी ध्यान रखें कि वे उन वर्ग संघर्षों के बारे में जो कभी हुए ही नहीं, मनगढ़ंत तथ्य पेश न करें। उदाहरण के लिए, अनेक मार्क्सवादी विद्वान छत्रपति शिवाजी को किसान विद्रोह के नेता के रूप में उनका अभिनंदन करने के लिए महाराष्ट्र के संकीर्णतावादियों क साथ हो गए हैं। यह एक अनैतिहासिक तथ्य का अभिनंदन है। 1960 के शुरू में पीपुल्स पब्लिशिंग हाउस ने एक कविता प्रकाशित की थी जो शिवाजी के राज्यारोहण की प्रशंसा में लिखी गई थी। संयोग से कविता किसानों को संबोधित नहीं थी। मुझे इस तथ्य पर हंसी आई कि जो संस्था मजदूर वर्ग के पैसे से बनी उसने एक युवराज के अभिनंदन को उचित समझा।

मार्क्सवादी इतिहासकारों के लिए सिर्फ इतना ही महत्वपूर्ण नहीं है कि वे दलित वर्गों के विद्रोहों को विस्मृति के गर्भ से मुक्त कर उद्घाटित करें अपितु उन्हें उनके स्वरूप का विश्लेषण कर यह भी पता लगाना चाहिए कि वे किस सीमा तक अपने वर्ग संबंधों के

प्रति सचेत थे। कहना न होगा कि वर्गबोध के अभाव में भी कुछ लोग वर्ग संघर्षों में हिस्सा लेते हैं। दुर्भाग्यवश, बहुत से विद्रोहों के बारे में उन लोगों ने कलम चलाई है जिन्होंने उन विद्रोहों का विरोध किया था। उन मुंशियों द्वारा लिखा गया जो स्वयं शासक वर्ग के पक्षधर थे। परिणामस्वरूप, हमारे पास कोई ऐसा साधन नहीं है, जिसके आधार पर हम यह पता लगा सकें कि विद्रोही वास्तव में क्या सोचते थे। फिर भी यह पता चलता है कि चीन के किसान विद्रोहों अथवा 1381 ई. के इंगलैंड के किसान विद्रोहों में वर्गीय चेतना सत्रहवीं सदी के भारतीय कृषि विद्रोहों की तुलना में अधिक थी।

जब चीन के किसान विद्रोहों की महान परंपरा में अपने शासकों के विरुद्ध उठ खड़े हुए तो उनकी मुख्य मांगें थीं: भूमि कर तथा लगान में कटौती तथा भद्र वर्ग द्वारा उत्पीड़न में कमी। ये मांगें 1860 ई. में तेपिंग विद्रोह के समय तक रहीं। इसी बिंदु पर आकर चीनी विद्रोहियों ने भूमि वितरण में समानता की मांग और जोड़ दी। 1381 ई. में जब इंगलैंड के किसान वर्ग ने विद्रोह में सिर उठाया तो उन्होंने कृषि भूदासता की समाप्ति की मांग रखी। किंतु जब हम भारत के वर्ग संघर्षों के इतिहास पर दृष्टिपात करते हैं तो हमें एक भिन्न तसवीर दिखाई पड़ती है। किसान विद्रोह तो हुए किंतु किसानों द्वारा सत्ता का यह अंध विरोध था। उनमें वर्गबोध नहीं था। उन्होंने विरोध इसलिए किया क्योंकि उनका गांव उत्पीड़न का शिकार हुआ था। उन्होंने जाति अथवा समुदायों के रूप में विद्रोह किया और उन्होंने दूसरी जातियों और समुदायों को लूटा। उनके लिए शत्रु केवल सरकार ही नहीं थी, बल्कि हर वह व्यक्ति उनकी दृष्टि में शत्रु था जो किसी भिन्न जाति अथवा संप्रदाय से संबद्ध था। उन्होंने जमींदारों को अपना नेता माना और बड़ी संख्या में उनका साथ दिया। हमारे किसानों में वर्गबोध का अभाव क्यों था ? इस पिछड़ेपन की जांच पड़ताल की जानी चाहिए। उदाहरण के लिए, उक्त संदर्भ में जाति व्यवस्था की भूमिका की पड़ताल की जानी चाहिए। उक्त कारकों के अध्ययन से हम सबक ले सकते हैं और आज किसानों को संगठित करने में उनका उपयोग कर सकते हैं।

हमें यह नहीं भूलना चाहिए कि वर्ग संघर्ष दो स्तरों पर दिखाई पड़ता है। दलितों के विद्रोह के स्तर पर, उदाहरण के लिए किसान युद्धों के रूप में, दूसरे, दो शासक वर्गों के बीच टकराव के स्तर पर, उदाहरण के लिए फ्रांसीसी अभिजात वर्ग तथा क्रांति काल के पूंजीपति वर्ग के बीच। पूंजीपति वर्ग अन्य वर्गों की सहायता भी ले सकता है।

हमें यह देखना चाहिए कि क्या यही बात भारतीय विद्रोहों के संदर्भ में भी सही नहीं है, जहां किसानों को जमींदारी ढंग की राज्य व्यवस्था की स्थापना के लिए इस्तेमाल किया गया। उदाहरण के लिए, शिवाजी और उसके वर्गियों ने किसानों का इस्तेमाल जमींदारी व्यवस्था की स्थापना के लिए ही किया था।

इस संदर्भ में ग्राम्शी की इस अवधारणा को भी परखना चाहिए जिसके तहत वे यह मानते हैं कि किसान अपनी विचारधारा का विकास स्वयं नहीं कर सकते। हम

यहां यह टिप्पणी अवश्य कर सकते हैं कि प्रोफेसर रणजीत गुहा तथा दूसरे विद्वानों ने (जो 'सबाल्टर्न स्कूल के अनुयायी हैं) ग्राम्शी की शब्दावली का विचित्र ढंग से इस्तेमाल किया है तथा उन्होंने उसमें 'अभिजात वर्ग' (इलीट क्लासिज) जैसें शब्द और जोड़ दिए हैं। उन्होंने विचारधारा और संस्कृति के क्षेत्र में सबाल्टर्न वर्गों (समाज में हाशिए पर स्थित) की कथित स्वायत्तता पर विशेष बल दिया है। उन्होंने पांच भागों में एक विशाल ग्रंथ तैयार किया है *सबाल्टर्न स्टडीज* शीर्षक से। इन इतिहासकारों ने सबाल्टर्न पद का प्रयोग किसी वर्ग विशेष को अभिहित करने के लिए नहीं किया, अपितु जाति, जनजाति अथवा समुदाय के अर्थ में किया है। उन्होंने प्राय: किसानों और जमींदारों के बीच फर्क को स्पष्ट नहीं किया है। ये इतिहासकार तर्क देते हैं कि इन सबाल्टर्न वर्गों की अपनी विचारधारात्मक तथा सांस्कृतिक स्वायत्तता होती है। जाति और अंधविश्वास के संदर्भ में उनका अपना परिप्रेक्ष्य है और उस परिप्रेक्ष्य को तैयार करने का उन्हें हक है जिसका हमें सम्मान करना चाहिए। वे आगे तर्क देते हैं कि अपने उक्त विचारों द्वारा ये सबाल्टर्न वर्ग (वंचित वर्ग) लोक इतिहास (हिस्टरी फ्राम बिलो) की रचना करते हैं। सबाल्टर्न स्कूल का तर्क है कि भारतीय राष्ट्रीय आंदोलन की एक विशेषता यह थी कि इन सबाल्टर्न वर्गों ने अपनी स्वायत्तता बनाए रखी तथा उनका प्रतिरोध परंपरागत रूप में सामने आया। इन तथाकथित सबाल्टर्न (हाशिए पर स्थित) वर्गों का परंपरागत विचारधारा के प्रति एक विशेष प्रकार का (रहस्यात्मक ढंग का) प्रेम दिखाई पड़ता है और इसकी गवाही उन इतिहासकारों के लेखन से भली भांति मिलती है।

यह स्पष्ट है कि सबाल्टर्न मत के समर्थक इतिहासकार मार्क्सवाद को एक विदेशी विचारधारा मानते हैं, जिसे वे राष्ट्रीय मार्क्सवाद कहते हैं। एक विद्वान ने तो अपने वक्तव्य को दोहराते हुए यहां तक कहा है कि जब सबाल्टर्न वर्ग क्षेत्रीयतावाद, जातिवाद तथा सांप्रदायिकता का समर्थन करते हैं तो इसे विदेशी विचारधारा (अर्थात मार्क्सवाद) के प्रतिपक्ष में उनकी स्वायत्तता की अभिव्यक्ति के रूप में समझा जाना चाहिए। मैं यह समझता हूं कि तथाकथित 'सबाल्टर्न वर्गों' की परिकल्पना ही मार्क्सवादी सिद्धांत के विरुद्ध है। यह विचार कि इन सामाजिक समूहों ने अनिवार्य रूप से स्वायत्त विचारधाराओं का विकास कर लिया था (जैसे मार्क्सवाद के अनुसार मजदूर वर्ग ने किया है), विश्वसनीय ढंग से प्रमाणित नहीं होता। वस्तुत: यदि धर्म जनता की अफीम है, वह धर्म जिसका संबंध केवल शासक वर्ग से है तथा जिसके प्रति शासित वर्ग की कोई निष्ठा नहीं है, तो उस धर्म की शासक वर्ग के लिए भी कोई उपयोगिता नहीं हो सकती। किसी भी स्थायी सामाजिक संरचना में शासक वर्ग का प्रभुत्व आंशिक रूप से ही शस्त्र शक्ति पर निर्भर करता है। वस्तुत: इस प्रभुत्व का वैचारिक आधार भी होता है। सचाई यह है कि जब तक 'सबाल्टर्न वर्ग' शासक वर्गों के प्रभुत्व, उनके वर्गीय और वैचारिक शोषण को स्वीकार करते हैं, वे कभी स्वायत्त नहीं हो सकते। एक लगान देने वाला किसान

अपने जमींदार से स्वायत्त कैसे हो सकता है ? वर्गीय शोषण पर आधारित तंत्र में सांस्कृतिक स्वायत्तता की बात करना असंगत है। यह मानना कि सबाल्टर्न वर्गों ने अपनी निजी, गहरी और भूमिगत विचारधाराओं का विकास कर लिया है, जातिगत विचारधारा की सार्वभौमिक व्याप्ति को देखते हुए संगत प्रतीत नहीं होता। जातिगत विचारधारा एक ऐसी विचारधारा है जिसका प्रभाव कथित सबाल्टर्न वर्गों और शासक वर्गों पर समान रूप से व्याप्त है। वस्तुत: ये इतिहासकार इन वंचित वर्गों (कथित सबाल्टर्न) की करुण कथा का आनंदपूर्ण वर्णन तो करते हैं, किंतु उनकी मुक्ति की कामना नहीं करते।

मैं बलपूर्वक यह रेखांकित करना चाहूंगा कि इतिहासलेखन के संदर्भ में हमारी भूमिका महज एक मुंशी की नहीं है। हम चाहते हैं कि जिन सबाल्टर्न वर्गों को हम मेहनतकश वर्ग कहते हैं, उनकी शोषण से मुक्ति हो। हमें यह स्पष्ट करना चाहिए कि तथाकथित स्वायत्तता की अवधारणा ऐतिहासिक दृष्टि से गलत है। इसके साथ ही हमें मेहनतकश लोगों में आधुनिक विचारों तथा आधुनिक संस्कृति का प्रचार-प्रसार करना चाहिए और इन विचारों का सार तत्व वैज्ञानिक समाजवाद होना चाहिए। आज स्वायत्तता की अवधारणा का उपयोग पिछड़े हुए विचारों की रक्षा के लिए एक लबादे के रूप में किया जाता है। उदाहरण के लिए, सबाल्टर्न स्कूल की अवधारणा के तहत मुसलिम स्वायत्तता का आग्रह 'मुसलिम पर्सनल ला' के आदेशों के अनुसार मुसलिम महिलाओं के उत्पीड़न को बनाए रखने का एक तार्किक आधार तैयार करता है। जबकि हम यह जानते हैं कि मुसलमानों को ऐसा कोई स्वायत्त अधिकार प्राप्त नहीं है कि वे अपनी महिलाओं का दमन करें। पुरुषों और स्त्रियों के बीच समानता इस प्रकार की कल्पित स्वायत्तता से ऊपर है। मेहनतकश जनता को पुराने ढंग के संकीर्ण विचारों को त्यागना होगा और मजदूर वर्ग की विचारधारा अपनानी होगी। उसे जनवादी प्रजातंत्र तथा समाजवाद की स्थापना को ध्यान में रखते हुए जनता के व्यापक वर्गों का एक संयुक्त मोरचा बनाना होगा तभी उसकी मुक्ति हो सकती है।

पूंजीवाद और उपनिवेशवाद

मार्क्स ने *न्यूयार्क ट्रिब्यून* के लेखों, *कैपीटल* तथा अन्य रचनाओं में उपनिवेशों और इंगलैंड में पूंजीवाद के उद्‌भव के बीच संबंध पर विशेष ध्यान दिया। उन्होंने पूंजी के प्राथमिक अथवा आदिम संचय के सिद्धांत का निरूपण यह व्याख्यायित करने के लिए किया कि किस प्रकार उपनिवेशीय पूंजी से औद्योगिक क्रांति का जन्म हुआ। दादाभाई नौरोजी के काल से ही राष्ट्रवादी अर्थशास्त्रियों ने शुल्क अथवा धन के अपवाह (ड्रेन आफ वेल्थ) को ब्रिटेन के विरुद्ध एक गंभीर असंतोष के रूप में पेश किया। दुर्भाग्यवश,

ब्रिटेन के मार्क्सवादी इतिहासकारों जैसे डॉब तथा हाब्सबाम ने या तो उपनिवेशी संबंधों के इस पक्ष को पूरी तरह से नजर अंदाज कर दिया है या ब्रिटेन में पूंजीवाद के उद्भव और विस्तार के संदर्भ में इसकी भूमिका को बहुत कम करके आंका है। यदि पूंजीवादी अर्थव्यवस्था की संरचना में उपनिवेशवाद के महत्व का सम्यक मूल्यांकन करना है तो इस भूल को निश्चित रूप से सुधारना होगा।

एक अन्य दृष्टि से भी उन्नीसवीं सदी के उपनिवेशवाद के मार्क्सवादी मूल्यांकन में त्रुटि दिखाई पड़ती है। एक सीमा तक इसका कारण लेनिन की पुस्तक *इंपीरियलिज्म : दि हाइएस्ट स्टेज आफ कैपीटलिज्म* की असाधारण लोकप्रियता रही है। उक्त पुस्तक से यह ध्वनि निकलती है कि साम्राज्यवाद पूंजीपतियों की उस स्पर्धा का एक माध्यम था जिसके तहत वे बाहरी इलाकों और धन को हड़पने में मशगूल थे और यह कि वह वित्तीय पूंजी तथा इजारेदारी के विकास के साथ अस्तित्व में आया। निस्संदेह, लेनिन ने यहां तक कहा :

> जब ग्रेट ब्रिटेन में स्वतंत्र प्रतियोगिता अपने सर्वोच्च शिखर पर थी (अर्थात 1840 और 1860 के बीच) तो ब्रिटेन के प्रमुख राजनीतिक उसकी औपनिवेशिक नीति के विरुद्ध थे और उनका मत था कि ग्रेट ब्रिटेन से उपनिवेशों की पूर्ण मुक्ति अनिवार्य तथा वांछनीय है।

मेरा पक्का विश्वास है कि लेनिन ने यह नहीं लिखा होता यदि उन्हें यह जानकारी होती कि मार्क्स उसी काल के मुक्त व्यापारियों (फ्री ट्रेडर्स) के उपनिवेश विरोधी व्यवसायों को स्वस्थ संदेह की दृष्टि से देख रहे थे। जब भारत 'अनुबद्ध' किए जाने (एनेक्सेशन) की प्रक्रिया में था तो हर आदमी चुप था और जैसे भारत की प्राकृतिक सीमाओं को समेटने के साथ यह प्रक्रिया पूरी हुई तो ये लोग शांति का पाखंडपूर्ण राग अलापने लगे; और फिर भारत पर अपना धूर्ततापूर्ण परोपकारवाद थोपने के लिए पहले एक तरह से उस पर कब्जा किया (यह सब उन्होंने 1853 में लिखा)। 1859 में मार्क्स ने लिखा कि विद्रोह के बाद भारत की भव्य पुनर्विज्य अनिवार्य रूप से मैनचेस्टर के स्वतंत्र व्यापारियों के लिए भारतीय बाजार पर अपना एकाधिकार स्थापित करने के लिए संपन्न की गई। वे बड़े खतरनाक ढंग से साम्राज्यवाद की मुक्त व्यापार (फ्री ट्रेड) की अवधारणा के निकट पहुंच गए जिसे जान गेलेगर तथा रोनाल्ड राबिन्सन ने सौ वर्ष बाद (1953) प्रस्तुत किया था किंतु उसमें मार्क्स की आर्थिक अंतर्दृष्टि नहीं थी।

स्वतंत्र व्यापारिक पूंजीवाद के संदर्भ में उपनिवेशों की क्या भूमिका होती है? यह भी मार्क्सवादियों के लिए एक साधारण सैद्धांतिक समस्या है। समस्त अतिरिक्त

मूल्य मजदूर द्वारा उत्पन्न होता है। अत: ब्रिटेन से भारत को निर्यात किए गए तैयार माल का जो अतिरिक्त मूल्य था, वह भारतीय नहीं ब्रिटिश मजदूरों के शोषण का प्रतीक था, किंतु फिर भी इन निर्यातों द्वारा भारत में बेरोजगारी बढ़ी तथा कारीगरों को अपार कष्ट हुआ। मार्क्स ने जब असमान विनिमय की अवधारणा पेश की हालांकि उन्होंने इस शब्द का प्रयोग नहीं किया और यह कहा कि धनी देश निर्धन देशों का शोषण करते हैं तो हो सकता है मार्क्स के दिमाग में यही प्रश्न रहा हो। अभी तक यह बहुत स्पष्ट नहीं है कि मार्क्स की अपनी सैद्धांतिकी के अनुसार उस असमान विनिमय का ठीक-ठीक तौर-तरीका क्या था। रोजा लक्समबर्ग इस प्रश्न के उत्तर के निकट पहुंच गई थीं। उन्होंने कहा था कि पूंजीवाद में गैर-पूंजीवादी क्षेत्रों (उपनिवेशों सहित) के साथ विनिमय किए बिना पुनरुत्पादन का विस्तार संभव नहीं है जिसके तहत और अधिक अतिरिक्त मूल्य अर्जित किया जा सकता है।

रोजा लक्समबर्ग की जो भी सैद्धांतिक कमजोरी रही हो (उसके लिए उनकी सहानुभूतिपूर्ण समीक्षा के लिए देखें जोन रोबिन्सन तथा कठोर समीक्षा के लिए देखें एन. बुखारिन तथा पाल एम. स्वीजी), लेकिन जो प्रश्न उन्होंने उठाए हैं, वे निरर्थक नहीं हैं। यह वह क्षेत्र है जहां अभी भी मार्क्स की किसी एक विशेष परिघटना की ऐतिहासिक समझ का, उनके पूंजीवादी उत्पादन तथा उसके वितरण के सामान्य सिद्धांत के साथ तालमेल बैठाना है।

अब समय आ गया है कि हम पूंजी के निर्यात के प्रश्न को भी उपनिवेशीय संबंधों का एक महत्वपूर्ण तत्व मानें। रेलवे के अतिरिक्त, भारत में जो भी ब्रिटिश पूंजी थी, उसे आयात नहीं किया गया था, अपितु अधिकारियों के वेतन तथा अंग्रेजों की व्यापारिक गतिविधियों की व्यवस्था हेतु भारत में ही पैदा किया गया। बाद में, इसका भारत से ब्रिटेन को जो स्थानांतरण किया गया वह भी वस्तुत: उस पूंजी का अपने देश को प्रत्यावर्तन नहीं था, बल्कि धन के अपवाह (ड्रेन) की प्रक्रिया का ही एक अन्य तत्व था।

राष्ट्रीय आंदोलन

रजनी पाम दत्त की पुस्तक *इंडिया टुडे* (1940-46) से लेकर अब तक भारतीय राष्ट्रीय आंदोलन पर काफी कुछ लिखा गया है। हाल ही में, ई.एम.एस. नंबूदिरिपाद ने अपनी पुस्तक *ए हिस्टरी आफ इंडियाज फ्रीडम स्ट्रगल* में अपना विस्तृत सर्वेक्षण प्रस्तुत किया है। मुझे ऐसा लगता है कि अब राष्ट्रीय आंदोलन के बारे में यह सामान्य धारणा बन गई है कि वह भारतीय जनता के सभी वर्गों का एक संयुक्त मोरचा था; उसमें किसान, मध्य वर्ग, पूंजीपति वर्ग तथा मजदूर वर्ग शामिल थे। उसमें बड़े जमींदारों और राजे-रजवाड़ों की कोई भूमिका नहीं थी। भारतीय राष्ट्रीय कांग्रेस एक प्रमुख राष्ट्रवादी संगठन था

किंतु वह हमेशा ही उक्त संयुक्त मोरचे को प्रतिबिंबित नहीं करता था। किंतु कभी-कभी, जैसे 1930 के उत्तरार्ध में वह उस छवि को चरितार्थ करता हुआ प्रतीत होता।

निश्चित रूप से इस दृष्टि से राष्ट्रीय आंदोलन के नेताओं की उस कटु आलोचना पर पुनिर्विचार भी आवश्यक है जो हमें 1936 की दत्त-बैडले थीसिस से पूर्व के दस्तावेजों में तथा कभी-कभी बाद में भी मिलती है। किंतु उक्त आलोचनापरक दृष्टिकोण में संशोधन का यह अभिप्राय हरगिज नहीं है कि कम्युनिस्ट तथा दूसरे वामपंथी समूहों के सभी बुनियादी दृष्टिकोण गलत थे, जैसे 1942 के संदर्भ में उनका दृष्टिकोण। मैं जब विद्यार्थी था तो उस समय 1942 में कम्युनिस्ट पार्टी के विश्वासघात की बहुत चर्चा होती थी। कम्युनिस्टों के लिए कहा जाता था कि तुमने 1942 में राष्ट्रीय आंदोलन के साथ विश्वासघात किया और अब तुम स्वाधीनता की बात करते हो। हालांकि उस घटना को बीते लंबा अरसा हो गया, लेकिन अभी भी यह प्रश्न बराबर पूछा जाता है। अरुण शौरी जैसे लोग भी 1942 के भारत छोड़ो आंदोलन के सिलसिले में दिग्भ्रमित हैं, हालांकि उन्होंने 1988 के निंदा विधेयक के सिलसिले में सही दृष्टि अख्तियार की थी। उन्होंने इस घटना को केवल कम्युनिस्टों को लतियाने के लिए इस्तेमाल किया है। हाल में उन्होंने जो कुछ इस बाबत लिखा है, उसमें कुछ भी नया नहीं है। जिन चीजों को लेकर उन्होंने हमें लांछित किया है, मुझे गर्व है कि वे चीजें हमने कीं। हमें फख़्र है कि हमने हिटलर की जर्मनी और जापान के विरुद्ध अंग्रेजों को समर्थन दिया। हमें यह भी फख़्र है कि सोवियत यूनियन तथा चीन की भी जो थोड़ी बहुत मदद हम कर सकते थे, वह हमने की। 1942 में हमने जो रुख़ अख्तियार किया, हम उसे आज भी बहुत हद तक सही मानते हैं। यदि फासीवादी जर्मनी की जीत होती तो आज संसार का मजदूर आंदोलन कहां होता, कुछ कहा नहीं जा सकता।

प्रोफेसर बिपिनचंद्र द्वारा संपादित पुस्तक *इंडियन स्ट्रगल फार इंडिपेंडेंस* (नई दिल्ली, वाइकिंग, 1988) में जिस तरह वामपंथियों की भूलों को पूर्वग्रहग्रस्त होकर प्रस्तुत किया गया है, वह दुर्भाग्यपूर्ण है। उन्होंने राष्ट्रीय आंदोलन में वामपंथियों की उपलब्धियों और योगदान को कम करके आंका है। बहरहाल किसान आंदोलन तथा मजदूर संगठनों का निर्माण कम्युनिस्टों तथा उनके सहयोगियों का ही काम था, यह तथ्य भुलाना नहीं चाहिए।

मेरा आग्रह है कि हमें राष्ट्रीय आंदोलन को एक सामूहिक विरासत के रूप में देखना चाहिए। जिन्होंने राष्ट्रीय आंदोलन में महत्वपूर्ण भूमिका अदा की थी, उन लोगों का वैयक्तिक मूल्यांकन इस एहसास के साथ संयमित ढंग से करना चाहिए कि वे लोग ब्रिटिश शासन के विरुद्ध खड़े थे। दादाभाई नौरोजी जैसे व्यक्ति के बारे में हमें नकारात्मक राय पेश करने का क्या अधिकार है जो लंदन में कठिन परिस्थितियों में रहते हुए भी लाखों लोगों के मौन को अभिव्यक्ति दे रहे थे। उन्होंने भारतीय जनता की गरीबी की ओर ध्यानाकृष्ट किया और ब्रिटिश साम्राज्यवाद तथा भारतीय जनता के बीच जो अंतर्विरोध

था उसमें भारतीय जनता की गरीबी के उन्मूलन को प्रमुख मुद्दे के रूप में स्थापित किया। प्राय: उनकी आलोचना यह कहकर की जाती है कि उन्होंने अपने रख रखाव के लिए बंबई के कारखानेदारों से पैसा लिया। इसमें कुछ भी गलत नहीं था, किंतु इसके लिए उन्होंने कभी कोई समझौता नहीं किया। उन्होंने कहा कि बंबई के मजदूरों के लिए फैक्टरी ऐक्ट होना चाहिए। उन्होंने भारत से इंगलैंड के लिए होने वाले धन के अपवाह के विषय में लिखा। महत्वपूर्ण यह नहीं है कि वे सशस्त्र संघर्ष में विश्वास नहीं करते थे अथवा उन्होंने मजदूर संगठन बनाने के लिए मजदूरों को संगबद्ध नहीं किया। जो महत्वपूर्ण बात है, वह यह कि उन्होंने ब्रिटिश साम्राज्यवाद की आलोचना उस समय (1860 से 1890 के बीच) की जब उसकी आलोचना करने वाले बहुत कम लोग थे। हम दादाभाई नौरोजी के वारिस हैं। हमारे उत्तर भिन्न हो सकते हैं, किंतु भारतीय जनता की दशा और उसकी गरीबी के कारणों से संबद्ध हमारे प्रश्न समान हैं।

अथवा आप आर.सी. दत्त के मूल्यांकन को लें, चूंकि उन्होंने स्थायी बंदोबस्त का समर्थन किया था तो क्या इसीलिए उन्हें जमींदारों का प्रवक्ता ठहराया जा सकता है। हम यह भूल जाते हैं कि उन्होंने पंजाब में बड़े जमींदारों (जो ब्रिटिश राज के बहुत बड़े हिमायती थे) के विरुद्ध किसानों के अधिकारों का समर्थन किया था। उन्होंने अंग्रेजों के निहित स्वार्थों के विरुद्ध भी आवाज उठाई थी।

उसी प्रकार गांधीजी के आकलन का प्रश्न है। राष्ट्रीय आंदोलन को गांधीजी की जो देन रही है उस पर हमें निश्चित रूप से गर्व होना चाहिए। उन्होंने किसानों को राष्ट्रीय आंदोलन से जोड़ा। बाद में उन्होंने पुरुषों और स्त्रियों के बीच पूर्ण समानता की वकालत की। उन्होंने सांप्रदायिक सौहार्द की बात की। पूरे महाद्वीप की जनता के भाईचारे पर बल दिया। हमें याद रखना चाहिए कि उन्होंने अपनी भूख हड़ताल को खत्म करने के लिए दो शर्तें रखीं: पहली यह कि दिल्ली में मुसलमानों का कत्ल बंद होना चाहिए, दूसरी यह कि भारत पाकिस्तान को 55 करोड़ रुपए का भुगतान करे। यदि यह अंधराष्ट्रवाद के विरुद्ध विवेकसंपन्न दृष्टिकोण नहीं है तो और क्या है। राष्ट्रीय आंदोलन के संदर्भ में गांधीजी की जो उपलब्धियां रही हैं, जैसे लोकव्यापी एकजुटता, सांप्रदायिकता के विरुद्ध संघर्ष आदि उन पर हमें अपना हक समझना चाहिए। गांधीजी से हमारे मतभेद रहे हैं। वे उन बातों में आस्था नहीं रखते थे जिनमें कम्युनिस्ट और सोशलिस्ट रखते थे। किंतु इन सारे मतभेदों का अपना एक विशिष्ट स्वरूप था। गांधीजी आज के शासक वर्ग के प्रतिनिधि हरगिज नहीं थे। क्या आप आज के शासक वर्ग के किसी भी प्रतिनिधि के बारे में यह सोच सकते हैं कि वह किसी गांव में जाकर किसी भी हरिजन की जान बचाने के लिए अपनी जान की बाजी लगा देगा। ऐसी कल्पना भी निरर्थक है। गांधीजी ने ऐसे लाखों लोगों को सफलतापूर्वक संघबद्ध किया, हालांकि उनके तौर-तरीकों की अपनी सीमाएं भी थीं। जनता के लिए गांधीजी की सेवाएं अमिट हैं, उन्हें कभी भुलाया

नहीं जा सकता। मार्क्सवादियों को ऐसे प्रयासों के प्रति सजग रहना चाहिए जो गांधीजी की उपलब्धियों अथवा सेवाओं को अवास्तविक और महत्वहीन मानते हैं। निश्चित रूप से भारतीय इतिहास के कैंब्रिज तथा सबाल्टर्न स्कूलों के लेखन में यह विचलन दिखाई पड़ता है। वे बड़े प्रभावशाली ढंग से वामपंथियों को भी अभिजात नेतृत्व का ही एक हिस्सा मानते हैं।

हालांकि राष्ट्रीय आंदोलन के नेतृत्व ने कम्युनिस्ट आंदोलन के हमारे पूर्वजों को अलग-थलग रखने की पूरी कोशिश की थी किंतु आजादी की लड़ाई में निर्णायक सफलता वामपंथियों के योगदान के कारण ही संभव हो सकी। इस तथ्य से इनकार नहीं किया जा सकता कि सफलता के सदंर्भ में बड़ी हद तक पूंजीपति वर्ग की भी भूमिका थी। आज आवश्यकता इस बात की है कि राष्ट्रीय आंदोलन की उपलब्धियों, उसके बुर्जुआ जनतांत्रिक मूल्यों जैसे धर्मनिरपेक्षता, महिलाओं के अधिकार, राष्ट्रीय एकता, प्रेस की स्वतंत्रता तथा संसदीय जनतंत्र आदि को बलपूर्वक रेखांकित किया जाए क्योंकि इन्हीं प्रारंभिक बिंदुओं के आधार पर जनता का जनवादी मोरचा बन सकता है जो जनतंत्र और समाजवाद के लक्ष्य को आगे ले जाएगा। इस प्रकार का मंच ही हमारे राष्ट्रीय आंदोलन का योग्य उत्तराधिकारी होगा।

मुझे लगता है कि हमारे बड़े-बड़े मार्क्सवादियों ने भी मार्क्सवादी इतिहासलेखन को राष्ट्रवादी इतिहासलेखन की परंपरा से अलग मानने की भूल की है। जब सबाल्टर्न स्कूल मुझ पर राष्ट्रीय मार्क्सवादी होने का आरोप लगाता है तो मैं गर्व से भर उठता हूं। भारतीय जनता ने राष्ट्रवादी शब्द का प्रयोग एक भिन्न अर्थ में किया है और उसी अर्थ में लोग उसका प्रयोग भी करते हैं अर्थात साम्राज्यवाद के विरुद्ध संघर्ष करने वाले स्वतंत्रता सेनानी के संदर्भ में एक ऐसे व्यक्ति के लिए जो राष्ट्रीय आंदोलन का अंग था। मैं इन महाशयों (सबाल्टर्न इतिहासकारों) को यह बता देना चाहता हूं कि कम्युनिस्ट राष्ट्रवादी थे। हमें राष्ट्रीय आंदोलन की साझी विरासत के प्रति अपने संबंध, अपनी भूमिका तथा अपनी दावेदारी के प्रति गर्व का अनुभव होना चाहिए। मार्क्सवादी इतिहासलेखन राष्ट्रवादी इतिहासलेखन की परंपरा में ही उभरा है। उदार राष्ट्रवादी इतिहासलेखन के बहुत से सामान्य तत्व इसमें भी हैं, साम्राज्यवादी इतिहासलेखन के साथ इसका कोई तालमेल नहीं है।

समाजवाद का इतिहासलेखन

मार्क्सवादी इतिहासलेखन की एक स्वीकृत कमजोरी यह है कि उसमें समाजवादी समाजों के इतिहास का विश्लेषण नहीं मिलता। ये समाज 1917 की रूसी क्रांति के साथ अस्तित्व में आए थे। जिस प्रकार हमें मार्क्स के सुप्रसिद्ध ग्रंथ *कैपीटल* में पूंजीवादी

समाज की गति के नियमों को समझने का एक सैद्धांतिक प्रारूप मिलता है, वैसा प्रारूप समाजवाद के सदंर्भ में हमें नहीं मिलता। बहुत दिनों तक यह सोच बना रहा कि यदि उद्योगों को राज्य के अधीन तथा कृषि को सामूहिक कर दिया जाए तो समाजवाद पैदा हो जाएगा। 1952 में सोवियत संघ में पहली बार स्तालिन के पैंफलेट *इकानामिक प्राब्लम्स आफ सोशलिज्म इन दि यू. एस. एस. आर.* में समाजवादी अर्थव्यवस्था से संबंधित कुछ प्राथमिक प्रश्नों की व्याख्या मिलती है। किंतु स्तालिन ने भी कुछ समस्याओं को या तो बिना सुलझाए ही छोड़ दिया है या वे उनकी दृष्टि से पूर्णत: ओझल रही हैं। समाजवाद के लिए उन्होंने जो लक्ष्य निर्धारित किया था, वह उच्च तकनीक पर आधारित उत्पादन का विस्तार था। माओ त्से-तुंग ने पहली बार उस परंपरागत प्रारूप से हटकर एक नए रास्ते की तलाश की। अल्थूसर ने माओ के उस योगदान की प्रशंसा की है जो उन्होंने द्वंद्ववाद के मार्क्सवादी सिद्धांत के संदर्भ में *आन कांट्रेडिक्शन* जैसा निबंध लिखकर दिया है। 1957 में आस्कर लांगे ने माओ के बाबत यह टिप्पणी की थी कि उन्होंने ही बलपूर्वक यह याद दिलाया था कि समाजवादी समाज भी अंतर्विरोधों से गुजरकर ही विकसित होता है। निस्संदेह, स्तालिन के निबंध में प्रमुख रूप से जो कमी थी, वह यह कि सोवियत रूस में उस अवधि विशेष के अंतर्विरोधों की ठीक-ठीक पहचान वे नहीं कर सके थे जिसका वे विवेचन कर रहे थे। 1950 के उत्तरार्ध के अपने भाषणों *करेक्टलो हैंडलिंग कांट्रेडिक्शन्स अमंग दि पीपुल* तथा *टेन ग्रेट रिलेशन्स* में माओ ने स्पष्ट रूप से समाजवाद की दिशा में की गई प्रगति का एक सैद्धांतिक आधार तैयार किया था। किंतु लगता है कि दुर्भाग्यवश 1960 के मध्य तक उन्होंने अपने विचारों में परिवर्तन कर लिया था और वे यह मानने लगे थे कि चीन में समाजवाद के अंतर्विरोध समाजवाद और पूंजीवाद के बीच के अंतर्विरोधों में परिवर्तित हो रहे हैं। उन्हीं के आधार पर उन्होंने सांस्कृतिक क्रांति का सूत्रपात तथा नेतृत्व किया। किंतु हमारे चीनी मित्र उसे अब एक भूल मानते हैं।

वस्तुत: हमें यह विचार करना चाहिए कि समाजवादी समाज में ऐसे कौन से विशिष्ट अंतर्विरोध हैं जिनका हल जरूरी है। इन अंतर्विरोधों को समाजवाद के अंतर्गत दो प्रमुख चरणों में विभाजित करके देखना चाहिए :

1. समाजवाद में संक्रमण
2. समाजवाद अथवा मार्क्स के अनुसार साम्यवाद का निम्न स्तर

पहले स्तर पर स्पष्ट रूप से जो अंतर्विरोध हैं, वे सर्वहारा तथा भूतपूर्व पूंजीपति वर्ग तथा जमींदारों तथा सर्वहारा और मध्य वर्ग (धनी किसान आदि) के बीच के अंतर्विरोध हैं। इस संदर्भ में अब कोई विवाद नहीं है, हालांकि वह समय अब बीत गया है जब हम रूस तथा अन्य समाजवादी देशों में उठाए गए कदमों को ही एकमात्र उपाय के रूप

में स्वीकार करते थे। सोवियत रूस में सामूहिकीकरण के लिए अपनाए गए तरीकों तथा चीन में 'सहकारिता' और 'कम्यून तंत्र' के पक्ष में जनमत तैयार करने के लिए अपनाए गए तरीकों के बीच तुलना करने पर यह पता चलता है कि दोनों दृष्टियों में किसानों के संदर्भ में महत्वपूर्ण अंतर है। इससे समाजवाद के निर्माण में प्रयासरत अन्य देशों को भी महत्वपूर्ण शिक्षा मिल सकती है।

दूसरे स्तर पर सोवियत रूस तथा चीन दोनों की मौजूदा स्थिति है। उक्त संदर्भ में दो बुनियादी अंतर्विरोधों को उन लक्ष्यों के संदर्भ में परिभाषित किया जा सकता है जिन्हें मार्क्स ने 'गोथा कार्यक्रम की आलोचना' में निर्धारित किया था। ये लक्ष्य 'साम्यवाद की उच्चतर अवस्था' के संदर्भ में प्रस्तुत किए गए थे। यह एक ऐसी अवस्था की परिकल्पना थी जिसे अर्जित करना समाजवादी समाज का लक्ष्य था।

1. मानसिक और शारीरिक श्रम के बीच अंतर्विरोध : यह अंतर्विरोध अनिवार्यतः नौकरशाहों, प्रबंधकों, बुद्धिजीवियों की ऊंची आय तथा अधिकार के द्वारा उत्पन्न होता है। किंतु, समाजवाद में उच्च स्तरीय उत्पादन के लिए उक्त तंत्र को लंबे समय तक बनाए रखना जरूरी होता है।

2. शहर और गांव के बीच अंतर्विरोध : यह अंतर्विरोध समाजवादी समाज में प्रायः उस समय जन्म लेता है जब कृषि के ऊपर उद्योग का दबाव बढ़ता जाता है। यही 'समाजवादी आदिम संचय' के सिद्धांत का बुनियादी आधार था। हालांकि शाब्दिक स्तर पर इसका परित्याग कर दिया गया था, लेकिन उद्योगीकरण को बढ़ावा देने के लिए व्यावहारिक स्तर पर उसे लागू किया गया।

और भी ऐसे अंतर्विरोध हैं जिनकी जांच पड़ताल की जानी चाहिए। राष्ट्र-राज्यों के तंत्र में ही समाजवाद का जन्म हुआ है; और जब एक विशाल, आर्थिक रूप से शक्तिशाली समाजवादी राष्ट्र दूसरे राष्ट्रों के साथ व्यवहार करता है तो उस स्थिति में राष्ट्रीय अंतर्विरोधों का उभरना अनिवार्य है।

इन अंतर्विरोधों का हल समाजवाद के राजनीतिक तंत्र की एक समस्या है। एक पुरानी बहस में (जिसमें स्तालिन एंगेल्स के साथ थे) यह प्रश्न उठाया गया था कि क्या सर्वहारा का अधिनायकत्व पार्टी का अधिनायकत्व है, अथवा दोनों एक ही चीज़ हैं। स्पष्टतः सदैव सत्ताधारी पार्टी के नेतृत्व और मजदूर वर्ग के बीच अंतर्विरोध रहेंगे। इन्हें सर्वहारा वर्ग की पार्टी के नाम पर नजरअंदाज नहीं किया जा सकता।

इसमें कोई संदेह नहीं कि जब तक भौतिक संपत्ति की प्रचुरता के आधार पर साम्यवाद की स्थापना नहीं हो जाती, तब तक ये अंतर्विरोध बने रहेंगे। चीन में सांस्कृतिक क्रांति के बाद जो कदम उठाए गए (जिनके तहत व्यक्तिगत खेती को पुनः शुरू किया गया) उनसे भी यह तथ्य भली भांति प्रमाणित हो चुका है। यह अंतर्विरोध नं. 2 के

संदर्भ में विशेष रूप से प्रासंगिक है, क्योंकि कम्यून तथा सहकारी फार्मों, दोनों के अतिरिक्त उत्पादन को किसानों के व्यक्तिगत अतिरिक्त उत्पादन की अपेक्षा (जो प्रत्यक्ष रूप से अधिक उत्पादन करते हैं) उद्योग के लिए अधिक सरलता से प्राप्त किया जा सकता है।

सोवियत संघ में हाल ही में पार्टी तथा जनता के बीच के अंतर्विरोधों को लेकर चिंता व्यक्त की गई है तथा हमारे द्वारा संदर्भित उक्त दोनों प्रकार के अंतर्विरोधों से संबंधित चीन जैसे उपाय विचाराधीन हैं। फिर भी समाजवाद में वे अधिकार जारी रहते हैं, जिन्हें मार्क्स बुर्जुआ अधिकार कहते थे। किंतु जैसे-जैसे उत्पादन बढ़ता जाएगा, उन अधिकारों को भी मर्यादित रखा जाएगा। वितरण भी उतना ही महत्वपूर्ण है जितना उत्पादन। इस बिंदु पर स्तालिन द्वारा विचार नहीं किया गया है। समानता, स्वतंत्रता तथा भ्रातृत्व आदि अवधारणाओं का महत्व समाजवादी समाज में महज नारों तक सीमित नहीं रहेगा। समाजवादी समाज में उक्त नारों का महत्व उस क्रांतिकारी फ्रांस से भी ज्यादा होगा जिसने इन्हें पैदा किया था।

समाजवाद के संदर्भ में हम अपने इतिहासलेखन को समाजवाद के अंदर पाए जाने वाले विभिन्न अंतर्विरोधों की पहचान और बोध के आधार पर निर्मित कर सकते हैं। समाजवादी देशों के इतिहासकार इस कार्य को अधिक अच्छे ढंग से संपन्न कर सकते हैं, क्योंकि उन देशों के अभिलेखागारों तक उनकी सीधी पहुंच होती है तथा वहां के समाजों का उन्हें प्रत्यक्ष अनुभव होता है। किंतु समाजवादी देशों के इतिहासकारों के लिए भी यह कार्य उतना ही महत्वपूर्ण है। चार्ल्स बीतलहाइम ने अपनी पुस्तक *क्लास स्ट्रगल इन दि यू.एस.एस.आर.* में जो दृष्टिकोण व्यक्त किया है, हो सकता है उससे हमारी असहमति हो किंतु उक्त पुस्तक में उन्होंने सोवियत अनुभव को मार्क्सवादी दृष्टि से विश्लेषित किया है। उनका यह कार्य निश्चित रूप से श्लाघनीय है। वस्तुतः उन्होंने यह चुनौती उन लोगों के सामने पेश की है जो इस कार्य को अपनी भिन्न दृष्टि के तहत यानी समाजवाद के विकास के संदर्भ में पूरा कर सकते थे। हालांकि पिछले सत्तर सालों से समाजवाद एक ठोस हकीकत रहा है, किंतु पूंजीवाद की क्रूरताओं और अन्यायों को उद्घाटित करके ही उसके प्रति व्यापक जनमत तैयार करना संभव नहीं है। मार्क्सवादी इतिहासकारों को अनिवार्य रूप से समाजवादी समाजों के इतिहास और अनुभव के विश्लेषण के संदर्भ में अपना स्वतंत्र प्रारूप बनाना होगा क्योंकि इसी आधार पर तथा इसी के तहत अर्जित अंतर्दृष्टियों के द्वारा हम अधिक विश्वसनीय ढंग से उस समाजवाद की रूपरेखा को परिभाषित कर सकते हैं जिसे हम भारत में अपनी आकांक्षा के अनुरूप स्थापित करना चाहते हैं।

4. राष्ट्रीयताओं का उद्‌भव

राष्ट्र को आधुनिक विश्व की एक केंद्रीय राजनीतिक अस्मिता के रूप में स्वीकार किया गया है। जैसा कि बहुप्रचलित शब्दों के साथ सामान्यत: होता है कि अपवाद मुख्य सिद्धांतों को अस्पष्टता प्रदान करने लगते हैं, अत: इसी अर्थ में राष्ट्र की कोई सर्वमान्य परिभाषा ढूंढ़ना कठिन है। मार्क्सवादी चिंतकों ने सामान्यत: स्तालिन की सुप्रसिद्ध परिभाषा को ही युक्तिसंगत माना है कि 'राष्ट्र एक ऐसा जनसमुदाय होता है जिसका गठन ऐतिहासिक प्रक्रिया में होता है। सामान्य भाषा, भौगोलिक क्षेत्र, आर्थिक जीवन तथा मनोवैज्ञानिक संरचना उसकी सामान्य संस्कृति के आवयविक तत्व होते हैं।'

परंपरागत रूप से कुछ विद्वानों ने सामान्य भाषा को राष्ट्र का बुनियादी तत्व स्वीकार नहीं किया है और इस संदर्भ में स्विट्‌जरलैंड का उदाहरण दिया है जिसकी तीन भाषाएं हैं (जर्मन, फ्रांसीसी तथा इतालवी)। इस आधार पर यह तर्क दिया जाता है कि विभिन्न भाषाओं के बावजूद राष्ट्र का उद्‌भव संभव है। बहरहाल स्विट्‌जरलैंड का उदाहरण अपने आप में अनूठा है और उक्त संदर्भ में यह कहा जा सकता है कि भौगोलिक और ऐतिहासिक घटक यहां इतने प्रबल रहे हैं कि उन्होंने भाषा के घटक को पूरी तरह प्रभावहीन कर दिया। किंतु ऐसा कोई अन्य निर्विवाद उदाहरण नहीं मिलता जहां लोग दो भिन्न-भिन्न विकसित साहित्यिक भाषाएं बोलते हों और फिर भी एक राष्ट्र के रूप में उनका अस्तित्व हो।

बहरहाल, स्तालिन की परिभाषा में एक अत्यंत महत्वपूर्ण पहलू की उपेक्षा दिखाई पड़ती है। यह पहलू है (जिसके विषय में वे स्वयं टिप्पणी करते हैं): राष्ट्र और राज्य के बीच संबंध।

राष्ट्र महज सामान्य संस्कृति के आधार पर नहीं बनता, बल्कि जैसा कि जान स्टुअर्ट मिल ने 1861 में कहा था कि 'राष्ट्र के लिए जनता की ऐसी इच्छा का मौजूद होना आवश्यक है जिसमें वह अपने ऊपर अपना अथवा अपने एक अंश का शासन देखना चाहती है।' राष्ट्र की अवधारणा की बुनियाद में एक विशेष ढंग की लोकवादी चेतना होती है—इस अर्थ में कि वह राष्ट्र अपने अस्तित्व को एक स्वतंत्र और सार्वभौम इकाई के रूप में बनाए रखना चाहता है।

यह आखिरी तत्व ही आधुनिक युग में राष्ट्र को सभी पूर्ववर्ती 'देशों' और 'राज्यों' (जिनका आधार सामान्य भाषाएं और सामान्य संस्कृतियां रही हैं) से भिन्नता प्रदान करता है। इसलाम के उद्‌भव के समय अरब जाति थी तथा मोहम्मद की मृत्यु के समय

वह राज्य भी था, जिसके तहत सभी अरबी जनजातियां समाहित थीं। किंतु अरब 'राष्ट्र' नहीं था क्योंकि स्वतंत्र और पृथक 'अरब' राज्य के निर्माण के लिए कोई (किसी भी रूप में) जनाकांक्षा व्यक्त नहीं की गई थी।

राष्ट्र निर्माण के लिए लोक स्वीकृति का होना अनिवार्य है। वही राष्ट्र को एक आधुनिक परिघटना का स्वरूप प्रदान करती है, चूंकि जनसंचार तथा यातायात के आधुनिक साधन, छापाखाना, सड़कें तथा रेल आदि के माध्यम से ही वास्तविक राष्ट्रीय चेतना का निर्माण होता है।

राष्ट्र-राज्यों का उद्भव

सामान्यतः यह माना जाता है कि प्रारंभ में स्पेन, पुर्तगाल, फ्रांस, इंगलैंड तथा हालैंड 'राष्ट्र' के प्रतिनिधि थे जिनका उद्भव पंद्रहवीं, सोलहवीं सदियों में हुआ। अर्थात जैसा कि स्तालिन ने कहा है, राष्ट्र का जन्म सामंतवाद के विघटन तथा पूंजीवाद के विकास की प्रक्रिया के दौरान हुआ। किंतु मध्य और पूर्वी यूरोप में राष्ट्रों का उद्भव औद्योगिक क्रांति के साथ हुआ। उन्नीसवीं सदी के प्रारंभ में मैटरनिख के अनुसार इटली महज भौगोलिक इकाई था और फ्रांस भी उस समय तक पूरी तरह राष्ट्र नहीं बन सका था जब तक कि 1789 की फ्रांसीसी क्रांति ने अपने प्रवाह द्वारा विभिन्न स्थानीय निष्ठाओं को समाप्त नहीं कर दिया।

अठारहवीं सदी तक राष्ट्र निर्माण की यह धीमी गति तथा संपूर्ण यूरोप और दुनिया के अन्य हिस्सों में अठाहरवीं सदी के अंतिम वर्षों के बाद से राष्ट्रों का उद्भव उनके समानांतर संचार माध्यमों के विकास का परिणाम नहीं था। पूंजीपति वर्ग ने भी राष्ट्र निर्माण की प्रक्रिया में महत्वपूर्ण भूमिका निभाई। पूंजीपति वर्ग ही राष्ट्रीय दीवारों के पीछे घरेलू बाजार बना रहा था। स्तालिन ने ठीक कहा है कि 'बाजार वह पहली पाठशाला है जहां पूंजीपति वर्ग राष्ट्रवाद का सबक सीखता है।'

राष्ट्रों के निर्माण की प्रक्रिया के अध्ययन के संदर्भ में अनेक प्रकार की जटिलताओं का सामना करना पड़ता है। ऐसे भी उदाहरण हैं जहां दो भाषाएं एक दूसरे से जुड़ी हुई हैं। संयुक्त राष्ट्र और स्वतंत्र राष्ट्र के प्रवक्ताओं के बीच लोक स्वीकृति के लिए संघर्ष देखा जा सकता है। बुलगारिया के संदर्भ मैसीडोनिया का ऐसा ही उदाहरण है, या फिर सामान्य संस्कृति के होते हुए भी ऐसी स्वतंत्र और सार्वभौम राज्य की जनाकांक्षा या तो होती ही नहीं है या बहुत कमजोर होती है। ऐसे अनेक उदाहरण हैं। आस्ट्रिया-हंगरी के अंतर्गत स्लाव जातियां तथा यू.एस.एस.आर. के अतंर्गत गणराज्य क्रमशः पहले और दूसरे ढंग के उदाहरण हैं। इस प्रकार की जातियां मार्क्सवादी परिभाषा के अंतर्गत सामान्यतः राष्ट्रीयताएं कहलाती हैं, राष्ट्र नहीं।

भारत : राष्ट्र और देश

इस सामान्य विवेचन के उपरांत अब हम भारत के विशिष्ट संदर्भ की छानबीन करना चाहेंगे। इसमें कोई संदेह नहीं कि भारत के संदर्भ में एक देश की अवधारणा सदियों तक रही है। कुछ तो इसके भौगोलिक कारण रहे हैं जैसे हिमालय और पश्चिमी और पूवी पर्वत शृंखलाएं इसे शेष दुनिया से अलग करती हैं और कुछ सांस्कृतिक कारण जैसे इसकी ब्राह्मणवादी संस्कृति तथा संस्कृत भाषा ने समाज के ऊपरी वर्गों में एकता प्रदान की। चौदहवीं सदी के अमीर खुसरो तथा इसामी जैसे कवियों ने हिंदुस्तान के वैभव, उसकी संपन्नता, सौंदर्य तथा संस्कृति के गीत गाए। उनके विवरणों से यह स्पष्ट है कि उनका आशय संपूर्ण भारतीय उपमहाद्वीप से है। किंतु साम्राज्यवादी संघर्ष के दौरान जनता की व्यापक भागीदारी के कारण भारतीय राष्ट्र के प्रति निर्मित होने वाली निष्ठा सर्वोपरि बनकर उभरी तथा अन्य क्षेत्रीय निष्ठाएं पीछे छूटती चली गईं।

1947 के विभाजन ने यह भी दिखा दिया कि भारतीय जनता के एक बड़े हिस्से को धर्म के नाम पर अभी भी बरगलाया जा सकता है। पाकिस्तान का निर्माण धार्मिक चेतना के तहत हुआ। उक्त प्रसंग में यह भी कहा जा सकता है कि धर्म उस लोक स्वीकृत अवधारणा के अंदर प्रवेश कर गया था जो देश के रूप में भारत के संदर्भ में मौजूद थी। उदाहरण के लिए बहुतों की दृष्टि में हिंदू धर्म राष्ट्रीय एकता का आधार था।

इसमें कोई संदेह नहीं कि भारत के बड़े पूंजीपति वर्ग की भारतीय राष्ट्र की अवधारणा के विकास में गहरी दिलचस्पी रही है। वह उसे भौगोलिक निष्ठा का मूलाधार मानता है। भारतीय संविधान अपने संघीय आवरण के बावजूद कुख्यात रूप से एकात्मक है।

ऐसी स्थिति में क्या भारत एक राष्ट्र है ?

मार्क्सवादी चिंतकों के लिए इस प्रश्न का उत्तर बिना किसी झिझक के नकारात्मक होना चाहिए। निश्चित रूप से भारत एक देश है, किंतु वह राष्ट्र नहीं है, क्योंकि वह न तो सामान्य भाषा की शर्त को पूरी करता है और न सामान्य संस्कृति की। वह एक ऐसा देश है जिसमें अनेक उभरती हुई राष्ट्रीयताएं हैं जिनकी अपनी भिन्न-भिन्न भाषाएं और संस्कृतियां हैं।

कुछ मार्क्सवादी विचारकों का लिखने का ढंग कुछ ऐसा है कि जैसे ये राष्ट्रीयताएं अंग्रेजों के आगमन से पूर्व ही विकसित होने लगी थीं अत: आज हमें उन्हें उभरती हुई राष्ट्रीयताएं नहीं, अपितु पूर्ण विकसित राष्ट्रीयताएं मानना चाहिए।

इस दृष्टि के मूल में ब्रिटिश राज की स्थापना की पूर्व संध्या पर भारतीय समाज की विकासावस्था का अपना आकलन है। रजनी पाम दत्त ने लिखा है:

आंतरिक युद्ध, जिन्होंने अठारहवीं सदी में मुगल शासन के पतन के बाद भारत

> को तहस-नहस कर दिया था, देश में व्याप्त अराजकता के प्रतीक थे। कुछ अर्थों में इन युद्धों की तुलना इंगलैंड के 'वार्स आफ रोजिज' तथा जर्मनी के 'थर्टी ईयर्स वार्स' से की जा सकती है। ये युद्ध पुरानी व्यवस्था के विघटन तथा विकास के नए मार्ग को प्रशस्त करने के लिए आवश्यक थे। ये भारतीय समाज में बढ़ते हुए व्यापारिक, नौवहन तथा उपभोक्ता वस्तुओं से जुड़े हितों पर आधारित बुर्जुआ व्यवस्था के उद्भव के लिए भी जरूरी थे। ब्रिटिश विजयों का परिणाम यह हुआ कि पुरानी व्यवस्था के स्थान पर जो बुर्जुआ शासन स्थापित हुआ, वह पुराने ढांचे के अंतर्गत विकसित होने वाला भारतीय बुर्जुआ शासन नहीं था, अपितु विदेशी बुर्जुआ शासन था जिसने पुरानी व्यवस्था पर बलात अपने को थोपा और उदीयमान भारतीय बुर्जुआ वर्ग के विकास की संभावनाओं को नष्ट कर दिया।

जवाहरलाल नेहरू ने भी इसी मत को अतिरंजित रूप में प्रस्तुत किया। उन्होंने कहा कि 'भारत वस्तुतः सत्रहवीं सदी में औद्योगिक रूप से, वाणिज्यिक रूप से तथा वित्तीय रूप से औद्योगिक क्रांति के पूर्व के देशों की तुलना में कहीं अधिक विकसित था।'

दूसरे शब्दों में, ब्रिटिश राज की स्थापना से पूर्व भारत की स्थिति वही थी जो औद्योगिक क्रांति के पूर्व पश्चिमी यूरोप की थी। भारत की अर्थव्यवस्था के बारे में इस धारणा (जिसके तहत भारत में उदीयमान भारतीय पूंजीपति वर्ग के तत्वों की मौजूदगी को स्वीकार किया गया था) से यह निष्कर्ष निकलता है कि पश्चिमी यूरोप के समान ही यहां भी राजनीतिक परिणामों की तलाश की जाए अर्थात भारत में राष्ट्रीयताओं के उद्भव को तलाशा जाए।

भाषाई आधार

यह एक तथ्य है कि अमीर खुसरो ने चौदहवीं सदी में भारत में बोली जाने वाली भाषाओं की सूची प्रस्तुत की है। धार्मिक संतों-भक्तों ने विभिन्न लोक भाषाओं जैसे बांग्ला (चैतन्य), अवधी (कबीर), ब्रज (सूरदास), पंजाबी (नानक), मराठी (नामदेव) आदि में भक्ति गीत गाए। उक्त तथ्यों के आधार पर यह स्थापित किया जाता है कि प्रंद्रहवी-सोलहवीं सदियों में राष्ट्रीयताओं के उद्भव के लिए अपेक्षित भाषाई आधार मौजूद था। आगे चलकर सत्रहवीं-अठारहवीं सदियों में मराठा, अफगान, जाट, सिख राज्यों का उद्भव भी हुआ। इन राज्यों को उभरती हुई राष्ट्रीय चेतना की राजनीतिक अभिव्यक्ति के रूप में देखा गया। सोवियत संघ के भारतविद राइजनर का सही मत था। इसी प्रकार नंबूदिरिपाद ने केरल राष्ट्र के निर्माण का काल भी इसी के आसपास ठहराया है। शिवाजी के संदर्भ में यह मान्यता प्रचलित है कि उसने मराठा राज्य की स्थापना

की। इस मान्यता के समर्थक पुराने राष्ट्रवादी तथा मार्क्सवादी दोनों हैं। शिवाजी के उदार ढंग के व्याख्याता पी.वी. रानाडे यह मानते हैं कि शिवाजी के समय तक ऐसी परिस्थितियां बन गई थीं जिनके तहत मराठी भाषी जनता का एक सामान्य ढंग का मनोवैज्ञानिक ढांचा आकार ग्रहण करने लगा था।

फिर भी, यह अभी भी विवादास्पद है कि क्या ब्रिटिश राज्य की स्थापना से पूर्व भारतीय अर्थव्यवस्था में पूंजीवादी विकास के तत्व मौजूद थे। उपभोक्ता वस्तुओं के उत्पादन को पूंजीवादी उत्पाद नहीं समझना चाहिए। जैसा कि मार्क्स ने स्पष्ट किया है कि प्राक्-पूंजीवादी प्रणालियों के तहत ही व्यापारिक पूंजी फलती-फूलती है। इसके लिए उत्पादन-प्रक्रिया में किसी प्रकार के परिवर्तन की आवश्यकता नहीं है। अंग्रेजों के आने से पहले भारत में तकनीकी विकास की गति बहुत धीमी थी और सोलहवीं-सत्रहवीं सदी में यूरोप में होने वाले परिवर्तनों के साथ उसकी किसी भी तरह तुलना नहीं की जा सकती। हस्त-उद्योगशाला (जिसे मार्क्स कारखाने तक की यात्रा का अंतिम निर्णायक चरण मानते थे) मुगल काल में विकसित नहीं हो सकी थी और सबसे बड़ी बात यह कि शहरी माल की खपत के लिए देहात में कोई बाजार नहीं बना था। इन शहरों की प्रकृति परजीवी थी तथा इसका आधार शासक वर्ग द्वारा वसूल किया गया कृषि के अतिरिक्त उत्पादन का वितरण था। अतः न तो कोई पूंजीपति वर्ग मौजूद था और न विभिन्न क्षेत्रों को घरेलू बाजार के रूप में विकसित करने की आकांक्षा थी।

यह स्पष्ट है कि ब्रिटिश शासन की स्थापना से पूर्व राष्ट्रीयताओं के निर्माण का कोई आर्थिक आधार नहीं था। लोक भाषाओं का अस्तित्व तथा उनका साहित्यिक भाषा के रूप में विकसित होना अपने आप में कोई अर्थ नहीं रखता। यदि भाषाओं के आधार को ऐतिहासिक रूप से वैध मान लिया जाएगा तो फिर तमिल राष्ट्रीयता को संगम युग में स्थापित करना पड़ेगा। उसी प्रकार1000 ई. के आसपास साहित्यिक भाषा के रूप में फारसी भाषा के उद्भव को क्या इस बात का सबूत मान लिया जाए कि ईरान उस समय तक राष्ट्र के रूप में विकिसत हो रहा था। वस्तुतः सभी साहित्यिक भाषाएं कभी न कभी बोलचाल की भाषाएं रही होती हैं और इतिहास के पूरे दौर में यह देखा जा सकता है कि बोलचाल की भाषा ही साहित्यिक भाषा के रूप में विकसित होती रही है।

यह समझने के लिए कि क्या किसी क्षेत्र विशेष की साहित्यिक भाषा के उद्भव का संबंध वहां उभरती हुई राष्ट्रीय चेतना से है, हमें उन भाषाओं में व्यक्त अंतर्वस्तु की छानबीन करनी चाहिए। उक्त प्रसंग में हम देखते हैं कि पंद्रहवीं-सोलहवीं सदियों में (कुछ इहलौकिक काव्य के अतिरिक्त) जो लोकप्रिय ढंग की काव्य रचना हो रही थी उसके पीछे धार्मिक प्रचार की भावना ही प्रमुख थी। उसमें न तो कोई देशभक्ति की भावना थी और न किसी क्षेत्र विशेष की आकांक्षाओं को व्यक्त किया गया था। जैसा कि हम ऊपर कह चुके हैं, स्वतंत्र राज्य की स्थापना के लिए व्यापक लोकांक्षा का होना

अनिवार्य है। आकस्मिक ढंग से बने किसी क्षेत्रीय राज्य का उद्‌भव काफी नहीं है जैसा कि शिवाजी ने मराठा राज्य का निर्माण किया (किंतु शिवाजी ने कहा था कि मराठा नहीं है, उसका संबंध मेवाड़ के राणाओं से है)। व्यापक लोकांक्षा के आधार पर बने राज्य के अंदर ही एक भाषा और एक संस्कृति वाले जनसमुदाय में वास्तविक राष्ट्रीय भावना का उदय होता है। जब तक इस दिशा में कोई सजग प्रयास नहीं मिलता (चाहे वह प्रयास प्रत्यक्ष रूप से किया गया हो अथवा परोक्ष रूप से) तब तक राष्ट्र अथवा राष्ट्रीयता के अस्तित्व को स्वीकार नहीं किया जा सकता।

निष्कर्षत: यह कहा जा सकता है कि ब्रिटिश शासन की स्थापना से पूर्व राष्ट्रीयताओं के उद्‌भव का कोई आधार नहीं था, चूंकि उदीयमान पूंजीपति वर्ग का कोई अस्तित्व नहीं था और उस काल की लोक भाषाओं में रचे गए साहित्य में भी राष्ट्रीय चेतना के कोई लक्षण नहीं मिलते।

आर्थिक आधार

भारत में राष्ट्रीयताओं का उद्‌भव ब्रिटिश राज की स्थापना के बाद की परिघटना है। उसी के साथ भारतीय पूंजीपति वर्ग अस्तित्व में आया। ब्रिटिश शासन ने उसके निर्माण के लिए बुनियादी शर्तों को पूरा किया था। स्तालिन ने भारत में पूंजीपति वर्ग के विकास के प्रारंभिक चरण के संदर्भ में कहा था :

> भारत में संदर्भ में भी यह देखा जा सकता है कि वहां भी अभी तक राष्ट्रीयताएं सुषुप्तावस्था में हैं और जैसे-जैसे बुर्जुआ का विकास होता जाएगा, वे भी जीवंतता ग्रहण करती जाएंगी।

जिस प्रकार बुर्जुआ विचारधारा, विश्व के किसी एक हिस्से में बने बुर्जुआ समाज के आधार पर, विश्व के अन्य हिस्से में भी बुर्जुआ विकास मानकर चलती है, उसी तरह भारत के संदर्भ में भी यह संभव है कि बंगाल की राष्ट्रीय चेतना उन्नीसवीं सदी के प्रारंभ में यूरोप से आई नई विचार शृंखला का परिणाम थी, संपूर्ण भारत के संदर्भ में यह कहना युक्तियुक्त होगा कि क्षेत्रीय भाषाओं और संस्कृतियों के प्रति जो निष्ठा विकसित हुई, वह उन्नीसवीं सदी के उत्तरार्ध में बुर्जुआजी के विकास के साथ-साथ विकसित हुई थी। स्वतंत्रता आंदोलन ने इस प्रकार की क्षेत्रीय चेतना के निर्माण में दोहरी भूमिका निभाई, चूंकि यह जन समर्थन पर आधारित था अत: उसने क्षेत्रीय भाषाओं के साहित्य में व्यक्त अंतर्वस्तु को राजनीतिक स्वरूप प्रदान किया और इस प्रकार उसने राष्ट्रीयता की चेतना का निर्माण किया। दूसरी ओर, ब्रिटिश साम्राज्य के विरुद्ध संयुक्त संघर्ष की प्रक्रिया के तहत भारत माता के प्रति व्यापक निष्ठा इतनी प्रबल हुई कि उसके कारण

विभिन्न क्षेत्रों की स्वतंत्र राष्ट्रीयताओं के रूप में विकसित होने की जनाकांक्षा दब गई। भारत की उदीयमान राष्ट्रीयताओं के सम्मुख कोई उत्पीड़क राष्ट्रीयता नहीं थी, न तो 1947 से पहले, न बाद में। फिर भी, यह प्रश्न पूछा जा सकता है कि क्या, विशेष रूप से 1947 के बाद, उदीयमान मध्यवर्ती तथा छोटे पूंजीपति वर्ग ने राष्ट्रीयता के नारों (भाषावार प्रांत, क्षेत्रीय आरक्षण, भूमिपुत्रों को प्राथमिकता) में अपने लिए सुरक्षा की दीवारें नहीं देखी हैं, जबकि बड़ा पूंजीपति वर्ग अपने अत्यधिक केंद्रीभूत संसाधनों द्वारा संपूर्ण भारत पर बेहतर ढंग से नियंत्रण करने की क्षमता रखता है। भाषाई आधार पर ब्रिटिश-भारतीय प्रांतों की पुनर्रचना का सरकारी स्तर पर इतने लंबे अरसे से जो विरोध हो रहा है, उसकी यही पृष्ठभूमि है।

इसके बावजूद, बड़े पूंजीपति वर्ग और पूंजीपति वर्ग के अन्य हिस्सों के बीच राष्ट्रीय स्तर पर कोई टकराव दिखाई नहीं पड़ता। आज भी विभिन्न क्षेत्रों में राष्ट्रीयता की चेतना के स्तरों में न केवल गहरी विषमता है, अपितु स्वयं राष्ट्रीयताएं भी अपने आप में पूरी तरह विकसित नहीं हुई हैं।

राष्ट्रीय उत्पीड़न के विरुद्ध

भारत में राष्ट्रवाद के प्रश्न के संदर्भ में मजदूर वर्ग के दृष्टिकोण का विशेष महत्व है। मार्क्सवादी चिंतकों ने हमेशा ही राष्ट्रीय चेतना की वास्तविक परिस्थितियों का विश्लेषण किया है। वे अंतर्राष्ट्रीयतावादी होते हैं। वे राष्ट्रों के उत्पीड़न के विरुद्ध हैं। हालांकि वे अपने आप में राष्ट्रवादी नहीं होते। जहां कोई राष्ट्र नहीं है, वहां वे किसी राष्ट्र का निर्माण करना नहीं चाहेंगे। वे ज्यादा से ज्यादा लोगों को वर्गीय शोषण के विरुद्ध लामबंद करना चाहते हैं और इस बात को भी सुनिश्चित करते हैं कि राष्ट्रीय एकता की आड़ में कोई राष्ट्रीयता उत्पीड़नकारी भूमिका में न आए।

आज के भारत को देखते हुए ऐसा लगता है कि गंभीर बुर्जुआ राजनीति के स्तर पर भारत के अंदर किसी भी प्रमुख राष्ट्रीयता में अलग होने की आकांक्षा दिखाई नहीं पड़ती। साथ ही, भविष्य में राष्ट्रीय उत्पीड़न की संभावना को रोकने के लिए तथा जनता के जनवादी मोरचे के रूप में, जिसमें छोटे तथा मध्यम पूंजीपति वर्ग को बड़े पूंजीपति वर्ग के विरुद्ध सहयोगी के रूप में साथ लिया जा सके, राज्यों को (जो विभिन्न राष्ट्रीयताओं के प्रतिनिधि हैं) अधिक से अधिक शक्तिसंपन्न करने के लिए संघर्ष करना वांछनीय होगा।

हां, इतना अवश्य कहा जा सकता है कि यह दृष्टिकोण महज भारत के संदर्भ में ही युक्तिसंगत है। इसके तहत सिक्किम जैसी राष्ट्रीयता को भारत में नहीं मिलाया जा सकता।

5. इतिहास का मार्क्सवादी विश्लेषण और उसकी समस्याएं

भारतीय इतिहास की मार्क्सवादी व्याख्या का सूत्रपात स्वयं मार्क्स ने किया था। 1853 में *न्यूयार्क ट्रिब्यून* में उनके दो लेख प्रकाशित हुए थे: 'भारत में अंग्रेजी राज' और 'अंग्रेजी राज के भावी परिणाम'। उक्त लेखों में मार्क्स ने भारत में अंग्रेजी शासन के प्रभाव का विश्लेषण किया था। उक्त विश्लेषण से उनकी विलक्षण अंतर्दृष्टि का पता चलता है। इस विश्लेषण का स्थायी महत्व है और भारत में अंग्रेजी साम्राज्यवाद के ऐतिहासिक मूल्यांकन के संदर्भ में यह न केवल मार्क्सवादी बल्कि सभी प्रगतिशील मूल्यांकनों की आधारशिला रहा है। इन दोनों लेखों में प्राक्-ब्रिटिश भारत के विषय में भी कुछ सामान्य ढंग की टिप्पणियां की गई हैं। उनके सार रूप को निम्नलिखित पंक्तियों में देखा जा सकता है:

> भारतीय समाज का कोई इतिहास नहीं रहा है; कम से कम ज्ञात इतिहास तो नहीं ही है। जिसे हम उसका इतिहास कहते हैं; वह सिर्फ एक के बाद दूसरे आक्रमणकारियों का इतिहास है जिन्होंने प्रतिरोध विहीन और परिवर्तनहीन समाज पर अपने साम्राज्य स्थापित किए।

मार्क्स ने भारतीय समाज की स्पंदनहीनता की व्याख्या एक जैसे परंपरागत ग्रामीण समुदाय के रूप में की है जो जातियों में जकड़ा रहा है। उक्त ग्रामीण समुदाय जो भारतीय कृषि व्यवस्था का बुनियादी आधार था अपने आवश्यक सिंचाई के साधनों के लिए पूरी तरह एशियाई निरंकुशता पर आश्रित था। उत्पादन संबंधों की दृष्टि से यह एक ऐसी व्यवस्था थी जिसमें भूमि कोई निजी संपत्ति नहीं थी। यही स्थापना मार्क्स की एशियाई उत्पादन पद्धति की अवधारणा का सार तत्व थी और इसका उद्‌घाटन सर्वप्रथम उक्त लेखों में हुआ था।[1]

इसके पांच या छह वर्ष बाद मार्क्स ने कुछ और टिप्पणियां भी कीं। इनका प्रकाशन अंग्रेजी में लंदन से 1864 में *प्री-कैपीटलिस्ट इकानामिक फार्मेशन्स* शीर्षक से हुआ। इन टिप्पणियों में एशियाई पद्धति का अधिक गहरा विश्लेषण हे। मार्क्स के अनुसार इस संरचना का उद्‌भव आदिम समुदाय से ही हुआ। यह संरचना संपत्ति की विविध प्रणालियों में सबसे प्राचीन तो थी ही, सबसे व्यापक भी थी। यह एशिया, रूस और

दूसरे स्लाव क्षेत्रों और प्राचीन केल्टों आदि तक व्याप्त थी। सिंचाई व्यवस्था की स्थिति को पहले मार्क्स निर्णायक मानकर चलते थे किंतु बाद में उन्होंने उसके केंद्रीय महत्व को स्वीकार नहीं किया, हालांकि उसका उल्लेख उनके विश्लेषणों में बाद में भी होता रहा। उन्होंने एशियाई पद्धति के समानांतर दो अन्य प्रारूप प्रस्तुत किए :

(1) क्लासिकल नगर केंद्रित समाज जिसकी विकसित अवस्था का एक विशिष्ट लक्षण दासप्रथा थी।

(2) जर्मन प्रारूप जिसके विकास की चरम परिणति भूदासता में हुई।

अपने पहले मत के क्रम में ही मार्क्स ने एशियाई प्रारूप को इन तीनों में सबसे कम गतिशील पाया और घोषित किया कि यह अनिवार्यतः 'दीर्घकालिक' और 'नितांत अपरिवर्तनीय' है।[2]

एशिया के इतिहास के संदर्भ में मार्क्स के उक्त निष्कर्षों को अंतिम मानना भ्रामक होगा। क्योंकि यह उल्लेखनीय है कि मार्क्सवाद के संस्थापकों ने अपनी परवर्ती रचनाओं में न तो उक्त निष्कर्षों की पुनर्प्रतिष्ठा की और न ही उनका विकास किया। यह संदर्भ उनके यहां महत्वहीन होता चला गया और 1867 में *कैपीटल* (पूंजी) के पहले भाग के प्रकाशन के बाद तो समाप्तप्राय हो गया। *कैपीटल* के पहले भाग में भारतीय ग्राम समुदाय की (श्रम विभाजन के एक विशिष्ट प्रातिनिधिक रूप में) चर्चा की गई है, साथ ही उसमें भारतीय धनिक वर्ग की आर्थिक स्थिति पर भी टिप्पणी की गई है। वह धनिक वर्ग अतिरिक्त उत्पादन का अपहर्ता था और पूंजी के बिना किसी हस्तक्षेप के उत्पादन तथा पुनरुत्पादन की विकासशील प्रक्रिया को पूरा करता था।[3] उक्त प्रसंग में भी मार्क्स ने उक्त उत्पादन प्रणाली को एक समग्र प्रणाली के हिस्से के रूप में दिखाने की कोशिश नहीं की है।

एंटीड्यूरिंग (1878) से मार्क्स और एंगेल्स के पूर्ववर्ती विचारों में आए परिवर्तन की झलक मिलती है। शुरू में वे यह मानते थे कि भारत से लेकर रूस तक मिलने वाले आदिम समुदायों के अवशेष प्राच्य निरंकुशतावाद का आधार हैं।[4] निस्संदेह मार्क्स ने *एंटीड्यूरिंग* में भी अपनी उसी मान्यता को दोहराया है। इसके बावजूद, राज्य के संदर्भ में अपना विवेचन प्रस्तुत करते हुए एंगेल्स एशियाई उत्पादन पद्धति को राज्य की किसी विशिष्ट संरचना के संदर्भ में निणार्यक भूमिका अदा करने वाले कारक के रूप में स्वीकार नहीं करते। यहां केवल सामंती और पूंजीवादी राज्यों को सूचीबद्ध किया गया है।[5] ये दासप्रथा पर आधारित थे। एंगेल्स का यह वक्तव्य भी बहुत महत्वपूर्ण है कि तुर्कों की विजय के साथ ही पूर्वी देशों में भूमि का सामंती स्वामित्व प्रचलित हुआ। प्रसंगवश, भारत को भी उसी सूची में शामिल किया गया है[6] और स्पेन के मूरों को सुसंस्कृत लोगों के रूप में वर्गीकृत किया गया है जबकि उनके ईसाई विजेताओं को बर्बर रूप में दरशाया गया है।[7]

इन वक्तव्यों से गुजरने के बाद इस विश्वास के लिए कोई गुंजाइश नहीं रहती कि मार्क्स और एंगेल्स की सोच में परिवर्तनहीन तथा गतिहीन एशियाई समाज जैसी कोई धारणा थी।[8]

इसके अतिरिक्त, मार्क्स ने *प्री-कैपीटलिस्ट इकानामिक फार्मेशन्स* की पांडुलिपि से कुछ भी प्रकाशित नहीं कराया। उनके इस संकोच को इस बात का साक्ष्य मानना चाहिए कि जो कुछ उनकी कल्पना या अनुमान में था, उसे वे एक दृढ़ मत के रूप में प्रस्तुत करना नहीं चाहते थे। अत: हब्सबाम के इस कथन को सही नहीं माना जा सकता कि कम से कम मार्क्स (शायद वे एंगेल्स के बारे में निश्चित नहीं हैं) एशियाई पद्धति की अवधारणा के परित्याग का कोई संकेत नहीं देते।[9]

एंगेल्स ने 1884 में *परिवार, निजी संपत्ति और राज्य की उत्पत्ति* पुस्तक लिखकर इस धारणा के परित्याग पर अपनी मुहर लगा दी थी। यद्यपि यह पुस्तक मार्क्स के मरने के बाद प्रकाशित हुई थी, लेकिन थी वह उनके द्वारा लिए गए नोट्स पर आधारित। इसमें एशियाई पद्धति का कोई जिक्र नहीं किया गया है, हालांकि इसमें सर्वाधिक विस्तृत ऐतिहासिक सामान्यीकरण का प्रयास मिलता है। ऐसा प्रयास शायद ही मार्क्स और एंगेल्स ने पहले कभी किया हो।

हो सकता है मार्क्स और एंगेल्स ने अब ग्राम समुदाय को स्वायत्त रूप में, आदिम साम्यवाद के अवशेष के रूप में समझा हो और उनकी यह समझ मोर्गन के काम की जानकारी के आधार पर बनी हो। किंतु एशियाई पद्धति के विषय में उनके मौन की व्याख्या सरलीकृत ढंग से इस रूप में नहीं की जा सकती कि वे अब उसे एक पुराने ढंग की संरचना मानते थे और उसे अब उसी संज्ञा से पुकारने लगे थे। वस्तुत: एंगेल्स ने समाज के विकास को चार चरणों में विभक्त किया था। प्रथम चरण को वे आदिम साम्यवाद के रूप में रेखांकित करते थे और शोषण पर आधारित शेष तीन प्रणालियां थीं। दासप्रथा शोषण का प्रथम चरण थी। यह वस्तुत: पुरानी दुनिया की एक विशिष्ट पहचान थी। मध्ययुग में इसका स्थान कृषि दासता तथा आधुनिक युग में उजरती श्रम ने ले लिया। दासता के तीन महान रूप ही सभ्यता के तीन महान युग रहे हैं।[10] किंतु एरिक हाब्सबाम इन वक्तव्यों के परिप्रेक्ष्य में जिन्हें वे प्रस्तुत भी करते हैं, सीधे-सीधे यह कहने से कतराते हैं कि एंगेल्स एशियाई उत्पादन पद्धति को आदिम साम्यवाद का ही एक रूप समझते थे। मार्क्स ने भारतीय धनिक वर्ग का चित्रण अतिरिक्त उत्पादन के अपहर्ता के रूप में किया है और उसे यदि ध्यान में रखा जाए तो एशियाई उत्पादन पद्धति को आदिम साम्यवाद के रूप में कल्पित करना भ्रामक होगा। हाब्सबाम वस्तुत: 'सभ्यता' शब्द को पकड़ लेते हैं और घोषणा करते हैं की एंगेल्स ने एशियाई उत्पादन पद्धति का संबंध 'सभ्यता' के प्रागैतिहासिक काल से जोड़ा था। अत: उन्होंने इसका उल्लेख नहीं किया,

क्योंकि न तो उसे वे आदिम साम्यवाद मानते थे और न शोषण का एक सभ्य रूप।[11]

यदि हम ज्यादा बहस-मुबाहसा न भी करें तो भी यह प्रश्न तो है ही कि आखिर मार्क्स और एंगेल्स ने अपने एशियाई उत्पादन पद्धति के सिद्धांत में संशोधन क्यों किया अथवा उसका परित्याग क्यों किया। प्रकाशित रूप में मार्क्स ने कभी भी इस सिद्धांत की विस्तृत व्याख्या नहीं की। उन्होंने महज दो अस्पष्ट से अखबारी लेख लिखे। उनके पास इसका कोई बहुत स्पष्ट कारण भी नहीं था कि वे यह स्पष्ट करें कि वे क्यों अपने पूर्ववर्ती विचारों पर कायम नहीं हैं।

मेरी अपनी राय में उनके मत में होने वाले परिवर्तन के संदर्भ में दो कारणों का भली भांति अनुमान लगाया जा सकता है।

पहला तो यह है कि जब मार्क्स ने 1850 के सालों में अपने विचारों का प्रतिपादन किया तो उन्हें उपलब्ध सूचनाओं की सीमा का स्पष्ट बोध था। ब्रिटिश संसद के कागजात और बर्नियर की यात्रा वृत्तांतों का सावधानीपूर्वक अध्ययन करके उन्होंने भारत के संदर्भ में अपनी टिप्पणियां की थीं। उस समय भारत के अंग्रेज प्रशासकों में इस सरकार के पितृ-सुलभ चरित्र को संगत ठहराने के लिए 'ग्राम समुदाय' की संस्था पर बल देने की विशेष प्रवृत्ति दिखाई पड़ती है। इस प्रवृत्ति ने सरकारी रिपोर्टों को बहुत गहराई तक प्रभावित किया। उसकी सबसे सुव्यवस्थित (और अतिशयोक्तिपूर्ण भी) अभिव्यक्ति सर हेनरी मैन की रचनाओं में देखने को मिलती है। लगता है अपने जीवन के अंतिम वर्षों को छोड़कर मार्क्स ने प्राक्-ब्रिटिश भारत के इतिहास का विशेष अध्ययन नहीं किया था।[12] ठीक इसी काल में वे एशियाई पद्धति का कोई हवाला नहीं देते। अपने अंतिम वर्षों में ही उन्होंने कोवालेव्स्की की पुस्तक *सामुदायिक भूसंपत्ति* (1879) को दिलचस्पी के साथ पढ़ा था और उसका अनुमोदन भी किया था। जैसा कि उन्होंने उसे पहले समझा था, इस पुस्तक में भारतीय ग्रामीण संगठन और उसके विकास का उससे कहीं अधिक जटिल चित्र प्रस्तुत किया गया था। मार्क्स ने अब भारतीय समाज में निजी संपत्ति और उससे उत्पन्न अंतर्विरोधों को स्पष्ट रूप से लक्षित किया था।[13]

मार्क्स और एंगेल्स को अपने प्रारंभिक दौर में जो भी सूचना-सामग्री उपलब्ध थी, उसमें तो कमजोरियां थीं ही, लेकिन इसके साथ ही एक महत्वपूर्ण प्रश्न यह है कि यदि एशियाई उत्पादन पद्धति की अवधारणा को स्वीकार कर लिया जाए तो क्या इसके तहत मानव जाति का एक विशाल भाग इतिहास की भौतिकवादी अवधारणा से बाहर नहीं हो जाएगा, उस अवधारणा से जो पहले कम्युनिस्ट *मैनीफेस्टो* में प्रस्तुत हुई और बाद में 1859 में *राजनीतिक अर्थशास्त्र की आलोचना* की बहुचर्चित भूमिका द्वारा पुष्ट हुई है। क्या वर्ग संघर्षों और उनके द्वारा होने वाले ऐतिहासिक परिवर्तनों को केवल

यूरोप की विशिष्ट पहचान माना जाए और पूंजीवाद द्वारा विश्व विजय के पूर्व उन्हें किसी भी तरह सार्वभौमिक न माना जाए। इस तथ्य को ध्यान में रखते हुए ही मार्क्स और एंगेल्स ने कभी भी (प्रत्यक्ष अथवा परोक्ष रूप से) इतिहास में वर्ग संघर्ष की भूमिका के संदर्भ में अपनी स्थापनाओं को यूरोप तक ही सीमित नहीं रखा।[14] उनके लिए यह संभव नहीं था कि वे एक साथ परस्पर विरोधी मत प्रस्तुत करें।

इन्हीं दो कारणों से और विशेषत: दूसरे कारण से मार्क्स के क्रांतिकारी अनुयायियों ने सामान्य रूप से एशियाई उत्पादन पद्धति की अवधारणा को स्वीकार नहीं किया और न इस पर बल दिया। इसके विपरीत जब एशिया में क्रांतिकारी ज्वार उठा तो साम्राज्यवाद के प्रचारकों ने इसका सहारा लिया तथा क्रांतिकारियों का मखौल उड़ाने के लिए मार्क्स की प्रारंभिक रचनाओं का इस्तेमाल करने की कोशिश की। 1957 में विटफोगिल की पुस्तक *ओरिएंटल डेस्पोटिज्म : कामपेरेटिव स्टडी इन टोटल पावर* का प्रकाशन हुआ। इस पुस्तक में आधुनिक समाजशास्त्र के पारिभाषिक शब्दों और प्रत्ययों से सुसज्जित तथा व्यवस्थित ढंग से उन अवधारणाओं की दुर्भाग्यपूर्ण विस्तृत व्याख्या की गई है जिन्हें कभी मार्क्स ने प्रतिपादित किया था।

प्रचार अथवा अकादमिक उपलब्धि की दृष्टि से विटफोगिल की प्रतिष्ठा छह साल से अधिक नहीं रही, किंतु आधुनिक संशोधनवाद अब इस हथियार का इस्तेमाल कर रहा है, जबकि साम्राज्यवाद इसे बिलकुल छोड़ चुका है।

1960 के दशक में हम एक विशिष्ट घटना के साक्षी रहे हैं। यह कि एशिया के मार्क्सवादी विद्वानों ने 'प्राच्य निरंकुशतावाद' तथा एशियाई उत्पादन पद्धति आदि की अवधारणओं को स्वीकार नहीं किया था; इसके बावजूद पश्चिमी यूरोप के कुछ मार्क्सवादी विद्वानों ने इस बात पर बल देना शुरू किया कि इस विषय में उनकी जानकारी बेहतर है। इस विषय पर उन्होंने परस्पर बहस भी छेड़ दी है।[15] इस संदर्भ में *प्री-कैपीटलिस्ट इकानामिक फार्मेशन्स* की पांडुलिपि की खोज ने भी वही भूमिका अदा की है जो समाजशास्त्र के क्षेत्र में परंपरागत मार्क्सवाद पर प्रहार करने में पहले *इकानामिक एंड फिलासफिक मैन्यूस्क्रिप्ट्स आफ 1844* ने की थी। अंग्रेजी के पाठकों को इस पुस्तक का परिचय कराते हुए हाब्सबाम यहां तक लिख जाते हैं कि 'बिना किसी झिझक के यह कहा जा सकता है कि उक्त मार्क्सवादी ऐतिहासिक बहस में मौजूदा पुस्तक को ध्यान में नहीं रखा जाता है। यह कहने का तात्पर्य सिर्फ इतना है कि 1941 से पहले के संपूर्ण और उसके बाद के भी अधिकांश विचार-विमर्श पर उक्त पुस्तक के आलोक में पुनर्विचार होना चाहिए।'[16] वस्तुत: यह एक विचित्र प्रकार का कठमुल्लापन है जो यह मानकर चलता है कि ज्योंही काल मार्क्स द्वारा कागज पर लिखे कुछ शब्द मिलें, वे चाहे जिस भी परिस्थिति में लिखे गए हों, उनकी क्रांतिकारी शिक्षा का सार-तत्व तथा

मार्क्सवादियों के वास्तविक अनुभवों और अध्ययनों पर आधारित संपूर्ण पूर्ववर्ती कार्य सहसा दोषपूर्ण हो उठते हैं।[17]

एशियाई उत्पादन पद्धति की पुनर्स्थापना की कोशिश का मूल प्रयोजन यही है कि एशियाई समाजों के वर्ग विरोधों और वर्ग संघर्षों की भूमिका को अस्वीकार किया जाए तथा एशिया में अधिनायकवादी तथा व्यक्ति विरोधी परंपराओं पर बल दिया जाए ताकि यह स्थापित किया जा सके कि सामाजिक प्रगति का संपूर्ण विगत इतिहास यूरोप की ही बपौती है। साथ ही उक्त कोशिश का एक मकसद एशिया के वर्तमान इतिहास से अर्जित शिक्षाओं के महत्व को कम करना भी है।

'कृत्रिम सिंचाई व्यवस्था वाले' (अर्थात पूर्वी) समाज का इतिहास यह सूचित करता है कि वर्ग संघर्ष संपूर्ण मानवता का पुराना मर्ज तो है ही नहीं, बहुकेंद्रित तथा खुले हुए समाजों (अर्थात पश्चिमी यूरोप) की भी ऐयाशी ही है।[18] 'ये शब्द विटफोगिल के हैं। हाब्सबाम अथवा गोडेलियर शायद इतनी दूर जाने को तैयार नहीं होंगे। दोनों ही 'एशियाई समाजों' में एक हद तक 'परिवर्तन' और वर्गीय शोषण मानने को तैयार हैं।[19] फिर भी, वे इस अर्थ में एकमत हैं कि एशियाई समाज आदिम वर्ग समाज ही थे, जैसा हाब्सबाम का कहना है। इसलिए एशियाई समाज अभी तक वर्ग समाज नहीं बन सका है और यदि वह वर्ग समाज है भी तो उसका स्वरूप सबसे आदिम है (यह निष्कर्ष है इरफान हबीब का)।[20] गोडेलियर भी बुनियादी रूप से उसी मुद्दे पर जोर देते हैं और कहते हैं कि 'एशियाई समाज सामुदायिक संरचनाओं तथा वर्गीय संरचनाओं की एकता के सूचक हैं।'[21] चूंकि ये दोनों ही लेखक मानते हैं (हाब्सबाम परोक्ष रूप से) कि आधुनिक काल तक एशियाई पद्धति यूरोप के बाहर इन सभी क्षेत्रों में जड़ता के भिन्न-भिन्न स्तरों के साथ मौजूद रही हैं, अत: विटफोगिल से उनका मतभेद मात्रा का ही है। अत: विभिन्न विद्वानों ने विटफोगिल के खंडन में जो तर्क प्रस्तुत किए हैं, वही तर्क उक्त विद्वानों के विचारों के खंडन में भी प्रासंगिक हैं।[22]

II

जब मार्क्स और एंगेल्स ने यूरोप के बाहर के विभिन्न समाजों के विश्लेषण के संदर्भ में एशियाई उत्पादन पद्धति की अवधारणा का परित्याग कर दिया तो उनमें और उनके अनुयायियों में स्वाभाविक रूप से यह प्रवृत्ति पनपी कि 'आदिम साम्यवाद', दासप्रथा सामंतवाद और पूंजीवाद की सामाजिक विकास की मंजिलों की जिस अवधारणा को वस्तुत: यूरोपीय समाज के संदर्भ में विकसित किया गया था उसको सार्वभौमिक रूप से लागू किया जा सकता है। मार्क्स को लिखे अपने एक पत्र में एंगेल्स ने उसमानी तुर्की (आटोमन टर्की) को 'अर्ध-सामंती कहा था।'[23] और *एंटीड्यूरिंग* में दिए गए

उनके वक्तव्य (जिसे पहले उद्धृत किया जा चुका है) से यह निष्कर्ष निकाला जा सकता है कि सल्तनत की स्थापना के बाद भारत में सामंतवाद का उद्‌भव हुआ था।[24]

जो भी हो, इस विषय पर लेनिन तथा दूसरे अधिकारी विद्वानों ने भी स्पष्ट रूप से अपना कोई मत व्यक्त नहीं किया है। 1920 के दशक में चीनी क्रांति के सशक्त प्रभाव के अंतर्गत ही यह घोषणा सामने आई। इसमें वहां के पुराने कृषि समाज के गर्भ में किसान संघर्षों के स्पष्ट प्रमाण मिले तथा इनके संदर्भ में हर किसी को 1789 के क्रांतिकारी फ्रांस में किसान विद्रोहों की याद आई। एशियाई पद्धति का यह सर्वोत्तम खंडन था और इसी के आधार पर लेनिनग्राद की बहसों में यह आम सहमति बन गई कि 'आ-दा-सा-पूं' (आदिम साम्यवाद, दासप्रथा, सामंतवाद, पूंजीवाद) के क्रम को अंतर्राष्ट्रीय स्तर पर लागू किया जा सकता है।[25] इसी संदर्भ में 1938 में स्तालिन ने अपना क्लासिक निबंध 'द्वंद्वात्मक तथा ऐतिहासिक भौतिकवाद' लिखा और इस संदर्भ में निष्कर्ष रूप से अपनी मोहर लगा दी। हालांकि यह दुर्भाग्यपूर्ण है कि इस मानक एकरेखीय योजना को समूचे विश्व के संदर्भ में यांत्रिक ढंग से लागू किया गया है। लेकिन इतना अवश्य कहा जा सकता है कि उसने भारतीय इतिहासलेखन को महत्वपूर्ण ढंग से प्रेरित और प्रोत्साहित किया है। यह सही है कि 1853 के मार्क्स के वक्तव्यों को ध्यान में रखते हुए सोवियत रूस के भारतविदों ने एक साथ दो घोड़ों पर सवार होने की कोशिश की है। उन्होंने भारत को एशियाई समाज के साथ-साथ सामंती समाज भी माना है और दोनों स्थापनाओं में, पहली को दूसरी का ही रूप बतलाकर, तालमेल बैठाने की कोशिश की है।[26] निश्चित रूप से इस दुविधापूर्ण समस्या को हल करने का यह तरीका वैज्ञानिक नहीं, धर्मशास्त्रीय है। बहरहाल, जब मार्क्सवादियों ने यह मान लिया कि अंग्रेजों के पहले का भारतीय समाज सामंती है तो उन्होंने भारत में वर्ग संघर्षों और उन दूसरे विशेष तत्वों की खोज शुरू कर दी जो यूरोपीय सामंतवाद के चरित्र को परिभाषित करते थे। फलस्वरूप राइजनर और डब्ल्यू.सी. स्मिथ ने विस्मृति के गर्भ से सत्रहवीं सदी के किसान विद्रोहों को खोज निकाला।[27]

मार्क्सवादी इतिहासलेखन के इस काल में एस.ए. डांगे की पुस्तक *इंडिया फ्राम प्रिमिटिव कम्युनिज्म टू स्लेवरी* (बंबई, 1949) प्रकाशित हुई। इस पुस्तक में उन्होंने पुरातत्व अथवा वास्तविक इतिहास को बिना संदर्भित किए 'संक्रमण' का सूक्ष्म विवरण भी प्रस्तुत किया। जहां एक ओर इस पुस्तक की कमजोरी का दायित्व स्वयं लेखक पर है, वहीं यह भी सही है कि आदिम साम्यवाद, दासप्रथा, सामंतवाद, पूंजीवाद अर्थात 'आ-दा-सा-पूं' के स्वीकृत प्रारूप (जिसे प्रत्येक समाज के संदर्भ में निरपवाद रूप से लागू किया जा सकता है) के अनिवार्य क्रम परिवर्तन में अंतर्निहित दोषों को ठोस रूप में प्रस्तुत करती है। चूंकि ज्यों ही कोई ईमानदार इतिहासकार सामान्य वक्तव्यों को

छोड़ अपने साक्ष्य की विस्तृत छानबीन शुरू करता है तो उसे बहुत से संशोधन करने पड़ते हैं और मूलभूत वर्गीकरण अपना महत्व खोने लगता है।

सैद्धांतिक सामान्यीकरण के स्तर पर भी आ-दा-सा-पूं के क्रम में कोई तर्कसंगत विभाजन रेखा नहीं है। किसी भी समाज में जैसे ही व्यक्ति अथवा समुदाय अतिरिक्त उत्पादन में अक्षम होते हैं तो शोषण शुरू हो जाता है और शोषण के विभिन्न रूप हो सकते हैं।

(क) किसान योद्धाओं के एक कबीले द्वारा दूसरे कबीले को पराभूत करना तथा उसे अतिरिक्त उत्पादन का एक हिस्सा देने को विवश करना। (ख) किसानों का अपनी अतिरिक्त उपज को शासकों, मुखिया अथवा विभिन्न अधिकार प्राप्त शोषकों को देने पर विवश होना। (ग) दूसरों के खेतों पर किसानों से मुफ्त में बेगार लेना। (घ) उच्च जातियों के लोगों के खेतों पर काम करने वाले भृत्य जातियों के अर्धदास मजदूर। (ङ) कृषि और दस्तकारी आदि से जुड़े दास मजदूर। अब 'ख' और 'ग' कृषि दासप्रथा के अनुरूप हो सकते हैं तथा 'घ' और 'ङ' दासप्रथा के अनुरूप। किंतु बहुत से मामलों में यह स्थूल वर्गीकरण भी मुश्किल होगा। उदाहरण के लिए 'क' के संदर्भ में प्रत्येक दशा में यह क्यों मान लेना चाहिए कि जिन समाजों में 'घ' और 'ङ' रूप अधिक प्रमुख हैं, वे हमेशा उनसे पहले रहे हैं जिनमें 'ख' और 'ग' रूप पाए जाते हैं। तुरंत ही हमें अमरीका में नीग्रो दासता का खयाल आ जाता है जो पूंजीवाद की बुनियाद पर पनपी।

दूसरे, किसी विशेष कालखंड में शोषण के अनेक रूप एक साथ रह सकते हैं अथवा भिन्न-भिन्न भी हो सकते हैं। इसका कारण विभिन्न देशों में जलवायु-जनसंख्या आदि की भिन्नता है। *कम्युनिस्ट मैनीफेस्टो* में यह मान्यता स्पष्ट है कि सिर्फ पूंजीवाद ने विश्व बाजार के शोषण द्वारा उत्पादन को एक वैश्विक स्वरूप प्राप्त किया है। हम कल्पना कर सकते हैं कि चावल पैदा करने वाले क्षेत्रों, जैसे बंगाल और केरल तथा मध्यकालीन यूरोप के गेहूं और जौ पैदा करने वाले क्षेत्रों में कृषि संबंधों का संपूर्ण संदर्भ अलग-अलग हो। भिन्न-भिन्न देशों में जनसंख्या और भूमि के भिन्न-भिन्न अनुपात का उत्पादन के संबंधों पर प्रभाव पड़ना अनिवार्य था, विशेषत: इसलिए कि आबादी के सामंजस्य में बहुत अधिक समय लग जाता है। इससे भी अधिक महत्वपूर्ण मामला है तकनीकी वैविध्य का। वस्तुत: तकनीकी आविष्कारों के प्रसार की प्रक्रिया इतनी धीमी रही है कि यह बिलकुल असंभव लगता है कि एक ही उपमहाद्वीप के दो क्षेत्रों में उत्पादन का तकनीकी आधार मूलभूत रूप से एक ही समय में एक जैसा रहा हो। उदाहरण के लिए, प्राचीन सुमेर से गाड़ी वाले पहिए को मिस्र तक पहुचने और उसके उपयोग होने तक की प्रक्रिया में बहुत समय लगा। भारत में भी चीन के आविष्कार जैसे कागज, रेशमी कीड़े पालना, बारूद, छापाखाना आदि उतनी ही देर से अपनाए गए।

तीसरे, यह बिलकुल संभव है कि यदि अनेक निर्णायक कारकों में से एक भी भिन्न हो तो शोषण का संपूर्ण तंत्र और संपत्ति का चरित्र भी पूरी तरह बदल जाए। हम यह मान लेते हैं कि उत्पादन की प्रदत्त तकनीक किसानों द्वारा खेती के लिए सर्वाधिक उपयुक्त है तथा उपभोग के लिए उत्पादन की दशाओं में जनसंख्या और भूमि का अनुपात भी अनुकूल है तो इससे कृषि दासता का उदय हो सकता है अर्थात सामंतों की व्यक्तिगत रूप से अलग-अलग जागीरें हो सकती हैं जिन पर वे किसानों को अपनी जमीन से बांधकर रखें, जैसे सामंतकालीन यूरोप में था। फिर भी बड़े पैमाने पर माल उत्पादन की अवस्थाओं में उन्हीं अन्य कारकों की भूमिका लगान/अधिशेष (अर्थात भूराजस्व) को केंद्रीभूत रूप से संचित करने में हो, ताकि किसान, चाहे वह जहां भी रहे, शोषण से न बच सके।[28] उदाहरण के लिए मुगलकालीन भारत स्पष्टत: पहला तो निजी संपत्ति के अपेक्षाकृत अधिक विकसित रूप का सूचक है, दूसरा भली भांति विकास की उच्चतर मंजिल का द्योतक हो सकता है, क्योंकि वह माल उत्पादन के रूप में अधिक उन्नति का प्रतीक है। इन दोनों में से कौन सा सैद्धांतिक रूप से पूंजीवाद के अधिक निकट है और क्या उत्तरवर्ती रूप तनिक भी सामंती है। सचमुच इन परिस्थितियों में शोषण प्रणालियों की संख्या केवल तीन तक सीमित नहीं की जा सकती। उदाहरण के लिए मुगलकालीन भारतीय प्रणाली को डॉब द्वारा प्रस्तुत सामंतवाद की परिभाषा के तहत कम से कम अर्ध-सामंती तो कहा ही जा सकता है बशर्ते कि सामंतवाद के साथ भूदासता का संबंध स्थापित कर दिया जाए तथा भू-दासता के तहत किसानों पर सभी प्रकार की बाध्यताओं को थोप दिया जाए।[29] किंतु पाल एम. स्वीजी की परिभाषा के तहत वह अर्ध-सामंती शोषण प्रणाली (उपभोग के लिए उत्पादन) नहीं रहेगी।[30] पहली परिभाषा 'सामंतवाद' को इतना व्यापक बना देगी कि वह पूंजीवाद के पहले की किसी भी प्रणाली यहां तक कि क्लासिकीय दासप्रथा तक को (जिसमें किसान द्वारा की जाने वाली खेती के व्यापक तत्व निहित थे) अंतर्लीन कर लेगी।

'सामंत' शब्द के प्रयोग में जो लचीलापन अपनाया जाता रहा है, वैसा लचीलापन 'दासप्रथा' शब्द के प्रयोग के संदर्भ में नहीं अपनाया गया। अपनी सारी सद्भावनाओं के बावजूद मार्क्सवादी पंडित दास-समाज खोज निकालने में असफल रहे हैं जो वस्तुत: प्रत्येक सभ्यता के यौवन काल में होना चाहिए। चीन में इसका युग सुदूर अतीत में धकेल दिया गया है।[31] भारत में उसके (दासप्रथा के नहीं, दास-समाज के) अस्तित्व को पूर्ण रूप से नकार दिया गया है।[32] जो लोग अभी तक निर्धारित प्रारूप के पक्ष में तर्क देते आ रहे थे, वे भी अब विकास की आवश्यक मंजिल के रूप में दासप्रथा को त्यागने के लिए तत्पर दिखाई देते हैं तथा उसे आ-दा-सा-पूं के क्रम में परिवर्तित कर देते हैं। किंतु इस संशोधन का एक असंगत परिणाम यह होगा कि अधिकांश देशों के लिए सामंतवाद समूचे प्राक्-पूंजीवादी अतीत का पर्यायवाची हो जाएगा तथा हम समय

के साथ वर्ग संबंधों में होने वाले महत्वपूर्ण परिवर्तनों की तलाश नहीं कर सकेंगे।

अंत में एक प्रश्न यह भी उठता है कि क्या मानक यूरोपीय शृंखला 'आ-दा-सा-पूं' की प्रत्येक कड़ी को तत्कालीन विश्व के सामाजिक विकास की सर्वोच्च मंजिल का सूचक माना जाता सकता है। उदाहरण के लिए जिस समाज से पूंजीवाद का विकास हुआ, क्या उसे अपने समय के सबसे उन्नत समाज के रूप में देखना चाहिए।[33] इस पर क्षण भर विचार करने से मालूम हो जाएगा कि यह किसी भी अर्थ में निश्चित नहीं है। आज चीन समाजवादी देश है और सामाजिक व्यवस्था की दृष्टि से अमरीका से पूरा एक युग आगे है, किंतु किसी भी अर्थ में यह नहीं माना जा सकता कि 1949 से पहले का प्राचीन चीनी समाज अमरीका से अधिक उन्नत था अथवा उसके बराबर था। बीसवीं सदी में चीन में समाजवाद इसलिए कायम नहीं हुआ कि उसकी अपनी अर्थव्यवस्था पूरी तरह पूंजीवाद में विकसित हो चुकी थी, बल्कि ऐसा इसलिए संभव हुआ कि दुनिया के दूसरे हिस्सों में पूंजीवाद का विकास हो चुका था।[34] उसी प्रकार यदि यूरोप में सामंतवाद से पूंजीवाद का उदय हुआ तो यह संभव है कि कुछ युग परिवर्तनकारी चीनी आविष्कारों जैसे चुंबकीय दिशासूचक यंत्र, कागज, छापाखाना, तथा बारूद आदि ने संक्रमण की प्रारंभिक अवस्थाओं में निणार्यक भूमिका अदा की हो।[35] सामंती यूरोप इन आविष्कारों की खोज के संदर्भ में अपने आपको उतना ही अशक्त और धीमा पाता जितना अपने आंतरिक अंतर्विरोधों के माध्यम से पूंजीवाद का विकास कर पाने में चीन। यह निर्विवाद रूप से कहा जा सकता है कि मार्कोपोलो के समय का चीन तकनीक तथा माल उत्पादन की दृष्टि से यूरोप से कहीं आगे था। अत: हमें इस अनुमान को स्वीकार नहीं करना चाहिए कि विकास की सर्वोच्च मंजिल पर पहुंचने वाला समाज स्वयं अपरिहार्य रूप से अगली उच्चतर मंजिल पर पहुंच जाएगा क्योंकि यह समझ न ऐतिहासिक है, न द्वंद्वात्मक। वस्तुत: हमें विश्व स्तर पर अर्जित सामान्य उन्नति के संदर्भ में प्रत्येक समाज के विकास को प्रगति और अवनति के क्रम में देखना चाहिए।

अत: यह निश्चित है कि 'आ-दा-सा-पूं' की शृंखला के अंतर्गत अतीत के सभी आदिम और वर्ग समाज अंतर्भूत नहीं हो सकते और न ही विकास का यह सोपान-क्रम किसी सार्वभौमिक व्यवस्था का प्रतिनिधित्व करता है। इसमें यह भी सुनिश्चित नहीं है कि कुछ खास संदर्भों में सामंतवाद के अनुरूप समाज ने ही दासप्रथा जैसे किसी समाज का स्थान लिया होगा तथा विपरीत क्रम घटित नहीं हुआ होगा। निस्संदेह, इस शृंखला की अगली कड़ी पूंजीवाद ही होगी अथवा उपनिवेशवाद होगा; उपनिवेशवाद अर्थात प्राक्-पूंजीवादी अर्थव्यवस्था पर किसी बाह्य पूंजीवादी अर्थव्यवस्था का आधिपत्य; चूंकि मशीनी उद्योग पर आधारित पूंजीवाद को सभी भौगोलिक अवरोधों को पराभूत करने में सफलता प्राप्त हुई, अत: वह शोषण की एक सार्वभौमिक प्रणाली

बन गई। अतः इस विश्वास का कोई कारण नहीं है कि 'आ-दा-सा-पूं' का क्रम ही पूंजीवाद के उदय से पूर्व के सर्वाधिक विकसित समाजों का मानक पथ था। इतिहास की भौतिकवादी अवधारणा अनिवार्यतः एक निश्चित सार्वभौमिक काल विभाजन को निर्धारित नहीं करती, अपितु वह वर्ग समाजों के विकास के विश्लेषण के लिए सिर्फ एक पद्धति प्रस्तुत करती है। सैद्धांतिक रूप से किसी भी काल विभाजन की उपयोगिता महज इतनी है कि वह उक्त प्रकार की पद्धति के विनियोग को संकेतित करे। दूसरे शब्दों में, किसी देश विशेष में जो रास्ता तय किया गया, वह 'आ-दा-सा-पूं' का, या 'आ, सा-दा-पूं' का या 'आ-क्ष-त्र-ज्ञ-पूं' का जहां पूं पूंजीवाद / उपनिवेशवाद का प्रतिनिधित्व करता है — उससे मार्क्सवादी अवधारणा के सार तत्वों पर कोई फर्क नहीं पड़ता। (',' द्वारा संकेतित बलाघात क्रम-परिवर्तन का द्योतक है।)[36] किसी अंतर्विरोध विशेष के समाधान के संदर्भ में निर्णायक बात किसी समाज में प्रमुख अंतर्विरोधों अर्थात वर्गीय अंतर्विरोधों को परिभाषित करना, उन्हें तेज करने वाले कारकों को पहचानकर अलग करना तथा समाज व्यवस्था की रूपरेखा तैयार करनी होती है। यह संभव है कि 'आ-दा-सा-पूं' के नियत प्रारूप से मुक्त होकर मार्क्सवादी इस कार्य को बेहतर ढंग से संपन्न कर सकें, क्योंकि तब उनके लिए युग के उन्हीं मूलभूत नियमों को खोजने की विवशता नहीं होगी जो यूरोप के संदर्भ में आधारभूत माने गए हैं।

III

बहरहाल यांत्रिक ढंग की नकल अथवा उदारवादी मतों से समझौता किए बगैर मार्क्सवाद के सार तत्वों पर आधारित विश्लेषण की आवश्यकता है। हालांकि यह ऐसी आवश्यकता है जिसके तहत स्वाभाविक रूप से मार्क्सवादी इतिहासकारों का दायित्व और भी गंभीर हो जाएगा। उक्त संदर्भ में मौजूदा परिदृश्य पर दृष्टिपात किया जा सकता है। यदि भारतीय इतिहास के विभिन्न पहलुओं पर व्यक्तिगत रूप से किए गए मार्क्सवादी अध्ययनों के परिणामों को एक साथ रखा जाए तो यह स्पष्ट हो जाएगा कि हालांकि अधिकांश मामलों में इतिहासकारों ने निर्धारित काल विभाजन को छोड़ देने की आवश्यकता के प्रति अपेक्षित सजगता नहीं दिखाई है, फिर भी यह सही है कि उन्होंने 'आ-दा-सा-पूं' के मानक-क्रम का भी अनुसरण नहीं किया है।[37]

पर्याप्त साक्ष्य के अभाव में यह कहना असंभव है कि सिंधु सभ्यता में दासप्रथा थी या नहीं। प्रारंभिक भारतीय आर्यों के समाज की व्याख्याएं भी लगभग अनुमान ही हैं, हालांकि उसमें भूमि के निजी स्वामित्व, किसानों द्वारा कृषि और कृषि दासप्रथा के

सभी रूप मिलते हैं। कोसंबी विशिष्ट भारतीय ग्रामीण समाज का निर्माण काल मौर्यों के बाद निश्चित करते हैं। उनके अनुसार उक्त समाज के आंतरिक विकास से ही सामंती व्यवस्था का निर्माण हुआ। भूदासता की उपस्थिति और विकेंद्रीकृत राज्य व्यवस्था के कारण प्रोफेसर रामशरण शर्मा भी 400 ई. से 1200 ई. सन् तक के काल में यूरोपीय सामंतवाद के साथ उत्तरोत्तर बढ़ती हुई समानताओं को लक्षित करते हैं।

किंतु 1200 के बाद ये समानताएं लुप्त होने लगती हैं। मुगकालीन भारतीय समाज (सोलहवीं–सत्रहवीं सदी) की संरचना के जो मूल तत्व रेखांकित किए गए हैं, वे इस प्रकार हैं: किसान वर्ग में पर्याप्त स्तरीकरण; एक उच्च ग्रामीण वर्ग (जमींदार), किसान की अतिरिक्त उपज में इस वर्ग का भी छोटा सा हिस्सा हो गया। बादशाह के अधिकारियों (जागीरदारों) से बने एक छोटे से शासक वर्ग द्वारा भूराजस्व के रूप में अतिरिक्त उपज की वसूली की जाती थी।

अत: मुख्य अंतर्विरोध बादशाह की अफसरशाही और किसानों के बीच था। एक बड़ा शहरी बाजार भी मौजूद था जो अमीरों और उनके सैनिक दस्तों के खर्चे पर आश्रित था। वाणिज्यिक साख, बीमा और आरंभिक जमा बैंक प्रणाली के संगठन को देखकर पुनर्जागरण कालीन यूरोप के परिदृश्य का चित्र हमारे सामने उपस्थित हो जाता है।

पूर्ववर्ती सहस्राब्दी के सामंती समाज की भांति उक्त समाज को भी उसी युग के/ एक हिस्से के रूप में मान्यता प्रदान करने में कोई संगति दिखाई नहीं पड़ती। और कोई दृढ़तापूर्वक कह भी नहीं सकता है कि केवल व्यापक माल उत्पादन (और इस प्रकार कुछ अंश तक मुद्रा के प्रचलन) के कारण इस समाज में पूंजीवाद के लिए स्थिति परिपक्व हो रही थी (संदर्भ: ऐंटानोवा और पावलोव)। यहां मार्क्स की इस चेतावनी को ध्यान में रखना चाहिए कि उत्पादन प्रणाली के रूप में पूंजीवाद ऐतिहासिक दृष्टि से व्यापारिक पूंजीवाद का प्रतिवाद है जिसमें उजरती मजदूर को उसके औजारों से अलग करना अनिवार्य है।[38]

अधिक सतर्कता के साथ विचार करने से अवसरवादी मूल्यांकनों को रोका जा सकता है। सत्रहवीं सदी के भारत में पूंजीवादी विकास की संभावनाओं को देखने पर अगला कदम राष्ट्रीयताओं के उदय की खोज तथा शिवाजी जैसे सरदार को किसान नेता तथा मराठा जाति के राष्ट्रीय नायक के रूप में प्रतिष्ठित करना ही होगा।[39] जाहिर है कि यह दृष्टि अंतत: अंधराष्ट्रवाद को ही मजबूत करेगी। यह न केवल अनैतिहासिक है, अपितु प्रतिक्रियावादी भी है।

मार्क्सवादियों को सर्वप्रथम और मुख्यत: अपना ध्यान वर्ग संघर्षों के अध्ययन पर केंद्रित करना चाहिए। उदाहरण के लिए सत्रहवीं सदी में किसान विद्रोहों के व्यापक प्रभाव मिलते हैं और यह अत्यंत महत्वपूर्ण कार्य है कि उन मूलभूत कारणों (जैसे

राजस्व को कम करने की मांग) का विश्लेषण किया जाए जिन्होंने उन विद्रोहों की पृष्ठभूमि तैयार की। उन्हें उकसाने या दबाने में जमींदारों द्वारा निभाई गई भूमिका का अध्ययन किया जाए तथा उन विद्रोहों की दिशा और आगामी विकास का पता लगाया जाए जहां वे औपचारिक रूप से सफल रहे हैं।[10]

एक अन्य क्षेत्र में भी मार्क्सवादियों को पथप्रदर्शनकारी भूमिका निभानी है और वह है तकनीकी विकास का अध्ययन। चूंकि वे उत्पादन के साधनों और उत्पादन के संबंधों के बीच घनिष्ठता पर बल देते हैं, अतः इस क्षेत्र में समुचित अनुसंधान न होने के कारण वे अपने आपको बाधाग्रस्त पाते हैं।

यद्यपि मार्क्सवादी दृष्टि से काफी कार्य हुआ है फिर भी हमारा पथ अनेक कठिनाइयों और बाधाओं से भरपूर है। इसके अनेक कारण हैं। एक तो यह कि भारत में इतिहास- लेखन की प्रारंभिक अवस्था है, दूसरे जो शोधकार्य हुआ है उस पर अंधराष्ट्रवाद तथा प्रतिक्रियावादी विचारों का गहरा प्रभाव है। इसके अतिरिक्त, अपने व्यावसायिक कार्य के दौरान हमें जिस तरह के मार्क्सवादी लेखन का साक्षात्कार होता है उस पर संशोधनवाद का बढ़ता हुआ वर्चस्व दिखाई पड़ता है। यह स्थिति यूरोप के संदर्भ में विशेष रूप से रेखांकित की जा सकती है, अंततः, जिस वर्ग के हितों के साथ हम अपनी प्रतिबद्धता घोषित करते हैं, उस वर्ग से हम लोगों में से अधिकांश का (जैसे स्वयं मेरा) वास्तविक अलगाव है।

हमारे कार्यभार जितने कठिन हैं उतने ही उत्तेजनाप्रद और फलप्रद भी हैं। यदि हम दृढ़तापूर्वक क्रांतिकारी आधार पर निरंतर खड़े रहे और अपने अथक शोध कार्य द्वारा उसे आगे ले जाते रहें तो कोई कारण नहीं कि हम एक न एक दिन प्रतिक्रियावाद द्वारा थोपे गए अंधकार के परदे को न चीर सकें तथा भारत की श्रमजीवी जनता के वास्तविक इतिहास का उद्‌घाटन न कर सकें।

संदर्भ और टिप्पणियां

1. ये लेख अनेक बार प्रकाशित हुए हैं. सर्वाधिक उपयोगी संस्करण है: *आर्टीकल्स आन इंडिया,* बंबई, 1951, पृ. 21, 29, 66–73.
2. देखें, *प्री-कैपीटलिस्ट इकानामिक फारमेंशन्स,* पृ. 68–83
3. *कैपीटल,* I, सं. डी. टार, पृ. 350–52, 610.
4. *एंटीड्यूरिंग,* अंग्रेजी सं., मास्को, 1947, पृ. 271.
5. वही, पृ. 416–17.
6. वही, पृ. 264.
7. वही, पृ. 274.
8. चूंकि एंगेल्स की पुस्तक को पांडुलिपि से पढ़कर मार्क्स को सुनाया गया था और उसमें उन्होंने

एक अध्याय भी लिखा था, अतः यह मानना पड़ेगा कि *एंटीड्यूरिंग* में दिए गए वक्तव्यों को उनकी स्वीकृति भी थी.

9. हाब्सबाम, *प्री-कैपीटलिस्ट फार्मेशन्स* की भूमिका, पृ. 58.
10. एंगेल्स, *ओरीजिन आफ दि फैमिली, प्राइवेट प्रापर्टी एंड दि स्टेट,* अंग्रेजी संस्करण, मास्को, 1948, पृ. 248.
11. उक्त संदर्भ में.
    विटफोगिल की पुस्तक *ओरिएंटल डेस्पोटिज्म* भी देखें, पृ. 356. विटफोगिल और हाब्सबाम के लिए 'कम्युनिस्ट मैनीफेस्टो' के सन् 1888 के संस्करण में एंगेल्स की टिप्पणियों की सरलीकृत व्याख्या संभव नहीं है. एंगेल्स 'कम्युनिस्ट मैनीफेस्टो' की प्रसिद्ध स्थापना कि 'अब तक के समाजों का इतिहास वर्ग संघर्ष का इतिहास रहा है' को इतिहास शब्द से पहले 'लिखित' विशेषण लगाकर संशोधित यह स्पष्ट किया कि इस सामान्य नियम का एकमात्र अपवाद आदिम समाज रहा है. जिसके अवशेष दोनों महाद्वीपों में —भारत से लेकर आयरलैंड तक फैले हैं. इस संदर्भ में उन्होंने किसी प्रकार का कोई भौगोलिक अपवाद नहीं माना. अतः वे बिना वर्ग संघर्ष के किसी वर्गीय शोषण की कल्पना नहीं करते, जैसे एशियाई.
12. जैसा कि एलफिंस्टन तथा सवेल की पुस्तकों से लिए गए नोट्स से पता चलता है —जो अब अंग्रेजी में *नोट्स आन इंडियन हिस्टरी* (554-1858) नाम से प्रकाशित है. मास्को, अदिनांकित.
13. देखें डेनियल थार्नर, *मार्क्स आन इंडिया एंड दि एशियाटिक मोड आफ प्रोडक्शन: ए कंट्रीब्यूशन टू इंडियन सोशियोलाजी,* IX, 1966, पृ. 60-62.
14. जर्मन सोशल डेमोक्रेट्स को लिखे पत्र के एक मसौदे में जिसे बड़ी सजगता के साथ तैयार किया गया था मार्क्स और एंगेल्स ने पुनः 1879 में यह लिखा कि हम लोग लगभग चालीस सालों से इस बात पर बल दे रहे हैं कि इतिहास की निकटतम प्रेरक शक्ति वर्ग संघर्ष है और विशेषतः पूंजीपति वर्ग और सर्वहारा वर्ग के बीच का वर्ग संघर्ष आधुनिक सामाजिक क्रांतियों का महान उत्तोलक है. (मार्क्स-एंगेल्स, कारेसपोंडेंस, कलकत्ता, 1945, पृ. 332-33, बल हमारा) यदि एशिया, अफ्रीका तथा उत्तरी और दक्षिणी अमरीका को प्रस्थापना के प्रथम उपवाक्य से बाहर रखा जाए तो इसमें कोई नासमझी नहीं है.
15. देखें, हाब्सबाम की भूमिका, *प्री-कैपीटलिस्ट इकानामिक फार्मेशन्स,* पृ. 64 तथा पाद टिप्पणी, संदर्भों सहित, पेरिस के एम. गोडेलियर ने एक लंबा लेख प्रकाशित किया है 'एशियाटिक मोड आफ प्रोडक्शन एंड दि मार्क्सिस्ट स्कीम आफ दि इवैल्यूशन आफ सोसाइटीज' जिसका संक्षिप्त अंग्रेजी रूप *इनक्वायरी,* (न्यू सीरीज जिल्द II, सं. 28-48, सं. 3, पृ. 76-102 (न्यू सीरीज) में प्रकाशित हुआ था. यह सूचना मिली है कि उक्त विषय के संदर्भ में रूस में नए सिरे से रुचि ली जा रही है.
16. हाब्सबाम, पूर्वोक्त, पृ. 10.
17. इन 'नोट्स' में गोडेलियर ने एशियाई पद्धति के संबंध में जो एक निर्दिष्ट ढंग की योजना तैयार की है, वह भ्रामक और अवास्तविक है. इस संबंध में उन्होंने मार्क्स के विभिन्न वक्तव्यों को तो आधार बनाया ही है, साथ ही स्वतंत्र रूप से उक्त विषय के संबंध में कुछ तथ्य जमा किए हैं, डी. आर्थर द्वारा उद्धृत, *कंट्रीब्यूशंस टू इंडियन सोशियोलाजी,* IX, पाद टिप्पणी, पृ. 63.
18. विटफोगिल, *ओरिएंटल डेस्पोटिज्म,* पृ. 71.

19. हाब्सबाम, पूर्वोक्त, 61.
20. वही, पृ. 34.
21. *इनक्वायरी,* न्यू सीरीज, II, 3, पृ. 88. हाब्सबाम से भिन्न गोडेलियर का यह विश्वास कि पश्चिमी दास समाज एशियाई समाज से विकसित हुआ था.
22. 'एन एक्जामिनेशन आफ विटफोगिल थ्योरी आफ ओरिएंटल डेस्पोटिज्म' शीर्षक से मेरे द्वारा की गई विटफोगिल की समीक्षा. देखें, *इनक्वायरी,* 6, पृ. 54-73.
23. मार्क्स और एंगेल्स, *सेलेक्टिक कारेसपोंडेंस,* 1846-1895, कलकत्ता, पृ. 363.
24. *एंटीड्यूरिंग,* मास्को, 1947, पृ. 264.
25. दुर्भाग्यवश, इन बहसों की कोई सूचना अंग्रेजी में उपलब्ध नहीं है.
26. अत: आधिकारिक सोवियत 'भारत विद्या' देखी जा सकती इस संदर्भ में यह विश्वास है कि मार्क्स और एंगेल्स की रचनाओं में भारतीय सामंतवाद की प्रमुख विशेषताओं के संबंध में टिप्पणियां देखी जा सकती हैं और उनका पद्धतिगत रूप में बुनियादी महत्व है (वी. पावलोव, *इंडियन कैपीटलिस्ट क्लास, ए हिस्टारिकल स्टडी,* दिल्ली, 1964, पृ. 1, बल हमारा).
27. राइजनर के लेख अंग्रेजी में प्रकाशित नहीं हुए हैं. मैंने उनके सिर्फ संदर्भ देखे हैं. स्मिथ का एक महत्वपूर्ण लेख 'लोअर क्लास अपराइजिंग इन दि मुगल एंपायर', *इसलामिक कलचर* 1946 में (देखें, पृ. 21-40) प्रकाशित हुआ था. अपने पूर्ववर्ती लेख 'दि मुगल एंपायर एंड दि मिडिल क्लासिज' (*इसलामिक कलचर,* 1944, पृ. 349-63) के साथ मिलाकर देखने पर किसी को भी यह संदेह नहीं रहता कि वे सत्रहवीं सदी को सामंतवाद का अंतिम दौर मानकर चल रहे थे जिसमें पूंजीवाद के बीज निहित थे.
28. कृषि शोषण के वर्णन के संदर्भ में देखें, मेरी पुस्तक *एग्रेरियन सिस्टम आफ मुगल इंडिया.*
29. *स्टडीज इन दि डेवलपमेंट आफ कैपीटलिज्म,* पृ. 35.
30. *दि ट्रांजीशन फ्राम फ्युडलिज्म टु कैपीटलिज्म: ए सिंपोजियम,* लंदन, 1945, पृ. 2 तथा अन्यत्र भी.
31. माओ त्से-तुंग, *सिलेक्टिड वर्क्स,* लंदन, 1954, III, पृ. 74.
32. कोसंबी, *एन इंट्रोडक्शन टु दि स्टडी आफ इंडियन हिस्टरी,* बंबई, 1956, पृ. 10. तथा अन्यत्र भी.
33. गोडेलियर यूरोपीय सामंतवाद की जयजयकार करते हैं तथा इसी वजह से वे इसकी अन्य पद्धतियों से श्रेष्ठता सिद्ध करते हैं, देखें, इनक्वायरी न्यू सीरीज, II, 3, पृ. 95.
34. माओ त्से-तुंग द्वारा उद्धृत, पूर्वोक्त, पृ. 721-82.
35. जे. नीधम, *साइंस एंड सिविइजेशन इन चाइना,* V, 2, कैंब्रिज, 1965, पृ. 6-8.
36. जब हाब्सबाम यह कहते हैं (और यह भी बिना किसी विस्तृत औचित्य प्रतिपादन के) कि ऐतिहासिक भौतिकवाद के सामान्य सिद्धांत की आवश्यकता केवल यह है कि उत्पादन पद्धतियों का केवल एक अनुक्रम हो, अनिवार्य रूप से चाहे कोई विशिष्ट पद्धतियां न हों और वे भी शायद किसी पूर्व निर्धारित क्रम व्यवस्था में चाहे न हों —तो उनकी इस बात पर क्या आपत्ति की जाए —*प्री-कैपीटलिस्ट इकानामिक फार्मेशन्स* (19-20). हाब्सबाम की अपनी संशोधन परक टिप्पणियां यह प्रकट करती हैं कि वे समाजवाद से पूर्व विकास की क्रम श्रृंखला में पूंजीवाद को अंतिम उत्पादन पद्धति स्वीकार करते हैं.
37. मार्क्सवादी शोधकार्य का निम्नलिखित संक्षिप्त विवरण मैंने अंशत: *टाइम्स लिटरेरी सप्लीमेंट,*

जुलाई 28, 1966 में पुनः प्रस्तुत किया है. तथा सेमीनार, 39, 'पास्ट एंड प्रेजेंट' और 'इनक्वायरी', न्यू सीरीज, II, 3, पृ. 21-75 (सोशल डिस्ट्रीब्यूशन आफ लैंडिड प्रापर्टी इन प्री-ब्रिटिश इंडिया) में प्रस्तुत व्यापक सार-संग्रहों पर आधारित है जहां पूरे-पूरे उद्धरण दिए गए हैं.

38. *कैपीटल,* III, मास्को, 1959, पृ. 322.
39. एस.ए. डांगे और उनके अनुयायी इस संदर्भ में अगली कतार में रहे हैं. इसी ग्रंथ में संकलित डी.के. बेडेकर के लेख से तुलनीय.
40. चीन में किसान विद्रोह के ऐतिहासिक महत्व के साथ की जाने वाली तुलना दिलचस्प होगी. माओ त्से-तुंग द्वारा उद्धृत, *सिलेक्टिड वर्क्स,* लंदन, III, पृ. 75-76.

6. इतिहास की मार्क्सवादी व्याख्या

यह स्पष्ट रूप से लक्षित किया जा सकता है कि इतिहासकारों में इतिहास की मार्क्सवादी दृष्टि के प्रति उत्तरोत्तर दिलचस्पी बढ़ रही है। पिछले दस वर्षों में भारतीय इतिहास से संबंधित जो महत्वपूर्ण अध्ययन प्रकाशित हुए हैं, उनमें या तो घोषित रूप से इस दृष्टि का इस्तेमाल किया गया है, अथवा वे इससे परोक्ष रूप से प्रभावित रहे हैं। इतिहास के विषय में मार्क्स की अवधारणा पर वायवीय ढंग से चर्चा करने का कोई अर्थ नहीं है। किसी भी व्याख्या के संदर्भ में इस आधार पर आपत्ति की जा सकती है कि उसके तहत किसी न किसी स्तर पर तथ्यों के चयन को ऐसी व्यवस्था दी गई है जिसमें कुछ तथ्यों की तुलना में अन्य तथ्यों को अधिक प्रमुखता दी गई है। वस्तुतः इतिहासलेखन तथ्यों का कोई ऐसा समुच्चय नहीं होता जिसका कोई बौद्धिक परिप्रेक्ष्य ही न हो और दूसरे यह कि तथ्य संग्रह का कार्य कभी भी समग्र रूप से संपन्न नहीं हो सकता। ऐसी स्थिति में एक विशिष्ट परिप्रेक्ष्य तथ्यों की व्याख्या करना हमेशा ही इतिहासकार के बुनियादी कर्तव्यों में से एक रहेगा। यहां यह भी स्पष्ट करना आवश्यक है कि इतिहास की मार्क्सवादी अवधारणा की वैधता का प्रमाण भौतिकवादी दर्शन की तार्किक व्याख्या में उतना नहीं जितना विभिन्न देशों के इतिहास की व्याख्या में निहित है। अतः देखना यह चाहिए कि किस प्रकार भारतीय इतिहास की महत्वपूर्ण समस्याओं की व्याख्या मार्क्स द्वारा किए गए मानव समुदाय के विकास के सामान्य विश्लेषण के आधार पर की जा सकती है।

उन पाठकों के लिए जो इतिहास की मार्क्सवादी अवधारणा से भली भांती परिचित नहीं हैं, संक्षेप में अति सामान्यीकरण का खतरा उठाते हुए भी उक्त अवधारणा का सार तत्व प्रस्तुत करना वांछनीय होगा। मार्क्स ने सामाजिक विकास के संदर्भ में सर्वाधिक महत्व उत्पादित वस्तुओं को दिया जिनके सहारे मनुष्य अपना जीवनयापन करता है। कहने की आवश्यकता नहीं है कि मनुष्य के जीवन में उनका सर्वाधिक महत्व होता हैं। इस प्रकार की वस्तुओं के उत्पादन के लिए व्यक्ति ऐसे निश्चित संबंधों में बंधते हैं जो अपरिहार्य तथा उनकी इच्छा से स्वतंत्र होते हैं। वे संबंध भौतिक उत्पादन की शक्तियों (अर्थात औजार, दक्षता आदि) के विकास की एक निश्चित अवस्था के अनुरूप होते हैं। उन उत्पादन संबंधों का कुल योग समाज के उस आधार को तैयार करता है जिस

पर वैधानिक तथा राजनीतिक ढांचा खड़ा होता है तथा जिसके अनुरूप सामाजिक चेतना अपना निश्चित रूप ग्रहण करती है। भौतिक जीवन की उत्पादन पद्धति सामाजिक, राजनीतिक तथा बौद्धिक जीवन की सामान्य प्रक्रिया को निर्धारित करती है। आदिम युग के बाद तथा समाजवाद की स्थापना के पूर्व जो भी उत्पादन संबंध बनते हैं, वे सभी संबंधन शोषण पर आधारित होते हैं। उत्पादन प्रक्रिया में अपनी भूमिका के अनुसार वे लोग वर्ग विभक्त होते हैं। लोगों की एक बड़ी संख्या अपने अस्तित्व की बुनियादी आवश्यकता से अधिक उत्पादन करती है तथा एक छोटी सी संख्या उस अतिरिक्त उत्पादन को हड़प लेती है। इसी से शोषित और शोषक वर्गों के बीच संघर्ष होते हैं तथा विभिन्न उत्पादन पद्धतियों के आधार पर बने दो शासक वर्गों के बीच भी संघर्ष होते हैं। अब तक मौजूद समाज का इतिहास वर्ग संघर्षों का इतिहास रहा है।

उत्पादन के संबंध

वर्ग संघर्ष का सर्वाधिक निर्णायक रूप उस समय उभरता है जब उत्पादन की तकनीक इस प्रकार बदलती है कि पुराने संबंध असंगत हो जाते हैं तथा नई तकनीक पर आधारित नया वर्ग राज्य को अपने अधिकार में लेने तथा समाज को नए-नए रूपों में ढालने का प्रयास करता है। यह टकराव सामान्यत: विचारधारात्मक (जैसे धार्मिक) मुद्दों के पीछे छिपा होता है, जिसकी परिणति व्यापक सामाजिक परिवर्तन में होती है। लेकिन जिस प्रकार किसी व्यक्ति के विषय में हम अपनी राय इस आधार पर नहीं बनाते कि वह स्वयं के बारे में क्या सोचता है, उसी प्रकार हम इस प्रकार के परिवर्तन काल के विषय में भी निर्णय उसी काल की चेतना के आधार पर नहीं करते। इसके विपरीत, इस चेतना की व्याख्या भौतिक जीवन के अंतर्विरोधों, मौजूदा सामाजिक उत्पादन शक्तियों और उत्पादन संबंधों के बीच टकराव के आधार पर करनी चाहिए।

अत: अनेक रूपों में चलाया जाने वाला वर्ग संघर्ष सामाजिक प्रगति का बुनियादी आधार होता है। 'शक्ति' प्रत्येक पुराने समाज की ऐसी धाय होती है जिसके गर्भ में एक नया समाज होता है। लेकिन इतिहास में ऐसे संदर्भ भी मिलते हैं जब पारस्परिक टकराव से दोनों ही संघर्षरत वर्गों का विनाश हो गया है जिसका परिणाम सामाजिक क्षय में हुआ है, सामाजिक प्रगति में नहीं।[1] हमें मार्क्स के सामाजिक विकास के बुनियादी विश्लेषण के प्रति स्वीकृति (जो उनके इतिहास और अर्थशास्त्र के सूक्ष्म अध्ययन पर आधारित है) तथा विशिष्ट देशों के इतिहास के विषय में दिए गए उनके सभी वक्तव्यों की गैर-आलोचनात्मक स्वीकृति के बीच फर्क करना चाहिए। चूंकि मार्क्स के अनुयायियों ने यह फर्क प्राय: नहीं किया और उन्होंने मार्क्स के प्रत्येक शब्द को अत्यंत पवित्र

माना, अतः उससे बड़ा भ्रम फैला। उदाहरण के लिए, मार्क्स से यह अपेक्षा नहीं की जा सकती थी कि उनके पास भारत तथा अन्य एशियाई देशों के विषय में पर्याप्त सूचना होगी। अतः हम देखते हैं कि भारत के विषय में वे जो वक्तव्य देते हैं, वे इतिहास की अपनी ही उस अवधारणा के विरोध में जाते हैं जो परिवर्तन की निरंतरता तथा सामाजिक अंतर्विरोधों को आधार मानकर चलती है। वे कहते हैं कि भारतीय समाज का कोई इतिहास नहीं है,कम से कम ज्ञात इतिहास तो नहीं ही है। इसका जो भी इतिहास रहा है, वह लगातार आने वाले आक्रांताओं का इतिहास रहा हैं जिन्होंने प्रतिरोधहीन तथा परिवर्तनहीन समाज के निष्क्रिय आधार पर अपने साम्राज्यों की स्थापना की।[2] मार्क्स ने उस तंत्र को, जो एक दूसरे पृथक ग्राम समुदायों के आधार पर बना था, एशियाई उत्पादन पद्धति का नाम दिया था। उक्त तंत्र की आंतरिक संरचना अपरिवर्तनशील थी। ग्राम समुदायों का यही तंत्र उस निरंकुश अधिरचना का मूलाधार था जो सिंचाई के साधनों की व्यवस्था करती थी किंतु उपलब्ध सूचना के आधार पर हम कह सकते हैं कि शायद ही इस प्रकार का तंत्र कहीं भी अस्तित्व में रहा हो। यह अकारण नहीं है कि मार्क्स के शब्दों को कट्टर साम्यवाद विरोधियों जैसे कार्ल विटफोगलि (*ओरिएंटल डेस्पोटिज्म,* 1957) द्वारा उस स्थापना के संदर्भ में इस्तेमाल किया जा रहा है कि सामाजिक प्रगति पश्चिमी समाज का एकमात्र विशेषाधिकार रहा है।

आरोपित काल विभाजन

अतः मार्क्सवादियों ने किंचित संकोच, किंतु कुछ रियायतों के साथ एशिया को (जहां मानव जाति का विशाल समुदाय लंबे अरसे से रहता आया है) मार्क्स की इतिहास विषयक सामान्य अवधारणा के संदर्भ में अपवाद के रूप में स्वीकार नहीं किया है। दूसरी ओर, अब वे एशियाई समाज व्यवस्था में भी उन्हीं परिवर्तनों को लक्षित करने लगे हैं जो यूरोप में घटित हुए थे तथा उन्होंने (आदिम युग के बाद) सामाजिक विकास के विभिन्न सोपान क्रमों को सार्वभौमिक रूप से मान्यता प्रदान की है, जबकि मार्क्स ने केवल यूरोप के संदर्भ में उन्हें सैद्धांतिक आधार प्रदान किया था अर्थात दासप्रथा, सामंतवाद तथा पूंजीवाद के रूप में।

यह नई प्रवृत्ति एंगेल्स की परवर्ती रचनाओं में व्यक्त होती है *(ओरिजिन आफ फैमिली, प्राइवेट प्रापर्टी एंड दि स्टेट)* तथा सर्वाधिक रूप से वह स्तालिन के द्वंद्वात्मक तथा ऐतिहासिक भौतिकवाद पर लिखे उनके क्लासिकीय निबंध में व्यक्त हुई है। निस्संदेह, इन रचनाओं में मार्क्स के प्रारंभिक विचारों से आगे की बात की गई है, किंतु

जब हम एशिया के किसी भी देश का गंभीर अध्ययन करते हैं तो इनमें यूरोपीय इतिहास से उधार लिए गए काल विभाजन का यांत्रिक ढंग से जो आरोपन मिलता है तथा एशिया के प्राक्-पूंजीवादी सामाजिक तंत्रों को यूरोपीय सामाजिक तंत्रों के पर्याय के रूप में देखने की जो प्रवृत्ति मिलती है, उसकी पुष्टि नहीं होती।

भारत में इस प्रकार के काल विभाजन के प्रयास की असफलता एस.ए. डांगे की पुस्तक *इंडिया फ्राम प्रिमिटिव कम्युनिज्म टू स्लेवरी* की अकादमिक कमजोरी में प्रातिनिधिक रूप से दिखाई पड़ती है।

पूंजीवाद

वस्तुतः, हम तार्किक रूप से यह अपेक्षा नहीं कर सकते कि समकालीन प्राक्-पूंजीवादी तंत्रों में संसार भर में एक-दूसरे से निकट सादृश्य होगा। यहां तक कि दो विशाल देशों में भी ऐसी समानता संभव नहीं है, महाद्वीपों की तो बात छोड़ दीजिए। केवल पूंजीवाद ही संसार के बाजार का उपयोग करते हुए उत्पादन को सार्वभौमिक चरित्र प्रदान करता है (देखें, *कम्युनिस्ट मैनीफेस्टो*) और इस प्रकार वह एक तरह के सामाजिक तंत्र के अधीन सारे संसार को ले आता है।

जब अंतर्राष्ट्रीय व्यापार सुख-सुविधाओं की कुछ ही वस्तुओं तक सीमित हो गया तो प्रौद्योगिकीय सूचना, दक्षता तथा वैज्ञानिक विचारों के आदान-प्रदान की प्रक्रिया में समय लगा। इसका सर्वोत्तम उदाहरण यह है कि भारत को कागज, बारूद तथा छापाखाने को अपने पड़ोसी चीन से प्राप्त करने में सदियां लग गईं अर्थात इन तीनों ही मामलों में वाणिज्य की अपेक्षा विदेशी आक्रमण की भूमिका रही। इस प्रकार यह अनिवार्य था कि विभिन्न देशों में उत्पादन के साधनों में पर्याप्त विलक्षणताएं हों। अतः उत्पादन संबंधों में भी यदि अधिक नहीं तो उतनी ही विविधता रही होगी। इस संदर्भ में उस वैविध्य का जिक्र नहीं किया जा रहा है जिसका आधार सामाजिक विकास की एक विशेष मंजिल पर उत्पन्न कुछ सामाजिक रीतिरिवाज तथा विश्वास हैं जो विभिन्न देशों में विभिन्न रूपों में मौजूद रहे तथा जिन्होंने परवर्ती सामाजिक विकास को भी प्रभावित किया।

प्रोफेसर डी.डी. कोसंबी ने अपनी पुस्तक *एन इंट्रोडक्शन टू दि इंडियन हिस्टरी* (1965) में पहली बार भारतीय इतिहास के व्यापक फलक का मार्क्सवादी विश्लेषण प्रस्तुत करने का प्रयास किया है। उन्होंने क्षेत्रीय स्रोतों को व्यापक रूप से इस्तेमाल करते हुए भारतीय समाज के इतिहास की समीक्षा की है तथा वे यूरोपीय काल विभाजन को लागू करने के दबाव से भी मुक्त रहे हैं। अतः प्रोफेसर कोसंबी दृढ़तापूर्वक इस धारणा का प्रत्याख्यान करते हैं कि दासप्रथा का युग, अर्थात एक ऐसा युग जिसमें अधिकांश

उत्पादन दासों अथवा उन व्यक्तियों द्वारा होता था जो अपने औजारों सहित अतिरिक्त उत्पादन के अपहर्ताओं की पूंजी होते थे, कभी भारत में अस्तित्व में रहा था।

अटकलबाजी

देवराज चानना ने अपनी पुस्तक *स्लेवरी इन एनशिएंट इंडिया* (1957-60) में जो विस्तृत मार्क्सवादी अध्ययन प्रस्तुत किया है, उससे भी इस विचार की पुष्टि होती है, क्योंकि उक्त पुस्तक में जो साक्ष्य जुटाए गए हैं, उनसे पता चलता है कि दास सामान्यत: घरेलू नौकर के रूप में कार्य करते थे और यद्यपि कभी-कभी उनका उपयोग उत्पादनशील श्रम के लिए भी होता था, किंतु यह स्पष्ट है कि उनकी संख्या काफी कम थी। चानना यह सूचित करते हैं कि क्लासिकीय ढंग की दासप्रथा सिंधु घाटी की सभ्यता (2000 ई.पू.) में मौजूद थी तथा आर्य आक्रमणकारियों ने सिंधु घाटी के शहरों का विनाश करके उसे नष्ट कर दिया (पृ. 112)। किंतु यदि ऐसा हुआ भी हो तो भी भारत में ऐसा कुछ नहीं था जो कालक्रमानुसार यूरोपीय ढंग की क्लासिकीय दासप्रथा के अनुरूप ही हो, जिसका युग सन् 400 ई. के आसपास अंधकार युग के आगमन के साथ-साथ समाप्त हो गया। फिर भी, प्रोफेसर कोसंबी पांचवीं सदी (ई. सन्) से लेकर अंग्रेजी राज की स्थापना तक के काल को सामंतवाद से अभिहित करते हैं, हालांकि वे उन महत्वपूर्ण भेदों का उल्लेख नहीं करते जो यूरोपीय तथा भारतीय सामंतवाद के बीच थे। इस प्रश्न पर हम बाद में विचार करेंगे।

किसी पूर्व-निर्धारित काल के संदर्भ में आपत्ति उठाना वैकल्पिक व्याख्या प्रस्तुत करने की अपेक्षा अधिक आसान है। प्राचीन भारत के संदर्भ में हमें जिन समस्याओं का सामना करना पड़ता है, वे हैं: ऐतिहासिक साहित्य का नितांत अभाव, कालक्रम के संदर्भ में पहेलियों और अनिश्चितताओं की प्रचुरता, अपर्याप्त पुरातात्विक खोज। अत: प्राचीन भारत के संदर्भ में प्रस्तुत कुछ मार्क्सवादी अध्ययनों में अपरिहार्य रूप से बहुत सी ऐसी सूचनाएं और निष्कर्ष दिए गए हैं जिन्हें निश्चयात्मक रूप से स्थापित नहीं किया जा सकता तथा बहुत से ऐसे अंतराल हैं जिन्हें आगामी अनुसंधान द्वारा भरा जाना है। मध्यकालीन भारत के संदर्भ में भी यह सारगर्भित रूप से सत्य है कि जहां प्रचुर मात्रा में शोध सामग्री उपलब्ध है, वहां कभी भी आधुनिक अनुसंधान राजवंशीय इतिहास तक ही सीमित है।

जाति

प्राचीन भारतीय समाज ने जिस उल्लेखनीय संस्था को जन्म दिया, वह जाति व्यवस्था थी। जाति व्यवस्था वर्ग समाज की मार्क्सवादी अवधारणा को भली भांति पुष्ट करती

है तथा साथ ही अंतर्निहित जटिलताओं के कारण उसका विश्लेषण भी अत्यंत दुष्कर है। सामान्य रूप से यह माना जाता है कि जाति की उत्पत्ति (ब्राह्मण, क्षत्रिय, वैश्य तथा शूद्र) चार वर्णों के रूप में आर्यों के आबाद होने के दूसरे दौर में हुई। किंतु अत्यंत प्राचीन काल से चारों वर्णों ने विविध जातियों को अपने अंदर समाहित कर लिया था अथवा वे उनके साथ सहअस्तित्व की स्थिति में रहे।

प्रोफेसर कोसंबी की मान्यता है कि सामान्य समाज में जनजातीय तत्वों के घुलमिल जाने से जाति का उद्‌भव हुआ। यह प्रक्रिया सारे इतिहास में, कम से कम आर्यों के आगमन के बाद से तो दिखाई पड़ती ही है। इसी तथ्य को देवीप्रसाद चट्‌टोपाध्याय ने *लोकायत* (1959, पृ. 199) में और अधिक बलपूर्वक रेखांकित किया है। इससे यह संकेत मिलता है कि जाति व्यवस्था, कदंमूल फल जुटाने वाली अवस्था अथवा यायावरी कृषि से व्यवस्थित कृषि में रूपांतरण का परिणाम थी। किंतु संभवत: इस सिद्धांत का उद्‌देश्य जाति व्यवस्था की उत्पत्ति की व्याख्या करना है, उसके भावी चरित्र तथा विकास की व्याख्या नहीं।

भारतीय जाति व्यवस्था का एक अन्य महत्वपूर्ण तत्व पेशेवर जातियां रही हैं। वे प्राय: किसी न किसी हस्तशिल्प में दक्ष होती थीं और ये हस्तशिल्प सामाजिक विकास की एक विशेष उन्नत अवस्था के तहत उत्पन्न हुए। अत: यह कहा जा सकता है कि जाति व्यवस्था किसी एक उत्पादन पद्धति का परिणाम नहीं थी तथा उससे उत्पादन के किन्हीं निश्चित संबंधों का संकेत भी नहीं मिलता। दूसरी ओर, ऐसा लगता है कि उसने सामाजिक विभाजन के संदर्भ में एक तकनीक की भूमिका अदा की है। उसने अंदरूनी परिवर्तनों, जैसे जातियों के गठन में प्रवेश अथवा निष्कासन के माध्यम से परिवर्तन करके, जातियों के स्तर में वृद्धि अथवा गिरावट, जातिगत विधि-विधान में परिवर्तन आदि के द्वारा विभिन्न उत्पादन पद्धतियों के साथ आज तक सामंजस्य बिठाती रही है और आज औद्योगिक तंत्र उसे झकझोर रहा है, चूंकि उसके साथ उसकी संगति नहीं बैठ रही है।

अत: जाति व्यवस्था की सटीक अभिव्यक्ति हमें ब्राह्मणवादी दर्शन में मिलती है जो विभिन्न सामाजिक वातावरणों के अनुरूप विकसित विचारों की पूंजी द्वारा निर्मित है तथा जिसकी परिधि में टोटमवादी अंधविश्वासों से लेकर एकेश्वरवादी तथा नास्तिकतावादी विश्वास तक आते हैं।

प्रोफेसर कोसंबी ने यह भली भांति स्पष्ट किया है कि प्राचीन भारत की उत्पादन पद्धति में प्रचुर मात्रा में परिवर्तन हुए तथा उनका जाति व्यवस्था के साथ तदनुसार सामंजस्य भी था। उनका विश्वास है कि जब आर्य पहली बार आए तो वे न केवल घोड़ा लेकर

आए अपितु हल भी लेकर आए। इससे आर्यों तथा आर्यीकृत जनजातियों को प्रौद्योगिकीय वरीयता प्राप्त हुई। अत: उन्होंने सिंधु घाटी की सभ्यता को ही उलट दिया तथा उन्होंने जंगलों में प्रवेश किया। यहां उन्होंने पशुचारण के साथ कृषि का संबंध भी स्थापित किया। सामाजिक दृष्टि से इस प्रक्रिया का परिणाम चार वर्णों की उत्पत्ति में हुआ। एक ओर पुरोहित, क्षत्रिय और वैश्य (किसान) तथा दूसरी ओर शूद्र (दास)। शूद्रों की समूची जनजाति (गण) को दास बनाकर रखा गया। गण सत्ता द्वारा उन्हें गण के विभिन्न उपसमूहों की सेवा का भार सौंपा गया (देखें, कोसंबी, पृ. 92-93)। यही मत आर.एस. शर्मा ने अपनी पुस्तक *शूद्राज इन एनशिएंट इंडिया,* 1958, पृ. 48 में व्यक्त किया है।

स्थायी कृषि

डी.डी. कोसंबी ने संकेत किया है कि आर्यों के आबाद होने के प्रथम चरण के बाद स्थायी कृषि जीवन पद्धति तथा घुमक्कड़ और अर्ध-घुमक्कड़ जीवन पद्धति के बीच अंतर्विरोध बढ़ने लगा। हो सकता है यह अंतर्विरोध लोहे के इस्तेमाल के कारण और उग्र होने लगा हो। आर्यों में लोहे का इस्तेमाल कोसंबी द्वारा मान्य युग के कुछ काल बाद व्यापक रूप से होने लगा होगा और अधिक संभावना यह है कि इसके प्रयोग को व्यापक प्रसार 1000 ई. पू. की अपेक्षा 800 ई. पू. के आसपास मिला होगा। लोहे के कारण जंगलों की सफाई हुई और जैसा कि गोर्डन चाइल्ड ने कहा है, इससे कृषि का जनतंत्रीकरण भी हुआ, अर्थात एक परिवार द्वारा स्वतंत्र रूप से खेती करना संभव हुआ। स्थायी कृषि से व्यापार बढ़ा तथा पांचवीं सदी ई.पू. तक सिक्के भी चलन में आ गए।

प्रोफेसर कोसंबी गणतंत्रों के विघटन को उत्पादन पद्धति में आए इस बड़े परिवर्तन से जोड़ते हैं। व्यक्तिगत खेती के कारण गणों के संबंधों में शिथिलता आई। शूद्रों ने या तो अपने व्यक्तिगत स्वामी बना लिए और उनकी सेवा करने लगे अथवा धीरे-धीरे किसान के रूप में बसने लगे। अतिरिक्त उत्पादन अब अधिकांश रूप से कृषि के माध्यम से उपलब्ध होता था। व्यापार के विकास से नगरों का उद्‌भव हुआ। ये नगर छठी सदी के बाद जन्म लेने वाले राज्यों का आधार बने जिनकी परिणति मौर्य साम्राज्य की स्थापना में हुई। इन राज्यों ने अंततोगत्वा गणों की राजनीतिक सत्ता का पूरी तरह से विनाश कर दिया। धर्म के क्षेत्र में वैदिक कर्मकांड, विशेष रूप से पशुबलि (जिसका प्रचलन पशुचारण और गण व्यवस्था में ही संभव था) को नए मतों (जिनमें बौद्ध धर्म सर्वाधिक सफल रहा) ने चुनौती दी। 'कर्म फल का सिद्धांत' के तहंत अंतर्जातीय गतिशीलता का पता चलता है किंतु इस जन्म में नहीं, अगले जन्म में। सैद्धांतिक रूप से जाति व्यवस्था से अपने अलगाव तथा सार्वभौमिक अपील के कारण वह कृषिगत परिवेश तथा व्यापार,

साथ ही विस्तार पाते हुए राज्यों के संदर्भ में अपने किसी भी प्रतिद्वंद्वी की अपेक्षा अधिक अनुकूल था।

आवश्यक संशोधन

ये सुझाव अत्यंत रोचक हैं तथा इनमें सत्य की अनंत संभावनाएं छिपी हैं। चट्टोपाध्याय ने अपनी *लोकायत* नामक पुस्तक में डी.डी. कोसंबी की उक्त अवधारणा को बौद्ध धर्म के सामाजिक आधार के संदर्भ में सामान्यतः स्वीकार कर लिया है। लेकिन यह संभव है कि डी.डी. कोसंबी द्वारा खींची गई मौर्यकालीन समाज की तसवीर किंचित अयथार्थवादी हो; हालांकि इस बिंदु पर वे प्राचीन भारत के कुछ अन्य इतिहासकारों के साथ हैं। डी.डी. कोसंबी ने मुख्य रूप से कौटिल्य के अर्थशास्त्र को आधार बनाया है। हो सकता है कौटिल्य के अर्थशास्त्र में उस काल की आदर्शीकृत छवि पेश की गई हो अथवा वह मौर्यकाल की रचना ही न हो। डी.डी. कोसंबी यह घोषणा करते हैं कि प्रथम ग्रामीण अधिवास (सेटलमेंट) राज्य के प्रत्यक्ष नियंत्रण में प्रोत्साहित किया गया था और इस प्रक्रिया में राज्य को 'व्यक्तिगत उद्यम' अर्थात व्यापारी वर्ग से घनघोर संघर्ष करना पड़ा था (देखें, पृ. 176)।

उसी प्रकार मौर्यकाल के उपरांत ग्रामीण विकास की उनकी अवधारणा में भी संशोधन की आवश्यकता है। हो सकता है यह सही हो कि अब तक गांवों के बसने की प्रक्रिया पूरी हो गई हो और ग्राम समुदाय एक-दूसरे से अलग-थलग दिखाई पड़ने लगे हों। आर.एस. शर्मा ने इस आशय का एक साक्ष्य प्रस्तुत किया है कि गुप्तकाल तक शूद्रों ने किसानों का स्तर प्राप्त कर लिया था *(शूद्राज इन एनशिएंट इंडिया,* पृ. 231-34, 281-82)। बहरहाल यह संदेहास्पद है कि ग्राम समाज का प्रभुत्व, जिससे व्यापार के ह्रास का संकेत मिलता है, उसी प्रकार उत्तरी भारत में पूर्ण हो चुका था जिस प्रकार कोसंबी सूचित करते हैं। साथ ही जब वे वाणिज्य तथा श्रेणियों से संबद्ध समस्त साहित्यिक साक्ष्यों को मोर्योत्तर तथा दकन से जोड़ते हैं (कोसंबी, पृ. 259) तो भी उनके साथ सहमत होना मुश्किल होता है।

संघर्ष के रूप

प्राचीन भारत में वर्ग संघर्ष की भूमिका तथा उसके रूप आगामी अध्ययन के लिए एक महत्वपूर्ण विषय हैं। चट्टोपाध्याय (*लोकायत,* पृ. 185-86) ने कोसंबी के इस मत की आलोचना की है कि गण व्यवस्था के विनाश में जो हिंसा हुई, वह जाति व्यवस्था के लचीलेपन तथा ब्राह्मण धर्म की सामंजस्यशील प्रकृति के कारण काफी कम हो गई।

वस्तुतः इस बात के स्पष्ट प्रमाण हैं कि हिंसा खूब हुई थी। अशोक के कलिंग अभियान में हुए नरसंहार को इस संदर्भ में उद्धृत किया जा सकता है तथा उसके धम्म को इस रूप में व्याख्यायित किया जा सकता है कि वह सामाजिक परिवर्तन की लंबी तथा हिंसक प्रक्रिया के शिकार लोगों को प्रशमित करने का प्रयास था। साथ ही, जाति व्यवस्था 'कर्म फल के सिद्धांत' के आधार अगले जन्म का भ्रमज़ाल फैला कर जनसाधारण को विभिन्न स्तरों के जाति समूहों में विभक्त कर रही थी। जाति व्यवस्था ने पीड़ित वर्गों को पूरी तरह पराधीन कर उन्हें प्रभावशाली ढंग से नपुंसक बना दिया होगा (*शूद्राज,* पृ. 283-85)।

अनेक मार्क्सवादी इतिहासकारों में (विशेष रूप से सोवियत इतिहासकारों में जो भारतीय इतिहास पर लिख रहे हैं) यह प्रवृत्ति पाई जाती है कि वे ब्रिटिश शासन की स्थापना से पहले के समाज को सामंती समाज के रूप में चित्रित करते हैं। कोसंबी भी इस दृष्टिकोण को स्वीकार कर लेते हैं। वे 400 ई. सन् से सामंतवाद का काल निर्धारण भी करते हैं। इसके साथ ही पहला प्रश्न यह उठता है कि सामंतवाद से अभिप्राय क्या है?

अनेक इतिहासकारों के लिए यह एक राजनीतिक ढांचा है जिसके तहत राजा अमीरों को जमीन अथवा कोई भूमि क्षेत्र देता है जिस पर उसका वंशानुगत अधिकार होता है। बदले में वे राजा को अपनी सेवाएं देते हैं। मार्क्सवादी विद्वान सामंतवाद को उत्पादन संबंधों के एक निश्चित तंत्र के रूप में देखते हैं। जैसा कि डॉब का मानना है कि सामंतवाद को हम वस्तुतः कृषि दासता के नाम से जानते हैं। इसके तहत उत्पादक पर बलात कुछ बाध्यताएं थोप दी जाती हैं तथा उसे मालिक की कुछ आर्थिक मांगों को मरजी के बिना भी पूरा करना होता है। ये मांगें सेवा के रूप में भी हो सकती हैं और धन अथवा वस्तुओं के रूप में भी देय हो सकती हैं।[3]

मध्यकालीन यूरोप की जागीरदारी (मनोरियल) अर्थव्यवस्था सामंती थी, किंतु वह सामंती पद्धति के विभिन्न रूपों में से एक थी। मार्क्सवादी विचारकों ने सामान्यतः स्वीजी के इस मत को स्वीकार नहीं किया है कि सामंतवाद को एक ऐसी पद्धति के रूप में स्वीकार किया जिसमें उत्पादन केवल उपभोग के लिए होता है तथा जिसमें उपभोक्ता वस्तुओं के उत्पादन अर्थात बाजार के लिए अथवा विनिमय के लिए उत्पादन का कोई स्थान नहीं है। दूसरे शब्दों में अधिकांश मार्क्सवादयों के लिए कोई भी ऐसी पद्धति सामंती व्यवस्था होती है जिसमें किसान अपने औजारों और पशुओं के साथ जमीन पर खेती करता है तथा जिस जमीन पर वह खेती करता है उस जमीन पर उसका मालिकाना हक होता है। साथ ही उसी जमीन के साथ बंधे रहने के लिए भी वह बाध्य होता है। इसके अतिरिक्त अपनी सेवाएं देने अथवा अतिरिक्त उत्पादन के एक अंश को सीधे-सीधे वस्तु रूप में अथवा नकद रूप में बदलकर देने के लिए भी बाध्य होता है।

अति सामान्य

सिर्फ इसी व्यापक परिभाषा के तहत प्राक्-ब्रिटिश अर्थव्यवस्था को सामंती अर्थव्यवस्था का नाम दिया जा सकता है। किंतु शायद स्वीजी का यह कहना सही है कि यह परिभाषा अति सामान्य है तथा अपनी परिधि में उन पद्धतियों को भी समेट लेती है जो बहुत से महत्वपूर्ण बिंदुओं के संदर्भ में एक दूसरे से भिन्न हैं। उदाहरण के लिए, मध्यकालीन यूरोप के समाजों तथा सोलहवीं और सत्रहवीं सदी के यूरोप को लिया जा सकता है।[4] यह कठिनाई भारत के संदर्भ में भी है। हमें ध्यान रखना चाहिए कि लगभग चौदह सौ वर्षों के लंबे समय के लिए, जिसमें अनेक महत्वपूर्ण परिवर्तन हुए, सामंती शब्द का प्रयोग जोखिम भरा हो सकता है। एक और खतरा भी है, यह कि यूरोपीय सामंतवाद के अध्ययन से प्राप्त निष्कर्षों के आधार पर मध्यकालीन भारतीय वर्ग विभक्त व्यवस्था की व्याख्या भी भ्रामक होगी।

प्रोफेसर कोसंबी इस दूसरे खतरे के प्रति सजगता तो दिखाते हैं, किंतु यह निश्चित रूप से नहीं कहा जा सकता कि उन्होंने इसे गंभीरता से लिया था, हालांकि सामंतवाद को वे दो चरणों में विभक्त करते हैं। प्रथम चरण को वे 'अभिजात वर्गीय सामंतवाद' (फ्युडलिज्म फ्राम अबव) से अभिहित करते हैं। यह अभिदान गैर-मार्क्सवादियों द्वारा परिभाषित 'सामंतवाद' के अनुरूप प्रतीत होता है। इसे किसी भी तरह एक उत्पादन पद्धति के रूप में व्याख्यायित नहीं किया जा सकता। अगले चरण को वे 'ग्रामीण स्तरीय सामंतवाद' (फ्युडलिज्म फ्राम बिलो) के नाम से अभिहित करते हैं। उनके मतानुसार इसकी शुरुआत चौदहवीं सदी से होती है तथा इसे वे एक ऐसे तंत्र के रूप में परिभाषित करते हैं जिसमें भूस्वामियों का एक वर्ग गांव के अंदर ही, राज्य तथा किसानों के बीच विकसित हुआ जिसने धीरे-धीरे अपनी सशस्त्र शक्ति का दबदबा क्षेत्रीय जनता पर बना लिया (पृ. 275)। यह विभाजन मार्क्स द्वारा पूंजीवाद के विकास के संदर्भ में विकसित अवधारणाओं (उच्च स्तर पर जन्म लेते पूंजीवाद तथा नीचे से उभरने वाले पूंजीवाद) से प्रेरित प्रतीत होता है। यह विभाजन न केवल सामाजिक विकास के किसी चरण को व्याख्यायित करने में सैद्धांतिक रूप से अपर्याप्त है, अपितु मध्यकालीन भारतीय समाज के व्यापक अध्ययन के आधार पर भी इसकी पुष्टि नहीं होती।

वाणिज्य का ह्रास

बारहवीं सदी के अंत तक अर्थात सल्तनत काल की स्थापना से कुछ सदियां पहले तक भारतीय अर्थव्यवस्था स्पष्ट रूप से गतिरोध का शिकार रही। वाणिज्य में ह्रास हुआ

और इसकी अभिव्यक्ति मुद्रा के प्रयोग में आई तीव्र गिरावट में हुई।[5] अलबरूनी ने ग्यारहवीं सदीं में देखा कि कारीगर जातियां विशेष रूप से पीड़ित थीं, उदाहरण के लिए बुनकरों तथा अन्य लोगों को भी कसबों से दूर रखा जाता था। इस ह्रास की राजनीतिक अभिव्यक्ति, कारण की अपेक्षा, राज्यों के छोटे-छोटे क्षेत्रों के विभाजन में देखी जा सकती है। ये राज्य वंशानुगत रूप से सामंतों, ठाकुरों तथा रावतों के रूप में ज्ञात मुखियाओं के अधीन थे तथा इन पर वे अपने कुल के योद्धाओं के सहयोग से शासन करते थे, जो बाद में राजपूत क़हलाए।

इस तरह के समाज को तुर्की आक्रमणों ने पदाक्रांत किया। प्रोफेसर मो. हबीब ने अपने एक निबंध (एन इंट्रोडक्शन टू इलियट एंड डाउसन, *हिस्टरी आफ इंडिया*, अलीगढ़ रिप्रिंट, 1952) में इन आक्रमणों के परिप्रेक्ष्य में घटित हुए परिवर्तनों का विश्लेषण किया है। संक्षेप में, उनकी स्थापना यह है कि इसलाम एक ऐसा धर्म था जो शहरी वातावरण के लिए उपयुक्त था। इसके कानून ने, जिसमें संविदा (कांट्रेक्ट) की अवधारणा पर विशेष बल था, जातिगत नियमों की कठोर पाबंदी का भेदन किया। अतः तुर्की आक्रमण ने कारीगरों को पुराने प्रतिबंधों से मुक्त कर दिया तथा व्यापार और वाणिज्य के विकास के लिए एक नया आधार तैयार किया।

उपभोक्ता वस्तुओं का उत्पादन

यह सही है कि प्रोफेसर मो. हबीब के विचारों पर प्रश्नचिह्न लगाए जा सकते हैं, शायद वे तुर्कों की मुक्तिदायिनी भूमिका पर आवश्यकता से अधिक बल देते हैं, किंतु इससे उनकी स्थापना का वास्तविक मूल्य कम नहीं हो जाता; चूंकि इसके आधार पर वे भारत में इसलाम की प्रारंभिक अवस्था के संदर्भ में आर्थिक तत्वों की भूमिका का मूल्यांकन करते हैं। इसे सामान्यतः आधुनिक विद्वान भी स्वीकार करते हैं। इस दृष्टिकोण के अनुसार तुर्की शासन ने 'उपभोग के लिए उत्पादन' की स्थिति को 'बाजार के लिए उत्पादन' में बदलने की प्रक्रिया को शुरू किया। बारहवीं सदी के समाप्त होते-होते दिल्ली के चारों ओर किसान अपना भूराजस्व नकद रूप में भुगतान करने लगे थे। अलाउद्दीन के आर्थिक उपायों से व्यापक उपभोक्ता वस्तुओं के उत्पादन का पता चलता है।

कारीगरों के आर्थिक महत्व में हुई वृद्धि को (जो उक्त परिवर्तन का परिणाम ही रही होगी) पंद्रहवीं-सोलहवीं सदियों के भक्ति आंदोलन में उनकी भागीदारी के रूप में लक्षित किया जा सकता है। उदाहरण के लिए, कबीर एक बुनकर था, दादू धूनिया था। अकबर के वित्तीय उपायों जैसे नकद रूप में भूराजस्व की उगाही तथा सोलहवीं-सत्रहवीं सदियों में व्यापार और वाणिज्य के बारे में हमारे पास जो सूचनाएं हैं, उनसे पता चलता है कि मुगल साम्राज्य के अंतिम दिनों तक उपभोक्ता वस्तुओं का उत्पादन जारी रहा।

उत्पादन पद्धति में इन नए तत्वों के आधार पर एक नई समाज व्यवस्था बनी। सर्वोच्च बिंदु पर राज्य तथा उसका अभिजात वर्ग था। किसान अपनी अतिरिक्त उपज का एक बड़ा हिस्सा राजा या उसके प्रतिनिधियों को (अर्थात मुक्तियों और जागीरदारों के रूप में उपस्थित होने वाले अभिजात लोग को) देता था। ये प्रतिनिधि वंशानुगत रूप से स्वामी नहीं थे तथा उनकी नियुक्ति भी अधिकांश सरकारों के तहत बदलती रहती थी। इसी स्थानांतरण के कारण वे केंद्रीय शक्ति को कमजोर करके स्थानीय रूप से निरंकुश शासक के रूप में विकसित नहीं हो सके। इस प्रकार के केंद्र सत्तात्मक साम्राज्य व्यापार की सुरक्षा के लिए आवश्यक थे।

तत्कालीन शासक वर्ग के अधीन एक और वर्ग था जिसे पूर्ववर्ती काल में राव, रावत और मुगद्दम आदि के रूप में जाना जाता था। मुगलों के अधीन ये लोग जमींदार कहलाते थे। अधिकांशतः ये लोग तुर्क-पूर्व शासक-कुलों के वंशज थे। इनमें से ज्यादातर राजपूत थे। ये किसी भी रूप में निचले स्तर अर्थात गांव स्तर से ऊपर नहीं उठे थे। इनके पास शस्त्र-शक्ति भी थी तथा वंशानुगत रूप से इन्हें भूमि भी प्राप्त थी। भूराजस्व में इनका भी हिस्सा होता था (उत्तर भारत में नाममात्र के लिए 10 प्रतिशत तथा गुजरात में 25 प्रतिशत)। किंतु मौद्रिक संबंध अब तक और अकबर के काल तक तो निश्चित रूप से इस सीमा तक विकसित हो चुके थे कि जमींदारी का अधिकार पूर्ण रूप से विक्रेय हो चुका था। निम्नतम स्तर पर किसान वर्ग था जिसका शोषण राज्य भी करता था और जमींदार भी। इस तरह के साक्ष्य हैं कि किसान के पास दखल का अधिकार था, तथापि वह अर्धदास था जो अपनी मरजी से जमीन नहीं छोड़ सकता था।[6]

प्रारंभकालीन विद्रोह

इस समाज में केवल किसानों के हित ही शासक वर्ग से नहीं टकराते थे, जमींदारों को भी राज्य का शक्तिशाली शत्रु समझा जाता था। उनके साथ जो संघर्ष का केंद्रबिंदु था, वह किसानों के अतिरिक्त उत्पादन का बंटवारा था। सत्रहवीं सदी के उत्तरार्ध में हमें किसानों के उत्पीड़न में तीव्रता दिखाई पड़ती है तथा मुगलों के विरुद्ध किसानों के व्यापक विद्रोह दिखाई पड़ते हैं।

विल्फ्रेड स्मिथ[7] राइजनर तथा स्वर्गीय के.एम. अशरफ ने जाटों, सतनामियों, सिखों तथा मराठों के विद्रोहों में किसान तत्व की ओर ध्यान आकृष्ट किया है। किंतु इन विद्रोहों की ऐतिहासिक भूमिका का मूल्यांकन करते समय यह याद रखना चाहिए कि इनका नेतृत्व जमींदारों ने किया था जिन्होंने भूखे मरते किसानों को अपने लाभ के लिए तोप के चारे के रूप में इस्तेमाल किया। यही कारण है कि ये विद्रोह बड़ी तीव्रता

के साथ लूट के आंदोलनों में बदल गए तथा विद्रोही नेताओं ने जिन क्षेत्रों को अपने कब्जे में लिया, उन्हें आपस में जमींदारी के रूप में बांट लिया। इन आंदोलनों ने न केवल मुगल साम्राज्य के उत्पीड़नपूर्ण ढांचे को नष्ट किया, अपितु व्यापार को भी बरबाद कर दिया तथा नगरों का विध्वंस कर दिया।[8]

विभिन्न मूल्यांकन

अतः यह कहा जा सकता है कि सत्रहवीं सदी के वर्ग संघर्ष ने जो रूप लिया उससे सामाजिक प्रगति को धक्का लगा तथा उससे अंग्रेजों के आगमन के लिए आदर्श स्थितियां उत्पन्न हुईं। लेकिन बहुत से मार्क्सवादी इस मत से सहमत नहीं हैं। दूसरी ओर, ऐसा माना जाता है कि इस काल तक उपभोक्ता वस्तुओं का उत्पादन इस सीमा तक विकसित हो चुका था कि इन अस्त-व्यस्तताओं ने पूंजीवाद के उद्‌भव की आंतरिक प्रक्रिया को ठीक उसी प्रकार छिपा लिया था जैसे 'वार आफ रोज़ेज' तथा 'हंड्रेड ईयर्स आफ वार' ने यूरोप में छिपाया था (आर.पी. दत्त, *इंडिया टुडे*, 1947, पृ. 85)।

दूसरे लोग और भी आगे चले गए हैं। उन्होंने इन विद्रोहों को न केवल सामंतवाद विरोधी माना है (राइजनर), अपितु उन्होंने इन्हें भारत में राष्ट्रीयताओं का प्रतिनिधि भी बतलाया है। ऐसा माना जाता है कि भक्ति आंदोलन की प्रेरणा से क्षेत्रीय भाषाओं के साहित्य का जो विकास हुआ, उसी से इन राष्ट्रीयताओं के विकास की सांस्कृतिक आधार भूमि तैयार हुई।[9] वे इस बात पर बहुत बल देते हैं कि यदि भारत में अंग्रेज न आए होते तो राष्ट्रीयताओं के उद्‌भव को एक राजनीतिक जरूरत के रूप में देखते हुए यह कहा जा सकता है कि यहां पूंजीवाद का विकास होता।

निस्संदेह, इस मत की गहन छानबीन की जानी चाहिए। फिर भी इस मत को स्वीकार करने में तीन सशक्त आपत्तियां दिखाई पड़ती हैं। सर्वप्रथम तो यह कि जैसा कि मार्क्स ने पर्याप्त रूप से स्पष्ट किया है कि हम यह नहीं मान सकते कि व्यापारिक पूंजी अपने आप में औद्योगिक पूंजी में बदल जाती है। दूसरे, सामाजिक स्तर पर उपभोक्ता वस्तुओं का साधारण ढंग का उत्पादन (जो कारीगरों के व्यक्तिगत श्रम पर आधारित था) अपने आप जाति व्यवस्था (जो राष्ट्रीय चेतना के निर्माण में सबसे बड़ी बाधा थी) को नहीं तोड़ सकता था।

और अंततः, किसान विद्रोहों में जमींदारों की सहभागिता को देखते हुए इन विद्रोहों को सामंतवाद विरोधी अथवा राष्ट्रीय कहते हुए सतर्कता बरतनी चाहिए।

ब्रिटिश राज की स्थापना के ऐतिहासिक महत्व को स्वयं मार्क्स ने अपने दो लेखों में रेखांकित किया है। 'दि ब्रिटिश रूल इन इंडिया' तथा 'फ्यूचर रिजल्टस आफ

ब्रिटिश रूल इन इंडिया' नामक दोनों लेख 1853 में लिखे गए। उक्त दोनों लेखों में मार्क्स ने ब्रिटिश साम्राज्यवाद के ध्वंसात्मक तथा पुनः सृजनात्मक पक्षों का उद्‌घाटन किया है। ब्रिटिश उद्योग का प्रभुत्व जो पुरानी अर्थव्यवस्था के उत्पादनशील तत्वों को नष्ट करके स्थापित किया गया था, वह भारत के औद्योगिक विकास के लिए क्रमागत रूप से भौतिक आधार तैयार किए बिना अपनी निरंतता कायम नहीं रख सकता था।

1857 का विद्रोह

यह विश्लेषण समय की कसौटी पर खरा उतरा है तथा भारतीय इतिहास में ब्रिटिश शासन की भूमिका के किसी भी मूल्यांकन के संदर्भ में इसका केंद्रीय महत्व है। खेद की बात सिर्फ इतनी है कि मार्क्सवादियों ने इस विश्लेषण को अन्य क्षेत्रों में लागू नहीं किया। उदाहरण के लिए '1857 के विद्रोह'[10] पर मार्क्सवादी दृष्टि से कोई गंभीर कार्य नहीं हुआ। क्या यह एक राष्ट्रीय विद्रोह था अथवा यह ब्रिटिश शासन के विध्वंस की प्रतिक्रिया मात्र था जिसके तहत ब्रिटिश औद्योगिक प्रभुत्व के कारण बराबद जनता के व्यापक तबके तथा अपने-अपने राज्यों से वंचित शासक वर्ग लामबंद हो गए थे और इसलिए यह विद्रोह वस्तुगत रूप से प्रतिक्रियावादी आंदोलन था जिसने भारत के भावी पुनःसृजन के आधार पर ही चोट की थी।

अन्य किसी कारण से यदि नहीं भी तो स्थानाभाव के कारण यहां यह संभव नहीं है कि पिछले दिनों चर्चा में रहे नए-नए विषयों जैसे अपने अंतिम चरण में ब्रिटिश साम्राज्यवाद का स्वरूप अथवा 'भारतीय राष्ट्रीय आंदोलन का चरित्र' से संबंधित कोई मुद्दा उठाया जाए। मार्क्सवादी व्याख्या का मानकीकृत रूप आर.पी. दत्त ने अपनी पुस्तक *इंडिया टुडे*, 1947 में निर्धारित कर दिया है। हालांकि यह भी संभव है कि व्यक्तिगत रूप से कुछ मार्क्सवादी इसके कतिपय निष्कर्षों को किसी अन्य दृष्टिकोण के तहत व्याख्यायित करना चाहें अथवा यत्र-तत्र इसके क्षेत्र का विस्तार करना चाहें।

मार्क्सवादी पद्धति

आशा है इस सर्वेक्षण से यह भली भांति स्पष्ट हो चुका होगा कि मार्क्सवादी पद्धति का अभिप्राय तैयारशुदा फार्मूलों को, जिन्हें उपलब्ध तथ्यों में से कुछ को सुविधानुसार चुनकर तैयार किया गया है, लागू करना नहीं है। इसके विपरीत, सामाजिक विकास के सामान्य नियमों की मार्क्सवादी अवधारणा का इतिहासकार के लिए सैद्धांतिक रूप से इसलिए महत्व है कि इसके माध्यम से सामाजिक परिवर्तन बोधगम्य होते हैं। फिर भी

मार्क्सवादी पद्धति का इस्तेमाल करते हुए यह एहसास होना चाहिए कि हमारे पास कुछ ऐसे तथ्यों का ज्ञान हो जिन्हें आधुनिक अनुसंधान के दौरान प्रकाश में नहीं लाया गया अथवा जिनकी छानबीन नहीं की गई। इससे पहले कि कुछ महत्वपूर्ण समस्याओं को संतोषजनक ढंग से स्पष्ट किया जाए, हमें धैर्यपूर्वक गंभीर अनुसंधान करना चाहिए।

यह याद रखना चाहिए कि ऐतिहासिक शोध अंतर्राष्ट्रीय कार्य व्यापार है। अब तक हम केवल यूरोप के सामाजिक विकास से परिचित रहे हैं। चूंकि अभी चीन तथा मध्यपूर्व के सामाजिक इतिहास का उचित ढंग से अध्ययन होना है तथा इन अध्ययनों के निष्कर्ष हम तक पहुंचने हैं अत: उक्त आलोक में हो सकता है हमें अपनी कई सामान्य धारणाओं में परिवर्तन करना पड़े। अंतत: सभी मतों और दृष्टियों वाले विद्वानों के बीच सहयोग (चाहे वे मार्क्सवादी हों या गैर-मार्क्सवादी) आवश्यक हैं; चूंकि ज्ञान अथवा अंतर्दृष्टि पर किसी एक का एकाधिकार नहीं हो सकता। जहां तक मार्क्सवादियों का संबंध है, यह कहा जा सकता है कि इस प्रकार के सहयोग के माध्यम से ही उनके लिए यह संभव हो सकेगा कि वे भारतीय जनता के सच्चे और सार्थक इतिहासलेखन के उद्देश्य की पूर्ति में अपनी उचित भूमिका का निर्वाह कर सकें।

संदर्भ और टिप्पणियां

1. इस अनुच्छेद में जो उद्धरण हैं, वे *कम्युनिस्ट मैनीफेस्टो, क्रिटीक आफ पालिटिकल इकानामी* की मार्क्स की भूमिका तथा *कैपीटल,* भाग I, से लिए गए हैं.
2. 'दि फ्यूचर रिजल्ट्स आफ ब्रिटिश रूल इन इंडिया' नामक लेख, 1853.
3. *स्टडीज इन दि डेवलेपमेंट आफ कैपीटलिज्म,* पृ. 35.
4. *ट्रांजीशन फ्राम फ्युडलिज्म टू कैपीटलिज्म,* 1954 में स्वीजी, डॉब तथा ताकाहाशी के लेख देखें.
5. देखें आर.एस. शर्मा, 'आस्पेक्ट्स आफ पालिटिकल आइडियाज एंड इंस्टीट्यूशन्स इन एनशिएंट इंडिया' में अध्याय 'औरिजिंस आफ फ्युडलिज्म', पृ. 229.
6. यह विश्लेषण मेरी अपनी पुस्तक '*दि एग्रेरियन सिस्टम आफ मुगल इंडिया,* अलीगढ़, 1926 पर आधारित है. डा. के.एम. अशरफ का अध्यक्षीय भाषण, 'मेडीवल सेक्शन', प्रोसीडिंग्स आफ इंडियन हिस्टरी कांग्रेस, 1960, I, 149-51 भी देखें.
7. 'लोअर क्लास अपराइजिंग्स इन दि मुगल एंपायर', *इसलामिक कलचर,* XX, संख्या 1, पृ. 21-40.
8. देखें, मेरा लेख 'एग्रेरियन काजिज आफ दि फाल आफ दि मुगल एंपायर', *इनक्वायरी,* 2 और 3.
9. इस तर्क की सुसंगत प्रस्तुति के लिए देखें प्रोफेसर एरू. नूरुल हसन का लेख 'प्राब्लम्स आफ नेशनलिटीज इन मेडीवल इंडिया', प्रोसीडिंग्स आफ दी इंडियन हिस्टरी कांग्रेस, 1944, पृ. 370-76.

10. 'रिबेलियन 1957', *सिंपोजियम,* संपादक पी.सी. जोशी. विद्रोह के पीछे जो शक्तियां थीं उनके अध्ययन के संदर्भ में उक्त पुस्तक में तल्मी खाल्दून, डा. के.एम. अशरफ तथा स्वयं संपादक द्वारा मूल्यवान सामग्री प्रस्तुत की गई है. यह निर्विवाद रूप से सत्य है कि विद्रोह के वस्तुगत चरित्र के संदर्भ में हमारा जो भी मूल्यांकन हो, लेकिन जिन बलिदानियों ने देश को विदेशी सत्ता से मुक्ति दिलाने के लिए अपने जीवन की आहुति दी, उसके लिए उनके प्रति हमारा सम्मान भाव कम नहीं हो सकता.

7. विटफोगिल का प्राच्य निरंकुशतावाद का सिद्धांत

इस तथ्य को अस्वीकार नहीं किया जा सकता कि सत्रहवीं-अठाहरवीं सदी के बाद यूरोप ने शेष संसार पर अपनी आर्थिक और प्रौद्योगिकीय श्रेष्ठता स्थापित कर ली थी। वस्तुतः, उसने समूचे एशिया और अफ्रीका पर या तो विजय प्राप्त कर ली थी या अपना वर्चस्व कायम कर लिया था। साथ ही इसे भी अस्वीकार नहीं किया जा सकता कि प्राक्-आधुनिक युग में एशिया तथा अफ्रीका के कई देशों (विशेष रूप से चीन, भारत तथा मध्यपूर्व के देशों) ने मध्यकालीन यूरोप की तुलना में कहीं अधिक ऊंचा सांस्कृतिक स्तर प्राप्त कर लिया था। अत: विश्व इतिहास के सम्मुख यह एक महत्वपूर्ण प्रश्न है कि ऐसा क्यों हुआ कि एशियाई देश अपनी अर्थव्यवस्थाओं तथा सामाजिक-राजनीतिक तंत्रों का आगे विकास नहीं कर सके और पश्चिमी उपनिवेशवाद के शिकार हो गए।

इस संदर्भ में प्रोफेसर कार्ल ए. विटफोगिल ने जिस सिद्धांत का प्रतिपादन किया है, उसके कई घोषित उद्देश्य हैं, किंतु मैंने जो प्रश्न उठाए हैं, उसके जवाब में उन्होंने जो कुछ प्रस्तावित किया है, फिलहाल बातचीत उसी पर केंद्रित होगी। अपनी पुस्तक *ओरिएंटल डेस्पोटिज्म : ए कामपेरेटिव स्टडी इन टोटल पावर* (1957) में उन्होंने जिस सिद्धांत को व्यवस्थित रूप से प्रतिपादित किया है तथा पश्चिम में उसे जितना प्रचार मिला है, वह उसके अकादमिक महत्व के कारण नहीं बल्कि इसलिए मिला है, कि उसने पश्चिम को सैद्धांतिक हथियार उपलब्ध करा दिया है जिसके जरिए वह समाजवाद पर अपना आक्रमण लगातार बनाए रख सके। साथ ही, यह भी दिखा सके कि हर तरह से 'पश्चिमी जीवन शैली' ही सर्वोत्तम जीवन शैली है (देखें, अंतिम अध्याय का उपखंड, 'पश्चिमी समाज किधर : मानव जाति किधर')।

इसकी लोकप्रियता अथवा प्रचार का जो भी कारण रहा हो, किंतु इतना तो तय है कि इस आधार पर विटफोगिल को शीघ्र ही एक अधिकारी विद्वान माना जाने लगेगा तथा उनकी राय उन लोगों के लिए तैयार माल का काम करेगी जो आधुनिक युग में परंपरागत समाजों के पतन की व्याख्या करना चाहते हैं। इस दृष्टि से विटफोगिल के सिद्धांत और तर्कों का विश्लेषण वांछनीय है। इस प्रयास में मैं संदर्भ के लिए अगर बार-बार भारत का उल्लेख करता हूं तो मुझे इसके लिए क्षमाप्रार्थी होने की आवश्यकता

नहीं है, क्योंकि पूर्व से संबंधित किसी भी सिद्धांत को गंभीरतापूर्वक नहीं लिया जा सकता, यदि वह चीन और भारत को ध्यान में नहीं रखता।

प्रोफेसर विटफोगिल के सिद्धांत के बुनियादी तत्व, जैसा कि स्वयं उन्होंने स्वीकार भी किया है, उनके किसी अनुसंधान का परिणाम नहीं हैं। बल्कि उन तत्वों को बर्नियर से लेकर मार्क्स तक अनेक लेखकों ने स्वतंत्र रूप से, और आनुषंगिक तौर पर प्रतिपादित किया है। बर्नियर ने सत्रहवीं सदी में एशिया में व्यक्तिगत संपत्ति की संस्था पर निरंकुश राज्य सत्ता के आधिपत्य को बलपूर्वक रेखांकित किया था। मार्क्स ने उस एशियाई उत्पादन पद्धति का जिक्र किया है जिसके तहत निरंकुश राज्य सत्ता परस्पर विच्छिन्न ग्राम समुदायों को शासित करती थी जो व्यापक पैमाने पर सिंचाई के साधनों का प्रबंध करती थी। विटफोगिल ने इस तथ्य को बहुत बढ़ाचढ़ाकर पेश किया है कि एंगेल्स, लेनिन तथा मार्क्स के अन्य अनुयायियों ने उनके एशियाई उत्पादन के सिद्धांत में या तो बड़ा भारी संशोधन किया है अथवा उसका परित्याग कर दिया है (देखें, विशेष रूप से अध्याय *दि राइज एंड फाल आफ दि थ्योरी आफ दि एशियाटिक मोड आफ प्रोडक्शन,* पृ. 370-412)।

अब उन्होंने उसी सिद्धांत को उसका व्यवस्थित भाष्य प्रस्तुत करने के लिए पुनः उठाया है। इसके लिए उन्होंने प्राच्य निरंकुशतावाद के संस्थागत ढांचे का तीन दशक तक अध्ययन किया है। इस संदर्भ में उन्होंने आधुनिक समाजशास्त्र के अनेक नए विचारों और पदों का प्रयोग भी किया है।

अत्यधिक व्यवस्थाबद्ध विवेचन के बावजूद अथवा उसकी वजह से विटफोगिल के तर्क को समझना आसान नहीं है। फिर भी यदि हम उनके सिद्धांत को निम्नलिखित ढंग से प्रस्तुत करें तो यह शायद उसका सामान्यीकरण नहीं होगा : प्राचीन विश्व के विशाल भूभाग में तथा नई दुनिया के मध्य भाग में विकसित खेती उन बंजर अथवा अर्ध-बंजर इलाकों में शुरू हुई जहां खेती व्यापक पैमाने पर सिंचाई के माध्यम से ही संभव थी। यही कृषि व्यवस्था कृत्रिम सिंचाई के साधनों पर आधारित (हाइड्रोलिक) समाज का बीज तत्व था। विशाल सिंचाई व्यवस्था तथा बाढ़ नियंत्रण संबंधी निर्माण कार्य तभी संभव थे जब कोई एक सत्ता अर्थात राज्य विशाल जनसमूह को उक्त उद्देश्य के तहत लामबंद करे। कृत्रिम सिंचाई व्यवस्था पर आधारित संगठन (हाइड्रोलिक आरगेनाइजेशन) से कृत्रिम सिंचाई व्यवस्था वाले कृषि निरंकुशतावाद (हाइड्रोलिक डेस्पोटिज्म) का जन्म हुआ। विटफोगिल ने यह स्पष्ट किया है कि उनके लिए 'प्राच्य समाज' कृत्रिम सिंचाई व्यवस्था वाले समाज का ही पर्याय है। इस समाज का जब वे विश्लेषण करते हैं तो उसकी प्रमुख विशेषता यह उभरती है कि राज्य की नौकरशाही (कृषि प्रबंधकीय नौकरशाही) अपनी अन्य सभी प्रतिद्वंद्वी संस्थाओं (चाहे वे धर्म पर आधारित हों अथवा व्यक्तिगत संपत्ति पर) के ऊपर अपना चरम आधिपत्य बनाए रखती

हैं। नौकरशाही के आधिपत्य की एकनिष्ठ अभिव्यक्ति राजा की निरंकुशता में होती है। राजा नौकरशाही के प्रत्येक सदस्य तथा समाज दोनों के ऊपर अपना असीम नियंत्रण रखता है। वे इस प्रकार के समाज की तुलना सामंती यूरोप के बहुकेंद्रीय समाज से करते हैं, जहां राजा, सामंत, चर्च तथा व्यापारी सत्ता के प्रतिद्वंद्वी केंद्र हैं। विटफोगिल का यह विश्वास है कि कृत्रिम सिंचाई व्यवस्था वाले (हाइड्रोलिक) समाज की सामाजिक और राजनीतिक संस्थाएं जब कृत्रिम सिंचाई पर आधारित कृषि के मूल अथवा अपेक्षाकृत हीन क्षेत्रों में एक बार पैठ बना लेती हैं तो उनमें यह प्रवृत्ति पनपने लगती है कि वे आसपास के इलाकों में भी फैलने लगती हैं। विटफोगिल 'पूर्व' की कृत्रिम सिंचाई व्यवस्था पर आधारित सभ्यताओं और पश्चिम के बहुकेंद्रीय समाजों में एक अनवरत टकराव देखते हैं। 'कृत्रिम सिंचाई व्यवस्था पर आधारित निरंकुशतावाद' की जड़ें इतनी गहरी होती हैं कि वह समाज व्यवस्था में कोई परिवर्तन नहीं होने देता। इसके विपरीत बहुकेंद्रीय समाज में एक वास्तविक प्रतियोगिता होती है, इसलिए वहां एक सापेक्षिक स्वतंत्रता भी होती है। इस प्रकार वहां सामाजिक विकास की संभावना बनी रहती है। यही कारण है कि न तो पुरानी और न नई दुनिया में सही अर्थों में कोई बड़ी कृत्रिम सिंचाई व्यवस्था वाली सभ्यता (हाइड्रोलिक सिविलाइजेशन) स्वाभाविक रूप से औद्योगिक समाज में विकसित नहीं हुई जैसा गैर-कृत्रिम सिंचाई व्यवस्था वाली स्थितियों के तहत मध्यकालोत्तर पश्चिमी देशों में हुआ (पृ. 227)। अतः यूरोप का सामंती समाज विकास का एक असाधारण उदाहरण सिद्ध हुआ, जबकि कृत्रिम सिंचाई व्यवस्था पर आधारित समाज (हाइड्रोलिक सोसाइटी) गतिरोध का विशिष्ट उदाहरण है (पृ. 418-20)। विटफोगिल का विचार है कि यद्यपि यूरोपीय उपनिवेशवाद ने कृत्रिम सिंचाई पर आधारित समाज और मनोविज्ञान को बहुत हद तक नष्ट कर दिया है, फिर भी इसके अवशेष अभी भी मौजूद हैं। इसे भारी उद्योग पर आधारित नए निरंकुशतावाद (अर्थात सोवियत और चीनी साम्यवाद) के प्रति पूर्वी समाजों के आकर्षण के संदर्भ में पहचाना जा सकता है। यह बहुत दिलचस्प बात है कि वे अर्थव्यवस्था के सार्वजनिक क्षेत्र के प्रति एशियाई लोगों के झुकाव को प्राचीन कृत्रिम सिंचाई व्यवस्था पर आधारित मनोविज्ञान का अवशेष मानते हैं।

विटफोगिल के सिद्धांत का प्रारूप साफ-सुथरा है। उसमें वे कभी चीनी इतिहास के किसी कालखंड के तथ्यों की चूल बैठाते हैं तो कभी भारतीय-इसलामिक, बाइजैंतियम अथवा रूसी इतिहास के तथ्यों के साथ सामंजस्य स्थापित करने की कोशिश करते हैं। वे बार-बार नई दुनिया में छलांग लगा जाते हैं और पेरू की 'इन्कास संस्कृति' अथवा मध्य अमरीका की माया संस्कृति पर प्रकाश डालते हुए पाठक को विस्मित कर देते हैं।

किंतु उनके तर्कों और तथ्यों का गहन परीक्षण करने पर शीघ्र ही बहुत से रिक्त स्थानों और अंतर्विरोधों का पता लग जाता है। इनमें से कुछ तो समूचे सैद्धांतिक ढांचे की संगति और आधार के लिए घातक प्रतीत होते हैं।

पहले तो हम विटफोगिल के कृत्रिम सिंचाई व्यवस्था वाले सिद्धांत को ही लेते हैं। वे घोषणा करते हैं कि प्राकृतिक विन्यास (जिसका अभिप्राय उनकी दृष्टि में भौगोलिक, प्रौद्योगिकीय तथा आर्थिक कारक हैं) कृत्रिम सिंचाई व्यवस्था वाले समाज की प्रमुख विशेषता है। उनसे हमारी यह अपेक्षा थी कि वे उन क्षेत्रों का विस्तृत और वास्तविक (सामान्य ढंग का अथवा अटकलबाजी के आधार पर नहीं) विवरण देते जिनमें सही अर्थों में कृत्रिम सिंचाई पर आधारित कृषि पल्लवित हुई। इसका अर्थ होता भूगोल का, विशेष रूप से राजनीतिक भूगोल का योग्यातापूर्वक अध्ययन। किंतु आश्चर्य है कि विटफोगिल का सबसे कमजोर पक्ष यही है। वे भारत के उत्तरी मैदानों (प्लेन्स) को 'स्थान' (प्लेस) कहते हैं। हो सकता है भूलवश यह भाषिक गलती हो गई हो; किंतु जब वे हमें ऐसी सूचना देते हैं कि मिस्र और भारत में अन्य देशों के साथ-साथ जलप्लावन इसलिए होता है कि ग्रीष्म ऋतु में सूर्य बर्फ के एक हिस्से को सुदूर पर्वतों में पिघला देता है (पृ. 24) तो लगता है जैसे वे भूगोल के बुनियादी तथ्यों से भी अपरिचित हैं।

भूगोल के प्रति अपने इसी लापरवाह दृष्टिकोण से यह समझ में आता है कि क्यों विटफोगिल ने बिना सूक्ष्म जांच-पड़ताल के यह मान लिया कि विकसित कृषि बंजर अथवा अर्ध-बंजर क्षेत्रों में बड़ी-बड़ी नहरों के निर्माण (जिनके पीछे एक विशाल संगठन की भूमिका रही होगी) के बाद ही संभव है। यदि हम भारत की ओर मुड़कर देखें और थोड़ी देर के लिए अंग्रेजों द्वारा आधुनिक नहर प्रणाली को अपने इस विमर्श से दूर रखें तो हमें पता चलेगा कि यह समझ कितनी भ्रामक है।

विटफोगिल भारत में उत्तरी भारत के विशाल मैदान को कृत्रिम सिंचाई व्यवस्था पर आधारित खेती का मुख्य क्षेत्र मानते हैं (पृ. 170)। किंतु उक्त प्रसंग में सर्वप्रथम यह तथ्य उल्लेखनीय है कि मैदानों के पूर्वी हिस्से अर्थात बंगाल के आर्द्र क्षेत्र तथा बिहार के विशाल क्षेत्र की सिंचाई प्रमुख रूप से वर्षा द्वारा अथवा जल-प्लावन से होती है। मध्यवर्ती क्षेत्र में अर्थात उत्तर प्रदेश तथा पूर्वी पंजाब में सिंचाई वर्षा के साथ-साथ प्रमुख रूप से कुओं तथा आंशिक रूप से तालाबों द्वारा होती थी। चूंकि कुएं किसानों द्वारा व्यक्तिगत स्तर पर खुदवाए जाते थे अत: उन्हें कृत्रिम सिंचाई व्यवस्था का अंग नहीं माना जा सकता। तालाब सामान्यत: उस जगह बनाए जाते हैं जहां भूमि प्राकृतिक रूप से नीचे धंस जाती है। कभी-कभी (विशेष रूप से पूर्वी पंजाब में) मौसमी जलधाराओं के ऊपर बांध बनाकर कृत्रिम ढंग से भी तालाब तैयार किए जाते हैं। मैदानों के पश्चिमी भाग में अर्थात सिंधु घाटी क्षेत्र में जमीनी सिंचाई (ग्राउंड इर्रिगेशन) वर्षा का स्थान ले लेती है। किंतु इस प्रकार की सिंचाई व्यवस्था भी उन्नीसवीं सदी से पहले बड़ी हद

तक प्राकृतिक ही थी। कछारी मिट्टी में सिंधु तथा उसकी सहायक नदियां बार-बार अपना प्रवाह मार्ग बदल लेती हैं और समूचे सिंध क्षेत्र में असंख्य जलधाराओं का जाल सा बिछ गया है। इनमें से अनेक तो सिर्फ उस समय गतिशील होती हैं जब वर्षा ऋतु में बाढ़ों द्वारा मूल नदी का जल बहकर उनमें आ जाता है। आधुनिक नहर प्रणाली तथा नदी को वांछित दिशा में मोड़ने के उपायों से पहले ये जलधाराएं प्राकृतिक नहरें थीं जो अपने घुमावदार मार्ग के कारण मनुष्यकृत नहरों से स्पष्ट रूप से भिन्न होती थीं। नदियों की बाढ़ तथा इन नहरों से पंजाब तथा सिंध के अधिकांश की सिंचाई होती थी। लगता है विटफोगिल ने इन नहरों के बाबत सुना ही नहीं है, इसलिए वे सिंध को उन क्षेत्रों में गिनते हैं जहां क्लासिकीय ढंग की कृत्रिम सिंचाई व्यवस्था वाली पद्धति मिलती है (पृ. 163)। उनके इस वक्तव्य को एक अन्य आधुनिक विद्वान द्वारा उसी क्षेत्र के संबंध में की गई टिप्पणी के साथ मिलाकर देखा जा सकता है:

> सिंध की खेती का अधिकांश प्रागैतिहासिक काल से लेकर अंठारहवीं सदी तक बोसी था अर्थात उस भूमि पर केवल रबी की फसलें ही उगती थीं। ये फसलें उस भूमि पर होती थीं जो वर्षाकाल में सिधु नदी में आई प्राकृतिक बाढ़ के उतर जाने के बाद तैयार होती थी।[1]

यह सही है कि उत्तरी पश्चिमी मैदानों में मनुष्य द्वारा की गई सिंचाई की भी कृषि के विस्तार में एक हद तक भूमिका रही है। किंतु उन्नीसवीं सदी से पूर्व वह सिंचाई नदियों के जल को अथवा प्राकृतिक नहरों के जल को खेतों में लाकर की जाती थी; अथवा उनमें से छोटी-छोटी नहरें निकालकर अथवा नदियों के किनारे कुएं खोदकर की जाती थी। इनमें से किसी भी कार्य के लिए व्यापक पैमाने पर श्रम संगठन की आवश्यकता नहीं थी। यह भी सही है कि कुछ बड़ी-बड़ी नहरें भी खोदी गई। मध्यकाल में फीरोजशोह द्वारा खुदवाई गई पश्चिमी यमुना नहर को शाहजहां ने पुनः खुदवाया। ऊपरी बड़ी दोआब में तीन छोटी-छोटी मुगल नहरें थीं तथा ऊपरी सिंध में 'बेगारी वाह' तथा डेल्टा में 'खानवाह' थी। किंतु इन नहरों द्वारा सिंचित भूभाग सिंधु नदी के क्षेत्र के कुल सिंचित भूभाग की तुलना में बहुत कम था और किसी भी तरह इस क्षेत्र को 'कृत्रिम सिंचाई पर आधारित क्षेत्र' का अभिधान नहीं दिया जा सकता जैसा कि विटफोगिल ने सुझाया है।

निस्संदेह भारत के कुछ हिस्सों में एक सीमा तक कृत्रिम साधनों द्वारा सिंचाई की व्यवस्था की गई, किंतु उस ओर विटफोगिल की दृष्टि नहीं गई। वे उत्तर भारतीय मैदानों को ही कृत्रिम सिंचाई वाले इलाकों के रूप में रेखांकित करते हैं और उनकी तुलना शेष देश के साथ करते हैं (पृ. 170)। शायद इसलिए कि यदि वहां (दक्षिण आदि में) वे उनकी उपस्थिति दिखलाएंगे तो वह उनकी ऐतिहासिक योजना के अनुकूल नहीं होगा। पुरातात्विक तथा अभिलेखीय साक्ष्य इस बात की गवाही देते हैं कि मध्य

भारत, दकन तथा दक्षिण भारत में घाटियों, दर्रों अथवा छोटी-छोटी नहरों पर बांध बनाकर कृत्रिम झीलों का निर्माण किया जाता था। दकन के कुछ हिस्सों में इन तालाबों द्वारा जो सिंचाई की जाती है वह वहां की कृषि व्यवस्था के रखरखाव का बुनियादी आधार है।

हमारे इस संक्षिप्त सर्वेक्षण[2] द्वारा यह स्पष्ट हो गया होगा कि भारत के किसी भी हिस्से में 'कृत्रिम सिंचाई पर आधारित कृषि' खेती का मुख्य रूप नहीं रही। विटफोगिल ने किसी भी क्षेत्र को सही अर्थों में कृत्रिम सिंचाई वाला क्षेत्र मानने के लिए दो मानक निर्धारित किए हैं: (I) कृत्रिम सिंचाई के तहत नियंत्रित भूमि कुल कृषि योग्य भूमि के आधे से अधिक हो, (II) अथवा कृत्रिम सिंचाई पर आधारित भूमि की उपज शेष कृषि योग्य भूमि की उपज से अधिक हो (पृ. 163-64)। यदि विटफोगिल पूर्वी देशों के उन विशिष्ट क्षेत्रों का उल्लेख नहीं करते जो इन मानकों को पूरा करते हैं तो उसका अभिप्राय सिर्फ यह है कि ये कोटियां अनुमान पर आधारित हैं, वास्तविकता से इनका कोई संबंध नहीं है। जहां तक भारत का संबंध है, यदि उक्त मानक को दस गुना कम भी कर दिया जाए तो भी वह किसी ऐसे मूल क्षेत्र का उद्‌घाटन नहीं कर सकेगा जो कृत्रिम सिंचाई व्यवस्था पर आधारित हो। वस्तुतः प्राक्-उपनिवेशकालीन भारतीय अर्थव्यवस्था में कृत्रिम सिंचाई के प्रयास अपना उतना ही महत्व रखते थे जितना प्राचीन रोम और यूनान की अर्थव्यवस्था में (देखें विटफोगिल, पृ. 414)। उल्लेखनीय है कि विटफ़ोगिल ने उक्त देशों (रोम और यूनान) को गैर-कृत्रिम सिंचाई वाले देशों के रूप में वर्गीकृत किया है। वर्षा पर आधारित कृषि के अतिरिक्त भारत में कृषि का अन्य महत्वपूर्ण ढंग वह था जिसके तहत किसान अपने व्यक्तिगत प्रयासों द्वारा खेती की सिंचाई करते थे (अर्थात कुओं द्वारा) तथा जिसके संदर्भ में स्वयं विटफोगिल यह मानते हैं कि उसकी व्यवस्था में किसी बड़े संगठन और सामाजिक नियंत्रण की कोई भूमिका नहीं होती थी जबकि ऐसे संगठन और सामाजिक नियंत्रण को (नहरों द्वारा) कृत्रिम सिंचाई वाले कृषि तंत्र तथा प्राच्य निरंकुशतावाद की प्रमुख विशेषताएं माना जाता है।

यदि भारत के भूगोल तथा जल विज्ञान के विषय में विटफोगिल का ज्ञान गंभीर रूप से त्रुटिपूर्ण है तो भारत के ऐतिहासिक भूगोल के विषय में भी उनके विचार उतने ही भ्रामक हैं।

विटफोगिल यह मानते हैं कि 'कृत्रिम सिंचाई' वाले कृषि तंत्र के कारण ही विकसित संस्कृति और सत्ता के केंद्र सबसे पहले बंजर तथा अर्ध-बंजर क्षेत्रों में उभरे। उदाहरण के लिए उत्तर भारत के बंजर, अर्ध-बंजर तथा आर्द्र क्षेत्र ऐतिहासिक दृष्टि से बंगाल के अत्यधिक आर्द्र क्षेत्रों से पहले महत्वपूर्ण हो गए (पृ. 20)। यह वक्तव्य देते हुए शायद उनकी दृष्टि में सिंधु घाटी की सभ्यता रही होगी। यह सही है कि सबसे पहले विकसित कृषि समाज अर्ध-ऊसर क्षेत्रों में ही उभरे, किंतु कृत्रिम सिंचाई व्यवस्था

पर आधारित कृषि से इसका कोई संबंध नहीं है। आर्द्र क्षेत्रों की समूची भूमि जंगलों से घिरी थी और उस पर बसावट इसलिए नहीं हो सकती थी कि अभी तक लोहे का इतना व्यापक प्रचलन नहीं हुआ था कि उन जंगलों की बड़े पैमाने पर कटाई करके रहने लायक सफाई की जा सके। अत: आदमी को अर्ध-ऊसर क्षेत्रों की ओर मुड़ना पड़ा जहां वर्षा ऋतु के जल-प्लावन (वह चाहे सिंधु नदी का हो, नील टाइग्रिस अथवा पीली नदी का) द्वारा कृषि योग्य भूमि उपलब्ध हो जाती थी। इस भूमि पर खेती करने के लिए कृत्रिम सिंचाई के प्रयासों की आवश्यकता नहीं थी। यह याद रखना चाहिए कि सिंधु नदी के समाज की जनसंख्या बहुत ज्यादा नहीं हो सकती थी और जितने क्षेत्र में प्राकृतिक जल-प्लावन द्वारा सिंचाई होती थी उतना क्षेत्र उसकी आवश्यकताओं की पूर्ति के लिए पर्याप्त रहा होगा।[3] सिंधु नदी के लोगों को मूर्ख समझा जाता यदि वे नहरों की खुदाई में मानव श्रम को नष्ट करते। अभी तक कोई साक्ष्य इस तथ्य का संकेत करने वाला नहीं मिला है कि उन्होंने कृत्रिम सिंचाई के लिए कोई उद्यम किया था।[4]

जब जनसंख्या बढ़ी तो शायद पहला प्रयास उस भूमि को सुधार कर ठीक करने का रहा होगा जिस पर अब तक खेती नहीं हुई थी और उसके बाद पूर्व दिशा की ओर जंगलों में प्रवेश करने के लिए अपना झुकाव व्यक्त किया होगा। इस दूसरी प्रक्रिया को प्रथम सहस्राब्दी ई.पू. के पूर्वार्ध में लोहे के इस्तेमाल ने सरल बना दिया।[5] जंगलों से प्राप्त जब नई भूमि अत्यधिक उत्पादनशील सिद्ध हुई और कुओं ने प्राकृतिक सिंचाई की पर्याप्त आपूर्ति की तो मध्य और पूर्व के मैदानों में कृषि का विकास हुआ। मनुष्य, चाहे वह आर्य था अथवा उसका आर्यकरण हुआ था, आगे बढ़ता गया और जंगल पीछे हटते गए। विटफोगिल ने कृषि विकास की जो रूपरेखा प्रस्तुत की है, उसमें प्रकृति के विरुद्ध इस महान संघर्ष का कोई स्थान नहीं है। प्रोफेसर डी.डी. कोसंबी ने अपनी प्रेरणादायी पुस्तक *एन इंट्रोडक्शन टू दि स्टडी आफ इंडियन हिस्टरी* (पृ. 16, 216, 242-43) में जंगल के विरुद्ध मनुष्य के संघर्ष को प्राचीन भारत के सामाजिक और राजनीतिक इतिहास से संबद्ध करके देखने की आवश्यकता पर बल दिया है और उनका यह आग्रह उचित ही है। प्रस्तुत संदर्भ में इस तथ्य का उल्लेख आवश्यक है कि जंगलों की सफाई के लिए किसी व्यापक सामूहिक प्रयास की आवश्यकता नहीं थी, क्योंकि लोहे ने छोटे-छोटे समुदायों के स्तर पर तथा व्यक्तिगत स्तर पर भी यह संभव कर दिया था कि किसान अपने लिए जंगलों से घिरी जमीन को साफ कर सकें।[6]

विटफोगिल की राय है कि भारत में (नहरों द्वारा) कृत्रिम सिंचाई आर्यों के बसने के बाद शुरू हुई, किंतु वे इसके आधार की विस्तृत व्याख्या नहीं करते। इसमें कोई संदेह नहीं कि महान भारतीय साम्राज्य (नहरों द्वारा) कृत्रिम सिंचाई पर आधारित थे, किंतु इसके औचित्य प्रतिपादन के लिए उन्होंने केवल इतना कहा है कि इन साम्राज्यों (हिंदू और मुसलिम) की राजधानियां उस विशाल उत्तरी भारत में स्थित थीं जिसे

(नहरों द्वारा) कृत्रिम सिंचाई वाला क्षेत्र माना गया है (पृ. 170)। यह तर्क अनुमान पर आधारित तो है ही, दोहरे रूप में भ्रामक भी है। हमने देखा है कि ऐसा मानने का कोई आधार नहीं है कि शेष देश की तुलना में 'कृत्रिम सिंचाई' पर आधारित खेती व्यापक स्तर पर केवल 'मैदानों' में प्रचलित थी। दूसरे यह कि मौर्य और गुप्त साम्राज्यों की राजधानियां पाटलिपुत्र थी और वह भारी वर्षा क्षेत्र के अंतर्गत आती है। निस्संदेह, जब विटफोगिल बौद्ध धर्म की जन्मभूमि में स्थित गणतंत्रीय समुदायों की व्याख्या करते हैं, जो कृत्रिम सिंचाई से जुड़ी नौकरशाही पर आधारित समाजों से भिन्न थे, तो उन्हें पुनः उसी तर्क का सहारा लेना पड़ता है कि इस उत्तरी-पूर्वी क्षेत्र में जलीय क्रियाकलाप उतने निर्णायक नहीं थे (पृ. 265)।

भव्य कृत्रिम सिंचाई व्यवस्था पर आधारित अर्थव्यवस्था के निर्माण के संदर्भ में विटफोगिल मौर्य साम्राज्य को चुनते हैं (पृ. 170)। वे पुनः इस चौंकाने वाले वक्तव्य के संदर्भ में कोई साक्ष्य प्रस्तुत नहीं करते। उपलब्ध साक्ष्यों से इस परिकल्पना को कोई समर्थन नहीं मिलता। कौटिल्य के अर्थशास्त्र में सिंचाई संबंधी जिस एकमात्र कार्य का उल्लेख है, वह सेतुबंध है अर्थात एक जलाशय जिसे नदी पर बांध बनाकर तैयार किया गया था।[7] जब कौटिल्य सिंचित भूमि के विभिन्न प्रकारों की गणना करते हैं जैसे मानव श्रम द्वारा सिंचित भूमि, कंधे पर पानी ढोकर, ढेंकली द्वारा, नदियों, झीलों, तालाबों तथा कुओं से पानी उठाकर तो उस सूची में नहरों का जिक्र नहीं है।[8] अतः अशोक जब अपने सद्कार्यों का उल्लेख करता है तो उनमें वह केवल सड़कों पर खुदवाए गए कुओं और शायद तालाबों का ही उल्लेख करता है (देखें शिला राजाज्ञा द्वितीय तथा स्तंभ राजाज्ञा सप्तम)।

प्रसिद्ध गिरनार अभिलेख के द्वारा हमें यह पता चलता है कि चंद्रगुप्त मौर्य तथा अशोक ने एक बांध बनाकर विशाल सुदर्शन झील का निर्माण करवाया था। अतः मौर्य राज्य की एकमात्र सिंचाई व्यवस्था जिसके विषय में हमारे पास ठोस साक्ष्य है, वह केवल तालाबों का निर्माण है। शायद मैगस्थनीज को प्रमाण मानकर स्ट्रैबो ने उन अधिकारियों का उल्लेख किया है जो उन बंद नहरों का निरीक्षण करते थे जिनसे विभिन्न नाले-नालियों में जल वितरित किया जाता था।[9] किंतु यह भी एकमात्र संदर्भ है और शायद इसका कारण नहरों और अवरुद्ध जलधाराओं के बीच भ्रम रहा है।

कौटिल्य ने इसका कोई स्पष्ट उल्लेख नहीं किया कि राज्य ने कृत्रिम सिंचाई की कोई विशेष व्यवस्था की थी। अपितु वहां 'परती भूमि' पर खेती के विस्तार को रेखांकित किया गया है ताकि दासों के श्रम का उपयोग किया जा सके और राजस्व में छूट दी जा सके।[10] मुगलों तक सभी भारतीय सरकारों की नीति का यह एक केंद्रीय बिंदु रहा। *आईने-अकबरी* तथा *रेनेल की एटलस* से पता चलता है कि अठाहरवीं सदी तक विशाल कृषि योग्य भूमि जंगल की सीमा के पीछे पड़ी हुई है। मध्यकालीन सरकारों

ने कृषि के विस्तार तथा फसलों में सुधार को प्रोत्साहन देने के लिए राजस्व में छूट दी तथा बीज और पशुओं की खरीद के लिए तथा स्वयं किसानों द्वारा कुआं खुदवाने के लिए तकाबी (कर्ज) दी।[11] यदि सामान्य रूप से कहा जाए तो विटफोगिल की मान्यता यह है कि मध्यकालीन सरकारें कृत्रिम सिंचाई व्यवस्था के बाबत अपने 'देशी' पूर्ववर्तियों के समान ही सजग थीं, किंतु वास्तविकता यह है कि उन्होंने भी कृत्रिम सिंचाई के संदर्भ में वैसी ही उदासीनता प्रकट की।

अतः विटफोगिल के 'प्राच्य निरंकुशतावादी' सिद्धांत की स्थापना को भारत से कोई सहायता नहीं मिलती। भारत में कृत्रिम सिंचाई पर आधारित खेती कभी इतने बड़े पैमाने पर नहीं हुई जिसके लिए 'निरंकुशतावादी संगठन' की आवश्यकता पड़ती। निरंकुश सत्ता अथवा शक्तिशाली राज्यों की स्थापना के बाद कृत्रिम सिंचाई की व्यवस्था के लिए कभी-कभी प्रयास तो किए गए, किंतु वे प्रयास किसान वर्ग पर नियंत्रण की दृष्टि से न तो प्राथमिक थे, न महत्वपूर्ण। मैं चीन के संदर्भ में विटफोगिल के सिद्धांत की प्रामाणिकता को जांचने की क्षमता नहीं रखता। वह विटफोगिल का विशेष अध्ययन क्षेत्र है। किंतु उल्लेखनीय है कि चीन के एक सुप्रसिद्ध इतिहासकार के अनुसार चीन के अधिकांश क्षेत्रों में खूब वर्षा होती है। इसके प्राचीन हड्डी अभिलेखों अर्थात 'एनशिएंट ओरेकिल बोन इंस्क्रिप्शंस' (इन अभिलेखों के आधार पर शकुन देखे जाते थे और भविष्यवाणी की जाती थी) में नहरों और बांधों के लिए कोई शब्द नहीं मिलता। वस्तुतः ऐसा लगता है कि चीन में नहरों का निर्माण निरंकुश राज्य की दृढ़ स्थापना के बहुत बाद में शुरू हुआ।[12]

यदि हम विटफोगिल की सैद्धांतिकी के उस पक्ष को अस्वीकार कर दें जो कृत्रिम सिंचाई व्यवस्था से जुड़ा है क्योंकि वह भौगोलिक तथ्यों से मेल नहीं खाता तो भी यह एक विचारणीय प्रश्न है कि क्या उनके सिद्धांत की अधिरचना अर्थात 'सामाजिक संरचना' के रूप में प्राच्य-निरंकुशतावाद की उनकी अवधारणा उसके बावजूद प्रासंगिक है। और यदि हम थोड़ी देर के लिए यह मान भी लें तो क्या अपने ही गुण-धर्म पर आधारित, कथित कृत्रिम सिंचाई व्यवस्था से स्वतंत्र किसी ऐसे समाजशास्त्र की तलाश की जा सकती है अर्थात 'सोशियोलाजी आफ हाइड्रोलिक सोसाइटी' की तलाश।

हम यह देख चुके हैं कि विटफोगिल यूरोपीय समाज और प्राच्य समाज के बीच एक स्पष्ट सीमा रेखा खींचते हैं। प्राच्य समाज एक सर्वसत्तावादी समाज था। इसमें सभी अन्य संस्थाएं राजनीतिक सत्ता के अधीन होती थीं। दूसरी ओर, यूरोपियन समाज थे जो बहुकेंद्रीय थे। चूंकि यूनानी समाज, साम्राज्यवादी रोम, बाइजैंतियम तथा जार का रूस स्पष्टतः निरंकुशतावादी थे, अतः उन्हें भी प्राच्य सभ्यताओं के साथ ही वर्गीकृत करना चाहिए, हालांकि इस प्रकार के वर्गीकरण में भौगोलिक और सांस्कृतिक असंगतियां मौजूद हैं। इसके अतिरिक्त, यूरोप की परंपरा से भिन्न वह टूटी हुई श्रृंखला है जो यूनानी नगर राज्यों, गणतंत्रीय रोम तथा सामंती यूरोप से बनती है। इन्हीं से आधुनिक

यूरोप का विकास हुआ। इन्हें ही शुद्ध नस्ल के रूप में मान्यता दी गई है। और साथ ही इन्हें गैर-कृत्रिम सिंचाई व्यवस्था पर आधारित जापानियों (जो कमोबेश मानद आर्य थे) के साथ वर्गीकृत किया जाता है।

इन कुछ सभ्यताओं को साथ-साथ वर्गीकृत करने तथा उन्हें उसी क्षेत्र की अन्य सभ्यताओं से अलग रखने की स्वैच्छाचारिता पर प्रश्नचिह्न लगाया जाना चाहिए और उसके लिए हमारे पास वैध आधार भी है। पहले तो यह कि विटफोगिल के निष्कर्ष के ठीक विपीरत उन्हीं की पद्धति का इस्तेमाल करते हुए एक भिन्न निष्कर्ष निकाला जा सकता है। यह तर्क दिया जा सकता है कि बर्बर पश्चिमी यूरोप उस साम्राज्यीय रोम के तहत सभ्य बना जो प्राच्य परंपराओं से आप्लावित था। ईसाई धर्म की प्राच्य आस्था (कृत्रिम सिंचाई व्यवस्था पर आधारित धर्म क्यों नहीं) ने भी इस काल में यूरोपीय मस्तिष्कों को पर्याप्त रूप से प्राच्य बनाया। स्पेन तथा सिसली की 'सार सैनिक विजय' ने प्राच्यवाद के नए आक्रमण के लिए अभिनव आधार प्रस्तुत किया। इस प्राच्यवाद को उन प्रभावों और विचारों से बल मिला जिन्हें धर्मयोद्धा पुनः वापस लेकर आए थे। इन सभी प्रभावों के तहत यूरोप ने वस्तुतः उस बहुकेंद्रीय समाज को उखाड़ फेंका जो संस्कृति के बर्बर युग का अवशेष था। तेरहवीं-चौदहवीं सदियों में स्पेन की पुनर्विजय से ईसाई हाथों को राज्य के रूप में एक ऐसी मशीनरी उपलब्ध हुई जिसका स्वरूप प्रकारांतर से प्राच्य था और यह सिर्फ संयोग नहीं है कि स्पेन ने यूरोप को पहला निरंकुश राजतंत्र प्रदान किया। यूरोप के अन्य भागों जैसे इंगलैंड और जर्मनी में, 'सुधारवाद' के माध्यम से चर्च पर राज्य का वर्चस्व कायम किया गया। राज्य का यह वर्चस्व वस्तुतः 'प्राच्य निरंकुशतावाद' का ही प्रतीक था। अतः सोलहवीं सदी के यूरोप पर पूर्व का गहरा असर है। अतः यह कहा जा सकता है कि आधुनिक औद्योगिक सभ्यता अंततः प्राच्य निरंकुशतावाद की देन है।

निस्संदेह, यह असंगत है किंतु निश्चित रूप से उस रहस्यात्मकता से अधिक असंगत नहीं जिसे विटफोगिल 'कृत्रिम सिंचाई व्यवस्था वाली व्यवस्थाओं' के चारों ओर बुनते हैं। उनकी दृष्टि में ये सभ्यताएं चुपचाप पूर्व और पश्चिम में स्थित स्वतंत्रता के दो द्वीपों को छोड़कर मानवता के एक बड़े भाग को दास बनाने के लिए फैलती चली गईं। सभी एकतंत्रीय सत्ताओं को (वे चाहे जहां हों और चाहे जिस प्रकार के समाज से उद्‌भूत हों) जैसे जनजातीय, चरवाहा, सामंती, गैर-कृत्रिम सिंचाई वाले अथवा बहुकेंद्रीय आदि, कृत्रिम सिंचाई व्यवस्था के विनाश के परिणाम के रूप में देखना चाहिए। विटफोगिल अपने दुःस्वप्न के इस प्रकार शिकार हैं कि उन्हें ईमानदारी के साथ बैठकर यह तर्क करना पड़ता है कि स्पेन की पुनर्विजय के द्वारा प्राच्य ढंग के ऐसे राजतंत्र का जन्म नहीं हुआ जो कृत्रिम सिंचाई व्यवस्था पर आधारित था, अपितु एक भिन्न ढंग का सर्वसत्तावाद अस्तित्व में आया (पृ. 216) और जब यह तर्क उन्हें ठीक

जंचता है तो वह यह घोषित करने के लिए तैयार हो जाते हैं कि 'डूम्स डे आफ नार्मन इंगलैंड' सिसली के माध्यम से ग्रहण किए गए प्राच्य प्रभाव की ही देन था (पृ. 213-14)।

बहरहाल, विटफोगिल की पद्धति की आलोचना सिर्फ इसलिए जरूरी नहीं है कि वे कुछ संस्कृतियों को मनमाने ढंग से 'गैर-प्राच्य' संस्कृतियों के रूप में चुन लेते हैं, अपितु इसलिए भी आवश्यक है कि जिस ढंग से पिछले तीन या चार हजार सालों की सभी विकसित एशियाई और अफ्रीकी संस्कृतियों को अपने खास अर्थ में निरंकुश सिद्ध करते हैं, वह गलत है। वे उन कालखंडों पर भी विचार नहीं करते जिनमें विभिन्न देशों में इस प्रकार की विशेषताएं मिलती हैं जो उक्त ढंग के निरंकुशतावाद से मेल नहीं खातीं। उदाहरण के लिए, विटफोगिल को बौद्धकालीन भारत में मिलने वाले गणतंत्रीय समुदायों से परेशानी होती है (पृ. 265)।

वे मौर्यकाल (200 ई.पू.) से लेकर बारहवीं सदी में मुसलिम शासन की स्थापना तक के समूचे कालखंड के विषय में लगभग कुछ नहीं कहते। इसमें कोई संदेह नहीं कि इस कालखंड की अंतिम सदियों में राज्य सत्ता का ह्रास हुआ। चारों और स्वायत्तशासी सरदारों (सामंतों और ठाकुरों) का वर्चस्व दिखाई पड़ता है। यहां तक कि कुछ आधुनिक विद्वान इन सदियों को सामंती कहने लगे हैं और वे इनकी तुलना मध्यकालीन यूरोप की राज्य व्यवस्था तथा समाज व्यवस्था के साथ भी करते हैं।[13]

जिन देशों को विटफोगिल ने 'हाइड्रोलिक' (कृत्रिम सिंचाई पर आधारित) कहकर नामांकित किया है, उनमें वे किसी प्रकार के बुनियादी परिवर्तन की बात स्वीकार नहीं करते। उनके अनुसार 'प्राच्य निरंकुशतावाद' स्थापित होने के पश्चात शेष सभी परिवर्तन अर्थहीन थे। अत: वे न केवल विभिन्न देशों के इतिहास में उन कालखंडों की उपेक्षा करते हैं, जिनमें निरंकुशतावाद अस्तित्व में दिखाई नहीं पड़ता, अपितु बौद्ध धर्म, सासानी ईरान के मजदक साम्यवादी आंदोलन, इसलाम तथा चीन के तेपिंग जैसे महान सामाजिक, बौद्धिक तथा धार्मिक आंदोलनों की भी उपेक्षा करते हैं। इसे अस्वीकार नहीं किया जा सकता कि इन सभी आंदोलनों का उद्देश्य और परिणाम व्यापक सामाजिक परिवर्तन था।

बहरहाल, ये सभी आंदोलन एशिया के कृत्रिम सिंचाई व्यवस्था पर आधारित उस गतिहीन समाज से ही उत्पन्न हुए थे जिसे विटफोगिल ऐतिहासिक दृष्टि से बंजर समाज कहकर निंदित करते हैं।

मैं समझता हूं कि जहां तक एशिया के सामान्य इतिहास का प्रश्न है, मेरी उक्त टिप्पणियों से विटफोगिल के सिद्धांत की अपूर्णता का पर्याप्त संकेत मिल गया होगा। मैंने प्रस्तुत लेख के प्रारंभ में ही कहा है कि विटफोगिल के सिद्धांत में मेरी विशेष रुचि के पीछे एक जिज्ञासा रही है कि क्या यह सिद्धांत हमें वह सूत्र देता है जिसके द्वारा हम यह समझ सकें कि जब मध्यकालीन समाज आधुनिक समाज में रूपांतरित हुआ तो

उसकी ऐतिहासिक समस्याएं क्या थी। दूसरे शब्दों में, हमें विशेष रूप से यह देखना है कि क्या विटफोगिल के सिद्धांत द्वारा यह व्याख्या की जा सकती है कि सामंती यूरोप पूंजीवादी यूरोप में कैसे विकसित हुआ। उल्लेखनीय है कि एशिया में आधुनिक परिवर्तन आंतरिक विकास की प्रक्रिया के तहत नहीं अपितु उपनिवेशीय विजय के प्रत्यक्ष अथवा परोक्ष परिणाम के द्वारा हुआ। इस संदर्भ में विटफोगिल द्वारा मध्यकालीन यूरोप तथा सामंती एशिया के तुलनात्मक विश्लेषण की और अधिक गहन छानबीन की जानी चाहिए।

विटफोगिल के तुलनात्मक विश्लेषण के जिस प्रथम बिंदु की सावधानीपूर्वक जांच आवश्यक है, वह है कि क्या एशिया में प्राक्-उपनिवेशीय समाज सर्वसत्तावादी था और क्या सामंतकालीन यूरोपीय समाज बहुकेंद्रीय था, जैसा वे मानते हैं।

विशाल मध्यकालीन साम्राज्यों के संदर्भ में (दिल्ली सल्तनत, 1206-1526 तथा मुगल साम्राज्य, 1526-1707) यह मान लेना चाहिए कि वे निरंकुश राज्य थे। इनमें राज्य की मशीनरी सामाजिक शोषण का प्रमुख साधन थी। राज्य द्वारा उगाहे गए भूराजस्व में खेती की अतिरिक्त उपज का बड़ा हिस्सा होता था। अभिजात वर्ग अथवा नौकरशाही समाज का आर्थिक रूप से प्रभुत्वशाली वर्ग होता था। इसमें राज्य के वित्तीय संसाधनों का वितरण बादशाह की मरजी से होता था।[14] फिर भी इसे समझना जरूरी है कि यह सामाजिक प्रणाली सामंती यूरोप से ठीक किस रूप में भिन्न है। विटफोगिल जब यह सूचित करते हैं कि राजदरबार, भूस्वामी तथा चर्च यूरोप की तीन विशिष्ट और स्वतंत्र इकाइयां थीं तो लगता है कि सामंती ढांचे के विषय में वे एक सतही दृष्टिकोण अपनाते हैं। सामंतों के पास राजा द्वारा दी गई जागीर होती थी और उसके प्रति उनका एक निश्चित सैनिक दायित्व होता था। चर्च की आय का स्रोत भी उसकी अपनी भूमि होती थी और उसके पादरी भी सामंतों की तरह व्यवहार करते थे। एक तरह से मूलतः एक ही शासक वर्ग था और राज्य उसके साथ पूरी तरह तदाकार था। इसे न पहचान पाने के कारण विटफोगिल भ्रामक ढंग से तुलनाएं करते हैं। उदाहरण के लिए : 'कृत्रिम सिंचाई तंत्र पर आधारित राज्य की वित्तीय शक्ति को उस कुल कर से मापा जाना चाहिए जिसे समूची नौकरशाही कुल गैरसरकारी जनसंख्या से वसूलती है।... सामंती यूरोप की करुणाजनक रूप से कमजोर वित्तीय नीति की तुलना में कृत्रिम सिंचाई व्यवस्था पर आधारित प्रणाली के कर का विस्तार और शक्ति आश्चर्यजनक थी' (पृ. 72)। प्राच्य नौकरशाही द्वारा वसूले गए कर की तुलना सामंती यूरोप के राजसी करों से क्यों की जाती है। इसकी ठीक तरह से तुलना श्रम सेवाओं तथा उस लगान से की जानी चाहिए जिसे सामंत (राजा समेत) भूदास-किसान वर्ग (सर्फ-पेजेंट्री) से वसूल करते थे। उस स्थिति में प्राच्य कराधान का वितान उतना आश्र्यजनक नहीं लगेगा।

सामंती यूरोप का शासक वर्ग बहुकेंद्रीय नहीं अपितु विकेंद्रीकृत था। सामंत मजबूत

थे, जबकि राजा कमजोर होता था। राजसी शक्ति की इस कमजोरी का कारण सामंती यूरोप का पिछड़ापन प्रतीत होता है। इस पिछड़ेपन का कारण प्रमुख रूप से उपभोक्ता वस्तुओं के सीमित उत्पादन अथवा बाजारू उत्पादन का सीमित स्तर था। विटफोगिल यह नहीं देखते हैं कि भारत अथवा चीन जैसे विशाल देशों में एकीकृत वित्तीय प्रणाली उपभोक्ता वस्तुओं के उत्पादन के विकसित आधार पर ही स्थापित की जा सकती थी। *रूरल रेवेन्यू इन हाइड्रोलिक गवर्नमेंट्स* शीर्षक से पृ. 70 पर दी गई अपनी तालिका में विटफोगिल यह दिखाते हैं कि 'पूर्व से जुड़े हुए समाजों में' यूनानी काल से लेकर तुर्की साम्राज्य तक राजस्व अंशत: माल के रूप में और अंशत: नकद रूप में वसूल किया जाता था। 'साम्राज्यकालीन चीन' में भी उसी तरह वसूल किया जाता था। इस सूची में उन्हें भारत को भी शामिल कर लेना चाहिए। उनकी यह धारणा पूरी तरह गलत थी कि भारत के समग्र इतिहास में राजस्व अनिवार्य रूप से जिंस के रूप में वसूल किया जाता था। मोरलैंड ने यह दिखाया है कि भारत में व्यापक रूप से 'नकदी भुगतान' (कैस नेक्सस) तेरहवीं सदी में ही शुरू हो चुका था।[15] मुगल काल में सामान्यत: राजस्व की मांग नकद रूप में की जाती थी और जब जिंस के रूप में भी की जाती थी तो उसे नकद रूप में बदल लिया जाता था। जब कभी राजस्व की वसूली जिंस के रूप में कर ली जाती थी तो उस उपज को तुरंत गाड़ी में भर कर बाजार ले जाया जाता था और उसे बेच दिया जाता था।[16] दूसरे शब्दों में सही समझ यह है कि एशिया के मध्यकालीन साम्राज्य सर्वसत्तावादी मनोविज्ञान पर उतने आधारित नहीं थे जितने उपभोक्ता वस्तुओं के उत्पादन पर। इसके विपरीत सामंती यूरोप का विकेंद्रीकरण किसी विशिष्ट सांस्कृतिक और सामाजिक परंपराओं के कारण नहीं था, अपितु इसका कारण यह था कि उपभोक्ता वस्तुओं के उत्पादन का विकास नहीं हुआ था। पंद्रहवीं सदी में उपभोक्ता वस्तुओं के उत्पादन की महत्वपूर्ण स्तर पर शुरुआत होने के बाद सामंती समाज की बहुकेंद्रीयता की अवधारणा तिरोहित हो गई तथा निरंकुशतावाद को भी सोलहवीं सदी के यूरोप में उपजाऊ भूमि प्राप्त हुई।

हम यह देख चुके हैं कि जहां विटफोगिल मध्यकालीन यूरोप में चर्च तथा सामंती शासक वर्ग के बीच एक मिथ्या अंतर्विरोध लक्षित करते हैं, वहीं वे एशिया के विभिन्न शक्तिशाली धार्मिक आंदोलनों के ऐतिहासिक महत्व को नजरअंदाज करते हैं। इसीलिए उनका निम्नलिखित वक्तव्य संदिग्ध है:

> भारत में जो भी परिवर्तन हुए हों, किंतु धर्मनिरपेक्ष और धार्मिक सत्ता परस्पर गहरे स्तर पर जुड़ी हुई थी।

यह वक्तव्य एक अध्याय के उप-शीर्षक *एग्रेरियन डेस्पोटिज्म आलवेज कीप्स दि डोमीनेंट रिलीजन इंटीग्रेटिड इन इट्स पावर सिस्टम* के तहत दिया गया है। जब विटफोगिल

के समक्ष यह आपत्ति पेश की जाती है कि मध्यकालीन मुसलिम शासक अपनी बहुसंख्यक हिंदू प्रजा के ऊपर अपनी धार्मिक सत्ता का प्रयोग नहीं कर सकते थे तो उनका एकमात्र उत्तर यही हो सकता है, और वह भी बड़े विचित्र ढंग से कि मुसलिम शासक भी तो ब्राह्मणों को अपना राज्य सचिव बनाते थे (पृ. 346, दुबाय को उद्धृत करते हुए)। वस्तुतः जहां एक ओर भारत में धर्म चर्च के समान श्रेणीबद्ध संस्था के आधार पर संगठित नहीं था, वहीं दूसरी ओर यह एक ऐसी सामाजिक शक्ति थी जो शासकों की व्यक्तिगत नीतियों से स्वतंत्र होकर विकसित हुई। अतः न तो हिंदू धर्म ने किसी शासक को यह अधिकार दिया न इसलाम ने कि वह दोनों में से किसी धर्म के संहिताबद्ध नियमों में परिवर्तन कर सके।[17] मध्यकालीन साम्राज्य यों चाहे जितने निरंकुश प्रतीत होते हों, उनके पास उस ढंग की असीमित वैधानिक सत्ता नहीं होती थी जैसी हम आधुनिक संप्रभुता संपन्न राज्य के साथ जोड़कर देखते हैं।

प्राच्य समाज के संदर्भ में विटफोगिल की दृष्टि का केंद्रीय बिंदु उनका यह विश्वास है कि नौकरशाही जानबूझकर ऐसे प्रतिद्वंद्वी को दबाती थी जो व्यक्तिगत संपत्ति के आधार पर उभरकर सामने आता था। वे कृत्रिम सिंचाई पर आधारित समाजों की विभिन्न कोटियों के विषय में उसी अनुपात के अनुसार अपनी निजी शब्दावली विकसित करते हैं जिस अनुपात में व्यक्तिगत संपत्ति प्रत्येक कोटि में अपना स्थान निर्धारित करती है। कृत्रिम सिंचाई पर आधारित जटिल समाजों में भूमि व्यक्तिगत संपत्ति होती थी। अर्ध-जटिल समाजों में यह स्थिति नहीं थी, हालांकि उद्योग और वाणिज्य व्यक्तिगत संपत्ति के आधार पर ही संचालित होते थे (पृ. 231)। उनका मानना है कि साम्राज्यीय चीन जटिल संपत्ति का एक उदाहरण है। किंतु भारत में लगभग इतिहास के उदय काल से लेकर उन्नीसवीं सदी तक अर्ध-जटिल (कृत्रिम सिंचाई वाली) संपत्ति और समाज के विभिन्न रूप प्रचलित थे (पृ. 260)। चीन में भूस्वामित्व ने निरंकुशतावाद का प्रतिद्वंद्वी पैदा नहीं किया, क्योंकि भद्र वर्ग और नौकरशाही दोनों ही घुल-मिलकर 'भद्र नौकरशाह' हो गए थे। भारत में भूस्वामित्व था ही नहीं। राज्य की कानून लागू करने वाली शक्तियों की छत्रछाया में भारतीय ग्राम समुदाय ने छोटे पैमाने की खेती को पूंजीवादी हितों के आक्रमण से बचाया (पृ. 273)। वे वस्तुतः तथ्यों को सरलीकृत रूप में पेश करते हैं। यह सही है कि भारत में भूमि पर व्यक्तिगत संपत्ति का पूर्ण अधिकार नहीं था, लेकिन यह भी सही है कि विभिन्न अधिकारों के तहत भूमि और उपज दोनों पर निजी दावा होता था। ये ऐसे अधिकार थे जो व्यक्तिगत रूप से विक्रेय थे। सर्वाधिक महत्वपूर्ण गैर-काश्तकारी अधिकार जमींदारी का था। सोलहवीं-सत्रहवीं सदी के रिकार्डों से पता चलता है कि निस्संदेह जमींदारी का अधिकार पूरी तरह से संपत्ति का ही हिस्सा था। यह समग्रतः उत्तराधिकार में प्राप्त होता था और बिना किसी प्रतिबंध पर विचार करते हुए (जैसे जातिगत या अन्य) बेच दिया जाता था। अतः सारे देश में फैले हुए

जमींदारों का एक ऐसा शोषक वर्ग था जो राज्य की नौकरशाही से पृथक था। वह किसी भी रूप में अधीनस्थ वर्ग नहीं था और जागीरदार उन्हें मूल रूप से एक सशक्त राज्य विरोधी शक्ति के रूप में देखते थे।[18] अतः भारत में भद्र नौकरशाहों का प्रश्न ही नहीं उठता।

मध्यकालीन एशिया तथा सामंती यूरोप के वाणिज्यिक वर्गों की तुलनात्मकता के संदर्भ में भी विटफोगिल ने उसी तरह इकहरा मूल्यांकन प्रस्तुत किया है। एक ओर वे गैर-ईसाई विधि संहिताओं में उत्तराधिकारियों के बीच संपत्ति-विभाजन के प्रावधान को पकड़कर यह घोषित करते हैं कि यह गैर-नौकरशाह हाथों में व्यक्तिगत पूंजी के संकेद्रण को रोकने के लिए 'कृत्रिम सिंचाई व्यवस्था' का एक षड्यंत्र है (पृ. 79-80)। दूसरी ओर, वे इस तथ्य को नजरअंदाज कर जाते हैं कि हिंदू संहिता में संयुक्त परिवार की संस्था संपत्ति को एकजुट रखती है तथा एक परिवार-निकाय के हाथों में धन के विस्तार की गुंजाइश पैदा करती है। इसलामी संहिता बलपूर्वक व्यक्तिगत संपत्ति तथा अनुबंध की पवित्रता को रेखांकित करती है। यह कहा गया है कि इसलाम शहरी लोगों का धर्म है।[19] मध्यकाल में पूर्व में सामंती यूरोप के अत्यंत छोटे-छोटे कसबों की तुलना में विशाल व्यापारिक शहर थे। यूरोप के यात्रियों ने सत्रहवीं सदी के प्रारंभ में लाहौर तथा कुस्तुनतुनिया को संसार के सबसे बड़े शहरों (शायद चीन को छोड़कर) में गिना है।[20] विटफोगिल ने सामंती कसबों के व्यापारियों तथा नागरिकों द्वारा भोगी जाने वाली स्वतंत्रताओं को उनकी स्वाधीनता के साक्ष्य के रूप में अत्यधिक बलपूर्वक रेखांकित किया है। वस्तुतः ये स्वतंत्रताएं छोटी-छोटी इजारेदारियां पैदा करने के लिए तैयार की गई थीं और ये तभी तक अस्तित्व में रह सकती थीं जब तक कि व्यापार असुरक्षित तथा अल्प परिमाण में हो। जैसे ही यूरोप में जिंस के उत्पादन तथा व्यापार ने पूर्व के स्तर को प्राप्त किया, उसके साथ ही वेनिस की स्वाधीनता, हेंसियातिक लीग की शक्ति तथा इंगलिश श्रेणियों की इजारेदारियां, सब तिरोहित हो गईं। दूसरे शब्दों में, सामंती श्रेणियां व्यापारियों की शक्ति का प्रतीक नहीं, अपितु सूदखोरों तथा परजीवियों के रूप में उनकी अनिश्चित आर्थिक स्थिति का प्रतीक थीं।[21]

तथाकथित 'कृत्रिम सिंचाई पर आधारित समाज के समाजशास्त्र' के अपने अध्ययन के दौरान विटफोगिल ने यह दिखाया है कि एक स्वतंत्र समाज में होने वाली प्रतियोगिता के विपरीत प्राच्य निरंकुशतावाद के अंतर्गत होने वाली प्रतियोगिता से सामाजिक विकास नहीं हुआ और इस संदर्भ में उन्होंने हमारे सम्मुख नौकरशाही प्रतियोगिता का विश्लेषण प्रस्तुत किया है। इसका विस्तार करते हुए जहां उन्होंने 'सामंती प्रतियोगिता' की एक आदर्श तसवीर प्रस्तुत की है, वहीं इसके बरअक्स वे 'नौकरशाही प्रतियोगिता' की एक खौफनाक तसवीर पेश करते हैं।

मध्यकालीन सूरमा (नाइट) युद्धक्षेत्र में अपने साथियों से प्रतियोगिता करके अपने जीवन से हाथ धो सकता है और यह उसकी निर्णायक गतली है, किंतु उसकी संपत्ति और सम्मान यथावत रहता है। इसके विपीरत कृषि निरंकुशतावाद का एक अधिकारी जो नौकरशाही अथवा राजदरबार के छल कपट में अपने साथियों के साथ प्रतियोगिता करता है, वह संभवत: अपने सम्मान, अपनी संपत्ति तथा अपने जीवन सभी से हाथ धो सकता है (पृ. 337)। सम्मान को लेकर यह जो भावुकतावाद प्रकट किया गया है, उसका उत्तर फाल स्टाफ के शब्दों में भली भांति दिया जा सकता है:

> 'सम्मान क्या है ?' वायु। और निश्चित ही यह एक महान खोज है कि सामंती जमींदार एक प्रेत के रूप में अपने मरने के बाद भी अपनी संपत्ति का भोग करते रहे। हमें यह भी बताया जाता है कि सामंती सूरमा खुलेआम और हिंसक रूप से भूमि और प्रतिष्ठा के लिए अपने साथियों के साथ प्रतियोगिता करते थे (पृ. 336-37)। जब दो सूरमा लड़ते थे और एक गिर जाता था तो दूसरा विनम्रतापूर्वक सिर झुका लेता था और भूमि तथा प्रतिष्ठा को मृतक के लिए छोड़ देता था। क्या यह इतिहास का गंभीर विश्लेषण है ? या हम बच्चों को प्राचीन बहादुरी की कहानियां सुना रहे हैं ?

इसी तरह नौकरशाही प्रतियोगिता के संदर्भ में भी मसला इतना सीधा-सादा नहीं है। मैं चीन के किसी काल विशेष के दरबारी छल-कपट के शिकार होने वालों की सांख्यिकी के विषय में कुछ नहीं कह सकता (पृ. 337-38)। तथापि यह स्पष्ट है कि विटफोगिल द्वारा नौकरशाही प्रतियोगिता की खींची गई तसवीर महान मुगलों (1526-1707) के संदर्भ में भी प्रामाणिक नहीं ठहरती, हालांकि उनके जीवन चरित संबंधी साक्ष्य प्रचुर मात्रा में हैं। लगभग दो सौ वर्षों के लंबे इतिहास में केवल दो मामले ऐसे हुए (तार्दी बेग, 1556, तथा शाह मंसूर, 1580) जब उच्चाधिकारियों को षड्यंत्र के आरोप में फांसी पर लटकाया गया। ये घटनाएं भी घोर संकट की स्थिति में घटित हुई थीं। निस्संदेह, मुगल साम्राज्य ने यह एक स्वस्थ और सशक्त परंपरा विकसित की थी कि जो अधिकारी उत्तराधिकार संबंधी युद्ध में विजित पक्ष के साथ होते थे, उन्हें क्षमा कर दिया जाता था और उन्हें सेवा में रख लिया जाता था। यह परंपरा 1707-1709 के उत्तराधिकार संबंधी युद्ध तक जारी रही और उसका परित्याग केवल तभी किया गया जब मुगल साम्राज्य एक शक्तिशाली केंद्रीय शक्ति नहीं रहा।

विटफोगिल मानते हैं कि एशियाई समाजों में विभिन्न रूपों में पाई जाने वाली ग्रामीण बेगार की प्रथा तथा अर्धदासता सामंती यूरोप में भी प्रचलित थीं (पृ. 414)। किंतु उनका विश्वास है कि 'प्राच्य निरंकुशतावाद' के अंतर्गत पीड़ित वर्ग पर ऐसी

कठोर निगरानी और नियंत्रण रखा जाता था कि वर्ग संघर्ष हिंसक और राजनीतिक रूप ग्रहण नहीं कर सका। वस्तुत: कोई वर्ग संघर्ष हुआ ही नहीं। कृत्रिम सिंचाई पर आधारित समाज का इतिहास हमें बताता है कि वर्ग संघर्ष समूची मानवता की पुरानी बीमारी नहीं, अपितु बहुकेंद्रीय और खुले समाजों की ऐयाशी है (पृ. 329)। वह वक्तव्य विटफोगिल ने उन तथ्यों के बावजूद दिया है जिन्हें वे स्वयं जानते हैं। चीन और भारत में किसान विद्रोहों की लंबी परंपरा है। चीन में तेपिंग तक किसान विद्रोहों को गिनाते हुए माओ त्से-तुंग कहते हैं कि जिस पैमाने पर चीन में किसान विद्रोह तथा किसान युद्ध हुए हैं, उनकी मिसाल पूरी दुनिया में नहीं मिलती।[22] विटफोगिल इस वक्तव्य का खंडन नहीं करते अपितु उन विद्रोहों के महत्व की व्याख्या यह कहकर करते हैं कि किसानों तथा सरकार के बीच खुले टकराव उस समय होते थे जब भूराजस्व निर्धारित किया जाता था। साम्राज्यीय चीन में भी ये विद्रोह प्रमुख रूप से विघटन काल में उस समय बड़ा आकार ग्रहण कर लेते थे जब किसी राजवंश का पतन होता था। इसका उत्तर यह भी हो सकता है कि यूरोप में किसान युद्धों ने बड़ा आकार उस समय ग्रहण किया जब सामंतवाद का विघटन शुरू हुआ। साथ ही, विटफोगिल की अपनी स्वीकृति के आधार पर यह कहा जा सकता है कि चीन में राजवंशों का पतन प्राय: किसान विद्रोहों के कारण ठीक उसी तरह हुआ जिस तरह माओ ने हमें बताया है।[23]

भारत के संदर्भ में विटफोगिल को डब्ल्यू.सी. स्मिथ के पथ-प्रदर्शक अध्ययन *लोअर क्लास अपराइजिंग इन दि मुगल एंपायर*[24] से स्पष्टत: परेशानी हुई है। उक्त अध्ययन में उन्होंने उन अनेक विद्रोहों की ओर ध्यान आकृष्ट किया है कि जिनमें किसानों तथा शहर के गरीब लोगों ने शिरकत की थी। यदि इनमें से कुछ विद्रोह वित्तीय टकरावों के कारण हुए (पृ. 329) तो इससे उनका वर्ग चरित्र नहीं बदल जाता, क्योंकि इस तथ्य को स्वयं विटफोगिल ने भी स्वीकार किया है कि 'प्राच्य समाज' में राज्य की नौकरशाही तथा शासक वर्ग दोनों तदाकार हैं। अब इस संदर्भ में विटफोगिल के यह कहने का भी कोई अर्थ नहीं है कि इन विद्रोहों के पीछे धार्मिक टकरावों की भूमिका थी (पृ. 329)। क्योंकि पहले वे यह तर्क दे चुके हैं कि वे ऐसी कोई भूमिका निभा ही नहीं सकते थे। आगे हमें यह याद दिलाया गया है (पृ. 328) कि प्रशासनिक तंत्र से जुड़े लोग बड़ी आसानी से 'भिखमंगों के प्रजातंत्र' के धर्मनिरपेक्ष तथा धार्मिक रूपों को नियंत्रित कर लेते हैं। हम यह देख चुके हैं कि यह विटफोगिल की आस्था का विषय है कि धर्मनिरपेक्ष तथा धार्मिक सत्ता कृत्रिम सिंचाई पर आधारित समाजों में परस्पर संग्रथित थीं।

अब हम विटफोगिल के सिद्धांत की जांच पड़ताल को स्थगित करते हैं। इसका कोई भी आवश्यक तत्व ऐतिहासिक वास्तविकता से मेल नहीं खाता। मिथकों और गढ़े हुए सिद्धांतों के प्रति आक्रोश के बावजूद विटफोगिल का अपना सिद्धांत उस किसी

भी सिद्धांत से अधिक असंगत है जिसकी वे आलोचना करते हैं। इससे 'मुक्त संसार' (फ्री वर्ल्ड) में जो रिक्तता है, उसे भरा जा सकता है और जो लोग पाश्चात्य जीवन पद्धति की सर्वोच्चता में विश्वास रखते हैं, उन्हें दृढ़ता प्रदान करता है। किंतु अठारहवीं-उन्नीसवीं सदी में पश्चिम को पूर्व की तुलना में सफलता क्यों मिली ? इस प्रश्न के संदर्भ में उसे किसी गंभीर व्याख्या के रूप में स्वीकार नहीं किया जा सकता। इसका यह अर्थ नहीं है कि मध्यकालीन पूर्वी समाजों की असफलता के कारणों की खोज के प्रयास किए ही न जाएं। अपितु, इस प्रकार के प्रयास अपेक्षाकृत तटस्थ हों तथा पूर्व धारणाओं से अपेक्षाकृत कम प्रभावित हों। साथ ही एशिया की प्राक्-आधुनिक युग की विविध राजनीतिक और सामाजिक संस्थाओं के अध्ययन के प्रति भी अधिक ईमानदारी का सबूत दें।

संदर्भ और टिप्पणियां

1. लैंब्रिक 'अर्ली केनाल एडमिनिस्ट्रेशन इन सिंध', *जर्नल आफ दि सिंध हिस्टारिकल सोसाइटी,* III (1937), भाग 1, पृ. 15-16.
2. यह मेरी पुस्तक *'एग्रेरियन सिस्टम आफ मुगल इंडिया',* अलीगढ़, 1962, पृ. 26-36, 255-56 में संकलित और प्रस्तुत आंकड़ों पर आधारित है.
3. युआन च्वांग के काल में भी सिंधु नदी के किनारे-किनारे हजारों 'ली' (दूरी के लिए चीनी इकाई) समतल दलदली नीची जमीन मौजूद थी जिसे खेती के उपयोग के लिए तैयार नहीं किया गया था. यह भूमि एक विशाल चरवाहा समुदाय के भरण पोषण का आधार थी. (बील, *बुद्धिस्ट रिकाइर्स आफ दि वेस्टर्न वर्ल्ड,* II, पृ. 273).
4. देखें, स्टुअर्ट पिवट, *प्रि-हिस्टारिक इंडिया,* पेंग्विन, 1950, पृ. 153.
5. देखें, देवराज चानना, *स्लेवरी इन एनशिएंट इंडिया,* नई दिल्ली, 1960, पृ. 23-24. यूरोप की बर्बर जातियों द्वारा जंगलों को साफ करने के लिए लोहे के औजारों से किस प्रकार मदद मिली. इस संदर्भ में देखें, गोर्डेन चाइल्ड, *प्रोग्रेस एंड आर्कियालाजी,* लंदन, 1945, पृ. 39.
6. देखें, गोर्डेन चाइल्ड, *व्हाइट हैपंड इन हिस्टरी,* लंदन, 1943, पृ. 163. जहां वे लोहे के प्रयोग द्वारा कृषि के जनतंत्रीकरण का जिक्र करते हैं . . . अब किसी भी किसान के लिए भूमि की सफाई हेतु लोहे की कुल्हाड़ी सहज रूप से उपलब्ध थी.
7. *अर्थशास्त्र,* अनु. शाम शास्त्री, 1923, पृ. 50-51, 278-362.
8. वही, पृ. 140.
9. आर.सी. मजूमदार (सं.), *क्लासिकल अकाउंट्स आफ इंडिया* (अनु.), कलकत्ता, 1960, पृ. 260.
10. *अर्थशास्त्र,* पृ. 55-138.
11. देखें, मोरलैंड, *एग्रेरियन सिस्टम आफ मुसलिम इंडिया,* इलाहाबाद, पुनर्मुद्रण, पृ. 49-57, 64-65, और देखें, मेरी पुस्तक *एग्रेरियन सिस्टम आफ मुगल इंडिया,* पृ. 249-56.

12. वा-ता-कुन, 'एन इंटरप्रिटेशन आफ चाइनीज इकानामिक हिस्टरी', *पास्ट एंड प्रेजेंट,* संख्या 1, 1952, पृ. 3, 4, 12.
13. डी.डी. कोसंबी, *एन इंट्रोडक्शन टू दि स्टडी आफ इंडियन हिस्टरी,* पृ. 27, आर.एस. शर्मा, *जर्नल आफ इकानामिक एंड सोशल हिस्टरी आफ दि ओरिएंट,* I, भाग 3, अक्तूबर 1958 में प्रकाशित उनका लेख 'ओरिजिंस आफ फ्युडलिज्म इन इंडिया', बी.पी. मजूमदार, *दि सोशियो-इकानामिक हिस्टरी आफ नार्दर्न इंडिया* (ग्यारहवीं तथा बारहवीं सदी), कलकत्ता, 1960, पृ. 1-41.
14. मैंने अपनी पुस्तक *एग्रेरियन सिस्टम आफ मुगल इंडिया* में इस बिंदु को उठाया है.
15. *एग्रेरियन सिस्टम आफ मुगल इंडिया,* पृ. 11-114, 136-37.
16. देखें मेरी पुस्तक *एग्रेरियन सिस्टम आफ मुगल इंडिया,* पृ. 236-39.
17. 1569 में जब अकबर ने धर्मशास्त्रियों से 'महजर' पर हस्ताक्षर करने का आग्रह किया तो उनमें से कुछ अत्यंत उत्तेजित हुए और अकबर के इस कदम से बड़ी सनसनी फैली. महजर की घोषणा के अनुसार किसी कानूनी बिंदु पर यदि अधिकारी विद्वानों के बीच विवाद हो तो बादशाह को यह अधिकार होगा कि वह विवाद के पक्ष अथवा विपक्ष में पहले से मौजूद किसी एक व्याख्या को स्वीकार कर ले. जहां मौजूदा कानून में कोई प्रावधान उपलब्ध नहीं है, वहां बादशाह अपना निर्णय दे सकता है. किंतु वह निर्णय कुरान की किसी व्याख्या के विरुद्ध नहीं होना चाहिए. यह एक सुविदित तथ्य है कि सुलतान अथवा बादशाह को शरीअत अथवा मुसलिम कानून के संपूर्ण ढांचे में कोई स्थान नहीं दिया गया है.
18. देखें, मेरा लेख 'एग्रेरियन काजिज आफ दि फाल आफ दि मुगल एंपायर', इनक्वायरी, 2, पृ. 84, 94-98.
19. एफ. लोक्केगार्ड, *इसलामिक टैक्सेशन इन दि क्लासिक पीरियड,* कोपेनहेगन, 1950, पृ. 32. और भी देखें, प्रोफेसर मो. हबीब, *'एन इंट्रोडक्शन टू इलियट एंड डाउसंस' हिस्टरी आफ इंडिया,* II, अलीगढ़, पुनर्मुद्रण, 1952, पृ. 2-3.
20. मोंसेरेट, 'कमेंटरी', अनु. हाइलैंड एंड बनर्जी, पृ. 159-60, कोरयट, *अर्ली ट्रेवल्स इन इंडिया,* सं. फोस्टर, पृ. 243.
21. देखें, एम. डॉब, *स्टडीज इन दि डेवलपमेंट आफ कैपिटलिज्म,* पृ. 120.
22. *सेलेक्टिक वर्क्स,* अंग्रेजी अनुवाद, III, लंदन, 1954, पृ. 75-76.
23. वही, पृ. 76.
24. इसलामिक कल्चर, XX संख्या 1, पृ. 21-40.

8. भारत के संदर्भ में मार्क्स की दृष्टि

कार्ल मार्क्स की मृत्यु को सौ वर्ष पूरे हो रहे हैं। इसके साथ ही उनके दो लेखों को भी 130 वर्ष हो रहे हैं। मार्क्स न्यूयार्क के एक अखबार के लंदन स्थित संवाददाता थे। उन्होंने उक्त अखबार के लिए जो भी सामग्री (डिस्पैच) भेजी, वही आज भारतीय इतिहास के बहुचर्चित दस्तावेजों में गिनी जाती है। *न्यूयार्क डेली ट्रिब्यून* में उन्होंने दो लेख 'भारत में ब्रिटिश शासन' तथा 'भारत में ब्रिटिश शासन के भावी परिणाम' (10 जून तथा 22 जून 1853 को प्रकाशित) लिखे। उक्त लेखों में उन्होंने सचेत रूप से भारत की पूर्व उपनिवेश कालीन सभ्यता के मूलभूत गति नियमों, भारत पर ब्रिटिश शासन के प्रभाव, भारत के विकास तथा उसकी मुक्ति की भावी दिशा की व्याख्या का लक्ष्य अपने सामने रखा। हालांकि उनके ये लेख अत्यंत दृष्टि संपन्न हैं और राष्ट्रीय आंदोलन की प्रेरक शक्ति रहे हैं, फिर भी इन लेखों को भारत के संदर्भ में मार्क्स के समग्र बोध का परिचायक नहीं माना जा सकता। इसका एक कारण तो यह है कि भारत के विषय में मार्क्स ने अन्यत्र भी लिखा है और दूसरे यह कि 1853 के अपने उक्त लेखों के बाद भी मार्क्स निरंतर उस विषय पर अध्ययन और चिंतन करते रहे।

उन्नीसवीं सदी के समूचे छठे दशक के दौरान मार्क्स ने इसी अखबार के लिए अनेक लेख लिखे। उनमें उन्होंने भारत के विषय में कई महत्वपूर्ण टिप्पणियां की हैं। इनसे संबंधित उनकी कुछ महत्वपूर्ण पूरक टिप्पणियां उन पत्रों में मिलती हैं जो इस दशक में मार्क्स और एंगेल्स ने एक-दूसरे को लिखे थे और उन लेखों में भी जो मार्क्स ने एंगेल्स के आग्रह पर लिखे थे।[1]

1857-58 में मार्क्स ने अपने महान ग्रंथ *'कैपीटल'* की तैयारी के संदर्भ में, अपनी समझ को साफ करने की दृष्टि से 'गुंड्रिसे' के नाम से विख्यात अपनी टिप्पणियों को दर्ज किया। उक्त टिप्पणियों में मार्क्स ने प्राक्-पूंजीवादी आर्थिक संरचनाओं में भारत का स्थान निर्धारित करने की कोशिश की है।[2]

लेकिन अपने सुप्रसिद्ध ग्रंथ 'कैपीटल' में, विशेष रूप से पहले भाग में (1867 ई.) मार्क्स ने, महत्वपूर्ण संशोधनों, चेतावनियों तथा नई टिप्पणियों के साथ, भारत के बारे में अपनी प्रमुख स्थापनाओं को आंशिक रूप से पुनः प्रस्तुत किया है। उन्होंने पूंजीवाद की अपनी जो समग्र व्याख्या की है, उसके तहत उन्होंने भारत विषयक स्थापनाओं को

स्थान दिया है। इससे उन स्थापनाओं का महत्व और भी बढ़ जाता है। मार्क्स की मृत्यु के बाद एंगेल्स द्वारा संपादित *कैपीटल* के दूसरे और तीसरे खंडों में भी जहां-तहां उक्त संदर्भ में मूल्यवान टिप्पणियां मिलती है।[3] हालांकि 1867 के बाद उनके प्रकाशित लेखन में भारत का बहुत कम जिक्र मिलता है लेकिन वे भारत के विषय में लगातार सूचनाएं एकत्र करते रहे थे।[4] 1870 के बाद भारतीय इतिहास के संबंध में संकलित विस्तृत टिप्पणियां इसका प्रमाण हैं। मार्गन तथा कोवालेव्स्की का अध्ययन करने के बाद 'ग्राम समुदाय' में उनकी नए सिरे से रुचि उत्पन्न हुई थी।[5]

भारत के बारे में मार्क्स के विचारों का मूल्यांकन करने के लिए उनके समग्र लेखन को ध्यान में रखना होगा जो वस्तुतः तीन दशकों तक फैला हुआ है। इतना ही नहीं, हम इन सारे अंशों को सरलीकृत रूप से जोड़ भी नहीं सकते, क्योंकि यह संभव है कि समय के साथ-साथ मार्क्स के विचार भी बदल गए हों। उपनिवेश-पूर्व काल के भारत के विषय में तो यह विशेष रूप से उल्लेखनीय है।

उपनिवेश-पूर्व कालीन समाज : परंपरागत दृष्टिकोण

1853 में ब्रिटिश शासन की स्थापना से पहले जब मार्क्स ने भारत के विषय में लिखा तो संभवतः उन्होंने भारत के सदर्भ में हीगेल द्वारा प्रस्तुत विवरणों को अपना प्रस्थान बिंदु बनाया। हीगेल ने लिखा था, 'हिंदुओं का कोई इतिहास नहीं है। वास्तविक राजनीतिक स्थिति का विकास दिखाई नहीं पड़ता।'[6] भारतीय सभ्यता का कथित प्रसार एक जड़ और निष्क्रिय विस्तार भर था। अतः भारत के लोगों को कोई विदेशी विजय नहीं मिली, अपितु हर बार वे स्वयं परास्त हुए हैं।[7] सारतः इसी मूल्यांकन को मार्क्स ने अपने प्रसिद्ध उद्धरण में दोहराया है :

> भारतीय समाज का कोई इतिहास नहीं है, कम से कम ज्ञात इतिहास तो नहीं ही है। जिसे हम उसका इतिहास कहते हैं वह वास्तव में एक के बाद एक आने वाले आक्रांताओं का इतिहास है जिन्होंने प्रतिरोधहीन और परिवर्तनहीन समाज के निष्क्रिय आधार पर अपने साम्राज्य स्थापित किए।[8]

हीगेल भारतीय (हिंदू) संस्कृति की विचारधारा में 'कल्पना का सर्वात्मवाद' देखते थे जिसकी अभिव्यक्ति संपूर्ण अस्तित्व के स्र्वव्यापी दिव्यीकरण तथा 'दिव्य' के अपकर्ष में हुई। अर्थात मनुष्य अपने व्यक्तित्व और स्वाधीनता से वंचित होता है तो उसकी यह अभिव्यक्ति देखी जा सकती है।[9] हिंदुओं में मानव जीवन के प्रति कोई आदर दिखाई नहीं पड़ता।[10] मार्क्स ने यहां तक लिखा कि मनुष्य हत्या तक को हिंदुस्तान में एक

धार्मिक प्रथा बना दिया गया। उसने एक ऐसी प्रकृति पूजा को प्रतिष्ठित कर दिया है जिसमें मनुष्य अपनी मनुष्यता खोता जा रहा है। इस मनुष्य का अध:पतन इस बात से भी स्पष्ट हो रहा था कि प्रकृति का सर्वसत्ताशाली स्वामी मनुष्य घुटने टेककर वानर हनुमान और शबला गऊ की पूजा करने लगा था।[11]

समाज के वास्तविक संगठन में दैवी रूपों की बहुलता के समान ही जाति-बिरादरियों की बहुलता भी थी। इसे हीगेल ने वर्ग-भेद रहित समाज की तुलना में अधिक विकसित सामाजिक अवस्था माना था, किंतु शीघ्र ही उन्होंने अपनी धारणा को बदल लिया और जाति व्यवस्था की भर्त्सना करते हुए कहा कि यह जाति व्यवस्था अत्यंत अपमानजनक आध्यात्मिक दासता स्थापित करती है।[12] भारतीय गांव की संरचना में भी उन्हें ऐसी ही कट्टरता दिखाई दी थी :

> जैसा कि पहले ही कहा जा चुका है, हर गांव की सारी आय दो हिस्सों में बांट ली जाती है जिसमें से एक राजा का होता है और दूसरा किसानों का। लेकिन उस जगह के मुखिया (प्रोवोस्ट), न्यायाधिकारी, जल-सर्वेक्षक, ब्राह्मण (जो धार्मिक पूजा-पाठ का निरीक्षण करता है), ज्योतिषी (जो ब्राह्मण ही होता है, लेकिन अच्छे और बुरे शकुन बताता है), लुहार, बढ़ई, कुम्हार, धोबी, नाई, वैद्य, नर्तकियों, संगीतकार तथा कवि को जितना हिस्सा बनता है, दिया जाता है। यह व्यवस्था निश्चित तथा अपरिवर्तनीय है और इस पर किसी का वश नहीं है। इसलिए आम हिंदू को सारी राजनीतिक क्रांतियों से कोई मतलब नहीं है, क्योंकि उसकी नियति में कोई परिवर्तन होने वाला नहीं है।[13]

ग्राम समुदाय के ऐसे ही विवरण को मार्क्स ने भी दोहराया है और इस संदर्भ में उन्होंने 1812 की चर्चित पांचवीं रिपोर्ट[14] के एक अवतरण को विस्तार से उद्धृत किया है। संभवत: यही अवतरण हीगेल का भी प्रामाणिक आधार था। मार्क्स इन ग्राम समुदायों को जातिगत भेदों और दासता से त्रस्त और ग्रस्त तो मानते ही हैं, राजनीतिक घटनाओं के संदर्भ में उनके उपेक्षा भाव को भी बलपूर्वक रेखांकित करते हैं। भारतीय गांवों की बर्बर अहमन्यता के विषय में क्षोभ के साथ लिखते हुए उन्होंने कहा कि ये गांव जमीन के मामूली से टुकड़े से चिपके हुए चुपचाप साम्राज्यों के बिखरने-टूटने, अवर्णनीय अत्याचारों को होते, बड़े-बड़े शहरों की जनसंख्या के कत्लेआम को देखते रहे। उन्होंने इनके प्रति प्राकृतिक घटनाओं से भी कम ध्यान दिया।[15]

1830 में हीगेल ने और 1853 में मार्क्स ने जो कुछ लिखा उसकी तुलना यह दिखाने के लिए नहीं की जा रही है कि मार्क्स सिर्फ हीगेल की बातों को दोहरा रहे थे। बल्कि इस तुलना का मकसद यह है कि अपने अत्यंत भिन्न आलोचनात्मक दृष्टिकोण

के बावजूद मार्क्स भी भारतीय संस्कृति का वही मूल्यांकन कर रहे थे जो अपने समय के हीगेल जैसे श्रेष्ठतम पूंजीवादी विचारकों के बीच स्वीकृत था। उक्त प्रसंग में महत्वपूर्ण है वह यह कि उन्होंने इस मूल्यांकन में संशोधन किया और उसका एक भिन्न विश्लेषण प्रस्तुत किया।

एक बात निश्चित है कि मार्क्स ने शुरू से ही हीगेलवादी सामान्यीकरणों के केवल उन्हीं तथ्यों को स्वीकार किया था जो उनकी दृष्टि में पर्याप्त रूप से प्रामाणिक थे। वे 1853 में ही 'पांचवीं रिपोर्ट' (1812) जो एक भारी-भरकम दस्तावेज है, तथा व्लिक्स की पुस्तक 'हिस्टारिकल स्कैचिज आफ साउथ इंडिया' (1810) को देख चुके थे। शायद उन्होने ग्राम समुदायों से संबंधित उसका एक अवतरण एंगेल्स के नाम अपने एक पत्र में दिया है।[16] जान कैंपबेल की 'माडर्न इंडिया' (1852), जेम्स मिल की 'हिस्टरी आफ ब्रिटिश इंडिया' (1806-10),[17] संसदीय बहसों और रिपोर्टों, विशेष रूप से 1855 के चार्टर कानून के पहले की बहसों और रिपोर्टों को वे पढ़ चुके थे। उन्होंने *मनुस्मृति* का भी जिक्र किया है, जिसे शायद उन्होंने सर विलियम जोंस के अनुवाद के माध्यम से पढ़ा था।[18] इसके अतिरिक्त, वे विशेष रूप से फ्रांक्वां बर्नियर के यात्रा-विवरणों को पढ़ने का जिक्र भी करते हैं। उक्त विवरणों में औरंगजेब कालीन मुगल साम्राज्य का अद्भुत वर्णन है।[19]

उनके अध्ययन का क्षेत्र बहुत विस्तृत है और हीगेल की अमर्यादित घोषणाओं पर अंकुश लगाने के लिए तो काफी है ही। फिर भी, भारत के बारे में मार्क्स की अवधारणा किसी भी तरह हीगेल की अवधारणा का संशोधित पुनर्कथन नहीं है। उन्होंने इस महान दार्शनिक की भारत विषयक व्याख्या के साथ भी वही किया जो उसके द्वंद्ववाद के साथ किया अर्थात उसे उलट दिया। एंगेल्स के नाम एक पत्र में वह यह सवाल पूछ चुके थे कि 'पूर्व का इतिहास धर्मों का इतिहास क्यों लगता है?'[20] धार्मिक विशिष्टताएं, जिन्हें हीगेल भारतीय संस्कृति की विशिष्टताओं के आधार के रूप में देख रहे थे, वास्तव में अपने आपमें भारतीय सामाजिक संगठन तथा मुख्य रूप से ग्राम्य व्यवस्था का परिणाम थीं।[21] 1853 में मार्क्स की जो समझ थी, उसके तहत यही ग्राम्य व्यवस्था एक ऐसी निर्णायक संस्था थी जिसमें वस्तुतः हर चीज की व्याख्या निहित थी।

ग्राम समुदाय

इस दौर में भारतीय ग्राम समुदाय की अपनी खोज पर मार्क्स का रोमांचित होना आश्चर्यजनक नहीं है। पहले ही वे और एंगेल्स *जर्मन विचारधारा* नामक पुस्तक में संपत्ति के प्रमुख प्राक्-पूंजीवादी रूपों को रेखांकित करने की कोशिश कर चुके थे। उन्होंने क्रमशः (अ) उत्पादन के अविकसित चरण के अनुरूप कबीलाई संपत्ति, जैसे

शिकार करना, मछली पकड़ना तथा प्रारंभिक ढंग की खेती, (ब) नागरिकों तथा दासों के बीच वर्गीय विभाजन पैदा करने वाला 'प्राचीन सामुदायिक या राज्य स्वामित्व', (स) सामंती अथवा भूसंपत्ति जिसके साथ एक छोटा सा भूदास वर्ग जुड़ा हुआ था।[22] संपत्ति के ये रूप बहुत हद तक एक परिकल्पना ही थे, हालांकि रूप (ब) मार्क्स की रोमन समाज की समझ पर आधारित था और रूप (स) पश्चिमी यूरोप की समझ पर। अब भारत वास्तविक अवशेषों के जरिए संपत्ति तथा समाजार्थिक संबंधों की ऐसी व्यवस्था का साक्ष्य प्रस्तुत कर रहा था जो रूप (ब)[23] के अंतर्गत आती है। खुद अंग्रेज लेखकों के विवरणों के आधार पर इस बुनियादी मुद्दे की पुष्टि की जा सकती थी कि प्राक्-पूंजीवादी समाजों की गति के नियम पूंजीवादी समाज से भिन्न होते हैं।

'कैपीटल' खंड 1 (पृ. 404) में मार्क्स ने जमीन पर सामूहिक स्वामित्व के प्रचलन को भारतीय ग्राम समुदाय का पहला लक्षण माना है।[24] इसका ठीक-ठीक क्या अर्थ है ? मार्क्स ने अकसर इसकी चर्चा इस तरह की है जैसे इसका आशय यह हो कि ग्रामवासी, कम से कम कुछ स्थानों पर तो अवश्य ही सामूहिक रूप से खेती करते थे। इस संदर्भ में शायद उनका स्रोत व्लिक्स है जिसने लिखा था :

> कुछ ऐसे उदाहरण भी मिलते हैं कि गांव की जमीन सामूहिक रूप से बोई जाती है और जितना जिसका श्रम होता है, उसी अनुपात में उपज बांट ली जाती है। किंतु, आम तौर पर हर किसान (जिसका अपनी जमीन पर मालिकाना हक होता था) अपनी जमीन खुद जोतता है।[25]

यह वक्तव्य 'पांचवीं रिपोर्ट' में नहीं मिलता है। इसका हवाला मार्क्स ने *ट्रिब्यून* को लिखे अपने एक लेख में भारतीय ग्राम समुदाय के संदर्भ में दिया है। किंतु 14 जून 1853 के उनके एक पत्र से लगता है कि वे व्लिक्स के इस विवरण से पहले से ही परिचित थे। उन्होंने लिखा है :

> इन समुदायों में से कुछ में गांव की जमीन सामूहिक रूप से जोती-बोई जाती है। लेकिन ज्यादातर मामलों में हर किसान अपनी जमीन खुद जोतता है।[26]

ग्रुंड्रिसे में मार्क्स ने भारत के कुछ कबीलों में श्रम के सामूहिक संगठन के अवशेषों की चर्चा की है।[27] वे व्लिक्स का बड़ी सूक्ष्मता के साथ अनुसरण करते हैं। वस्तुतः वे उन्हें स्पष्ट रूप से उद्धृत भी करते हैं। वे सामूहिक खेती को ग्राम के सरलतम रूप की एक पहचान मानते हैं।[28]

ग्रुंड्रिसे (1857-58) में मार्क्स सामुदायिक खेती और सामुदायिक स्वामित्व के बीच ऐतिहासिक संबंध की व्याख्या कर चुके थे। उनकी राय में सामुदायिक संपत्ति सामुदायिक खेती से ही उत्पन्न हुई। लेकिन एक बार कायम होने के बाद सामूहिक

संपत्ति व्यक्तिगत कृषि के विकास के बाद भी बने रहने की कोशिश करती है।[29]

जब मार्क्स *ग्रुंड्रिसे* को तैयार कर रहे थे तो उन्होंने *ट्रिब्यून* में एक लेख लिखा। उस लेख में उन्होंने यह अपील की कि हिंदुस्तान की संस्थाओं का पूर्ण और समग्र अध्ययन किया जाना चाहिए ताकि निम्नलिखित मत की पुष्टि हो सके :

> मूल हिंदुस्तानी संस्थाओं के अंतर्गत भूमि का स्वामित्व ग्राम निकायों के हाथों में होता था। खेती के लिए व्यक्तिगत रूप से वितरित करने का अधिकार इन्हीं ग्राम निकायों का होता था।[30]

स्पष्ट रूप से मार्क्स के दिमाग में वह आम रिवाज रहा होगा जिसके तहत गांव का मुखिया बाहर के लोगों को या गांव के ही उन लोगों को जो खेती करने की इच्छा रखते थे, बंजर जमीन बांटता था। मार्क्स की दृष्टि में यह अधिकार सामूहिक ग्राम स्वामित्व को प्रमाणित करता था।

ग्रुंड्रिसे में मार्क्स कहते हैं कि ग्राम समुदाय का यह स्वामित्व 'एशियाई समुदाय' के स्वरूप को उसी संस्था के तहत विकसित दो अन्य रूपों, जैसे रोमन (जहां भूमि पर शहरी समुदाय का स्वामित्व था) और जर्मन (जहां स्वामित्व की इकाई आवासीय भूमि थी) से भिन्न प्रदान करता है।[31]

सामूहिक भूमि स्वामित्व के अतिरिक्त मार्क्स को दो बातें भारतीय ग्राम समुदाय में ऐसी दिखाई दीं जो ऊपर से तो अंतर्विरोधी प्रतीत होती थीं, किंतु परस्पर अंतर्ग्रथित थीं। एक तो श्रम विभाजन के विकास का अभाव था जिसके कारण खेती और उद्योग का घरेलू गठबंधन हुआ। यह वक्तव्य 1853 के *ट्रिब्यून* में लिखे एक लेख में है। किंतु मार्क्स के विश्लेषण में उसका केंद्रीय महत्व लगातार बना रहा। इसका जिक्र मार्क्स ने *ग्रुंड्रिसे, कैपीटल* (भाग 1) तथा अन्यत्र भी बार-बार किया है।[32] दूसरी ओर, ठीक उसके विपरीत एक आत्यंतिक स्थिति थी, अपरिवर्तनीय श्रम विभाजन की स्थापना। यह जाति प्रथा के द्वारा संभव हुआ। यह जाति प्रथा प्राकृतिक नियमों जैसी ही अप्रतिहत सत्ता पर आधारित थी। वह वंशानुगत आधार पर कारीगर, लुहार, बढ़ई आदि की आपूर्ति करती थी। इसका आधार था दस्तकार को प्राप्त ग्राम समुदाय का अपरिवर्तनीय बाजार जिसमें एक बार तय हो जाने के बाद सामाजिक श्रम विभाजन में बदलाव नहीं हो सकता था।[33] हालांकि उक्त विभाजन के संदर्भ में सूत्रबद्ध रूप में एक क्लासिक वक्तव्य तो *कैपीटल* (भाग 1) में मिलता है, किंतु इतना तय है कि मार्क्स प्रारंभ से ही वंशानुगत पेशों तथा ग्राम समुदाय के अंतर्गत जाति प्रथा के प्रचलन से अवगत थे।[34]

1853 में मार्क्स ने बड़ी कटुता के साथ भारतीय जीवन की 'जड़ता' और निष्क्रिय जीवन[35] के बारे में लिखा था। 1857-58 में उन्होंने कहा था कि समुदाय की परिवर्तन

विरोधी प्रवृत्ति का कारण उसके मूल ढांचे में निहित है अर्थात घरेलू उद्योग तथा जातिगत विभेद के तत्वों में है जिनका वर्णन पीछे किया चुका है।

उन्होंने लिखा :

> रोमन तथा जर्मन समुदायों के विपरीत एशियाई रूप अनिवार्यत: सबसे लंबे अरसे तक अत्यंत अपरिवर्तनीय ढंग से जीवित रहता है। इसका बुनियादी कारण वह बुनियादी सिद्धांत है जिसके तहत व्यक्ति समुदाय से स्वतंत्र नहीं हो पाता और उत्पादन का चक्र आत्मनिर्भर है, कृषि तथा दस्तकारी उत्पादन की एकता होती है आदि।[36]

एक दूसरी जगह मार्क्स कहते हैं कि एक कबीला जब दूसरे कबीले पर जीत हासिल करता था तो वह विजित समाज के अंदरूनी ढांचों को भी स्वीकार कर लेता था। इसके कारण संपत्ति के स्वरूप में भी बदलाव आया और इसी के परिणामस्वरूप गुलामी अथवा भूदासता उत्पन्न हुई। लेकिन भारतीय समाज की अंदरूनी दृढ़ता के कारण आधिपत्य और अधीनता की यह प्रक्रिया उसकी बुनियादी प्रकृति को खत्म नहीं कर पाती, 'दासता और भूदासता कबीलाइयत पर आधारित संपत्ति के महज अगले चरण हैं। वे अनिवार्यत: संपत्ति के सारे रूपों को बदल देते हैं। किंतु एशियाई रूप में वे ऐसा नहीं कर सके हैं।'[37]

यहां एक बात ध्यान देने की है कि मार्क्स यहां ग्राम समुदाय की आंतरिक स्थितियों की व्याख्या कर रहे हैं, संपूर्ण समाज ही नहीं। यहां तक कि 1853 में *ट्रिब्यून* में लिखे एक लेख में ग्राम समुदाय के अंतर्गत भी दासता के अस्तित्व को रेखांकित किया था।[38] यहां उनका तात्पर्य यह है कि विजेता पूरे ग्राम समुदाय का शोषण करते थे, अलग-अलग व्यक्तियों का नहीं[39] चूंकि ग्राम समुदाय आर्थिक दृष्टि से सुगठित था। इस प्रकार वे अतिरिक्त उत्पादन का ज्यादा बड़ा भाग प्राप्त कर सकते थे। भारतीय ग्राम समुदाय शोषण की जिस प्रणाली के अधीन थे मार्क्स ने उसे निरंकुशतावाद का नाम दिया है और इस अभिधान के तहत ही पूर्व-उपनिवेशकालीन भारतीय समाज की तसवीर पूर्ण मानी जा सकती है।

निरंकुश सत्ता, अतिरिक्त उत्पादन और माल

मार्क्स 1857 तक बर्नियर को पढ़ चुके थे और एंगेल्स को लिखे एक पत्र में उन्होंने उसे विस्तार से उद्धृत भी किया है। बर्नियर की मुख्य स्थापना यह थी कि मुगल साम्राज्य तथा पूर्व के अन्य राज्यों का पतन इसलिए हो रहा था कि वहां भूमि निजी संपत्ति नहीं थी। मार्क्स ने बर्नियर के इस कथन पर गौर किया कि 'राजा सारी भूमि का एकमात्र स्वामी होता है।' उन्होंने इसके साथ ही यह भी कहा :

> बर्नियर का यह मानना सही है कि सारी बातों की बुनियाद में यह तथ्य है कि वहां (उसने टर्की, ईरान और हिंदुस्तान को संदर्भित किया है) भूमि निजी संपत्ति नहीं थी। पूर्व के स्वर्ग की भी यही वास्तविक कुंजी है।[40]

बर्नियर के विवेचन से यह स्पष्ट रूप से पता चलता है कि भारतीय संपत्ति व्यवस्था यूरोप से बहुत भिन्न थी, किंतु भारत की सामुदायिक संपत्ति के संदर्भ में वह समीचीन प्रतीत नहीं होता।

ग्रुंड्रिसे में मार्क्स ने इस समस्या को हल करने की कोशिश की। संपत्ति चाहे समुदाय की हो या राज्य की, व्यक्ति वस्तुतः संपत्तिहीन है। इसके बाद मार्क्स ने 'संपत्ति' और 'स्वामित्व' (पजेशन) में भेद किया, ताकि इन छोटी-छोटी सामुदायिक संस्थाओं के ऊपर खड़ी सर्वसमावेशी एकता उच्चतर अथवा एकमात्र स्वामी प्रतीत हो और वास्तविक समुदाय सिर्फ वंशानुगत।[41] उन्होंने आगे कहा :

> यहां निरंकुश शासक सभी अनगिनत छोटे-छोटे समुदायों का पिता प्रतीत होता है और सबको एकता के सूत्र में बांधता है। अतिरिक्त उत्पादन के ऊपर इसी एकता का हक होता है। अतः पूर्वी निरंकुश सत्ता के तहत संपत्ति का कोई कानूनी हक प्रतीत नहीं होता। बहरहाल, इसका असल आधार कबीलाई या सामुदायिक संपत्ति ही है।[42]

शासक की संपत्ति की इस अपेक्षाकृत रहस्यमय सी अवधारणा को मार्क्स ने उक्त पंक्तियों को लिखने के कुछ महीने बाद ही छोड़ दिया था। 1858 में *ट्रिब्यून* के एक लेख में भारत में जमीन के पट्टों (टेन्योर) के बारे में इस मत को अपने अनुमोदन के साथ उद्धृत करते हैं कि 'सरकार द्वारा प्राप्त कथित संपत्ति का अभिप्राय शासक से प्राप्त अधिकार से अधिक कुछ नहीं है। सैद्धांतिक रूप से इस बात को उन सब देशों में स्वीकार किया जाता है जिनके कानून सामंती व्यवस्था पर आधारित हैं और इस बात को निरपवाद रूप से माना जाता है कि तमाम बातों के बावजूद सरकार को इस बात का हक है कि अपनी आवश्यकता के अनुसार वह भूमि पर कर लगाए।'[43]

इस उद्धरण के अंतिम हिस्से में मार्क्स इस बात की ओर इशारा करते हुए प्रतीत होते हैं कि भूमि में संप्रभु राजा की संपत्ति भूमि कर की मात्रा के साथ जुड़ी हुई थी। यदि अतिरिक्त उपज के एक बड़े भाग का आधार यही भूमि कर था (अर्थात लगान) तो इसका अर्थ यह हुआ कि राजा वास्तव में भूस्वामी का अधिकार भी रखता था।[44]

इसी के आधार पर संप्रभु सत्ता को संपत्ति का स्वामी माना जाता था। *कैपीटल* (भाग 3) में जिसका मसौदा मार्क्स ने 1863-67 में तैयार किया था, इस तर्क को पूरी तरह स्पष्ट कर दिया है :

> एशिया में (जहां राज्य) उन प्रत्यक्ष उत्पादकों के ऊपर भूमि-स्वामी के रूप में मौजूद है तथा साथ ही जहां वह संप्रभु सत्ता के रूप में भी है, वहां लगान तथा भूमि कर एक-दूसरे के साथ घुलमिल गए हैं। इसे यों भी कहा जा सकता है कि भूमि लगान (ग्राउंड रेंट) से भिन्न वहां कोई कर नहीं है। यहा संप्रभुता राष्ट्रीय स्तर पर संकेंद्रित भूमि के स्वामित्व में है। किंतु, दूसरी ओर भूमि में कोई निजी स्वामित्व नहीं है, हालांकि भूमि के दोनों निजी तथा सामुदायिक अधि स्वामित्व मौजूद हैं।[45]

इसलिए मार्क्स के विश्लेषण में 'पूर्वी निरंकुशता' बुनियादी तौर पर लगान वसूल करने वाली सत्ता है और इसका स्वेच्छाचारी निरंकुश राजतंत्र के दूसरे सारे राजनीतिक लक्षणों से कुछ भी लेना देना नहीं है।[46] इन्हें यूरोप के उदार विचारकों ने निराधार रूप से इसके साथ जोड़ दिया है।

1858 में *ट्रिब्यून* में लिखे लेख से यह भी पता चलता है कि मार्क्स प्राक्-ब्रिटिश भारत की वास्तविक जटिलताओं से परिचति थे। वहां राज्य और किसान के बीच 'कर' के लेन-देन के आधार पर ही सीधा-सादा रिश्ता नहीं था। यह संबंध त्रिकोणीय था। इसमें अतिरिक्त उपज का एक और दावेदार जमींदार भी संलग्न था। मार्क्स यह मानते थे कि जमींदार भूस्वामी होने का दावा भी करते थे। हालांकि उन्हें सरकार को कुछ कर भी देना होता था। वे किसानों को अपनी मरजी पर निर्भर काश्तकारों के रूप में देखते हैं। तथापि, मार्क्स इसके विपरीत एक अधिकारिक ब्रिटिश मत उद्धृत करते हैं:

> जमींदार और ताल्लुकेदार केवल सरकारी अधिकारी होते थे। उनकी नियुक्ति गांव से प्राप्त होने वाले कर की निगरानी करने, उसे वसूल करने तथा राजा को देने के लिए होती थी।[47]

दूसरे शब्दों में उनके तथाकथित अधिकार राज्य के अधिकारों का अतिक्रमण करते थे। फिर भी परंपरागत कानून उनके पक्ष में थे और अवध में तो इन सामंती जमींदारों ने सरकार तथा काश्तकार दोनों के अधिकारों को बहुत कम कर दिया था।[48]

इन टिप्पणियों का महत्वूपर्ण निहितार्थ यह है कि मार्क्स की दृष्टि में एशियाई राजसत्ता महज किसी एक व्यक्ति या एक 'उच्चतर समुदाय' की प्रतिनिधि नहीं थी, अपितु वह एक ऐसा निश्चित सामाजिक वर्ग थी जो कर-लगान की प्रक्रिया के माध्यम से अतिरिक्त उपज को हड़प लेती थी। किसी ऐसे ही वर्ग के अंदर से अतिरिक्त उपज के क्षेत्रीय वितरण की प्रक्रिया में वे संपन्न लोग पनपे (जैसे पनपे) जिन्हें स्वाभित्व के वे अधिकार प्राप्त हुए जिनके आधार पर मार्क्स जैसे सजग लेखक ने उन्हें 'सामंती जमींदार' के नाम से अभिहित किया।

यदि एक बार यह स्वीकार कर लिया जाए कि अनधिकृत रूप से हथियाकर राज्य की जमींदारी से 'व्यक्तिगत जमींदारी' बनाई जा सकती है तो क्या यह संभव नहीं है कि राज्य की जमींदारी भी 'किसी विजय' का परिणाम रही हो और वह भी बड़े पैमाने पर हथियाना ही है। वस्तुतः 1853 में मार्क्स का यह विचार था कि 'भूमि में व्यक्तिगत संपत्ति की अनुपस्थिति' अर्थात 'राज्य की संपत्ति' की संस्था की स्थापना संपूर्ण एशिया में शायद मुसलमानों ने स्थापित की थी।[49] इस अनुमान में बड़ी भारी संभावनाएं थीं और उसमें यह संकेत था कि अपने पूर्णतम रूप में 'कर-लगान' इसलामी राज्य व्यवस्थाओं का अपना एक विशिष्ट लक्षण था। मार्क्स ने फिर कभी इस मुद्दे को नहीं उठाया, किंतु इसका आत्यंतिक महत्व इस संकेत में है कि 1853 में भी मार्क्स यह स्वीकार करने के लिए तैयार थे कि अंततः भारतीय या एशियाई समाजों के बुनियादी रूपों के निर्माण में इतिहास की भी एक भूमिका रही है।

ऐसा लगता है कि *कैपीटल* (खंड 1) के प्रकाशन के लगभग एक दशक पहले मार्क्स ने एक विशिष्ट संदर्भ में अपने विचारों में संशोधन कर लिया था। यह विशिष्ट संदर्भ था : पूर्व-उपनिवेश काल के भारतीय समाज में विनिमय या माल-उत्पादन। तत्कालीन समाज की ऐतिहासिक प्रकृति को समझने के लिए यह प्रश्न एक बुनियादी महत्व रखता है। *ग्रुंड्रिसे* में मार्क्स ने नोट किया था कि (भारतीय, रोमन, जर्मन) हर तरह के समुदायों में 'आर्थिक उद्देश्य उपभोग-मूल्य का उत्पादन है। लिहाजा इन समुदायों ने विनिमय के लिए बहुत थोड़ा ही पैदा किया होगा।'[50] वस्तुतः विनिमय पर आधारित उत्पादन व्यवस्था सामुदायिक रूप के ऐतिहासिक विघटन को व्यक्त करती है।[51] *कैपीटल* (खंड 3) में भारतीय समुदाय तथा यूरोपीय प्राचीन तथा मध्यकाल के बारे में कहा गया है कि उनकी उत्पादन प्रणाली ऐसी थी जो कृषि तथा हस्तशिल्प के एकीकरण द्वारा प्राकृतिक अर्थव्यवस्था (अर्थात माल उत्पादन से रहित अर्थव्यवस्था) को बनाए रखने में सक्षम थी।[52] *कैपीटल* (खंड 1) में मार्क्स ने दिखाया है कि विनिमय की मध्यस्थता के बिना भी अतिरिक्त उपज को वसूल किया जा सकता है और उसका उपभोग किया जा सकता है। एक भारतीय रईस व्यक्ति को इसके उदाहरण के रूप में पेश किया गया है। वह खेती की अतिरिक्त उपज को हड़पता है, अंशतः खिराज या लगान के रूप में और इसके बाद अंशतः वस्तु रूप में अतिरिक्त उपज का उपभोग करता है। इसका आंशिक उपभोग वह गैर-कृषि मजदूरों के माध्यम से भी कराता है। केवल पूंजी के हस्तक्षेप के बिना ही नहीं, बल्कि जैसा कि मार्क्स ने जोर दिया है कि 'किसी तरह के वस्तु विनिमय के बिना ही यहां निरंतर बढ़ते पैमाने पर उत्पादन और पुनरुत्पादन बराबर चलता रहता है।'[53]

संभवतः उक्त संदर्भ में मार्क्स का स्रोत रिचर्ड जोंस है और अगर हमारे सामने मार्क्स का लिखा और कुछ न होता तो समझा गया होता कि प्राचीन भारतीय समाज में

समुदाय के अंदर और बाहर, हर क्षेत्र में माल विनिमय का अभाव था। किंतु *कैपीटल* के उसी खंड में भारतीय समुदाय पर उनका क्लासिक अवतरण इस मामले में सारे संदेहों को दूर कर देता है कि रिचर्ड जोंस का भारतीय रईस मार्क्स की दृष्टि में समूचे भारतीय समाज का प्रतिनिधि नहीं था। वह महज एक संभावना को व्यक्त करता था और कुछ नहीं।

कैपीटल के जिस अवतरण की चर्चा हम कर रहे हैं उसमें मार्क्स गांव में उत्पादन के उन अंदरूनी हालात की तुलना मालों के विनिमय के माध्यम से समूचे भारतीय समाज में उत्पन्न श्रम विभाजन से करते हैं। इस प्रकार, गांव के बाहर माल का शासन था, प्राकृतिक अर्थव्यवस्था का नहीं। इन समुदायों से बने बृहत्तर समाज में विनिमय के क्षेत्र की विशेषता दिखाने के लिए मार्क्स जिन शब्दों का प्रयोग करते हैं, उन्हीं से यह स्पष्ट हो जाता है :

> केवल अतिरिक्त पैदावार ही माल बनाती है और यहां तक कि इसका भी एक हिस्सा उस वक्त तक माल नहीं बनता जब तक वह राज्यों के हाथों में नहीं पहुंच जाता। अत्यंत प्राचीन काल से ही यह रीति चली आ रही है कि इस पैदावार का एक निश्चित भाग सदा जिंस की शक्ल में दिए जाने वाले लगान के तौर पर राज्य के पास पहुंच जाता है।[54]

ये टिप्पणियां भारी महत्व की हैं,हालांकि उनके निहितार्थों को बहुत कम समझा गया है। इसका अर्थ है :

(क) किसान अपने उत्पादन का एक हिस्सा खुद अपने जिंदा रहने के लिए पैदा करता था और उसे बाजार में नहीं भेजता था। कृषि और दस्तकारी का एकीकरण यह सुनिश्चित करता था कि किसान को बाजार से कुछ भी खरीदना न पड़े। किसान खुद प्राकृतिक अर्थव्यवस्था में जीता था।

(ख) अतिरिक्त उत्पादन में से एक हिस्सा किसान वस्तु के रूप में लगान का भुगतान करने के लिए देता था। मार्क्स के विचार में यह एशिया में अतिरिक्त उत्पादन के अधिग्रहण की सामान्य पद्धति थी।[55] किसान के हाथ से निकली हुई यह उपज लगान के रूप में राज्य के हाथों में पहुंचती थी जिसके बाद उसे बाजार में लाया जाता था। इस प्रकार वह उपज गांव के बाहर माल में बदल जाती थी।

(ग) अतिरिक्त उत्पादन का एक और हिस्सा (संभवत: अपेक्षाकृत होता) जिसे किसान बाजार में इसलिए लाता था कि वह लगान का भुगतान नकद रूप में कर सके, गांव के अंदर ही माल के रूप में बदल जाता था। हालांकि उत्पादन के लिए बाजार मुख्यत: गांव के बाहर ही था।

इस प्रकार प्राकृतिक अर्थव्यवस्था गांव तक ही सीमित थी। उसके बाहर माल

प्रसार का बोलबाला होता था और क्रियाशीलता के आधार पर एक श्रम विभाजन पैदा कर दिया जाता था। एक ओर, उपनिवेश-पूर्व काल के भारत की यह तसवीर मार्क्स ने पेश की है, दूसरी ओर उन्होंने अनेक रोमन जागीरों (लतफंडिया) या चार्लेमाग्ने के गांवों की स्थिति का वर्णन किया है अथवा कमोबेश समस्त मध्ययुगीन यूरोप की स्थिति का चित्रण किया है। दोनों के बीच की गई तुलना इस अर्थ में दिलचस्प है कि वहां (यूरोप) कुल अतिरिक्त उत्पादन अथवा उसका एक बड़ा भाग नहीं, अपितु उस उत्पादन का अपेक्षाकृत एक छोटा हिस्सा, जो वस्तुतः जमींदार का राजस्व होता था, वितरण की प्रक्रिया में पहुंचता है।[56] यह अंतर गौरतलब है। क्या इसका अर्थ यह नहीं होगा कि मार्क्स उपनिवेश काल के भारत में मध्ययुगीन यूरोप के मुकाबले उच्चतर मुद्रा प्रचलन को स्वीकार कर रहे थे?

अफसोस की बात यह है कि हमारे पास यह जानने का कोई साधन नहीं है कि भारतीय समाज में माल वितरण का इतना व्यापक क्षेत्र निर्धारित करने के लिए मार्क्स को ये सामान्य शर्तें क्यों लगानी पड़ीं। हो सकता है कि 'पांचवीं रिपोर्ट' में उन्होंने भारतीय किसानों द्वारा कर या लगान को नकद रूप में भुगतान करने के प्रमाण देखे हों।[57] यही नहीं, 19 जुलाई 1853 में *ट्रिब्यून* में लिखे अपने एक लेख में कहा था कि 'स्थायी बंदोबस्त' (परमानेंट सेटलमेंट) के तहत बंगाल के पुराने जमींदारों की जगह बड़े पैमाने पर 'व्यापारी सटोरिए' ले रहे हैं। ये लोग बंगाल के पुराने समाज में भी मौजूद रहे होंगे और खासी बड़ी व्यापारिक पूंजी के मालिक रहे होंगे, तभी तो वे बाद में बंगाल की सारी भूमि खरीद सके थे।[58]

यही नहीं मार्क्स को मालूम था कि अतिरिक्त कृषि उत्पादन पर निर्भर शहरी संरचना के अंतर्गत एक ऐसी अर्थव्यवस्था थी जो विनिमय पर आधारित थी। मार्क्स द्वारा उद्धृत एक अवतरण में रिचर्ड जोंस ने दो तरह के भारतीय दस्तकारों का जिक्र किया है: (1) शहरी दस्तकार, यूरोपियनों के मिश्रण से उनकी संरचना में कोई बदलाव नहीं आया। यह शहरी दस्तकार बाजार के स्वेच्छाचारी उतार-चढ़ाव पर निर्भर था। (2) देहाती दस्तकार जो गांव पर निर्भर था।[59]

कैपीटल (खंड 1, पृ. 385-86) में भारतीय बुनकर के बारे में एक अन्य स्रोत को उद्धृत करते हुए कहते हैं कि 'वहां' तो बुनकर महज एक ऐसा असंबद्ध व्यक्ति होता है जो ग्राहक के आर्डर पर ही कपड़ा बुनता है।[60] यहां जाति व्यवस्था दस्तकार को समुदाय के साथ स्थायी रूप से बांधे रखने का काम नहीं करती, अपितु विशेष दक्षता को पीढ़ी-दर-पीढ़ी संचित करने का माध्यम बन जाती है।[61] इसका एक अर्थ संभवतः यह भी है कि जाति व्यवस्था माल वितरण के वातावरण मे छोटे पैमाने के स्वतंत्र उत्पादन से नहीं टकराती थी।

मार्क्स 1853 में बर्नियर की सूचना के आधार पर यह मान रहे थे कि सत्रहवीं सदी के भारतीय शहर सही अर्थों में फौजी छावनियों से अधिक कुछ नहीं थे। बर्नियर

से लंबा उद्धरण देकर वह सैनिकों तथा दूसरे अमले की बड़ी तादाद का हवाला देते हैं और साथ ही इस तथ्य को भी बलपूर्वक रेखांकित करते हैं कि ये लोग अपना जीवनयापन बमुश्किल कर पाते हैं।[62] यह वक्तव्य रिचर्ड जोंस की उस टिप्पणी से मिलता है जिसमें उन्होंने कहा की भारतीय शहरों के दस्तकारों की मजदूरी 'भूमि' द्वारा प्राप्त अतिरिक्त राजस्व से मिलती थी। इस राजस्व का वितरण राज्य तथा उसके अधिकारियों के बीच होता था। अतः दस्तकारों को भी अपने उपभोक्ताओं के पीछे-पीछे जाना पड़ता था। मार्क्स जोंस से जो उद्धरण देते हैं उसमें जोंस भारतीय दस्तकारी की इस भ्रमणशील प्रकृति की तुलना स्थिर पूंजी पर आधारित यूरोपीय मजदूर से करते हैं। वस्तुतः यूरोपीय मजदूर 'स्थिर पूंजी' के केंद्रों पर निर्भर थे।[63] बहरहाल भारतीय और उत्तर-सामंती यूरोपीय शहरों के मामले में मुख्य अंतर दस्तकारों के लिए उपलब्ध बाजार की प्रकृति का था। भारत में बाजार अभिजात वर्ग तथा उससे संबद्ध लोगों तक ही सीमित था, जबकि यूरोप में इसमें देहाती रईस तथा उदीयमान मध्य वर्ग भी शामिल थे।

एक प्रश्न जिसका जवाब खोजने के लिए मार्क्स 1853 के बाद लगातार कोशिश करते रहे थे, वह था कि भारत या एशिया में राज्य 'भूमि-कर' को लगान के रूप में तबदील करने में कामयाब कैसे हो गया, जबकि यूरोप में वह ऐसा नहीं कर सका। एक सीमा तक इसकी व्याख्या भारतीय जनता की प्रतिरोधहीन प्रकृति के आधार पर की जा सकती है। किंतु एंगेल्स के एक संकेत-सूत्र के आधार पर उन्हें अतिरिक्त उपज पर राज्य के प्रत्यक्ष नियंत्रण के पीछे एक आर्थिक कारण मिल गया। यह कारण था 'कृत्रिम सिंचाई व्यवस्था'। जितने बड़े पैमाने पर इसकी आवश्यकता थी, उसकी व्यवस्था एक केंद्रीभूत निरंकुश सत्ता ही कर सकती थी।[64] यह स्थापना उन्होंने 1853 में दी। इसके बाद *ग्रुंड्रिसे* में तथा बाद में अपेक्षाकृत कुछ कम बल देकर *कैपीटल* (खंड 1) में पेश की।[65] *एंटीड्यूरिंग* में 1878 में एंगेल्स ने इसे पुनः प्रस्तुत किया।[66] उक्त स्थापना कभी भी पर्याप्त प्रमाणों से पुष्ट न की जा सकी, हालांकि आगे चलकर उक्त संदर्भ में जो भी लिखा गया और जिसका चरम उत्कर्ष हमें विटफोगिल की पुस्तक *ओरिएंटल डेस्पोटिज्म* (1957) में दिखाई पड़ता है, उसके लिए वह हमेशा प्रेरणा स्रोत रही।[67]

एशियाई पद्धति पर पुनर्विचार

इस प्रकार 1857 से काफी पहले मार्क्स उपनिवेश काल से पूर्व के भारत तथा अधिकांश एशिया की आर्थिक तथा राजनीतिक व्यवस्था के मूल तत्वों की एक व्यापक तसवीर बना चुके थे। 1859 में वे इस बाबत आश्वस्त लगते हैं कि मानव इतिहास की 'मुख्य उत्पादन पद्धतियों' के वर्गीकरण में एशियाई पद्धति को एक पृथक स्थान मिलना चाहिए।[68]

इस उत्पादन प्रणाली को जिस रूप में मार्क्स देख रहे थे, स्पष्ट रूप से उसके दो लक्षण हैं: (1) ग्राम समुदाय, (2) पूर्वी निरंकुशतावाद। इनमें पहला अधिक महत्वपूर्ण है। चूंकि यह लक्षण श्रम प्रक्रिया के स्वरूप को स्पष्ट करता था अर्थात आत्मनिर्भर लघु उत्पादन जिसमें व्यक्तिगत दासता तो नहीं थी किंतु व्यवसाय अपरिवर्तनीय थे। निरंकुशतावाद कर तथा लगान की एकरूपता में था अर्थात राज्य अतिरिक्त उत्पादन को हथिया लेता था। जहां ग्राम समदाय के अंदर 'प्राकृतिक अर्थव्यवस्था' का बोलबाला था, वहीं अतिरिक्त उत्पादन की बिक्री के द्वारा गांव के बाहर माल वितरण विकसित होता गया।

अत: उपनिवेश काल से पूर्व का भारतीय समाज (अपनी विशिष्ट एशियाई शैली में) स्पष्ट रूप से विकसित एक वर्गीय समाज था जिसमें अतिरिक्त उत्पादन को हथियाने वालों का एक शासक वर्ग था और ग्राम समुदाय के बाहर विनिमय पर आधारित श्रम विभाजन था। अत: हाब्सबाम का यह कहना सही नहीं है कि मार्क्स की एशियाई उत्पादन पद्धति अभी तक वर्ग समाज के रूप में विकसित नहीं हो पाई थी और यदि वर्गीय रूप में वह विकसित थी भी तो उसका स्वरूप बहुत आदिम ढंग का था।[69]

यह समझ न केवल मार्क्स की उस अवधारणा के विरुद्ध है जिसके तहत वे यह मानते हैं कि 'एशियाई उत्पादन पद्धति' में एक ऐसा वर्ग था जो अतिरिक्त उत्पादन को हड़प लेता था, अपितु *एंटीड्यूरिंग* (1878) में (जिसकी पांडलिपि को मार्क्स ने प्रकाशन से पहले जांच लिया था तथा जिसे प्रकाशनार्थ अनुमोदित भी किया था) एंगेल्स ने जो कुछ कहा है, उससे भी विरुद्ध पड़ता है। *एंटीड्यूरिंग* में एंगेल्स ने 'पूर्वी निरंकुश राजा या तानाशाह' के उदय को स्पष्ट रूप से 'वर्गों के निर्माण' की उस प्रक्रिया के रूप में व्याख्यायित किया है जिसके तहत अलग-अलग व्यक्ति शासक वर्ग के रूप में संगठित हो रहे थे।[70]

अत: एशियाई समाज पूर्ण रूप से विकसित वर्गीय समाज था।

मार्क्स द्वारा प्रस्तुत एशियाई उत्पादन पद्धति के रूप में उपनिवेश काल से पूर्व की अर्थव्यवस्था का विश्लेषण हमें चाहे जितना विश्वसनीय लगता हो, किंतु इतना निश्चित है कि 1867 के बाद मार्क्स के मन में 'एशियाई अवधारणा' को लेकर खासी आशंकाएं पैदा हो गई थीं। एक बात तय थी कि अभी भी बहुत सारे प्रश्न अनसुलझे रह गए थे।

पहला प्रश्न सामाजिक विकास की अवस्थाओं में एशियाई उत्पादन पद्धति के स्थान निर्धारण का था। 1859 में *क्रिटीक आफ पोलिटिकल इकानामी* की भूमिका में मार्क्स ने इसकी चर्चा कुछ इस ढंग से की है जैसे एशियाई उत्पादन पद्धति क्लासिकीय प्राचीन काल से भी पहले मौजूद रही हो। उक्त पुस्तक में मार्क्स यह भी लिखते हैं कि 'भारतीय सामुदायिक संपत्ति' में रोमन तथा जर्मन किस्म की संपत्तियों के विभिन्न बीज रूप मिलते हैं।[71] 1867 के *कैपीटल* (खंड 1) के जर्मन संस्करण में मार्क्स प्राचीन

रोमन समुदाय का उदय पूर्व में भूमि के प्राचीन सामुदायिक स्वामित्व के तिरोहित होने के बाद मानते हैं।[72]

1868 और 1870 के अपने पत्रों में उन्होंने अपना यही विचार दोहराया है।[73] किंतु जैसा कि हम देख चुके हैं, प्राचीन भारतीय समुदाय अतिरिक्त उत्पादन भी कर रहे थे जो एशियाई निरंकुशता को बरकरार रखने के लिए आवश्यक था। दूसरी ओर मूल आदिम समुदाय अतिरिक्त उत्पादन करने की स्थिति में बिलकुल नहीं थे जैसा कि एंगेल्स ने *एंटी- ड्यूरिंग* में स्पष्ट किया है। एंगेल्स के अनुसार उन समुदायों में जैसे ही अतिरिक्त उत्पादन शुरू हुआ, दास व्यवस्था पैदा हो गई।[74] लिहाजा एशियाई उत्पादन प्रणाली (अर्थात अतिरिक्त उत्पादन करने वाले समुदाय तथा लगान वसूल करने वाले राज्य के रूप में) दासप्रथा से पहले मौजूद नहीं हो सकती थी। अधिक से अधिक यह कहा जा सकता है कि वह दासप्रथा तथा सामंती उत्पादन प्रणाली के समानांतर विकसित हुई होगी। एंगेल्स का यही विचार प्रतीत होता है और यही विचार मार्क्स का भी मानना चाहिए चूंकि उन्होंने भी *एंटीड्यूरिंग* के प्रकाशन के लिए अपनी संपत्ति दी थी। *एंटीड्यूरिंग* में 'पूर्वी निरंकुश राजा' या बादशाह को उसी प्रक्रिया के रूप में व्याख्यायित किया गया है जिसने समाज को मालिक और गुलाम के रूप में विभक्त किया है।[75]

मार्क्स उस प्रक्रिया से अनभिज्ञ नहीं रहे होंगे जिसके तहत भारतीय अथवा एशियाई समाज ने अपनी आदिम ढंग की प्राचीनता को छोड़ा; हालांकि यह बात जरूर है कि उन्होंने उस प्रक्रिया की ओर अपेक्षाकृत रूप से कम ध्यान दिया। यदि अपने मूल रूप में भारतीय समाज में सामुदायिक खेती का चलन था तो व्यक्तिगत स्तर पर लघु उत्पादन के रूप में इसका विकास (जो अब एक प्रमुख रूप बन गया था)[76] इस 'परिवर्तनहीन समुदाय' के सार-तत्व में बुनियादी परिवर्तन का सूचक होना चाहिए। यही नहीं, 'सामुदायिक संपत्ति' और व्यक्तिगत उत्पादन के बीच भी अंतर्विरोध रहा होगा। यह तथ्य बड़े प्रबल रूप में भारत के संदर्भ में नहीं, रूस के संदर्भ में आया है। फिर भी इस तर्क को दोनों के संदर्भ में लागू किया जा सकता है। 'सामूहिक स्वामित्व' और विभाजित लघु उत्पादन की संयुक्त अवस्था में 'चल संपत्ति' एक ऐसा तत्व है जो कृषि के क्षेत्र में भी बढ़ती हुई भूमिका अदा करती है। वह धीरे-धीरे समुदायों के बीच स्तर विभाजन को जन्म देती है; इसीलिए विशेष रूप से राज्य के वित्तीय दबाव के तहत हितों के टकराव की संभावना भी पैदा करती है।[77]

उल्लेखनीय है कि मार्क्स कोवालेव्स्की की कृति *कम्युनल लैंड होल्डिंग* (1879) के संदर्भ में की गई अपनी टिप्पणियों में 'भारतीय ग्राम समुदाय' में निजी संपत्ति के उदय तथा उसके कारण उत्पन्न होने वाले अंतर्विरोधों को रेखांकित कर चुके थे।[78] इसलिए उनके लिए यह मानना संभव नहीं था कि भारतीय समुदाय आंतरिक रूप से नितांत जड़ संस्था थी।

कोवालेव्स्की के संदर्भ में की गई टिप्पणियों में मार्क्स अपना यह विचार दोहराते हैं कि भारतीय समुदाय जर्मन-रोमन सामंतवाद से भिन्न व्यवस्था है। गौरतलब है कि इनमें दो प्रमुख अंतर हैं: भारत में भूदासता का न होना तथा 'अभिजात वर्ग' (नोबुल्स) के बाहर के लोगों के लिए भूमि की अहस्तांतरणीयता[79] कम से कम ये विशेषताएं ऐसी नहीं हैं जिनके आधार पर भारतीय समाज को ऐतिहासिक विकास के निम्नतर चरण में नहीं रखा जा सकता। इस संदर्भ में माल वितरण तथा व्यक्तिगत संपत्ति जैसे घटकों के विकास पर भी विचार करना होगा।

यदि भारतीय समाज का ऐतिहासिक विकास हुआ था तो यह बात आर्थिक-राजनीतिक अधिरचना अर्थात कथित 'प्राच्य निरंकुशतावाद' के तंत्र के संदर्भ में और भी अधिक प्रासंगिक है। 1853 में (14 जून के एक पत्र में) मार्क्स ने इस प्रश्न को उठाया था कि क्या संपत्ति पर राज्य सत्ता का अधिकार इसलामी राजनीतिक पद्धतियों का परिणाम था।[80] हो सकता है आगे चलकर मार्क्स इस प्रश्न से संबंधित विवाद से परिचित हुए हों। 1879 की अपनी उसी कृति में (जिसे मार्क्स ने पढ़ा था) कोवालेव्स्की ने यह आलोचना की थी कि भूमि में निजी संपत्ति की कथित अनुपस्थिति की अवधारणा के लिए 'मुसलिम सिद्धांत' और व्यवहार को जिम्मेदार नहीं ठहराया जा सकता।[81] इस प्रकार एशिया में राज्य के भूस्वामी होने तथा भूमि में निजी संपत्ति की अनुपस्थिति का विचार भी तिरोहित होने लगा, हालांकि इससे कर तथा अतिरिक्त उत्पादन (लगान) की वास्तविक एकरूपता पर कोई प्रभाव नहीं पड़ा।

भारत के विषय में मार्क्स ने जो आगे अध्ययन किया उसमें एल्फिंस्टन की *हिस्टरी आफ इंडिया* भी शामिल थी, जिससे उन्होंने उन्नीसवीं सदी के आठवें दशक में किसी समय विस्तृत नोट्स लिए थे। इनमें ज्यादातर तथ्य सीधे-सीधे राजवंशों के इतिहास से संबंधित हैं। लेकिन महान मुगल शासक अकबर (1556-1605) के सिलसिले में मार्क्स ने उनके बुनियादी राजस्व संबंधी उपायों को नोट किया था और उन्हें रेखांकित किया था। उन्होंने नोट किया कि अकबर ने उपज का एक-तिहाई भाग एक मानक कर के रूप में निर्धारित किया था और इससे भी महत्वपूर्ण बात यह थी कि विगत औसत मूल्यों के आधार पर गणना करके वह नकद रूप में मालगुजारी वसूल करता था।[82] जैसा कि हम पीछे देख चुके हैं कि *कैपीटल* (खंड 1) में मार्क्स ने भूराजस्व के एक अंश के नकद भुगतान की बात स्वीकार की थी। किंतु इस नई सूचना के आधार पर निश्चय ही मार्क्स का यह विचार, जो उन्होंने *कैपीटल* (खंड 3) में व्यक्त किया था, बुनियादी रूप से बदल गया होगा कि माल के रूप में वसूल किया जाने वाला लगान एशिया में गतिहीन सामाजिक स्थितियों का मुख्य आधार है।[83] नकद भुगतान का व्यापक प्रचलन इस धारणा के दोनों तत्वों (1) माल के रूप में लगान, (2) गतिहीन स्थितियां का खंडन करता था।

अंततः 'एशियाई निरंकुशतावाद' भी अपनी घोर 'व्यक्तिवादिता' को खोता जा रहा था। ए.एल.एच. गुणवर्धन ने बताया है कि हेनरी सुमनेर माइने की पुस्तक *लेक्चर्स आन अर्ली हिस्टरी आफ इंस्टीट्यूशन्स* के संबंध में की गई अपनी टिप्पणियों में मार्क्स ने इस बात का खुला विरोध किया है कि कहीं भी राज्य समाज के ऊपर हो सकता है और इस बात पर बल दिया है कि राज्य सामाजिक अंतर्विरोधों की प्रक्रिया के तहत ही अस्तित्व में आया।[84]

इस प्रकार के प्रचुर प्रमाण हैं कि 1867 के बाद मार्क्स ने भारत के इतिहास का अध्ययन जारी रखा। उसी क्रम में उन्होंने पूर्व उपनिवेशकालीन भारत के संबंध में अपने पुराने विचारों की वैधता की जांच पड़ताल भी की। यही नहीं, मार्गन के अध्ययन द्वारा भी 'साम्यवाद' की नई अवधारणा की पुष्टि हुई थी। इसके तहत यह संकेत दिया गया था कि भारतीय समुदाय की कुछ विशेषताएं सार्वभौमिक रूप से मिलती हैं, विशेष रूप से कथित सामूहिक खेती। उक्त अवधारणा के तहत भारतीय विशेषताओं को 'साम्यावस्था' से पूर्ववर्ती माना गया था। उसके अनुसार इस आदिम अवस्था के बाद सामाजिक विकास की मूल प्रक्रिया भी सार्वभौमिक होने की ओर उन्मुख हुई। 'गतिरुद्ध एशियाई पद्धति' की अवधारणा अब इस सैद्धांतिक ढांचे में नहीं अंट सकती थी क्योंकि अब वह परिष्कृत थी। आगामी विस्तृत अध्ययन और जांच-पड़ताल भारतीय समुदायों और उनकी राजस्व व्यवस्था की पुरानी धारणाओं की पुनर्व्याख्या की मांग कर रही थी, इसलिए यह निश्चित है कि एशियाई पद्धति को छोड़ने के लिए अकेले एंगेल्स ही दोषी नहीं हैं।[85]

'एशियाई पद्धति' के संदर्भ में मार्क्स ने अपने जीवन के अंतिम वर्षों में जो संकोच व्यक्त किया था उसका यह अर्थ कदापि नहीं है कि वे भारतीय समाज और उसकी अर्थव्यवस्था की मूलभूत विशेषताओं की अनदेखी कर रहे थे। यह बात इस तथ्य से भी स्पष्ट हो जाती है कि 'भारतीय समाज' को 'सामंतवाद' से अभिहित करने में उन्हें आपत्ति थी। यह याद रखना चाहिए कि 'भारतीय ग्राम समुदाय' के दो मूल आधारों, 'कृषि तथा दस्तकारी की एकता' तथा 'अपरिवर्तनीय श्रम विभाजन' का उनका सूक्ष्म विश्लेषण स्थायी महत्व की चीज है। यही नहीं, आज के आर्थिक इतिहासकार को वही सवाल जो मार्क्स के सामने था, अपने आपसे करना होगा कि भूमि-कर के रूप में लगान को वसूल करने का ठीक-ठीक निहितार्थ क्या है। अतिरिक्त उत्पादन की बिक्री पर आधारित विनिमय अर्थव्यवस्था और उसको आधार प्रदान करने वाली 'प्राकृतिक अर्थव्यवस्था' के जिस अंतर को मार्क्स ने रेखांकित किया था वह आज भी वैध है। फिर भी, माल उत्पादन के प्रवेश तथा गांव के अंदर स्तरीकरण को जिस सीमा तक मार्क्स स्वीकार करने को तैयार थे, हो सकता है वह उससे कहीं अधिक व्यापक रहा हो। उनकी दृष्टि में शहरी अर्थव्यवस्था परोपजीवी थी। यहां हमारे लिए एक महत्वपूर्ण

संकेत है कि भारतीय अर्थव्यवस्था में पूंजीवादी विकास की संभावनाएं बाधित क्यों रहीं।[86] यह हम सब भारतीय इतिहासकारों के लिए विचारों की बहुमूल्य विरासत है। इसके आधार पर हम उस समाज की (जिसे मार्क्स ने खुद अपरिवर्तनशील कहा था, हालांकि सुसंगत रूप से नहीं) गति और दिशा को खोजने के लिए और अधिक प्रेरित होंगे।

उपनिवेशवाद और भारत

खिराज : 1853 का चार्टर कानून बनने से पहले चली संसदीय बहसों में मार्क्स को अंग्रेजी ईस्ट इंडिया कंपनी के बारे में बहुत सारी सूचनाएं मिल गई थीं और इतर सामग्री के अध्ययन से भी उन्होंने इस सूचना को समृद्ध किया था। मार्क्स ने अठारहवीं सदी के प्रारंभ से कंपनी का प्राक्-उपनिवेशकालीन इतिहास तलाश किया। इंगलैंड में प्राचीन भूस्वामी अभिजात वर्ग पराभूत हो चुका था तथा पूंजीपति वर्ग (रुपया शाही अथवा वित्तीय प्रभुता के सिवा) उसका स्थान लेने में असमर्थ था।[87] ईस्ट इंडिया कंपनी इस परवर्ती वर्ग का एक बड़ा सामूहिक संगठन थी जो पूर्वी भारत के व्यापार पर इजारे का दावा करती थी तथा खजाने के निर्यात के लिए वाणिज्यिक स्वाधीनता की मांग करती थी। मार्क्स ने इस 'जिज्ञासा' पर व्यंग्यपूर्ण टिप्पणी की है कि 'भारतीय इजारेदार इंगलैंड में मुक्त व्यापार के प्रथम प्रवक्ता थे।'[88]

मार्क्स के अनुसार जीते हुए इलाकों के राजस्व से अपनी पूंजी को बढ़ाने की थैलीशाहों की इच्छा में 'भारत विजय' निहित थी। भारत में अपना राज कायम करने और जमीन की मालगुजारी को अपनी आय का एक माध्यम बनाने की कल्पना ईस्ट इंडिया कंपनी के लोग बहुत पहले, 1689 में ही कर रहे थे। करों के जरिए भारत की यह प्रत्यक्ष लूट हमेशा भारत में अंग्रेजी शासन की आय का मुख्य लक्षण बनी रही।[89]

'पूरी अठारहवीं सदी के दौरान जो विशाल धनराशि भारत से इंगलैंड लाई गई थी, उसमें बहुत थोड़ा भाग ही अपेक्षाकृत रूप से महत्वहीन व्यापार द्वारा अर्जित किया गया था। उसका अधिकांश उस देश के प्रत्यक्ष शोषण द्वारा तथा उन विशाल संपत्तियों द्वारा हासिल हुआ था जिन्हें जोर जबरदस्ती से वहां इकट्ठा किया गया और इंगलैंड भेज दिया गया।'[90]

देश के प्रत्यक्ष शोषण से पहला अभिप्राय तो सरकार की आय का हड़पना ही था। कंपनी ने भारत में पहले से ही स्थापित राज्य कर-लगान का अधिकार हथिया लिया था तथा उसका बहुत विस्तार कर दिया था। *कैपीटल* (खंड 3) में मार्क्स ने प्रत्यक्ष उत्पादनकर्ता के लिए उस स्थिति के विनाशकारी परिणामों की चर्चा की है जिसके

तहत लगान का माल के रूप में भुगतान किया जाता हो और भारत में इंगलैंड जैसा व्यापारिक विजेता राष्ट्र उसका शोषण करता हो।[91]

वित्तीय शोषण की इस लालसा ने स्वाभाविक रूप से सार्वजनिक कार्यों पर किया जाने वाला व्यय निम्नतम स्तर पर कर दिया। एक करोड़ 98 लाख पौंड के कुल राजस्व में से 1851-52 में सड़कों, नहरों, पुलों तथा दूसरी सार्वजनिक उपयोग की चीजों पर केवल एक लाख 70 हजार पौंड खर्च किया गया।[92] जहां व्यय के मुख्य उद्देश्य का प्रश्न है, मार्क्स ने नोट किया कि स्वयं शासक वर्ग के ऊपर खर्च के लिए कहीं भी इतनी अमर्यादित व्यवस्था नहीं की जाती जितनी भारत में।[93]

भारत की लूट सिर्फ कराधान के द्वारा ही नहीं, अपितु व्यक्तिगत रूप से संपत्ति बटोरकर भी की गई। अठारहवीं सदी में ये निजी संपत्तियां लूट खसोट, रिश्वत और इजारेदारी के जरिए इकट्ठा की गई थीं।[94] *कैपीटल* (खंड 1) में मार्क्स ने 1757-66 के दस सालों में भारतीयों से वसूल किए गए उपहारों का मूल्य अनुमानतः 60 लाख पौंड लगाया है और उन्होंने इसका एक उदाहरण भी दिया है कि किस प्रकार कृपापात्र अंग्रेज व्यापारी घरेलू व्यापार पर अपने आधिपत्य के जरिए नामा बना रहे थे।[95] बड़ी-बड़ी आय उन्नीसवीं सदी तक जारी रहीं, लेकिन अब वे मुख्यतः राजस्व पर बोझ थीं। 1857 में मार्क्स इनकी जांच पड़ताल करते हुए इस निष्कर्ष पर पहुंचे थे कि 'भारत के साथ अंग्रेजों के संबंध से ब्रिटेन की प्रजा को व्यक्तिगत रूप से भारी लाभ होता है तथा इससे इंगलैंड की राष्ट्रीय संपदा की कुल मात्रा में वृद्धि होती है।' उन्होंने यह भी नोट किया कि भारत पर आधिपत्य रखने के लिए होने वाले खर्चे का एक हिस्सा अब ब्रिटिश करदाता के ऊपर भी डाला जाने लगा है।[96]

निश्चय ही मार्क्स भारत की संपत्ति के अपवाह (ड्रेन) के विषय में बोलने वाले पहले व्यक्ति नहीं थे। अठारहवीं सदी में बर्क जैसे संसदीय नेता और सर जान शोर तथा लार्ड कार्नवालिस[97] जैसे प्रशासक यह मान चुके थे कि भारत के साथ ब्रिटेन के संबंधों का यह बुनियादी आधार है। खिराज वसूली के द्वारा भारत की यह बरबादी जेम्स मिल तथा मार्टिन मांटगूमरी[98] जैसे उदार विचारकों को बेचैन करती रही थी। मार्क्स ने ब्राइट द्वारा भारत के वित्तीय शोषण की आलोचना का भरपूर उपयोग किया था। हालांकि उन्होंने यह भी जोड़ा कि उसने, 'कंपनी तथा सरकार की राजस्व वसूली से तबाह भारत की तसवीर में निश्चय ही मैनचेस्टर तथा मुक्त व्यापार से होने वाली भारत की बरबादी को जोड़कर नहीं देखा।'[99]

मार्क्स ने *न्यूयार्क डेली ट्रिब्यून* में एक लेख लिखकर ब्राइट के दृष्टिकोण का विश्लेषण किया कि भारत पर कर का बोझ बहुत ज्यादा है। ब्राइट की कुछ गणनाओं पर उन्होंने शंका अवश्य व्यक्त की थी, किंतु उन्होंने महत्वपूर्ण बिंदु उठाया था :

'कर व्यवस्था के भार का अनुमान लगाते समय जिस बात का विशेष ध्यान रखना आवश्यक है वह यह कि कर की उगाही के दौरान सालाना बकाया राशि उसकी वसूली और उसके वितरण की तुलना में ज्यादा नहीं होनी चाहिए। भारत में कर निर्धारण की प्रणाली घृणित है और उदाहरण के लिए मालगुजारी की शाखा में जितना प्राप्त होता है, संभवत: उससे कहीं अधिक व्यय होता है। जहां तक करों के उपयोग का प्रश्न है तो इतना कहना ही पर्याप्त होगा कि सार्वजनिक निर्माण कार्यों पर व्यय के रूप में उनका कोई भी अंश जनता को वापस नहीं दिया जाता।[100]

अपनी राजस्व वसूली को अधिक से अधिक बढ़ाने के लिए अंग्रेजों ने मौजूदा संपत्ति संबंधों को उलटकर कृषि क्रांतियां की थीं। उन्होंने भूमि पर निजी स्वामित्व के विभिन्न रूप कायम किए थे और इस चीज की अत्यधिक आवश्यकता थी।[101] लेकिन इसका वास्तविक उद्देश्य देश की कर क्षमता को बरकरार रखना या बढ़ाना ही था।

'जमींदारी और रैयतवारी बंदोबस्त, दोनों ही कृषि क्रांतियां हैं जो ब्रिटिश हुक्मरानों से हुई हैं मगर दोनों न तो उस जनता के लिए हैं जो जमीन जोतती है और न उस भूस्वामी के लिए है जिसकी वह मिल्कियत है, बल्कि उस सरकार के लिए है जो उस पर कर लगाती है।'[102]

जमींदारी (या स्थायी बंदोबस्त) अंग्रेजी जमींदारी का विकृत रूप था और रैयतवारी 'फ्रांसीसी किसान मिल्कियत की हास्यास्पद नकल।'

जमींदार एक विचित्र किस्म का अंग्रेज भूस्वामी था जिसे मालगुजारी का सिर्फ दसवां हिस्सा मिलता था जबकि नौ हिस्से उसे सरकार को देने पड़ते थे। रैयत एक विचित्र किस्म या फ्रांसीसी किसान था जिसे भूमि पर कोई स्थायी अधिकार प्राप्त नहीं था, और हर साल उसकी फसल के अनुपात में कर बदलता रहता था।[103]

निश्चय ही इन वक्तव्यों में स्थिति को कुछ बढ़ा-चढ़ाकर रखा गया है। स्थायी बंदोबस्त के तहत मालगुजारी में जमींदार के ग्यारहवें (दसवां नहीं) हिस्से का कोई विशेष अर्थ नहीं था, क्योंकि कीमतों तथा कृषि क्षेत्र के बढ़ने के साथ मालगुजारी में जमींदार का हिस्सा काफी बढ़ गया था। वस्तुत: स्वयं मार्क्स ने एक अन्य स्थान पर यह स्वीकार किया है कि बंदोबस्त ने बंगाल में 'भूस्वामी कुलीन वर्ग' पैदा कर दिया था जिससे सरकार और वास्तविक काश्तकारों[104] दोनों को ही नुकसान हुआ। ये जमींदार व्यापारी सटोरिए थे जिन्होंने पुराने जमींदारों का स्थान ले लिया था और बिचौलियों अथवा पटनीदारों का एक सोपान क्रम पैदा कर दिया था। बिचौलियों या पटनीदारों का यह तबका अपने पूरे बोझ के साथ बेचारे बदकिस्मत काश्तकार की गरदन पर सवार था।[105]

जहां तक रैयतवारी बंदोबस्त का सवाल है, इसके बारे में मार्क्स का यह विचार कि मालगुजारी हर साल फसल के हिसाब से बदलती थी, आंशिक रूप से ही सही है।

अगर रैयत बंजर जमीन को कृषि योग्य बनाता था तो उसे ज्यादा भुगतान करना पड़ता था और कीमतों के उतार-चढ़ाव के हिसाब से कर में बदलाव का प्रावधान भी था। बहरहाल, मार्क्स का यह कहना सही था कि रैयतवारी बंदोबस्त में प्राय: मीरास, जागीर आदि उच्चतर अधिकारों को निरस्त कर दिया गया था।[106] और किसान के लिए निर्धारित की गई मालगुजारी भी किसी तरह कम नहीं थी। अन्यत्र मार्क्स ने मिसाल देकर यह बताया था कि इन रैयतवारी इलाकों में मालगुजारी वसूल करने के लिए कंपनी के हाकिम किसानों को कैसी-कैसी यातनाएं देते थे।[107]

मार्क्स का विचार था कि अंग्रेजों द्वारा प्रत्यक्ष उत्पादक (किसान) पर थोपा गया लगान इतना ज्यादा था कि उसके पास किसी बचत या मुनाफे की गुंजाइश तो दूर की बात थी, उत्पादन को विस्तार देना भी कमोवेश असंभव हो गया था। वस्तुत: वह स्वयं जीवनयापन के भौतिक साधनों के न्यूनतम स्तर पर पहुंच गया था।[108] इसके अतिरिक्त, यद्यपि रैयत एक स्वतंत्र उत्पादनकर्ता के रूप में अपने खेत में पैदावार भले करता हो, लेकिन महाजन न केवल सूदखोरी के जरिए उसके अतिरिक्त उत्पादन को लूट लेता था, बल्कि उसकी मजदूरी में भी दांत गड़ा देता था।[109]

जहां तक उच्चतर भूस्वामी वर्गों का सवाल है, ऐसा नहीं था कि सिर्फ रैयतवारी बंदोबस्त के तहत ही उनके अधिकारों को क्षति पहुंची हो। जैसा कि मार्क्स ने 1858 के अपने एक लेख में स्पष्ट किया था: 'उत्तरी भारत में भी उन वर्गों पर दबाव पड़ रहा था। अवध के ताल्लुकेदार इसकी मिसाल थे।'[110]

राजस्व वसूली की इसी लालसा के तहत भारतीय रियासतों को हड़पा जा रहा था। उनके सिलसिले में कंपनी की नीति रोमनों जैसी थी। अपने सहयोगियों को मोटा करने की नीति, जैसे कि हम बैलों को तब तक मोटा करते हैं जब तक वे भक्षण योग्य न हो जाएं।[111] कुछ बाद के अपने लेख में डिजरायली के भाषण पर विचार करते हुए मार्क्स ने दिखाया था कि किस तरह देशी राजे-रजवाड़ों को बलपूर्वक खत्म करने का अभियान कंपनी की आर्थिक कठिनाइयों के कारण तेज हुआ था और 1843 में अपने शिखर पर पहुंच गया था।[112]

भारतीय राजे-रजवाड़ों के प्रति मार्क्स की कोई स्वाभाविक सहानुभूति नहीं थी। उनमें से ज्यादातर में प्राचीन काल का गौरव भी नहीं था और ये सिर से पांव तक 'अंग्रेजी निरंकुशता' के निष्ठावान चापलूस थे।[113] इसके बावजूद ब्रिटिश सत्ता अपने इन पालतुओं से भी जिस तरह का बरताव कर रही थी, उससे उन्हें क्षोभ हुआ। इसलिए उन्होंने उन तरीकों की कड़ी भर्त्सना की जो अंग्रेजों ने अवध को हड़पने (1856) के लिए इस्तेमाल किया। उन्होंने लिखा :

> बीस वर्षों तक जो संधियां पारस्परिक व्यवहार का स्वीकृत आधार रही थीं, उनकी वैधता को अस्वीकार कर दिया गया; स्वीकृत संधियों का खुलेआम उल्लंघन करके स्वतंत्र क्षेत्रों पर बलात कब्जा कर लिया गया, देश भर में एक-एक एकड़ भूमि पर अंतिम रूप से कब्जा कर लिया गया।[114]

कहना न होगा कि भारतीय जनता के विरुद्ध अंग्रेजों की ये कार्यवाहियां छलपूर्ण और पाशविक थीं।[115]

आखिरी बात यह है कि भारत के प्रत्यक्ष शोषण के लिए यह जरूरी था कि चीन के ऊपर दबाव को लगातार बनाए रखा जाए। भारतीय ब्रिटिश सरकार अपने राजस्व की आय का सातवां हिस्सा चीन को अफीम बेचकर प्राप्त करती थी।[116] *ट्रिब्यून* में प्रकाशित अपने एक लेख में मार्क्स बड़े क्षोभ के साथ यह दिखाते हैं कि किस तरह अफीम (जिस पर भारत में कंपनी का इजारा है) संगठित तस्करी और युद्ध के जरिए लगातार बढ़ती तादाद में चीन पर थोपी जा रही है।[117]

अफीम का इजारा भारत के वित्तीय शोषण का एक अपरिहार्य स्तंभ ही नहीं था बल्कि चीन के साथ अफीम का व्यापार इंगलैंड के लिए भारत से खिराज वसूल करने का एक खास जरिया भी था। मार्क्स ने आंकड़े देकर दिखाया कि 1858 में ब्रिटेन को चीन के साथ व्यापार में 60 लाख पौंड से ज्यादा का व्यापार घाटा था।

'अब इंगलैंड, आस्ट्रेलिया तथा अमरीका का चीन की ओर निकलने वाला बकाया भुगतान भारत की ओर स्थानांतरित कर दिया गया है ताकि उस भुगतान को जो चीन द्वारा भारत को करना है उसे अफीम और कपास के द्वारा प्रति-संतुलित किया जा सके। भारत को चीन का निर्यात अभी तक 10 लाख स्टर्लिंग पौंड तक नहीं पहुंचा है। भारत द्वारा चीन को किए जाने वाले निर्यात से लगभग एक करोड़ पौंड स्टर्लिंग की आय होती है।'[118]

अतः इंगलैंड चीन से बड़ी तादाद में जो चाय और रेशम मुफ्त प्राप्त कर रहा था, वह मुख्यतः भारतीय खिराज का ही भुगतान था लेकिन इसके लिए चीनी जनता को बड़ी भारी नैतिक और सामाजिक कीमत अदा करनी पड़ रही थी।[119]

इसके अतिरिक्त, इंगलैंड से सीधे व्यापार में भारत का निर्यात उसके आयात से कहीं ज्यादा था। मार्क्स ने संसदीय जांच-पड़तालों के दौरान उपलब्ध आंकड़ों के आधार पर यह स्पष्ट किया है कि 1885 में यह अंतर 22 लाख 50 हजार पौंड स्टर्लिंग था। इंगलैंड बदले में कोई निर्यात नहीं करता और उसे यों ही डकार जाता है।[120] बहरहाल इन पंक्तियों को लिखते समय मार्क्स संभवतः यह भूल गए कि इस दौर में खिराज वसूली का मुख्य जरिया अर्थात अफीम आदि चीन के माध्यम से ही उपलब्ध था। यकीनन इससे इंगलैंड को 'अच्छी सरकार' मुहैया कराने के बदले मोटी रकम मिल रही थी।[121]

कैपीटल (खंड 1) में मार्क्स ने भारत से संपत्ति के इस अपवाह को औद्योगिक

पूंजीवाद के उद्भव के संदर्भ में आदि अथवा प्रारंभिक संचय का महत्वपूर्ण स्रोत माना है।[122] फिर भी, खिराज (ट्रिब्यूट) की इस भूमिका को व्यापक रूप से स्वीकार नहीं किया गया है, यहां तक कि ब्रिटिश मार्क्सवादी इतिहासकारों ने भी इसे स्वीकार नहीं किया है। मारिस डॉब ने अपनी पुस्तक *स्टडीज इन दि डेवलपमेंट आफ कैपीटलिज्म* में उपनिवेशों के शोषण को 'आदि संचय' के स्रोत के रूप में व्याख्यायित नहीं किया, अपितु उसे व्यापारिक नीति के रूप में स्वीकार किया है।[123] यह निश्चित रूप से आश्चर्यजनक है, क्योंकि भारत और वेस्ट इंडीज से होने वाले धनागम को शायद ही कभी नकारा गया हो।[124] ऊपरी तौर से यह धनराशि ब्रिटेन की कुल राष्ट्रीय आय का एक छोटा सा हिस्सा लग सकती है; उदाहरण के लिए, 1801 में 4.8 प्रतिशत थी, किंतु यह राशि भी ब्रिटेन के शुद्ध वार्षिक घरेलू निवेश के 70 प्रतिशत के बराबर होगी।[125] शायद उक्त संदर्भ में मुख्य तर्क यह रहा है कि 'नवाब' आदि ने जिन्होंने उपनिवेशीय व्यवस्था में लाभ उठाया था, प्रत्यक्ष रूप से उद्योगों में पूंजी निवेश नहीं किया था।[126]

इसका कोई निश्चयात्मक अनुमान तो नहीं लगाया जा सकता कि मार्क्स स्वयं ऐसी आपत्तियों का क्या उत्तर देते। *कैपीटल* के पहले खंड में वे यह संकेत अवश्य करते हुए प्रतीत होते हैं कि उपनिवेशीय लूट ने व्यापारिक पूंजी में विस्तार करके ब्रिटेन के औद्योगिक विकास का रास्ता साफ कर दिया था।

'जिसे सम्यक रूप से हस्तशिल्प' का युग कहा जाता है, उस युग में वाणिज्यिक प्रभुत्व औद्योगिक क्षेत्र को प्रधानता प्रदान करता है (यह प्रक्रिया उलट नहीं होती)। यही कारण है कि उस काल में औपनिवेशिक व्यवस्था ने ऐसी प्रभावशाली भूमिका अदा की।[127]

बहरहाल, इस विषय पर भिन्न ढंग से भी विचार किया जा सकता है। 'मुद्रा-पूंजी' के द्वारा 'नवाबों' ने चाहे जागीरें खरीदी हों या घर, किंतु इस खरीद-फरोख्त से अन्य प्रकार की निधियां उद्योगों में लगी होंगी। औपनिवेशिक शोषण के माध्यम से इंगलैंड को दूसरे देशों से कच्चा माल और मजदूरी के बदले दी जाने वाली वस्तुएं मुफ्त मिल रही थीं। इससे औद्योगिक पूंजी में विस्तार हुआ और उसने उसी अनुपात में ब्रिटिश अर्थव्यवस्था पर अपना वर्चस्व स्थापित किया जिस अनुपात में इसका विस्तार हुआ था।

इस संभावना को देखते हुए कि अठारहवीं सदी में भारत से मिलने वाले खिराज से 'पूंजी' का 'आदि-संचय' बढ़ा होगा, यह प्रश्न स्वाभाविक रूप से उभरता है कि क्या खिराज ने यही भूमिका उन्नीसवीं सदी में भी अदा की थी। शाब्दिक रूप से मार्क्स का 'आदि संचय' से अभिप्राय उस संचय से है जो पूंजीवादी संचय के पहले आता है और जो उत्पादन की पूंजीवादी पद्धति का परिणाम नहीं अपितु उसका प्रस्थान बिंदु था।[128] किंतु मार्क्स की परिभाषा को शुद्ध कालक्रम के अर्थ में ही लिया जाए, यह

जरूरी नहीं है।[129] गैर-पूंजीवादी अर्थव्यवस्थाओं के अतिरिक्त उत्पादन में प्रत्यक्ष शोषण (कर-लगान तथा उनके उत्पादों की बिक्री पर इजारेदारी के माध्यम से) की 'खूनी प्रक्रिया' का जिक्र मार्क्स ने 1881 में लिखे अपने एक पत्र में किया है। उक्त प्रक्रिया के माध्यम से भी महानगरीय देश की पूंजी लगातार बढ़ती रही होगी।

'लगान के रूप में, उस रेलवे के लाभांश के रूप में जिसका हिंदुस्तानियों को कोई लाभ नहीं, अफगानिस्तान और दूसरे युद्धों में भाग लेने वाले सैनिक और असैनिक कर्मचारियों की पेंशन के रूप में, जो भी कुछ अंग्रेज सालाना हिंदुस्तानी जनता से लेते हैं (जिसके बदले वे हिंदुस्तानी जनता को कुछ नहीं देते और साथ ही उस सबसे अलग जो कुछ वे हिंदुस्तानी जनता से हिंदुस्तान के अंदर रहकर वसूलते हैं) अर्थात यदि महज उन वस्तुओं की कीमत आंक ली जाए तो हर साल हिंदुस्तान की जनता को मुफ्त और सालाना इंगलैंड भेजनी पड़ती हैं तो वह छह करोड़ कृषि तथा औद्योगक मजदूरों की कुल आमदनी से ज्यादा होगी। यह एक खूनी प्रक्रिया है।'[130]

यह सीधे और शुद्ध 'आदि-संचय' की प्रक्रिया थी। अनेक अर्थों में यह संचय की प्रक्रिया के समान थी जो गैर-पूंजीवादी अर्थव्यवस्थाओं पर पूंजीवादी अर्थव्यवस्थाओं के सतत राजनीतिक प्रभुत्व के कारण घटित होती है तथा जिसका वर्णन 1913 में रोजा लक्जमबर्ग ने किया था।[131] एक बार ब्रिटिश औद्योगिक क्रांति शुरू हो जाने के बाद उसकी गति बनाए रखने में भारतीय बाजार ही नहीं समूचा भारतीय साम्राज्य मदद कर रहा था।

इस तरह प्रत्यक्ष 'खिराज' उगाहने वाले ब्रिटिश थैलीशाहों—उच्च कुलीनों तथा 'खिराज' के कारण हिंदुस्तान में अपने बाजार को संकुचित पाने वाले मिल मालिकों के हितों के बीच जो टकराव मार्क्स ने देखा, उसके पीछे मूलभूत एकता थी।[132] ऐसी स्थिति में क्या यह कहा जा सकता है कि यह स्पष्ट टकराव 'आदि-संचय' की लालसा और साथ ही ब्रिटिश पूंजीवाद के विस्तार की आवश्यकता के बीच अंतर्विरोध का प्रतिनिधित्व कर रहा था। और क्या इस अंतर्विरोध के वास्तविक समाधान में 'साम्राज्यवाद के मुक्त व्यापार' का रहस्य अंतर्निहित नहीं है।[133]

चूंकि, यदि बाजारहित की दृष्टि से राजस्व-भार की उग्रता पर अंकुश लगाना था तो उसके लिए यह जरूरी था कि उस क्षेत्र का विस्तार किया जाए जिस पर यह राजस्व लगाया जा रहा है। अत: 1843 से 1856 के बीच के सालों में ही जो इंगलैंड में मुक्त व्यापार के सिद्धांत की विजय का दौर था, भारत में ब्रिटिश साम्राज्य के विस्तार का सबसे निर्मम दौर था। याद रहे कि मार्क्स हमेशा 'मुक्त व्यापारवादियों' के साम्राज्यवाद विरोधी दावों को आशंका भरी दृष्टि से देखते थे। जब तक ब्रिटिश सरकार हिंदुस्तान के विभिन्न प्रांतों को हड़पती रही तो हर कोई चुप था, किंतु उक्त प्रक्रिया के तहत जब उसकी प्राकृतिक सीमाओं को छू लिया गया तो वे शांति का पाखंडपूर्ण राग अलापने लगे। अपने धूर्ततापूर्ण परोपकारवाद को थोपने के लिए यह जरूरी था कि पहले उसे अपने कब्जे में लिया जाए।[134]

वस्तुतः यह परोपकारिता लंकाशायर के कपड़े से भारत की औद्योगिक तबाही कर रही थी।

औद्योगिक दोहनः एंगेल्स ने एक बार लिखा था कि किस प्रकार 'आयातों' (जो वस्तुतः खिराज का ही ठोस रूप थे) की तलाश के तहत 'भारत विजय' संपन्न हुई थी। इससे उस महानगरीय देश इंगलैंड का स्वरूप ही बदल गया। उसमें निर्यात करने तथा बड़े पैमाने के उद्योग स्थापित करने की आवश्यकता उत्पन्न हुई। वे संभवतः 1800 ई. के ब्रिटिश उपनिवेशवाद के आयात और निर्यात चरणों के बीच विभाजक रेखा मान रहे थे। उनका यह विचार मार्क्स की अपनी समझ के अनुरूप ही था।[135] मार्क्स ने इस परिवर्तन को 1813 के बाद स्वीकार किया है:

> चार्टर एक्ट के तहत1813 में व्यापार का मार्ग खुल जाने के बाद बहुत थोड़े समय के अंदर भारत के साथ होने वाला व्यापार तीन गुना से भी अधिक बढ़ गया। किंतु इतना ही नहीं, व्यापार का पूरा चरित्र ही बदल गया था। 1813 तक भारत मुख्यतया निर्यात करने वाले देश था, किंतु अब वह आयात करने वाला देश बन गया था।[136]

स्पष्टतः मार्क्स यहां निर्यात और आयात के तहत महज औद्योगिक वस्तुओं पर विचार कर रहे थे। भारत जो अनादि काल से सूती कपड़ों का संसार का महान उद्योगशाला था, अब अंग्रेजी सूत और सूती कपड़ों से पाट दिया गया था।[137] इतना ही नहीं, उन्होंने इंगलैंड द्वारा भारत को सूती वस्त्रों के निर्यात के परिणाम में होने वाले विस्तार के सिलसिले में ठीक-ठीक आंकड़े भी प्रस्तत किए:

> 1818 और 1836 के बीच ग्रेट ब्रिटेन से भारत आने वाले सूत का परिमाण 5200 गुना बढ़ गया। 1824 में मुश्किल से 10 लाख गज अंग्रेजी मलमल भारत आती थी, लेकिन 1837 में उसकी मात्रा छह करोड़ 40 लाख गज से भी अधिक पहुंच गई।[138]

ब्रिटेन के लिए भारत से व्यापार का महत्व उसी अनुपात में बढ़ रहा था जिस अनुपात में भारत के लिए ब्रिटेन का निर्यात बढ़ रहा था। मार्क्स हमें बताते हैं कि 1850 में भारत के लिए ग्रेट ब्रिटेन के निर्यात, उसके कुल निर्यात के आठवें हिस्से के बराबर थे और उसका सूती निर्यात 'सूती विदेशी व्यापार' के चौथे हिस्से के बराबर। मार्क्स पाठक को याद दिलाते हैं कि सूती उद्योग में ब्रिटेन की आबादी का आठवां हिस्सा लगा हुआ है और लिखते हैं:

> जिस रफ्तार से ग्रेट ब्रिटेन के संपूर्ण सामाजिक ढांचे के लिए सूती कपड़े का

> निर्माण बुनियादी महत्व की चीज बन गया था, उसी रफ्तार से ब्रिटेन के सूती कपड़े के उद्योग के लिए पूर्वी भारत भी बुनियादी महत्व की चीज बन गया था।[139]

और यदि इंगलैंड के लिए भारत को किए जाने वाले सूती निर्यात का इतना महत्व था तो भारत पर उसका क्या असर हुआ होगा ? मार्क्स उक्त प्रभावों को भारत के सामाजिक और आर्थिक स्थितियों के रूपांतरण के संदर्भ में भारी परिवर्तन का स्रोत मानते हैं:

> अंग्रेजों के हस्तक्षेप ने सूत कातने वाले को लंकाशायर में और बुनकर को बंगाल में स्थापित करके अथवा हिंदुस्तानी सूत कातने वाले और बुनकर दोनों का सफाया कर दिया है। उसने उनके आर्थिक आधार को नष्ट करके इन छोटी-छोटी अर्ध-बर्बर अर्ध-सभ्य बस्तियों को छिन्न-भिन्न कर दिया है और इस तरह उसने एशिया की महानतम और सच कहा जाए तो एकमात्र सामाजिक क्रांति कर डाली है।[140]

मार्क्स जिस आर्थिक उथल का जिक्र कर रहे थे, वह कितने बड़े पैमाने की उथल-पुथल थी, इसका अंदाजा इस बात से लगाया जा सकता है कि एलिसन के अनुसार 1831-35 में अंग्रेजी कपड़े की खपत भारत में कपड़े की कुल खपत का सिर्फ 3.9 प्रतिशत थी। किंतु यह खपत बढ़कर 1856-60 में 35.3 प्रतिशत हो गई और 1880-81 तक यह खपत और अधिक बढ़कर 58.4 प्रतिशत हो गई।[141] और यदि हम यह भी याद रखें कि कपड़े के अलावा सूत का भी आयात होता था तो हमें मार्क्स के निम्नलिखित वक्तव्य को समझने में कठिनाई नहीं होगी कि भारत में 'खेती और हस्तशिल्प' की परंपरागत एकता को मूलभूत रूप से नष्ट कर दिया गया।[142] किसान लंकाशायर का बना कपड़ा खरीद रहा था और इससे घरेलू कताई करने वाला तथा गांव का बुनकर दोनों चौपट हो रहे थे। बुनकर यदि लंकाशायर के अपेक्षाकृत सस्ते सूत के सहारे काम चलाने की कोशिश करेगा तो इसकी चोट भी घरेलू कताई पर ही पड़ेगी। इस तरह पहले की प्राकृतिक अर्थव्यवस्था बैठ जाएगी। यही नहीं, आयातित वस्तुओं को खरीदने के लिए किसान को अतिरिक्त उत्पादन से और आगे बढ़कर बाजार के लिए उत्पादन करना पड़ेगा। मार्क्स के अनुसार माल विनिमय अभी तक अतिरिक्त उत्पादन तक ही सीमित था।[143]

एक बार कृषि का वाणिज्यीकरण हो जाता है तो किसान को कच्चा माल विश्व बाजार के लिए पैदा करना पड़ता है। वह सिर्फ घरेलू अथवा गांव स्तर के प्रत्यक्ष उपभोग के लिए उत्पादन नहीं करता। 'इसी प्रकार पूर्वी भारत को ग्रेट ब्रिटेन के लिए कपास, ऊन, सन, जूट आदि पैदा करने के लिए मजबूर किया गया था।'[144]

स्वाभाविक रूप से सूत काटने वाले और बुनकर दोनों के लिए इस रूपांतरण के घातक परिणाम निकले। पहले तो यूरोप का बाजार हाथ से गया और फिर भारत में लंकाशायर के कपड़े की बाढ़ आ गई। इससे अपने कपड़े के लिए विख्यात भारतीय

शहर बरबाद हो गए।[145] मार्क्स ने गवर्नर जनरल को 1833-34 में यह कहते हुए उद्धृत किया है कि हिंदुस्तान के मैदान सूती कपड़ा बुनने वालों की हड्डियों से सफेद हो गए हैं।[146]

उन्होंने पुनः लिखा, '1833 के बाद मनुष्य जाति का विनाश करके हाथ का करघा इस्तेमाल करने वाले हिंदुस्तानी बुनकरों की पूरी की पूरी आबादी मिलाकर एशिया की मंडियों का बलपूर्वक विस्तार किया गया है।'[147]

भारतीय बुनकर के विनाश की बात उस समय तक एक सर्वसम्मत तथ्य की तरह स्वीकृत थी जबकि एक अमरीकी विद्वान ने यह कहकर विवाद खड़ा नहीं कर दिया कि आयातित सूत से भारतीय बुनकर की स्थिति मजबूत हुई थी और कुल भारतीय मांग बढ़ी थी जिसके तहत भारतीय कपड़े की खपत में कमी हुए बग़ैर ब्रिटिश आयात के लिए गुंजाइश पैदा हुई।[148] बहरहाल, सामान्यतः इन तर्कों को तथ्यों द्वारा पुष्ट नहीं किया गया है, जबकि उक्त स्थापना के संदर्भ में दर्ज की गई आपत्तियों में काफी दम है।[149] याद रहे कि एलिसन के अनुमान के मुताबिक भारत में कपड़े का प्रति व्यक्ति उपभोग 1831-34 में 2.4 पौंड था जो घटकर 1856-60 में 1.6 पौंड तथा 1880-81 में 1.0 पौंड से थोड़ा ही ज्यादा रह गया था और 1880-81 तक इसमें भारत में फैक्टरी में बना कपड़ा भी शामिल हो चुका था।[150]

एलिसन के आंकड़ों से मार्क्स द्वारा की गई दस्तकारी उद्योग के विनाश की बात की पुष्टि होती है। साथ ही इनके द्वारा मार्क्स के इस आग्रह की पुष्टि भी होती है कि उस (दस्तकारी उद्योग) के विघटन की प्रक्रिया बहुत धीरे-धीरे चलती है, क्योंकि :

> कृषि तथा हस्तशिल्प की एकता से होने वाली अच्छी खासी बचत और समय की बचत बड़े उद्योगों के मालों का कड़ा प्रतिरोध करती है। बड़े उद्योगों की वस्तुओं की कीमत में वितरण की प्रक्रिया में शामिल कीमत भी जुड़ती चली जाती है।[151]

भारत पर औद्योगिक वस्तुओं के प्रभाव का जो विश्लेषण मार्क्स ने प्रस्तुत किया है, उसमें यह दृष्टि अंतर्निहित है कि बेरोजगार दस्तकार भूमिहीन मजदूरों में तबदील हो गए होंगे और यही नहीं व्यापारिक वस्तुओं के उत्पादन में होने वाले विस्तार (जिस पर मार्क्स ने बहुत बल दिया था) से अनिवार्यतः गरीब किसानों का बड़ा हिस्सा ग्रामीण सर्वहारा की पांतों में धकेल दिया गया होगा। उन्नीसवीं सदी के उत्तरार्ध में इस वर्ग की संख्या में होने वाली बढ़ोत्तरी के बाबत आर.पी. दत्त और सुरेंद्र जे. पटेल ने अच्छे खासे प्रमाण जुटाए हैं।[152] यहां तक कि धर्मकुमार द्वारा प्रस्तुत आंकड़े भी उन्नीसवीं सदी में भूमिहीनों की संख्या में जबरदस्त बढ़ोत्तरी की पुष्टि करते हैं हालांकि वे अपने निष्कर्षों में इस स्थापना का विरोध करती हैं।[153]

पुराने संबंधों के विघटन के इन सब रूपों और इस विघटन में अंतर्निहित पीड़ा

से परिचित मार्क्स हमेशा बड़ी हार्दिकता से 'मैनचेस्टर और मुक्त व्यापार' से तबाह भारत की पीड़ा को व्यक्त करते हैं।[154] 1847 में बड़े मानवीय ढंग से इसका ब्योरा देते हुए उन्होंने लिखा :

> उसी (कपड़ा) उद्योग में इंगलैंड में लगे 15 लाख मजदूरों के लिए जिनके लिए साधन जुटाने में भारत के लाखों (कपड़ा) मजदूरों को खत्म हो जाना पड़ा था (उनके लिए भी) दस साल में संपन्नता के तीन साल।[155]

इस प्रकार ब्रिटेन की व्यापारिक वस्तुओं की बिक्री ने भारत में भी उसी प्रक्रिया को संपन्न किया जो वह ब्रिटेन में पहले पूरी कर चुकी थी, अर्थात बड़े पैमाने पर छोटे उत्पादकों को संपत्तिविहीन कर दिया था। मार्क्स ने *कैपीटल* के प्रथम खंड में 'पूंजीवादी संचय : ऐतिहासिक प्रवृत्ति' शीर्षक से जो अध्याय लिखा है उसमें इस प्रक्रिया का विश्लेषण किया था।[156] किंतु महानगरीय पूंजीवाद के साथ यह जो संबंध था, क्या उसकी बुनियाद में कहीं कोई और बात भी थी। 1913 में रोजा लक्समबर्ग ने मार्क्स द्वारा प्रस्तुत पूंजीवादी संचय की अवधारणा की आलोचना प्रकाशित की थी। उन्होंने कहा था कि मार्क्स की अवधारणा के तहत सिर्फ पूंजीवादी अर्थव्यवस्था के अंतर्गत श्रम द्वारा अतिरिक्त मूल्य के अर्जन की परिकल्पना की गई थी। इसके विपरीत उन्होंने यह तर्क दिया था कि पूंजीवादी उत्पादन के तहत 'अतिरिक्त मूल्य' पूंजीपतियों द्वारा प्राक्-पूंजीवादी (औपनिवेशिक तथा कृषक प्रधान) अर्थव्यवस्थाओं के साथ बलात माल विनिमय का संबंध स्थापित करके भी अर्जित किया जाता था।[157] निश्चय ही इस अतिरिक्त मूल्य को भारत से प्राप्त सीधे-सीधे आदिम संचय से भिन्न समझना चाहिए। मार्क्स इसे भिन्न रूप में ही समझ रहे थे और 1881 तक उन्होंने इस पर बल भी दिया। बुखारिन को यह श्रेय जाता है कि जहां उन्होंने रोजा लक्समबर्ग के सिद्धांत की बुनियादी स्थापनाओं की आलोचना की, वहीं उन्होंने कार्ल मार्क्स के दो अवतरणों की ओर ध्यान आकृष्ट किया। मार्क्स यह स्पष्ट रूप से स्वीकार करते हैं कि किसी पिछड़े देश को अपना तैयार माल बेचने और उससे कच्चा माल खरीदने में विकसित देश अतिरिक्त लाभ अर्जित करता है। मार्क्स ने कहा कि इस मामले में संपन्न देश गरीब देश का शोषण करते हैं।[158] इस प्रकार यदि उपनिवेशों से अतिरिक्त मूल्य न भी प्राप्त होता तो भी यह निश्चित था कि उन्हें (उपनिवेशों को) पूंजीवादी बाजार में रूपांतरित कर दिए जाने से अतिरिक्त मूल्य में लगातार वृद्धि हो रही थी। दूसरे शब्दों में, भारत के औद्योगिक दोहन को मार्क्स भी उसी तरह उपनिवेशीय शोषण के रूप में देख रहे थे जैसे रोजा लक्समबर्ग ने देखा था।

प्रतिरोध: 1853 में लिखे अपने प्रसिद्ध लेखों में मार्क्स एक दुविधा में दिखाई पड़ते

हैं। एक ओर वह यह महसूस कर रहे थे कि ग्रामीण जनता अपनी प्राचीन सभ्यता तथा जीविका कमाने के पुश्तैनी साधनों को खो बैठी है। वह जिस विपत्ति के सागर में डूबी हुई है वह अपने आपमें बेहद पीड़ादायक है। दूसरी ओर, यह भी नहीं कहा जा सकता कि पुरानी व्यवस्था बनी रहनी चाहिए। उसने लोगों के सोच को संकीर्ण सीमाओं से जकड़ दिया था; एक तरह की बर्बर अहमन्यता को जन्म दिया और घोर अंधविश्वास को पैदा किया। वस्तुतः उसने समाज को उसकी गरिमा और ऐतिहासिक ऊर्जा से वंचित कर दिया। उसमें किसी प्रकार के परिवर्तन की क्षमता ही नहीं रही।[159] पुरानी उत्पादन व्यवस्था और संस्कृति को नष्ट होना ही था, ठीक उसी तरह जैसे आधुनिक उद्योग के आने पर छोटे पैमाने का उत्पादन खत्म हो जाता है।[160] मार्क्स ने ब्रिटिश शासन द्वारा शुरू की गई इस परिवर्तन की समूची भयावह प्रक्रिया के पक्ष में गेटे को उद्धृत किया था।[161]

लेकिन 1857 में जब सैनिक विद्रोह शुरू हुआ तो ब्रिटिश शासन के विरुद्ध अपनी घृणा के कारण मार्क्स स्वयं अपनी पुरानी समझ पर न टिक सके। विद्रोहियों के साथ उनकी स्वाभाविक सहानुभूति थी और अपनी पैनी निगाह से उन्होंने सामने आने वाली घटनाओं का बहुत ही सही विश्लेषण किया, हालांकि इसके लिए उनके पास उपलब्ध सामग्री बहुत कम थी।

एक बात तय है कि मार्क्स विद्रोह को एक फौजी बगावत नहीं, बल्कि राष्ट्रीय विद्रोह के रूप में देख रहे थे।[162] 1857 के विद्रोह के प्रति हिंदुओं (भारतीयों)[163] की उदासीनता अथवा ब्रिटिश शासन के प्रति उनकी सहानुभूति की बात महज बकवास है।

वास्तव में ब्रिटिश सेनाएं क्रांति के लहराते सागर के बीच अलग-थलग चट्टानों पर इधर-उधर टिकी हुई छोटी-छोटी चौकियों में तबदील होती जा रही थीं।[164]

अंग्रेजों के अलग-थलग पड़ जाने की असली वजह यह थी कि किसान वर्ग की उनके प्रति कोई सद्भावना नहीं थी।[165]

मार्क्स फ्रांसीसी क्रांति के सादृश्य द्वारा यह स्पष्ट करते हैं कि 1857 का यह विद्रोह भी किसानों के बीच से शुरू नहीं हुआ था :

> फ्रांसीसी राजतंत्र पर पहला वार किसानों ने नहीं अभिजात वर्ग ने किया था। भारतीय विद्रोह का आरंभ अंग्रेजों द्वारा पीड़ित, अपमानित तथा नग्न कर दी गई रैयत ने नहीं किया, अपितु उनके द्वारा पाले पोसे तथा अन्न-वस्त्र से अघाए हुए सिपाहियों ने किया था।[166]

उनका यह वक्तव्य गहरी अंतर्दृष्टि का सूचक है क्योंकि विद्रोह में किसानों की भागीदारी का पाठ्य पुस्तकों में उल्लेख चाहे न हो, लेकिन इसे लेकर ब्रिटिश प्रशासक आगबबूला हो रहे थे।[167]

बहरहाल बड़े किसान भी इसमें शामिल थे। डिजरायली के एक भाषण के संबंध में मार्क्स ने एक लंबी विज्ञप्ति लिखी थी जिसमें उन्होंने दिखाया था कि किस तरह अधिकारों से वंचित कर दिए गए राजे-रजवाड़ों के अलावा जागीरदार और इनामदार भी अपने अधिकारों पर ब्रिटिश हमले से असंतुष्ट थे।[168] बाद में उन्होंने कैनिंग की अवध संबंधी घोषणा पर एक लेख लिखा जिसमें उन्होंने अवध के हड़पे जाने के बाद ताल्लुकेदारों के अधिकारों के विवाद की चर्चा की है। इससे उनमें एक असंतोष की भावना पैदा हो गई थी और इसी वजह से बाद में वे विद्रोही सिपाहियों के साथ हो गए थे।[169] कम से कम इतना तय है कि परवर्ती व्याख्याओं की तुलना में मार्क्स का दृष्टिकोण कहीं अधिक यथार्थवादी था, जिन्होंने इसे देशी सामतंवाद और विदेशी साम्राज्यवाद के विरुद्ध एक किसान युद्ध बताया है।[170]

विद्रोहियों के प्रति मार्क्स की सहानुभूति अनेक रूपों में व्यक्त हुई है। उन्होंने अंग्रेजों के उन दावों के प्रति घृणास्पद संदेह व्यक्त किया था कि अंग्रेजों ने विद्रोहियों से दिल्ली को शीघ्र मुक्त करा लिया है।[171] विद्रोहियों द्वारा अंग्रजों के ऊपर किए गए अत्याचारों की लोमहर्षक दास्तानों को भी वे अतिरंजनापूर्ण मानते थे और उन्होंने उनका औचित्य इस रूप में स्थापित किया कि ऐसी घटनाएं कहीं भी घट सकती हैं।[172] अंततः उन्होंने ब्रिटिश अधिकारियों तथा सेनाओं द्वारा ढाए गए जुल्मों की कठोर शब्दों में निंदा की।[173]

अपनी सहज और स्वाभाविक प्रतिक्रिया के तहत 1857 के विद्रोहियों के प्रति मार्क्स कितने ही सहानुभूतिपूर्ण क्यों न रहे हों, लेकिन अपनी समझ के स्तर पर वे इतना स्पष्ट अवश्य थे कि यह विद्रोह भारतीय जनता के बड़े हिस्से के दरिद्रीकरण की प्रक्रिया और पूरी की पूरी पुरानी जीवन पद्धति के विनाश के संदर्भ में पुराने वर्गों की प्रतिक्रिया थी। इस अर्थ में वह भारतीय नवजागरण की प्रतिक्रिया नहीं था जिसकी ओर वे स्वयं आशा भरी दृष्टि से देख रहे थे। विद्रोह के बारे में उन्होंने यह स्वीकार किया था।

'भारतीय विद्रोह से यह अपेक्षा करना कि भारतीय विद्रोह में भी यूरोपीय क्रांति जैसी विशेषताएं होंगी, एक प्रकार से ज्यादती है।'[174] 1857 में मार्क्स ने भारत में धार्मिक अंधविश्वास को बरदाश्त करने के लिए अंग्रेजों की भर्त्सना की थी,[175] जबकि अपने धर्म के प्रति 'ब्रिटिश शासकों के इरादों को लेकर भारतीयों की शंकाएं ही विद्रोह का फौरी कारण बनीं।'[176] स्पष्ट रूप से सिपाहियों के अलावा विद्रोहियों की कतारों में कोई दूसरा आधुनिक तत्व नहीं था जिसे मार्क्स रेखांकित करते और जैसा कि एंगेल्स ने लिखा, 'और उनमें (सिपाहियों में) भी वह वैज्ञानिक तत्व पूरी तरह नदारद था जिसके बिना कोई भी फौज आजकल असहाय होती है।'[177] अतः विद्रोह असफल रहा, यद्यपि मार्क्स चाहते थे कि यह गुरिल्ला युद्ध के रूप में जारी रहे।[178]

नवजागरण

मार्क्स ने 1853 में ब्रिटिश शासन की दोहरी ऐतिहासिक भूमिका की व्याख्या की थी :

> भारत में इंगलैंड को दोहरा काम करना है, एक ध्वंसात्मक तथा दूसरा पुनर्रचनात्मक। पुराने एशियाई समाज को नष्ट करने का काम और एशिया में पश्चिमी समाज के लिए भौतिक आधार तैयार करने का काम।[179]

दोनों भूमिकाएं एक के बाद दूसरी नहीं, बल्कि साथ-साथ चल रही थीं। रचनात्मक भूमिका ध्वंसात्मक भूमिका के गर्भ में थी और इसलिए कम महत्वपूर्ण तथा मुश्किल से दीख पड़ने वाली थी।

'विध्वंस के खंडहरों में पुनर्रचना के कार्य का मुश्किल से ही कोई चिह्न दिखाई देता है, बावजूद इसके यह कार्य शुरू हो गया है।'[180]

रचनात्मक 'मिशन' वस्तुत: दिशाहीन तथा निरुद्देश्य था। जैसी कि पूंजीपति वर्ग की सामान्य भूमिका होती है, ब्रिटेन ने भी नए संसार की भौतिक परिस्थितियों का उसी तरह निर्माण किया जिस प्रकार भूगर्भ में होने वाली क्रांतियों ने पृथ्वी के धरातल की सृष्टि की है।[181]

पुरानी भारतीय ग्रामीण अर्थव्यवस्था के विघटन की प्रक्रिया ने भारतीय जनता पर परंपरा और अंधविश्वास की जकड़ को ढीला किया तथा पुनर्निर्माण की नींव रखी।[182] नकारात्मक प्रभाव के साथ इसकी कुछ रचनात्मक उपलब्धियां भी थीं, जैसे देश की राजनीतिक एकता जिसे इलेक्ट्रिक टेलीग्राफ ने और अधिक मजबूती प्रदान की; प्रभावशाली प्रतिरक्षा के लिए एक आधुनिक देशी सेना का निर्माण; स्वतंत्र प्रेस द्वारा उत्पन्न नई चेतना का उन्मेष; भूमि में निजी संपत्ति की शुरुआत; सीमित स्तर पर पश्चिमी शिक्षा की व्यवस्था; रेलवे तथा भाप से संचालित यातायात जिसने देश को पश्चिमी दुनिया के और भी करीब ला दिया था।[183] इस प्रकार भारतीय पूंजीपति वर्ग के निर्माण की आधारभूत शर्तें पूरी हो रही थीं।

> भारतीयों के अंदर से कलकत्ता में अनिच्छापूर्वक और अपेक्षाकृत कम संख्या में शिक्षित एक नया वर्ग पैदा हो रहा है जिसे सरकार चलाने के लिए आवश्यक ज्ञान और यूरोपियन विज्ञान की जानकारी प्राप्त हो गई है।[184]

मार्क्स के अनुसार देश के अंदर रेलवे लाइनों का जाल बिछाए जाने का केंद्रीय महत्व था। उस समय (1853) तक बड़े बंदरगाह वाले शहरों, कलकत्ता, बंबई, और मद्रास से ये लाइनें बिछनी शुरू हो रही थीं। लेकिन निम्नलिखित अद्वितीय उद्धरण में मार्क्स भविष्य की तसवीर देख रहे हैं :

> मैं जानता हूं कि अंग्रेज मिल शाह (उद्योगपति) केवल इसी उद्देश्य को सामने रखकर भारत में रेलें बनवा रहे हैं ताकि उनके जरिए अपने कारखानों के लिए कम खर्च में कपास तथा अन्य कच्चा माल हासिल कर सकें। किंतु एक बार जब आप किसी देश के यातायात के साधनों में (विशेष रूप से जहां कोयला और लोहा मिलता है) मशीनों का इस्तेमाल शुरू कर देते हैं तब आप उस देश को मशीनें बनाने से नहीं रोक सकते। यह नहीं हो सकता कि एक विशाल देश में रेलों का जाल आप बिछाए रहें और उन औद्योगिक प्रक्रियाओं को वहां आरंभ न होने दें जो रेल यातायात की तात्कालिक और रोजमर्रा की आवश्यकताओं की पूर्ति के लिए आवश्यक हैं और इन औद्योगिक प्रक्रियाओं के परिणामस्वरूप यह भी अवश्यंभावी है कि उद्योग की जिन शाखाओं का रेलों से कोई सीधा संबंध नहीं है उनमें भी मशीनों का उपयोग होने लगे। इसलिए रेल व्यवस्था भारत में आधुनिक उद्योग का अग्रदूत बन जाएंगी।[185]

और यही हुआ भी। 1882 तक भारतीयों रेलों की लंबाई 1871 के 5,000 मील से बढ़कर 10,000 मील तक पहुंच चुकी थी। मार्च 1877 तक भारतीय फैक्टरियों में अनुमानत: 12,31,284 तकुए चल रहे थे और नवजात उद्योग का गला घोंटने के लिए मैनचेस्टर में सीमा-शुल्क के उपायों की मांग का शोर उठ खड़ा हुआ था।[186]

प्राचीन भारतीय संस्कृति के प्रति अपनी आलोचनात्मक दृष्टि के बावजूद मार्क्स का यह दृढ़ विश्वास था कि भारतीय जनता में एक आधुनिक समाज के निर्माण की पर्याप्त क्षमताएं हैं। 'बोर्ड आफ कंट्रोल' के अध्यक्ष (भारतीय मामलों के ब्रिटिश मंत्री) सर चार्ल्स वुड को उनके निम्नलिखित वक्तव्य के लिए आड़े हाथों लिया था :

> भारतीय लोगों की नस्ल में बहुत धीमी गति से परिवर्तन होता है। वह धार्मिक पूर्वग्रहों तथा दकियानूसी विचारों से जकड़ी हुई है। वस्तुत: वहां तेजी से विकास के मार्ग में तमाम तरह की बाधाएं मौजूद हैं।[187]

मार्क्स भारतीय अभिजात वर्ग के पक्ष में मुनरो तथा एलफिंस्टन की अनुकूल राय से भी सहमत न थे। इसके विपरीत भारत में प्रशासनिक पदों की जरूरतों को पूरा करने के लिए एक नए वर्ग की आवश्यकता थी। इस संदर्भ में मार्क्स ने कैंपबेल को उद्धृत करते हुए कहा है कि निचले वर्गों की सीखने की क्षमता तथा गति को देखते हुए यह कहा जा सकता है कि यह काम भारत में जिस तीव्र गति से किया जा सकता है वैसा अन्य किसी देश में नहीं।[188] मार्क्स ने राजकुमार साल्टिकोव का हवाला देते हुए कहा कि निम्न से निम्न वर्गों के भारतीय भी इटली निवासियों से अधिक कुशाग्र और कुशल होते हैं।[189] और अंत में एक बार पुन: कैंपबेल का, और वह भी सर्वाधिक प्रासंगिक उद्धरण प्रस्तुत करते हुए कहा :

> भारतीय जनता के बहुसंख्यक समुदाय में जबरदस्त औद्योगिक क्षमता मौजूद है। पूंजी जमा करने की उसमें अच्छी योग्यता है और गणित संबंधी उसके मस्तिष्क की कुशाग्रता अद्भुत है। हिसाब-किताब और प्राकृतिक विज्ञानों में यह सुगमता से दक्षता प्राप्त कर लेता है। उनकी बुद्धि बहुत तीक्ष्ण होती है।[190]

मार्क्स यह मानते थे कि भारतीयों को बिलकुल नए ढंग का काम सीखने और मशीनों का आवश्यक ज्ञान प्राप्त करने में कोई वास्तविक कठिनाई नहीं होनी चाहिए।[191]

इस प्रकार भारतीयों में पूंजीपति बनने की क्षमता भी थी और औद्योगिक मजदूर भी। भारतीय औद्योगिक सर्वहारा के एक बार अस्तित्व में आने के बाद वह जाति-बिरादरी की संकीर्णताओं से मुक्त हो जाएगा। 'रेल व्यवस्था से उत्पन्न होने वाले आधुनिक उद्योग-धंधों उस पुश्तैनी श्रम विभाजन को भंग कर देंगे जिस पर भारत की तरक्की और उसकी ताकत के बढ़ने के रास्ते की सबसे बड़ी रुकावट, भारत की वर्ण व्यवस्था, टिकी हुई है।'[192]

यह एक आस्थापूर्ण भविष्यवाणी थी और मजदूर वर्ग ने बहुत हद तक उसे पूरा भी किया है, भले ही उस हद तक न किया हो जिस हद तक मार्क्स को उम्मीद थी।

जहां ब्रिटिश शासन के तहत भारत में एक आधुनिक समाज के निर्माण की भौतिक परिस्थितियां पैदा हो रही थीं, वहीं ब्रिटिश शासन में यह प्रक्रिया अपनी पूर्णता तक नहीं पहुंच सकती थी। इसकी वजह यह थी कि ब्रिटिश पूंजीपति वर्ग और भारतीय जनता के बीच हितों का बुनियादी टकराव था :

> अंग्रेज पूंजीपति वर्ग मजबूर होकर चाहे कुछ करे, इससे न तो भारत की आम जनता को आजादी मिलेगी, न उसकी सामाजिक हालत में कोई विशेष सुधार होगा, क्योंकि ये चीजें केवल इस बात पर निर्भर नहीं करतीं कि उत्पादक शक्तियों का विकास हो, बल्कि इस बात पर निर्भर करती हैं कि इन शक्तियों पर जनता का स्वामित्व हो।[193]

इन परिस्थितियों में ब्रिटिश प्रभुत्व के अंतर्गत भारत में जन्म लेने वाले आधुनिक तत्वों ने नए वर्गों तथा ब्रिटिश शासकों के बीच सहयोग के लिए कोई स्थायी जमीन तैयार नहीं की थी, अपितु पुनर्निर्माण की यह प्रक्रिया नए अंतर्विरोध तैयार कर रही थी।

1858 में ही मार्क्स उदीयमान पूंजीपतियों और ईस्ट इंडिया कंपनी के दृष्टिकोणों की भिन्नता को लक्षित कर रहे थे। कंपनी ने जब कलकत्ता में एक ऋण जारी किया तो उसे कोई विशेष ग्राहक नहीं मिले :

> इससे यह सिद्ध होता है कि भारत में अंग्रेजों के भविष्य को भारत के पूंजीपति उस आशावाद के साथ नहीं देखते जिस तरह लंदन के अखबार उसे देखते हैं।[194]

1857 के विद्रोह को कुचलने से सिपाही-सेना बिखर गई और इसके साथ ही परंपरागत तत्वों के तत्वावधान में होने वाला प्रतिरोध भी बिखर गया। लेकिन असंतोष को पैदा करने वाले हालात अब भी बने हुए थे। 1871 में इंटरनेशनल वर्किंग मेन्स एसोसिएशन को (मार्क्स इसकी मुख्य संचालक शक्ति थे) एक पत्र मिला था जिसमें 'जनता में व्याप्त भारी असंतोष' तथा भारत में 'मजदूरों की दुरवस्था' की ओर उसका ध्यान आकृष्ट किया गया था।[195] 1881 के एक पत्र में मार्क्स ने भारत का 'रक्त बहते जाने की प्रक्रिया' और अकालों की भयावहता का जिक्र किया था। इसके बाद उन्होंने कहा कि भारत में एक वास्तविक षड्यंत्र चल रहा है जिसमें हिंदू और मुसलमान सहयोग कर रहे हैं और जिसके वास्तविक स्वरूप का ब्रिटिश सरकार को भी अंदाज नहीं है।[196] निश्चित रूप से यह गंभीर जन असंतोष का दौर था। 1875 में दक्षिण में किसानों के दंगे हुए थे और 1879 में पूंजीपति वर्ग के नेतृत्व में कपड़े के मालों से आयात कर हटाने के विरुद्ध आंदोलन उठा था। ए.ओ. ह्यूम भी इन वर्षों में 'व्यापक असंतोष' और 'सरकार के लिए खतरा' महसूस कर रहे थे।[197] ये थीं वे परिस्थितियां जिनकी पृष्ठभूमि में 1885 में 'भारतीय राष्ट्रीय कांग्रेस' की स्थापना हुई थी, इसके बाद से भारतीय राष्ट्रीय आंदोलन का औपचारिक इतिहास शुरू होता है।

हम यह तो नहीं कह सकते कि 1885 की साधारण सी शुरुआत ने मार्क्स को संतुष्ट किया होता या नहीं, लेकिन 1947 में उसके अंतिम चरण तक जो कुछ हुआ उसमें निश्चय ही बहुत कुछ ऐसा था जिससे उन्हें संतोष होता, क्योंकि सब कुछ 1853 में उनके द्वारा परिभाषित परिप्रेक्ष्य के तहत ही घटित हुआ था :

> अंग्रेज पूंजीपति वर्ग ने भारतवासियों के बीच नए समाज के जो बीज बिखेरे हैं, उनके फल भारतीय जनता तब तक नहीं चख सकती जब तक कि स्वयं ग्रेट ब्रिटेन में आज के शासक वर्गों का स्थान औद्योगिक सर्वहारा वर्ग न ले ले अथवा स्वयं भारतीय जनता इतनी शक्तिशाली न हो जाए कि अंग्रेजों की गुलामी के जुए को एकदम उतार फेंके।[198]

आधुनिक इतिहास में यदि कोई नाम ऐसा है जिसे किसी विशेषण की आवश्यकता नहीं है तो वह कार्ल मार्क्स का है। उनके उक्त वक्तव्य के लिए जितनी प्रशंसा की जाए उतनी कम है। 1853 में सिर्फ औपनिवेशिक सुधार नहीं अपितु औपनिवेशिक शासन से मुक्ति की बात सोचना और उसे यूरोपियन समाजवादी आंदोलन के लक्ष्य के रूप में निर्धारित करना; यहां तक कि भारतीय जनता द्वारा स्वयं संघर्ष करके अंग्रेजों की गुलामी के जुए को उतार फेंककर स्वतंत्रता प्राप्त करने अर्थात एक ऐसी घटना के रूप में आशा करना जो यूरोपीय मजदूर वर्ग की मुक्ति से पहले भी हो सकती है, ऐसी अंतर्दृष्टि और दूरदर्शिता मार्क्स की ही हो सकती थी।

संदर्भ और टिप्पणियां

1. इस लेख में मार्क्स और एंगेल्स के लेखों के लिए दो संकलनों का इस्तेमाल किया गया है : काल मार्क्स और फ्रेडरिक एंगेल्स, *आन कालोनियलिज्म,* फारेन लैंग्वेजिज पब्लिशिंग हाउस, मास्को, अदिनांकित तथा मार्क्स एंड एंगेल्स, *दि फर्स्ट वार आफ इंडिपेंडेंस, 1857-1859,* फारेने लैंग्वेजिज पब्लिशिंग हाउस, मास्को, अदिनांकित. दोनों को *आन कालोनियलिज्म* तथा एफ.आई.डब्ल्यू.आई. के रूप में उद्धृत किया गया है. भारत विषयक कुछ लेखों के लिए जो इन संग्रहों में नहीं हैं, मैंने *कार्ल मार्क्स: आन कालोनियलिज्म एंड माडर्नाइजेशन,* सं. श्लोमी एवेनेरी, एंकर बुक्स, न्यूयार्क, 1969 (ऐवेनेरी के नाम से उद्धृत) का उपयोग किया है.
   एक और संकलन *कार्ल मार्क्स : आर्टिकल्स आन इंडिया,* पीपुल्स पब्लिशिंग हाउस, बंबई, प्रथम संस्करण जिसकी भूमिका रजनी पाम दत्त ने लिखी है, अब महज ऐतिहासिक महत्व की वस्तु रह गई है.
   उनके पत्रों के लिए मैंने *मार्क्स-एंगेल्स : सिलेक्टिड कारेंपोंडेंस, 1846-1895* का इस्तेमाल किया है. सं. डोनाटोर, नेशनल बुक एजेंसी, कलकत्ता, 1945. जहां कहीं भी इस संग्रह में कोई पत्र छूट गया है या उसका पाठ अपूर्ण है तो वहां अन्य प्रकाशनों का उपयोग किया गया है.
2. मैंने कार्ल मार्क्स की *ग्रुंड्रिस* का इस्तेमाल किया है. मार्टिन निकोलस ने इसका अनुवाद भी किया है और भूमिका भी लिखी है. पैंग्विन बुक्स, लंदन, 1973. *ग्रुंड्रिस* के ऐतिहासिक भाग का अनुवाद जैक कोहेन द्वारा किया गया था जो ई.जे. हाब्सबाम की भूमिका के साथ *प्रीकैपीटलिस्ट इकानामिक फार्मेशन्स* के रूप में लारेंस एंड विशार्ट, लंदन (1964) द्वारा प्रकाशित किया गया था. जहां *प्रीकैपीटलिस्ट इकानामिक फार्मेशन्स* का संदर्भ आया है वहां उसी के अनुवाद का अनुसरण किया गया है.
3. *कैपीटल,* खंड 1, के लिए मैंने डोनाटोर द्वारा संपादित मूल एवलिंग के अनुवाद के मानक पुनर्मुद्रण को उद्धृत किया है. प्रकाशक जार्ज एलेन एंड अनविन, लंदन, 1938, भाग 2 और 3 के लिए मैंने फारेन लैंग्वेजिज पब्लिशिंग हाउस, मास्को, 1957 (जिल्द 2) तथा 1959 (जिल्द 3) के अनुवादों का उपयोग किया है.
4. कार्ल मार्क्स, *नोट्स आन इंडियन हिस्टरी,* 1665-1858, फारेने लैंग्वेजिज पब्लिशिंग हाउस, मास्को, अदिनांकित (पृ. 186, बिना सूचकांक). दुर्भाग्यवश प्रकाशकों ने यह स्पष्ट नहीं किया है कि मार्क्स ने ये नोट्स कब लिए. शायद 1870 के बाद लिए हों जब स्वेल की पुस्तक *दी एनालिटिकल हिस्टरी आफ इंडिया* (1841) प्रकाशित हुई थी. एक अन्य पुस्तक जिसका इस्तेमाल किया गया है, वह है एलफिंस्टन की *हिस्टरी आफ इंडिया* जो 1841 में प्रकाशित हुई थी; हालांकि इसका नया संस्करण 1874 में प्रकाशित हुआ था.
5. इन दो नए संदर्भों के लिए जिनमें मार्क्स की रुचि थी, देखें डेनियल थार्नर, 'मार्क्स आन इंडिया एंड एशियाटिक मोड आफ प्रोडक्शन', *कंट्रीब्यूशन टु इंडियन सोशियोलाजी IX* (दिसंबर 1966), पृ. 58-63.
6. जी.डब्ल्यू. फ्रेड्रिख हीगेल, *फिलासफी आफ हिस्टरी,* अनुवादक जे. सिब्री, डोबर पब्लिकेशंस, न्यूयार्क, 1956, पृ. 163.
7. वही, पृ. 142.

8. *ट्रिब्यून* में प्रकाशित लेख दिनांक 22 जुलाई 1853, '*आन कालोनियलिज्म*', पृ. 76. इस निर्णय की ऐतिहासिक आलोचना के लिए देखें डी.डी. कोसंबी, *एन इंट्रोडक्शन टू दि स्टडी आफ इंडियन हिस्टरी*, पापुलर बुक डिपो, बंबई, 1956, पृ. 141.
9. हीगेल, पूर्वोक्त, पृ. 141.
10. वही, पृ. 150.
11. *ट्रिब्यून* में प्रकाशित लेख, 10 जून 1853, *आन कालोनियलिज्म*, पृ. 36-37.
12. हीगले, पूर्वोक्त, पृ. 144.
13. वही, पृ. 154.
14. *फिफ्थ रिपोर्ट फ्राम दि सिलेक्ट कमेटी आन दि अफेयर्स आफ दि ईस्ट इंडिया कंपनी*, 1812 (फोटो स्टेट आफसेट संस्करण, आयरिश यूनिवर्सिटी प्रेस, सीरीज आफ ब्रिटिश पार्लियामेंटरी पेपर्स, कालोनीज, ईस्ट इंडिया, 3 शेनोन, 1969, पृ. 85, मार्क्स ने इस उद्धरण को ट्रिब्यून के लिए लिखे एक लेख, 10 जून 1853 (*आन कालोनियलिज्म*, पृ. 35-36) में प्रस्तुत किया है.
15. *ट्रिब्यून* में प्रकाशित लेख, पूर्वोक्त, *आन कालोनियलिज्म*, पृ. 36-37.
16. *फिफ्थ रिपोर्ट* के उस उद्धरण में, जिसे उन्होंने एंगेल्स को लिखे एक पत्र 14 जून 1853 (*आन कालोनियलिज्म*, पृ. 279-80) में प्रस्तुत किया है कुछ और जोड़ने के लिए मार्क्स व्लिक्स के अवतरण (*हिस्टारिकल स्केचिज*, सं. मुरे हैमिक, मैसूल, 1930, I, पृ. 136-39) का सहारा लिया है. ग्राम समुदाय के विवेचन के संदर्भ में व्लिक्स को *कैपीटल*, I, (पृ. 352 की पाद टिप्पणी) में प्रमाण के रूप में उद्धृत किया है.
17. *न्यूयार्क डेली ट्रिब्यून* के लेखों में कैंपबेल के उदाहरण बार-बार आते हैं: *आन कालोनियलिज्म*, पृ. 66, 68, 74, 75, 80. देखें *कैपीटल*, खंड I, पृ. 352, पाद टिप्पणी. मार्क्स 1853 में मिल की हिस्टरी को भी उद्धृत किया है, *आन कालोनियलिज्म*, पृ. 43.
18. 14 जून 1853 के एक पत्र में मार्क्स मनु का संदर्भ देते हैं: *सिलेक्टिड कारेसपोंडेंस*, पृ. 62, *आन कालोनियलिज्म*, पृ. 281.
19. *सिलेक्टिड कारेसपोंडेंस*, पृ. 57-58. मार्क्स ने *ए कंट्रीब्यूशन टू दि क्रिटिक आफ पोलिटिकल इकानामी* में बर्नियर को उद्धृत किया है.
20. 8 जून 1853 का एक पत्र, *सिलेक्टिड कारेसपोंडेंस*, पृ. 57, मार्क्स द्वारा रेखांकित.
21. *ट्रिब्यून* में प्रकाशित लेख, 10 जून 1853, '*आन कालोनियलिज्म*', पृ. 36-37.
22. कार्ल मार्क्स और फ्रेडरिक एंगेल्स, '*दि जर्मन आइडियोलाजी*', प्रोग्रेस पब्लिशर्स, मास्को, 1964, पृ. 32-36.
23. एंगेल्स के इस प्रश्न में यह मान लिया गया है (देखें 6 जून का एक पत्र) कि क्या कारण है कि सामंती व्यवस्था के तहत भी 'पूर्वी' लोग भूसंपत्ति की अवस्था तक नहीं पहुच पाते हैं (*सिलेक्टिड कारेसपोंडेंस*, पृ. 59).
24. *कैपीटल*, खंड 1, पृ. 350. ई. तथा सी. पाल के अनुवाद में भूमि का सामुदायकि स्वामित्व (ऐवरीमेन्स लायब्रेरी, 1930, भाग 1, पृ. 377. और भी) देखें, *कैपीटल*, खंड 1, पृ. 325. जहां मार्क्स उत्पादन के साधनों के सामूहिक स्वामित्व के संदर्भ में भारतीय समुदायों को उत्तरदायी ठहराते हैं
25. लेफ्टिनेंट कर्नल व्लिक्स, '*हिस्टारिकल स्केचिज आफ साउथ इंडिया*' (मूल रूप से लंदन से प्रकाशित, 1810), सं. मुर्रे हैमिक, मैसूर, 1930, भाग 1, पृ. 137.

26. 14 जून 1853 का एक पत्र *आन कालोनियलिज्म,* पृ. 280.
27. *प्रीकैपीटालिस्ट फार्मेशन्स,* पृ. 68-69, *ग्रुंड्रिस,* अनु., पृ. 473.
28. *कैपीटल,* खंड 1, पृ. 357.
29. *प्रीकैपीटलिस्ट फार्मेशन्स,* पृ 68-69, *ग्रुंड्रिस,* अनु. पृ. 472.
30. प्रकाशित, मई 25, 1958, *आन कालोनियलिज्म,* पृ. 163.
31. *प्रीकैपीटलिस्ट फार्मेशन्स,* पृ. 71-82, *ग्रुंड्रिस,* अनु. 474-86.
32. *आन कालोनियलिज्म,* पृ. 35-36, *प्रीकैपीटलिस्ट फार्मेशन्स,* पृ. 70, 83, 91, *ग्रुंड्रिस,* अनु., पृ. 473-486, 493, *कैपीटल,* I, पृ. 350.
33. *कैपीटल,* पृ. 351-52, जातियों के बारे में; ये जातियां किसी व्यक्ति के आंशिक कार्य का उसके जीवन भर के पेशे के रूप में परिणत होने के कारण अस्तित्व में आईं.
34. जीविका निर्वाह के वंशानुगत साधन तथा जातिभेद के संदर्भ के लिए देखें '*ट्रिब्यून*' में प्रकाशित लेख, 10 जून 1853, *आन कालोनियलिज्म,* पृ. 36.37.
35. *प्रीकैपीटलिस्ट फार्मेशन्स,* पृ. 83, *ग्रुंड्रिस,* अनु., पृ. 486.
36. *प्रीकैपीटलिस्ट फार्मेशन्स,* पृ. 91, अनु., पृ. 486.
37. *प्रीकैपीटलिस्ट फार्मेशन्स,* पृ. 91, *ग्रुंड्रिस,* पृ. 493.
38. 10 जून 1853, *आन कालोनियलिज्म,* पृ. 37.
39. *कैपीटल,* खंड 3, पृ. 771-72 से उद्धृत. मार्क्स कहते हैं कि जहां राज्य भूस्वामी होता है, जैसे एशिया में, वहां भूदास्ता के रूप में व्यक्तिगत दासता आवश्यक नहीं होती. इस प्रकार की परिस्थितियों में सर्वसाधारण के लिए राज्य की पराधीनता ही काफी है. उससे अधिक किसी शक्तिशाली राजनीतिक अथवा आर्थिक दबाव का होना अनिवार्य नहीं है.
40. 2 जन 1853 का एक पत्र *सिलेक्टड कारेसपोंडेंस,* पृ. 58. विवादास्पद वक्तव्य फ्रांक्वा बर्नियर की पुस्तक '*ट्रेवल्स इन दि मुगल एंपायर*', ए.डी. 1656-1668. अनु. ए. कांस्टेबल, सं. वी.ए. स्मिथ, आक्सफोर्ड, 1916, पृ. 5, 204, 226, 232, 338.
41. *प्रीकैपीटलिस्ट फार्मेशन्स,* पृ. 69, *ग्रुंड्रिस,* अनु., पृ. 473.
42. *प्रीकैपीटलिस्ट फार्मेशन्स,* पृ. 69-70, *ग्रुंडिस,* अनु., पृ. 473.
43. 25 मई 1858 को प्रकाशित, *आन कालोनियलिज्म,* पृ. 162. *ट्रिब्यून* में प्रकाशित एक अन्य लेख (3 अप्रैल 1858) में मार्क्स ने यहां तक लिखा:

    तथापि जमीन सरकार की नहीं होती थी. इसका अधिकांश उसी तरह व्यक्तिगत संपत्ति होता था जैसे इंगलैंड में बहुत से देशवासी पांच-पांच सौ, छह-छह सौ पुराने अधिकारपत्रों के आधार पर अपन जागीरों पर कब्जा बनाए हुए है. आविनेरी, पृ. 278.

44. अठारहवीं सदी से पहले किसी भी भारतीय अधिकारी विद्वान ने यह नहीं कहा कि राजा ही भूमि का स्वामी होता है जबकि सोलहवीं सदी के बाद से ही यूरोपियन प्रेक्षकों के मुंह से यह वक्तव्य सामान्य रूप से निकलता रहा है.

    स्पष्टत: भूमि-कर के कारण जिसके लिए उन्होंने लगान शब्द का प्रयोग किया तथा जिसके कारण वे समझते थे कि सर्वव्यापी शाही संपत्ति का अस्तित्व भूमि में है, देखें, इरफान हबीब, *एग्रेरियन सिस्टम आफ मुगल इंडिया,* बंबई, 1963, पृ. 112-13.
45. *कैपीटल,* भाग 3,पृ. 771-72.

46. देखें मैकाले जिसने लार्ड विलियम बैंटिक के निधन के अवसर पर 'प्राच्य निरंकुशतावाद' की ब्रिटिश स्वंत्रता से तुलना की थी.
47. *ट्रिब्यून* में प्रकाशित लेख 7 जून 1858, *आन कालोनियलिज्म,* पृ. 123.
48. *ट्रिब्यून* में प्रकाशित लेख, पूर्वोक्त, *आन कालोनियलिज्म,* पृ. 163-64.
49. 14 जून 1853 का एक पत्र *सिलेक्टिड कारेसपोंडेंस* पृ. 62.
50. *प्रीकैपीटलिस्ट फार्मेशन्स,* पृ. 80-81, *ग्रुंड्रिस,* अनु., पृ. 485.
51. *ग्रुंड्रिस,* अनु., पृ. 882.
52. *कैपीटल,* भाग 3, पृ. 767.
53. *कैपीटल,* भाग 1, पृ. 610.
54. *कैपीटल,* भाग 1, पृ. 35.
55. *कैपीटल,* भाग 3, पृ. 776.
56. *कैपीटल,* भाग 3, पृ. 767.
57. सर जान शोर, 18 जून 1789 के अपने सुप्रसिद्ध विवरण में, जो *फिफ्थ रिपोर्ट* का परिशिष्ट (भाग 1) है, कहते हैं कि सारे बंगाल में सामान्यतः किसान अपना लगान मुद्रा के रूप में भुगतान करते हैं (पृ. 192, अनुच्छेद 226).
58. 9 जुलाई 1853 को प्रकाशित *आन कालोनियलिज्म,* पृ. 73.
59. *थ्योरीज आफ सरप्लस वैल्यू,* प्रोग्रेस पब्लिशर्स, मास्को, 1971, भाग 3, पृ. 434-35.
60. *कैपीटल,* भाग 1, पृ. 331-32. यह उद्धरण (बल हमारा) मार्क्स ने ह्यूमरे तथा जेम्स विल्सन (*हिस्टारिकल एंड डिस्क्रिटिव अकाउंट आफ ब्रिटिश इंडिया,* एडनिबरा 1832, जिल्द 2) से लिया है.
6.1 *कैपीटल,* भाग 1, पृ. 331-32.
62. *सिलेक्टिड कारेंसपौंडेंस,* पृ. 57-58 (जो उद्धरण मार्क्स देते हैं वे बर्नियर की पुस्तक '*ट्रेवल्स*', अंग्रेजी अनु. ए. कांस्टेबुल तथा संपादन बी.ए. स्मिथ, आक्सफोर्ड, 1916, पृ. 291-20, 251-52, 381-90).
63. *थ्योरीज आफ सरप्लस,* भाग 3, पृ. 435.
64. मार्क्स को संबोधित 6 जून 1853 के अपने एक पत्र में एंगेल्स ने सहारा से लेकर भारत तथा तार्तारी तक के विस्तृत क्षेत्र में 'कृषि सिंचाई व्यवस्था' की खेती के लिए बुनियादी शर्त बताया है. उन्होंने पूर्वी संस्कारों के तीन विभाग बताए हैं, वित्त, युद्ध और सार्वजनिक निर्माण (*सिलेक्टिड कारेसपोंडेंस,* पृ. 59). मार्क्स ने *ट्रिब्यून* में प्रकाशित अपने लेख, 10 जून 1853 में इन विचारों को यथावत रूप में लिया है, *आन कालोनियलिज्म,* पृ. 33-34.
65. *प्रीकैपीटलिस्ट फार्मेशन्स,* पृ. 70-71, *ग्रुंड्रिस,* अनु., पृ. 473-74 तथा *कैपीटल,* खंड 1, पृ. 523.
66. *एंटीड्यूरिगं,* अनु. फारेन लैंग्वेजिज पब्लिशिंग हाउस, मास्को, 1947, पृ. 269.
67. *इनक्वायरी,* दिल्ली, संख्या 6, पृ. 54-73 में मैंने इस पुस्तक की समीक्षा की है.
68. अपने व्यापक प्रारूप के तहत एशियाटिक, प्राचीन, सामंती तथा पूंजीवादी उत्पादन पद्धतियों को एक ऐसे काल विभाजन के रूप में चिह्नित किया जा सकता है जो समाज के आर्थिक विकास को स्पष्ट करता हो, '*कंट्रीब्यूशन टू दि क्रिटिक आफ पॉलिटिकल इकानामी*' की भूमिका, प्रोग्रेस पब्लिशर्स, मास्को, 1970, पृ. 21.

69. ई.जे. हाब्सबाम '*प्रीकैपीटलिस्ट फार्मेशन्स*' की भूमिका, पृ. 34. यदि वर्ग नहीं तो वर्ग संघर्ष नहीं. अतः विटफोगिल के अनुसार, 'कृत्रिम सिंचाई व्यवस्था वाले समाज का इतिहास यह बताता है कि वर्ग संघर्ष संपूर्ण मानवता की पुरानी बीमारी नहीं, अपितु बहुकेंद्रीय और खुले पश्चिमी समाजों की ऐयाशी है, *ओरिएंटल डेस्पोटिज्म*, पृ. 71.
70. *एंटीड्यूरिंग*, पृ. 268-69.
71. मार्क्स, *ए कंट्रीब्यूशन टू दि क्रिटिक आफ पोलिटिकल इकानामी*, अंग्रेजी अनु. प्रोग्रेस पब्लिशर्स, मास्को, 1970, पृ. 21-23.
72. *कैपीटल*, खंड 1, अनु. ई. तथा सी. पाल ऐवरीमेन्स लायब्रेरी, सं. 1930, पृ. 35, पाद टिप्पणी. ओरिएंटल शब्द मूल एवलिंग के अनुवाद में छूट गया है. देखें, *कैपीटल*, I, पृ. 325, पाद टिप्पणी.
73. संपत्ति के एशियाई और भारतीय रूप यूरोप में हर जगह प्रारंभिक रूप हैं. देखें 14 मार्च 1868 का एक पत्र जो *प्रीकैपीटलिस्ट फार्मेशन्स* में प्रकाशित है, पृ. 139. इसी पत्र में मार्क्स यह भी कहते हैं कि मोरेर के अध्ययन ने इस विचार को पुष्ट किया है. 17 फरवरी 1870 के एक पत्र में वे और भी अधिक निश्चयात्मक ढंग से कहते हैं कि सामुदायिक संपत्ति का मूल चाहे वह स्लाविक हो या अन्य, भारतीय ही है (मार्क्स, *लेटर्स टु कुगेलमान*, अंग्रेजी अनुवाद, मार्टिन लारेंस, लंदन, अदिनांकित, 1935, पृ. 99).
74. *एंटीड्यरिंग*, पृ. 267-71.
75. *वही*, पृ. 268-69.
76. मार्क्स की 1853 के लेखन से यह है कि वे इस स्थिति को स्वीकार करते हैं. देखें उपर्युक्त.
77. वेरा जासुलिच को लिखे पत्र का द्वितीय प्रारूप, 8 मार्च 1881, *प्रीकैपीटलिस्ट फार्मेशन्स*, पृ. 143.
78. देखें डी. थार्नर, *कंट्रीब्यूशंस टू इंडियन सोशियोलाजी*, II, 1966, पृ. 60-62. यह कल्पना रोचक है कि मार्क्स को यदि मिलिंद पन्हो (ईसा की प्रथम सदी) में संग्रहीत भारतीय ग्राम समुदाय के कामकाज का विवरण देखने को मिला होता जो वस्तुतः अब तक प्राप्त प्राचीनतम विवरण है, तो मार्क्स क्या कहते. गांव का मुखिया जब सारे गांववासियों को सभा के लिए बुलाता है तो उसका अर्थ 'गृहपतियों' (हेड्स आफ हाउसिज) से होता है. औरतें और मर्द, दासियां और दास, भाड़े के मजदूर, नौकर-किसान (शाब्दिक अर्थ ग्रामीण), रोगी, बैल-भैंस, भेड़ बकरी तथा कुत्ते आदि बहुत हैं जो नहीं आते हैं, लेकिन उन सबसे कोई फर्क नहीं पड़ता है (*क्वेश्चन आफ किंग मिलिंद*, अनु. राइस डेविड्स, भाग 1, पृ. 208-9).
79. हाब्सबाम की भूमिका में उद्धृत *प्रीकैपीटलिस्ट फार्मेशन्स*, पृ. 58.
80. 14 जून 1853 का एक पत्र (*आन कालोनियलिज्म*, पृ. 62).
81. देखें, रोजा लक्समबर्ग, '*दि ऐक्युम्युलेशन आफ कैपीटल*', अनु. ए. स्वार्ज चाइल्ड, रूटलेज, लंदन, 1951, पृ. 372, 3 (पाद टिप्पणी).
82. कार्ल मार्क्स, *नोट्स आन इंडियन हिस्टरी* (1964-1858), फारेने लैंग्वेजिज, पब्लिशिंग हाउस, मास्को, अदिनांकित, पृ. 42.
83. *कैपीटल*, भाग 3, पृ. 776.
84. *इंडियन हिस्टारिकल रिव्यू*, भाग II, (2), पृ. 387. गुणवर्धन इससे यह निष्कर्ष निकालते हैं कि इन टिप्पणियों में मार्क्स का *ग्रुंड्रिस* में पूर्वी राज्य की प्रकृति के संदर्भ में बनाई गई अपनी अवधारणा के प्रति असंतोष झलकता है.

85. जब 1884 में एंगेल्स ने अपनी पुस्तक *ओरिजिन आफ दि फैमिली, प्राइवेट प्रापर्टी एंड दि स्टेट* लिखी तो उन्होंने इस व्यवस्था का कोई क्षीण सा भी संकेत नहीं दिया. विशेष रूप से वह अंश देखें जहां उन्होंने सभ्यता के तीन महान चरणों की चर्चा की है, (अंग्रेजी सं. मास्को, 1948, पृ. 240). एंगेल्स द्वारा इसके उल्लेख न करने का जो स्पष्टीकरण दिया गया है वह खींचतान सा लगता है (भूमिका, *प्रीकैपीटलिस्ट फार्मेशन्स,* पृ. 52); विटफोगिल की 'ओरिएंटल डेस्पोटिज्म' भी देखें, पृ. 386.

86. निश्चय ही यह भारतीय इतिहासकारों के बीच बहस का मुद्दा है (*इनक्वायरी* 3, पृ. 1-56). 'पोटेंशियलिटीज आफ कैपीटलिस्टिक डेवलपमेंट इन दि इकानामी आफ मुगल इंडिया' में मैंने इस विषय पर अपने विचार रखे हैं. मध्ययुगीन भारतीय समाज को सामंती नाम देकर कुछ भारतीय तथा सोवियत इतिहासकार यह मानने लगे हैं कि भारत में पूंजीवादी विकास की संभावनाएं तो थी, किंतु अंग्रेजों के आगमन के कारण अल्पावस्था में ही मुरझा गईं. *हिस्टारिकल प्रिमाइज फार इंडियाज ट्रांजीशन टु कैपीटलिज्म* (नौका प्रकाशन, मास्को, पृ. 4-159) में वी.आई. पावलोव ने प्रमाणों का कहीं ज्यादा प्रत्यक्ष रूप से इस्तेमाल करते हुए इस बहस का सर्वेक्षण किया है.

87. *ट्रिब्यून* में प्रकाशित लेख, 24 जून 1853, *आन कालोनियलिज्म,* पृ. 41.

88. *ट्रिब्यून* में प्रकाशित लेख, पूर्वोक्त, *आन कालोनियलिज्म,* पृ. 46. वाणिज्यवाद से संबंधित विवाद में मार्क्स कंपनी के दो पक्षधरों का संदर्भ देते हैं: '*ए डिस्कार्स आफ ट्रेड: फ्राम इंगलैंड टू दि ईस्ट इंडीज,* (1621)' के लेखक थाम्सन तथा सर जोसिया चाइल्ड जिन्होंने एक विशेष निबंध लिखा. उक्त निबंध में उन्होंने यह दिखाया है कि ईस्ट इंडिया कंपनी का व्यापार सभी विदेशी व्यापारों में सर्वाधिक राष्ट्रीय है (1668).

89. *ट्रिब्यून* में प्रकाशित लेख, पूर्वोक्त, *आन कालोनियलिज्म,* पृ. 44.

90. वही, पृ. 47.

91. *कैपीटल,* भाग 3, पृ. 77.

92. यहां मार्क्स ब्राइट के एक भाषण का उल्लेख कर रहे हैं. *ट्रिब्यून* में प्रकाशित लेख 22 जून 1853, *आन कालोनियलिज्म,* पृ. 27-30. 19 जुलाई 1853 को *ट्रिब्यून* में प्रकाशित लेख *आन कालोनियलिज्म,* पृ. 72 को भी देखें. इसमें उन्होंने दिखाया है कि विभिन्न प्रांतों में सार्वजनिक कार्यों पर राजस्व का मामूली अंश ही खर्च किया जाता था.

93. *ट्रिब्यून* में प्रकाशित लेख, 23 जुलाई 1858, *आन कालोनियलिज्म,* पृ. 180.

94. भारत में अंग्रेजों की लिप्सा जब साधारण भ्रष्टाचार से संतुष्ट नहीं हो सकी तो उस खूंखार लुटेरे क्लाइव के ही शब्दों में उन्होंने लूट खसोट शुरू कर दी. *ट्रिब्यून* में प्रकाशित लेख, 22 जुलाई 1853, *आन कालोनियलिज्म,* पृ. 81.

95. *कैपीटल,* भाग 1, पृ. 77.

96. *ट्रिब्यून* में प्रकाशित लेख, 21 सितंबर 1857, *आन कालोनियलिज्म,* पृ. 140-44, तथा एक अन्य लेख, 8 अप्रैल 1895 (ऐवनरी, पृ. 366-74).

97. आर.सी. दत्त, *इकानामिक हिस्टरी आफ इंडिया इन अर्ली ब्रिटिश रूल,* लंदन, द्वितीय संस्करण, 1906, पृ. 49-50 में बर्क को उद्धृत किया गया है. सर जान शोर की टिप्पणियां, 18 जून 1789 के अपने कार्य-विवरण (मिनट्स) में संकलित हैं पैराग्राफ 131-142 (*फिफ्थ रिपोर्ट,* पृ. 183). कार्नवालिस ने 10 फरवरी 1790 के अपने कार्य विवरण में यूरोप के संदर्भ में भारत के वार्षिक

पूंजी निवेश के महत्व तथा भारतीय कृषि और वाणिज्य पर पड़ने वाले उसके दुष्प्रभाव तथा इंगलैंड को होने वाले धन-प्रवाह की चर्चा की है (*फिफ्थ रिपोर्ट*, पृ. 493).

98. दादाभाई नौरोजी, *पावर्टी एंड अनब्रिटिश रूल इन इंडिया* (मूल रूप से लंदन से 1901 में प्रकाशित, पब्लिकेशंस डिवीजन, भारत सरकार, 1962, पृ. 35-36) में उद्धरण देखें तथा आर.सी. दत्त, *इकानामिक हिस्टरी आफ इंडिया इन दि विक्टोरियन एज*, ग्यारहवां संस्करण, लंदन, 1950, पृ. 115-16 भी देखें.
99. *ट्रिब्यून* में प्रकाशित लेख, 23 जून 1853, *आन कालोनियलिज्म*, पृ. 29.
100. *ट्रिब्यून* में प्रकाशित लेख, 23 जुलाई 1858, *आन कालोनियलिज्म*, पृ. 175-80.
101. *ट्रिब्यून* में प्रकाशित लेख, 22 जुलाई 1853, *आन कालोनियलिज्म*, पृ. 77.
102. *ट्रिब्यून* में प्रकाशित लेख, 5 अगस्त 1853, *आन कालोनियलिज्म*, पृ. 73.
103. वही, *कैपीटल*, भाग 3, पृ. 328 भी देखें.
104. *ट्रिब्यून* में प्रकाशित लेख, 7 जून 1858, *आन कालोनियलिज्म*, पृ. 163.
105. *ट्रिब्यून* में प्रकाशित लेख, 5 अगस्त 1853, *आन कालोनयलिज्म*, पृ. 73.
106. वही.
107. *ट्रिब्यून* में प्रकाशित लेख, 17 सितंबर 1857, *आन कालोनियलिज्म*, पृ. 134-39.
108. *कैपीटल*, भाग 3, पृ. 777.
109. वही, पृ. 211.
110. *ट्रिब्यून* में प्रकाशित लेख, 7 जून 1858, *आन कालोनियलिज्म*, पृ. 211.
111. *ट्रिब्यून* में प्रकाशित लेख, 25 जुलाई 1853, *आन कालोनियलिज्मस*, पृ. 66.
112. *ट्रिब्यून* में प्रकाशित लेख, 25 जुलाई 1853, *आन कालोनियलिज्म*, पृ. 127-28.
113. उनके मन में इस तर्क के प्रति भी सहानुभूति थी कि राजा लोग ही इस घृणास्पद अंग्रेजी व्यवस्था के मजबूत आधार हैं तथा भारतीय प्रगति के मार्ग में सबसे बड़ी रुकावट हैं. वे देशी अभिजात वर्ग की ओर से मुनरो और एलफिंस्टन द्वारा की जाने वाली वकालत को साफ तौर से संदेह की दृष्टि से देख रहे थे. *ट्रिब्यून* में प्रकाशित लेख, 25 जुलाई 1853, *आन कालोनियलिज्म*, पृ. 67-68.
114. यह अवध के ताल्लुकेदारों की जमीन को जब्त की जाने वाली कैनिंग की घोषणा के संदर्भ में है.
115. *ट्रिब्यून* में प्रकाशित लेख, 28 मई 1858, *आन कालोनियलिज्म*, पृ. 6.
116. *ट्रिब्यून* में प्रकाशित लेख, 28 मई 1858, *आन कालोनियलिज्म*, पृ. 190-91.
117. *ट्रिब्यून* में प्रकाशित लेख, 25 सितंबर 1858, *आन कालोनियलिज्म*, पृ. 190-91.
118. *ट्रिब्यून* में प्रकाशित लेख, 10 अक्तूबर 1859, *आन कालोनियलिज्म*, पृ. 214-15.
119. गौरतलब है कि 1880 में लिखते हुए भारत के महान प्रवक्ता दादाभाई नौरोजी भी अफीम के व्यापार को उसी नजर से देख रहे थे जिस नजर से मार्क्स और वे भी उससे उतने ही क्षुब्ध थे:

    'चूंकि भारत धन के इस खेदहीन अपवाह को पूरा नहीं कर सकता, अत: उसकी भरपाई के लिए चीन को इसमें खींचा जा रहा है और वह भी जहर खिलाकर.' यह अफीम का व्यापार इंगलैंड के सिर पर एक पाप है और भारत के लिए शाप, क्योंकि साधन के रूप में भारत भी इसका भागीदार है, *पावर्टी एंड अनब्रिटिश रूल इन इंडिया*, पब्लिकेशंस डिवीजन, भारत सरकार, 1962, पृ. 190.

120. *कैपीटल,* खंड 3, पृ. 569-70.
121. पार्लियामेंटरी कमेटी के सम्मुख गवाह के रूप में चार्ल्स वुड द्वारा प्रस्तुत एक प्रश्न 'ईस्ट इंडिया कंपनी के दस्तावेजों के तहत जिस निर्यात का जिक्र है, वह एक अच्छी सरकार का निर्यात है, माल का नहीं', मार्क्स द्वारा उद्धृत, *कैपीटल,* III, पृ. 569.
122. *कैपीटल,* खंड 1, पृ. 777, मूल एवलिंग के अनुवाद ने प्रिमीटिव शब्द को प्रचारित किया है, जबकि बेहतर अनुवाद (जो ई. तथा सी. पाल ने किया है) 'प्राइमरी' होगा.
123. औपनिवेशिक लूट के संदर्भ में डॉब, *स्टडीज इन दि डेवलपमेंट आफ कैपीटलिज्म,* रूटलेज, लंदन, 1946, पृ. 208-9. आदिम संचय की चर्चा पृ. 177-186 पर की गई है. ई.जे. हाब्सबाम, *इंडस्ट्री एंड एंपायर,* पेलीकन इकानामिक हिस्ट्री, जिल्द 3, 1969, पृ. 54 भी देखें, वहां हमारी औद्योगिक अर्थव्यवस्था के विकास के पीछे विजित उपनिवेशों की प्रत्यक्ष लूट को नहीं, अपितु अपराधी दुनिया के साथ वाणिज्य का एक महत्वपूर्ण उपकरण बताया गया है.
124. फिलिस डीन तथा डब्ल्यू.ए. कोल, *ब्रिटिश इकानामिक ग्रोथ,* 1688-1959, कैंब्रिज, 1962, पृ. 34. यह कहते हैं कि 1797-98 में अंग्रेजी निर्यातों में उपनिवेशों का हिस्सा 9 प्रतिशत था और आयातों में 24 प्रतिशत (इसमें पुनर्निर्यात भी सम्मिलित है).
125. सायरा.आई. हबीब, *प्रोसीडिंग्स आफ दि इंडियन हिस्टरी कांग्रेस,* 36वां, सत्र, अलीगढ़, 1975, चौथा अनुभाग, पृ. XXII-XXIV.
126. देखें फ्रांक्वां क्रूजे (सं.), *कैपीटल फार्मेशन्स इन दि इंडस्ट्रियल रिवोल्यूशन,* मैथुएन एंड कं., लंदन, 1972, पृ. 175-77.
127. *कैपीटल,* I, पृ. 779.
128. *कैपीटल,* I, पृ. 739.
129. मिसाल के तौर पर देखें डॉब की पुस्तक *स्टडीज इन दि डेवलमपेंट आफ कैपीटलिज्म,* पूर्वोक्त, (पृ. 178). *कैपीटल* खंड I (पृ. 790) में मार्क्स की टिप्पणी से भी यह स्पष्ट है कि मार्क्स खुद आदिम संचय की प्रक्रिया को कोई ऐसी प्रक्रिया नहीं मानते थे जो जड़ हो चुकी हो. राजनीतिक अर्थशास्त्र की मातृभूमि कहे जाने वाले पश्चिमी यूरोप में आदिम संचय की प्रक्रिया कमोबेश पूरी हो चुकी है. उपनिवेशों में इसकी स्थिति भिन्न है. उपनिवेशों में अंग्रेजी सरकारों द्वारा आदिम संचय के लिए इस्तेमाल किए गए विशिष्ट ढंग के समकालीन तौर-तरीके के लिए देखें,वही, पृ. 798-99.
130. एफ. डेनियल्स को लिखा एक पत्र, 19 फरवरी 1881 (मार्क्स द्वारा रेखांकित), *सिलेक्टिड कारेसपोंडेंस,* पृ. 340-41.
131. ए. श्वारत्सचाइल्ड, लंदन, 1951, विशेषत: पृ. 369-70. लक्समबर्ग का भी यही माना है कि मार्क्स आदिम संचय को पूंजीवाद की उत्पत्ति के दौर तक ही सीमित मानते थे, वही, पृ. 364-65. शायद उन्हें भारत और चीन के संबंध में मार्क्स के लेखों के बारे में जानकारी न रही हो. शायद उन्हें यह भी मालूम न रहा हो कि औपनिवेशिक शक्तियों द्वारा 'पूर्व' को गुलाम बनाए जाने के विरुद्ध क्षोभ व्यक्त करके वे मार्क्स की परंपरा को ही आगे बढ़ा रहे थे.
132. विशेष रूप से देखें *ट्रिब्यून* में प्रकाशित, 24 जून 1853, *आन कालोनियलिज्म,* पृ. 48-49. अंतर्विरोध का इतिहास बड़ा पुराना है. इसी लेख में मार्क्स ईस्ट इंडिया कंपनी द्वारा भारतीय कपड़े के आयात के विरुद्ध 'औद्योगिक वर्ग' द्वारा संसदीय हस्तक्षेप कराए जाने का जिक्र करते हैं और जान पालेक्स फेन की पुस्तिका *इंगलैंड एंड इंडिया इनकंसिस्टेंट इन देयर*

मैन्युफैक्चर्स (1697) का हवाला देते हैं. पुस्तक का शीर्षक डेढ़ सदी बाद आश्चर्यजनक ढंग से सही सिद्ध हुआ. किंतु बिलकुल दूसरे अर्थ में, *आन कालोनियलिज्म,* पृ. 46.

133. इसके कारणों के लिए नहीं, अपितु इस प्रवृत्ति को समझने की दृष्टि से देखें इसी शीर्षक से जान गालेगर तथा राबिंसन का लेख *इकानामिक हिस्टरी रिव्यू,* सेकंड सीरीज 4 (1), 1953. आर.जे. मूर का, 'इंपीरियलिज्म एंड फ्री ट्रेड पालिसी इन इंडिया,' वही, 167 (1964) नामक लेख भी देखें, वही, XII (1964). दोनों लेख ए.जी. एल. शा की *ग्रेट ब्रिटेन एंड दि कालोनीज,* 1815–1865, मैथुएन, लंदन, 1970 में (पृ. 142-63 तथा 184-96) में पुन: प्रकाशित.

134. *ट्रिब्यून* में प्रकाशित लेख (24 जून 1853). *आन कालोनियलिज्म,* पृ. 45 में मार्क्स ने एक और महत्वपूर्ण लेख लिखा जिसमें उन्होंने विद्रोह के बाद के वित्तीय संकट का विश्लेषण किया है. इस संकट को बढ़ाने में मुक्त व्यापारवादियों के दबाव में स्वीकार किए गए रेलवे कंपनियों के भुगतानों ने भी पर्याप्त योगदान दिया. मार्क्स ने व्यंग्य करते हुए यह सार प्रस्तुत किया कि भारत की दूसरी शानदार विजय के वित्तीय परिणाम इसलिए भोगने पड़ रहे हैं ताकि मैनचेस्टर के 'मुक्त बाजारवादियों' को भारतीय बाजार का एकाधिकार उपलब्ध करा दिया जाए (*ट्रिब्यून* में 30 अप्रैल 1859 में प्रकाशित, ऐवेनेरी, पृ. 374).

135. कानरेड स्मिथ को एंगेल्स का पत्र (27 अक्तूबर 1890, *सिलेक्टिड कारेसपोंडेंस,* पृ. 420-21).

136. *ट्रिब्यून* में प्रकाशित लेख, 24 जून 1853, *आन कालोनियलिज्म,* पृ. 47.

137. *ट्रिब्यून* में प्रकाशित लेख, पूर्वोक्त, *आन कालोनियलिज्म,* पृ. 47-48.

138. *ट्रिब्यून* में प्रकाशित लेख, 7 जून 1853, *आन कालोनियलिज्म,* पृ. 34.

139. *ट्रिब्यून* में प्रकाशित लेख, 24 जून 1853, *आन कालोनियलिज्म,* पृ. 48.

140. *ट्रिब्यून* में प्रकाशित लेख, 10 जून 1853, *आन कालोनियलिज्म,* पृ. 36.

141. थामस एलीसिन, *दि काटन ट्रेड आफ ग्रेट ब्रिटेन,* प्रथम संस्करण, 1886, लंदन, 1968, पृ. 62-63.

142. *ट्रिब्यून* में प्रकाशित लेख, 10 जून 1853, *आन कालोनियलिज्म,* पृ. 34, *कैपीटल,* खंड III, पृ. 328.

143. चीन, भारत और अरब जैसे राष्ट्रों पर पूंजीवादी विश्व वाणिज्य के प्रभाव के लिए देखें, *कैपीटल,* खंड II, पृ. 34. अनुवाद में 'एक्सिस' पढ़ा जाता है, लेकिन मार्क्स का अभिप्राय 'सरप्लस' है.

144. *कैपीटल,* खंड I,, पृ. 453.

145. *ट्रिब्यून* में प्रकाशित लेख,10 जून 1853, *आन कालोनियलिज्म,* पृ. 34. मार्क्स बताते हैं कि ढाका की आबादी 1,50,000 से घटकर 20,000 ही रह गई थी; संभवत: 1825-37 के बीच. ये आंकड़े डब्ल्यू.डब्ल्यू हंटर द्वारा दिए आंकड़ों (*स्टेटिस्टिकल अकाउंट्स आफ बंगाल,* लंदन, 1975, खंड 5, पृ. 68) से मेल नहीं खाते, सन् 1800 में टेलर के अनुमान के मुताबिक 2,00,000 निवासी; 1823 में हैबर के अपेक्षाकृत स्फीत अनुमान के मुताबिक 3,00,000; 1830 में शहरी जनगणना के अनुसार 66,989; 1867 में सरकारी अनुमान के मुताबिक 51,656; 1872 की जनगणना के अनुसार 69,212. बहरहाल, इन आंकड़ों से भी शहरी आबादी में आई भारी गिरावट का उसी तरह स्पष्ट पता चलता है जैसा मार्क्स द्वारा प्रस्तुत आंकड़ों से.

146. *कैपीटल,* खंड I, पृ. 432. में वह स्रोत तलाश नहीं कर सका जहां से मार्क्स ने यह उद्धरण लिया है.

147. *कैपीटल,* खंड I, पृ. 461. लघु कोष्ठक उसी तरह जैसे मूल में है.

148. मोरिस डी. मोरिस, *इंडियन इकानामिक खंड शोसल हिस्टरी रिव्यू* (आई.ई.एस.एच.आर.), खंड V (1), पृ. 8-9.

149. आई.ई.एस.एच.आर. 5 (1) में बिपिनचंद्र, पृ. 52-68. आई.ई.एस.एच.आर. में मेघनाद देसाई, VII (4), पृ. 317-61. संयोग से मार्क्स को यह जानकारी थी कि भारतीय जुलाहे लंकाशायर का सूत इस्तेमाल करते हैं. *ट्रिब्यून* में प्रकाशित लेख,10 जून 1853, *आन कालोनियलिज्म,* पृ. 36. इसके बावजूद मार्क्स यह कहने वालों का मजाक उड़ाते हैं कि कताई की मशीन के आविष्कारक ने हिंदुस्तान को बरबाद कर दिया है. मार्क्स कहते हैं कि असल अपराधी तो शक्ति से चलने वाला करघा है, *कैपीटल,* खंड I, पृ. 443, पाद टिप्पणी.

150. एलीसन, *दि काटन ट्रेड आफ ग्रेट ब्रिटेन,* पूर्वोक्त, पृ. 63 (तालिका).

151. *कैपीटल,* खंड III, पृ. 328. इससे पहले 1859 में भी मार्क्स इस बिंदु को उठा चुके थे.

'खेती और दस्कतारी के संयोजन के आधार पर लंबे समय तक भारत ब्रिटिश वस्तुओं के आयात का प्रतिरोध करता रहा, *ट्रिब्यून* में प्रकाशित लेख, 3 दिसंबर 1859, ऐविनेरी, पृ. 398.

चीन से भिन्न रूप में यदि भारत में प्रतिरोध की क्षमता कम हुई तो उसका कारण यह था कि यहां अंग्रेजों ने राजनीतिक सत्ता हथिया ली और वे यहां देश के सर्वोच्च जमींदार बन गए. उन्होंने हिंदुस्तान के एक हिस्से के आत्मनिर्भर समुदायों को ब्रिटिश वस्तुओं के बदले अफीम, कपास, नील, सन तथा अन्य कच्चा माल पैदा करने वाले फार्मों में बदल दिया (वही). हम यहां पुन:साम्राज्यवाद और व्यापार के बीच निकट संबंध देखते हैं.

152. रजनी पाम दत्त, *इंडिया टुडे,* बंबई, 1947, पृ. 198-200. सुरेंद्र जे. पटेल, *एग्रीकल्चरल लेबरर्स आफ इंडिया एंड पाकिस्तान,* बंबई, 1952, पृ. 1-20. पटेल की व्याख्याएं कुछ सफाई की मांग करती हैं, फिर भी उनका काम अपने क्षेत्र में एक नई राह खोलने वाला है.

153. धर्मा कुमार, *लैंड एंड कास्ट इन साउथ इंडिया,* कैंब्रिज, 1965, पृ. 166-82. उन्होंने दक्षिण भारत की कुल कृषि-आबादी में खेत मजदूरों की संख्या 17 या 19 फीसदी से बढ़कर 27 या 29 फीसदी हो जाने की बात स्वीकार की है. फिर भी वे कृषि व्यवस्था में कोई मूलगामी परिवर्तन स्वीकार करने को तैयार नहीं हैं.

154. ये शब्द *ट्रिब्यून* में प्रकाशित लेख, 22 जून 1853, *आन कालोनियलिज्म,* पृ. 29 से लिए गए हैं.

155. मार्क्स, *पावर्टी आफ फिलासफी,* फारेन लैंग्वेजिज पब्लिशिंग हाउस, मास्को, पृ. 113.

156. *कैपीटल,* I, पृ. 780-89.

157. रोजा लक्समबर्ग, *दि एक्युम्युलेशन आफ कैपीटल,* पूर्वोक्त (इस अनुवाद के साथ जान रोबिंसन की एक अच्छी और सहानुभूतिपूर्ण प्रस्तावना भी है). संक्षिप्त आलोचना के लिए देखें, 'पाल स्वीजी' *थ्योरी आफ कैपीटलिस्ट डेवलपमेंट,* डेनिस डाबसन, लंदन, 1946,पृ. 202-7.

158. *कैपीटल,* खंड III, पृ. 232-33 और *थ्योरीजी आफ सरप्लस वैल्यू,* खंड 3, पृ. 105-6. और देखें निकोलस बुखारिन, *इंपीरियलिज्म एंड दि एक्युम्युलेशन आफ कैपीटल,* अंग्रेजी अनुवाद, सं. के.जे. टरबुक, मंथली रिव्यू प्रेस, न्यूयार्क, 1972, पृ. 244-45.

159. *ट्रिब्यून* में प्रकाशित लेख, 10 जून 1853, *आन कालोनियलिज्म,* पृ. 36-37.

160. वही, पृ. 30.

161. *ट्रिब्यून* में प्रकाशित लेख, 10 जून 1853, *आन कालोनियलिज्म,* पृ. 37.
162. *ट्रिब्यून* में प्रकाशित लेख, 28 जुलाई 1857 (डिजरायली के अनुमोदनपरक ढंग से उद्धृत किया है) *फर्स्ट वार आफ इंडिपेंडेंस,* 1857-1959 (एफ.आई.डब्ल्यू.आई.) मास्को, अदिनांकित, पृ. 53, 31 जुलाई का लेख भी देखें (एफ.आई.डब्ल्यू.आई.), पृ. 56.
163. *ट्रिब्यून* में प्रकाशित लेख, 14 अगस्त 1857 (एफ.आई.डब्ल्यू.आई.), पृ. 65. मार्क्स ने हिंदू शब्द का प्रयोग आम हिंदुस्तानी के लिए किया है. अपने विशिष्ट अर्थ के अतिरिक्त यह प्रयोग अपने समय के अंग्रेजी प्रयोग के अनरूप है.
164. *ट्रिब्यून* में प्रकाशित संपादकीय, 5 सितंबर 1857, एफ.आई.डब्ल्यू. आई., पृ. 85.
165. *ट्रिब्यून* में प्रकाशित लेख 14 अगस्त 1857, एफ.आई.डब्ल्यू. आई., पृ. 65.
166. *ट्रिब्यून* में प्रकाशित लेख, 14 सितंबर 1857, एफ.आई.डब्ल्यू.आई., पृ. 91-92. मार्क्स सही अर्थों में एक भविष्यवक्ता के रूप में ब्रिटिश ड्रिल सार्जेंट द्वारा संगठित और प्रशिक्षित देशी सेना को भारतीय मुक्ति के लिए आवश्यक बता चुके थे. *ट्रिब्यून* में प्रकाशित लेख, 22 जुलाई 1853, *आन कालोनियलिज्म,* पृ. 77.
167. कितना ही विडंबनापूर्ण क्यों न लगे लेकिन, सच यह है कि खेतिहर मेहनतकश वर्ग, वह वर्ग जिसे दूसरे सभी वर्गों के मुकाबले हमारे शासन में ज्यादा लाभ मिले हैं, हमारे शासन के ज्यादा खिलाफ था, जबकि बड़े संपत्तिशाली (भूस्वामी) जिन्हें हमारे शासन में तकलीफ पहुंची थी, लगभग पूरी तरह हमारे साथ थे. ब्रिटिश सरकार के लिए नुसखा बड़े संपत्तिशालियों की पीठ पर हाथ रखे और किसानों का दमन करें (15 नवंबर 1858 का मार्क्स थार्नहिल का कथन, ई. स्टोक्स द्वारा उद्धृत, देखें *पीजेंट एंड दि राज* (कैंब्रिज, 1978, पृ. 195-96) बड़े भूस्वामियों की भी वैसी निष्ठा सार्वभौमिक रूप से नहीं थी जैसी थार्नहिल ने दिखाने की कोशिश की है.
168. *ट्रिब्यून* में प्रकाशित लेख, 28 जुलाई 1857, एफ.आई.डब्ल्यू.आई., पृ. 51-52. *आन कालोनियलिज्म,* पृ. 128-29.
169. *ट्रिब्यून* में प्रकाशित लेख, 7 जून 1858, एफ.आई.डब्ल्यू.आई., पृ. 159.
170. तल्मीज खाल्दून, *रिबेलियन* 1857, सं. पी.सी. जोशी, पीपुल्स पब्लिशिंग हाउस, 1957, पृ. 52.
171. *ट्रिब्यून* में प्रकाशित लेख, 1857, एफ.आई.डब्ल्यू.आई., पृ. 63.65.
172. *ट्रिब्यून* में प्रकाशित लेख, 1857, एफ.आई.डब्ल्यू.आई., पृ. 91, 93, 94. *आन कालोनियलिज्म,* पृ. 130, 132, 133.
173. *ट्रिब्यून* में प्रकाशित लेख, 4 सितंबर 1857, एफ.आई.डब्ल्यू.आई., पृ. 92-93, *आन कालोनियलिज्म,* पृ. 131-32 और 5 अप्रैल 1858 का लेख भी (ऐविनेरी, पृ. 280-84), देखें फ्रेडरिक एंगेल्स, *ट्रिब्यून* में प्रकाशित लेख, 25 मई 1858 तथा 26 जून 1858, एफ.आई. डब्ल्यू.आई. पृ. 145, 148, 164, 166, *आन कालोनियलिज्म,* पृ. 151, 153, 166, 168.
174. *ट्रिब्यून* में प्रकाशित लेख, 14 अगस्त 1857, एफ.आई.डब्ल्यू.आई., पृ. 65.
175. *ट्रिब्यून* में प्रकाशित लेख, 22 जुलाई 1853, *आन कालोनियलिज्म,* पृ. 81.
176. *ट्रिब्यून* में प्रकाशित लेख, 4 तथा 14 अगस्त, 1857 एफ.आई.डब्ल्यू.आई., पृ. 40-50, *आन कालोनियलिज्म,* पृ. 118, 127.
177. फ्रेडरिक एंगेल्स, *ट्रिब्यून* में प्रकाशित संपादकीय, 5 दिसंबर 1858, एफ.आई.डब्ल्यू.आई., पृ. 117. यह दिलचस्प बात है कि एंगेल्स ने दिल्ली की रक्षा के लिए सिपाहियों की कुछ योजनाओं

का अनुमोदन किया था और यह स्पष्ट किया था कि युद्ध संचालन की कुछ वैज्ञानिक धारणाओं को भारतीय सिपाहियों ने भी अपना लिया है. एंगेल्स ने यह जिज्ञासा भी व्यक्त की थी कि उनकी कल्पना स्वयं भारतीयों ने की या उन यूरोपियों ने जो उनके साथ थे. बहरहाल, विद्रोहियों के साथ कोई यूरोपियन नहीं था, *ट्रिब्यून* का संपादकीय, 5 दिसंबर 1857.

178. फ्रेडरिक एंगेल्स *ट्रिब्यून* में प्रकाशित लेख, 25 मई, 15 तथा 26 जून, 6 जुलाई 1858, एफ.आई.डब्ल्यू.आई., पृ. 149, 163, 166, 168, 175, 180.

179. इस दोहरी भूमिका को भारत के प्रारंभिक राष्ट्रवादी भी स्वीकार करते थे. 1870-71 में दादाभाई नौरोजी ने लिखा था, 'अगर इंगलैंड के जरिए भारत का पुनर्निर्माण होता है तो भारत को इसका मूल्य अदा करने के लिए तैयार रहना चाहिए; *राइज एंड ग्रोथ आफ इकानामिक नेशनलिज्म इन इंडिया,* में बिपिनचंद्र द्वारा उद्धृत, नई दिल्ली, 1966, पृ. 638.

180. *ट्रिब्यून* में प्रकाशित लेख, पूर्वोक्त, *आन कालोनियलिज्म,* पृ. 77.

181. *ट्रिब्यून* में प्रकाशित लेख, पूर्वोक्त, *आन कालोनियलिज्म,* पृ. 82.

182. *ट्रिब्यून* में प्रकाशित लेख, 10 जून 1853, *आन कालोनियलिज्म,* पृ. 36-37 में यह संकेत निहित है.

183. *ट्रिब्यून* में प्रकाशित लेख, 22 जुलाई 1853, *आन कालोनियलिज्म,* पृ. 77-78.

184. *ट्रिब्यून* में प्रकाशित लेख, पूर्वोक्त, *आन कालोनियलिज्म,* पृ. 77.

185. *ट्रिब्यून* में प्रकाशित लेख, पूर्वोक्त, *आन कालोनियलिज्म,* पृ. 79.

186. बहुत से तकुओं के लिए देखें, आर.सी. दत्त, *दि इकानामिक हिस्टरी आफ इंडिया इन दि विक्टोरियन एज,* लंदन, 1950, पृ. 411.

187. मार्क्स ने इसके साथ कोष्ठक में यह भी जोड़ा, 'शायद भारत में भी व्हिग कालीशन पार्टी (सत्ता में) है, उन्होंने यह भी कहा कि शायद चार्ल्स वुड में इसकी विशेष प्रतिभा है कि उन्हें इंगलैंड के पक्ष में हर चीज अच्छी और भारत के पक्ष में हर चीज बुरी दिखाई देती है. 22 जून 1853 के *ट्रिब्यून* में प्रकाशित लेख, *आन कालोनियालज्म,* पृ. 27.

188. *ट्रिब्यून* में प्रकाशित लेख, 25 जुलाई 1853, *आन कालोनियलिज्म,* पृ. 68.

189. *ट्रिब्यून* में प्रकाशित लेख, 22 जुलाई 1853, *आन कालोनियलिज्म,* पृ. 80.

190. वही.

191. वही.

192. वही.

193. वही.

194. *ट्रिब्यून* में प्रकाशित लेख, 22 जुलाई 1858, *आन कालोनियलिज्म,* पृ. 147, तथापि कलकत्ता के मध्य वर्ग ने विद्रोह का विरोध किया था.

195. कौंसिल की बैठक के ब्योरे में से संबंधित उद्धरण तथा पत्र के बारे में समाचारपत्रों की खबरों के लिए देखें, पी.सी. जोशी तथा के. दामोदरन, *मार्क्स कम्स टु इंडिया,* मनोहर, दिल्ली, 1975, पृ. 2. कौंसिल के कलकत्ता संवाददाता को, जिसका पता नहीं लगा सका है, सलाह दी कि एसोसिएशन की एक शाखा शुरू करें जिसमें देशी लोगों को भरती करने पर विशेष ध्यान दिया जाए.

169. एन.वाई. डेनियल्सन के नाम 17 फरवरी 1881 का पत्र, *सिलेक्टिड कारेसपोंडेंस,* पृ. 340-41. *आन कालोनियलिज्म,* पृ. 304. हो सकता है इस संदर्भ में मार्क्स ने उस ज्ञापन पर निर्भर

किया हो जो दादाभाई नौरोजी ने भारत के राज्य सचिव को प्रस्तुत किया था. ज्ञापन में नौरोजी ने बढ़ते हुए असंतोष की ओर ध्यान खींचा था और कहा था कि 'सुरक्षा की मूर्खतापूर्ण नींद में सोने वाले अंग्रेजों को पता नहीं है कि यहां क्या चल रहा है'. हिंदू, मुसलमान और पारसी सभी यह सवाल कर रहे हैं कि ब्रिटिश शासन एक वरदान होगा या शाप, *पावर्टी एंड अनब्रिटिश रूल इन इंडिया,* पूर्वोक्त, पृ. 182-83. डेनियल्सन के नाम अपने उसी पत्र में मार्क्स ने भारतीय संपत्ति की लूट का ब्योरा दिया है जो शायद नौरोजी के पिछले ज्ञापन (13 सितंबर 1880) पर आधारित हो. इसमें नौरोजी ने भारत की सलाना क्षति तीन करोड़ पौंड के आंकड़े दिए थे (वही, पृ. 176). हो सकता है कि यह सूचना मार्क्स को एच.एम. हाइडमान से मिली हो जिन्हें नौरोजी ने भारत का हमदर्द बताया है (वही, पृ. 184)और जो 1881 की गरमियों तक मार्क्स के घर अकसर आते जाते रहे थे (*सिलेक्टिड वर्क्स,* पृ. 344-51).

197. सर विलियम वैडरबर्न, *ए.ओ. ह्यूम, फादर आफ इंडियन नेशनल कांग्रेस,* 1913, पृ. 50, 80-81, रजनी पाम दत्त, *इंडिया टुडे,* बंबई, 1947, पृ. 258-59.

198. *ट्रिब्यून* में प्रकाशित लेख, 22 जुलाई 1853, *आन कालोनियलिज्म,* पृ. 80. जैसा कि पहले बताया जा चुका है कि मार्क्स प्रायः हिंदू शब्द का प्रयोग 'हिंदुस्तानी' के अर्थ में करते हैं. उक्त विषय पर एंगेल्स के विचारों की तुलना भी दिलचस्प होगी जो वे कार्ल काउत्स्की को लिखे पत्र में करते हैं, 12 सितंबर 182, *सिलेक्टिड कारेसपोंडेंस,* पृ. 352-53, *आन कालोनियलिज्म,* पृ. 306-7.

9. वामपंथ और राष्ट्रीय आंदोलन

आज हमारा देश एक ऐसे दौर से गुजर रहा है जिसमें राष्ट्रीय आंदोलन के बुनियादी मूल्यों को ध्वस्त करने की मुहिम जारी है। उक्त संदर्भ में प्रस्तुत विषय का महत्व और भी अधिक बढ़ गया है। हमें यह याद रखना चाहिए कि जनता के अन्य घटकों के साथ ही वामपंथ ने हमेशा राष्ट्रीय आंदोलन द्वारा अर्जित मूल्यों के साथ अपनी गहरी प्रतिबद्धता प्रकट की है। यह उपयुक्त समय है कि हम 1998 की जमीन पर खड़े होकर राष्ट्रीय आंदोलन के संदर्भ में वामपंथ की भूमिका और उसके योगदान का आकलन करें। हालांकि एक पेशेवर इतिहासकार के रूप में यह मेरा 'कार्यक्षेत्र' नहीं है फिर भी मैं राष्ट्रीय आंदोलन के दौर में उभरने वाले कुछ महत्वपूर्ण मुद्दों के संदर्भ में वामपंथ की स्थिति और रुख को स्पष्ट करने का प्रयास करूंगा। हो सकता है मेरा यह विनम्र प्रयास पाठकों को अपर्याप्त लगे।

मार्क्स और भारत की स्वाधीनता

राष्ट्रीय आंदोलन के इतिहासलेखन तथा प्रचलित राजनीतिक विमर्श में 'वामपंथ' को उन सभी घटकों के समुच्चय के रूप में परिभाषित किया गया है जो समाजवादी विश्वदृष्टि के प्रति निष्ठावान थे। यह ऐसा युग है जिसमें मार्क्सवादी दृष्टि का वर्चस्व था। हालांकि यह सही है कि पूंजीवाद के विरुद्ध संघर्ष में मार्क्स ने मजदूर वर्ग का पथप्रदर्शन किया, फिर भी मार्क्स के बुनियादी सैद्धांतिक लेखन का संबंध पूंजीवाद की कार्यप्रणाली तथा श्रम के शोषण से था। उक्त संदर्भ में यह विशेष रूप से उल्लेखनीय है कि मार्क्स ने भारत में राष्ट्रीय आंदोलन की शुरुआत से बहुत पहले ही भारत की मुक्ति के प्रति अपनी प्रतिबद्धता घोषित कर दी थी। 1853 में उन्होंने अमरीकी अखबार *न्यूयार्क ट्रिब्यून* में लिखा था :

> ब्रिटिश पूंजीपति वर्ग ने भारतीय समाज में जिन नए तत्वों का यत्र तत्र बीज बोया है, भारतीय जनता को उनका लाभ तब तक नहीं मिल सकता जब तक कि या तो स्वयं ग्रेट ब्रिटेन में मौजूदा शासक वर्ग का स्थान औद्योगिक सर्वहारा न ले ले, अथवा स्वयं 'हिंदू' (भारतीय) इतने सशक्त न हो जाएं कि वे ब्रिटिश शासन को उखाड़कर फेंक सकें।

1857 में अंग्रेजों के विरुद्ध जब महाविद्रोह फूट पड़ा तो मार्क्स और एंगेल्स ने उसी

अखबार में सुसंगत रूप से विद्रोहियों का पक्ष लिया और अंग्रेजों के अत्याचारों की कड़ी निंदा की।[1] इस तथ्य पर इसलिए भी बल देने की आवश्यकता है कि एडवर्ड सईद जैसे लेखकों ने मार्क्स की यह कहकर आलोचना की है कि उसकी विद्रोहियों के प्रति कोई सहानुभूति नहीं थी।[2]

ऐसा कोई साक्ष्य नहीं मिलता कि मार्क्स और ब्रिटिश शासन के किसी भी भारतीय विरोधी के बीच कोई व्यक्तिगत संबंध था। 1871 में 'इंटरनेशनल वर्किंगमेन्स एसोसिएशन' (मार्क्स जिसकी आत्मा थे) की सामान्य सभा को कलकत्ता के किसी अज्ञात समर्थक का पत्र प्राप्त हुआ था। उस पत्र में 'भारतीय जनता के असंतोष तथा उसकी दुर्दशा' की ओर ध्यान आकृष्ट किया गया था। उसका परिणाम क्या हुआ, यह तो पता नहीं है किंतु 'सामान्य सभा' ने पत्र-लेखक को यह परामर्श दिया था कि 'इंटरनेशनल' की एक शाखा वहां खोले और अपने देशवासियों को उसका सदस्य बनाने का कार्य शुरू करे।[3] दादाभाई नौरोजी लंदन में भारतीय हितों के प्रबल पक्षधर थे। हो सकता है इंगलैंड के एक पुराने 'सोशल डेमोक्रेट' एच.एम. हिंडमैन के माध्यम से मार्क्स और दादाभाई नौरोजी के बीच कोई परोक्ष संबंध बना हो। एच. एम. हिंडमैन मार्क्स और दादाभाई नौरोजी दोनों के मित्र थे। 1881 की गर्मियों तक मार्क्स और हिंडमैन अच्छे मित्र रहे थे। दादाभाई नौरोजी ने हिंडमैन को भारत का मित्र कहा था।[4] 1881 के प्रारंभ में मार्क्स ने अपने एक पत्र में भारत के ऊपर थोपे गए भारी कर के बोझ के संबंध में कुछ ऐसे वक्तव्य दिए हैं जिनसे नौरोजी के आकलनों का प्रभाव ध्वनित होता है। साथ ही यह भी सूचना मिलती है कि भारतीय जनता में अंग्रेजों के विरुद्ध व्यापक जन असंतोष मौजूद है।[5] दुर्भाग्यवश, हिंडमैन का मार्क्स से संबंध विच्छेद हो गया और इसके साथ ही मार्क्स और नोरौजी के बीच बनने वाले संबंध की संभावना भी समाप्त हो गई।

विश्व समाजवादी आंदोलन और राष्ट्रीय आंदोलन

कार्ल मार्क्स की 1883 में मृत्यु हो गई। उनकी मृत्यु के कुछ ही वर्षों के अंतराल से दो महत्वपूर्ण घटनाएं घटित हुईं जिनके तहत भारतीय राष्ट्रवाद तथा अंतर्राष्ट्रीय समाजवाद ने सांगठनिक आकार ग्रहण किया। 1885 में बंबई में 'भारतीय राष्ट्रीय कांग्रेस' की स्थापना हुई तथा 1889 में पेरिस में 'द्वितीय इंटरेशनल' की स्थापना की गई। 'द्वितीय इंटरनेशनल' ने अपने झंडे के तहत यूरोप तथा अमरीका के मजदूर वर्ग के आगे बढ़े तबकों को लामबंद किया। दुर्भाग्यवश कांग्रेस की संविधानवादी राजनीति तथा 'द्वितीय इंटरनेशनल' में दक्षिणपंथी 'सोशल डेमोक्रेसी' के बढ़ते प्रभाव के कारण दोनों एक दूसरे से अलग-थलग रहे। दादाभाई नौरोजी ने 1886 में कांग्रेस के कलकत्ता सत्र की अध्यक्षता की थी (उन्होंने 1906 में भी कांग्रेस की अध्यक्षता की थी)। उन्होंने 1904

में 'इंटरनेशनल' की 'एम्सटर्डम कांग्रेस' में यह घोषणा की थी कि उन्हें भरोसा है कि भारत के राष्ट्रवादी ब्रिटेन के मजदूर वर्ग का समर्थन करेंगे। मैडम कामा क्रांतिकारी प्रवासियों की मित्र थीं। उन्होंने 1907 में इंटरनेशनल की 'स्टटगार्ड कांग्रेस' में स्वतंत्र भारत का तिरंगा झंडा (लाल, सफेद और हरे रंग का) फहराया था। किंतु सामान्यत: ये कुछ फुटकर घटनाएं ही थीं। वस्तुत:, स्वयं स्टटगार्ड में वाम और केंद्रीय शक्तियां बड़ी कठिनाई से 'उपनिवेशीय समस्या' से संबंधित प्रस्ताव के उस अंश को हटवा पाई थीं जिसमें यह कहा गया था कि 'अब केंद्रीय समाजवादी सत्ताओं ने पूंजीवाद को उखाड़कर 'सांस्कृतिक अभियान' की उस भूमिका को अपना लिया है जो पहले उपनिवेशवाद ने निभाई थी।'[6]

'द्वितीय इंटरनेशनल' के तहत क्रांतिकारी मार्क्सवादियों ने ही यह दृष्टि विकसित करने की कोशिश की थी कि समाजवाद के लिए किए जाने वाले संघर्ष में सर्वहारा वर्ग के सबसे भरोसेमंद साथी उपनिवेशों के बाशिंदें हैं जो साम्राज्यवाद से अपनी मुक्ति के लिए संघर्ष कर रहे हैं। लेनिन ने 1908 में अपने एक लेख 'इनफ्लेमेबुल मैटिरीयल इन वर्ल्ड पालिटिक्स' में इसी समझ को व्यक्त किया।[7] ईरान, तुर्की, भारत तथा चीन की घटनाओं का सर्वेक्षण करते हुए उन्होंने जापान को एक ऐसे आदर्श के रूप में रेखांकित किया, (गैरसमाजवादी तथा बुर्जुआ राष्ट्रवाद के प्रतिमान के रूप में) जिसके प्रति पूर्वी देश आकृष्ट होते दिखाई पड़ते हैं।[8] फिर भी उन्होंने 'पूंजीवादी साम्राज्यवाद' को एक साझा और सामान्य शत्रु मानते हुए उपनिवेश के लोगों का अपने साथी के रूप में बड़े उत्साह के साथ स्वागत किया। भारत के संदर्भ में उनके वक्तव्य बड़े महत्वपूर्ण हैं। तिलक को छह वर्ष के कारावास की सजा के विरोध में बंबई में जो प्रदर्शन हुआ और जो हड़ताल हुई, उन्होंने उसका भी हवाला दिया है। उन्होंने यह विश्वास व्यक्त किया था कि यूरोप के वर्ग चेतस मजदूरों को अब एशिया में भी अपने साथी मिल गए हैं और उनकी संख्या दिन दूनी रात चौगुनी बढ़ती चली जाएगी।[9]

सोवियत क्रांति और कम्युनिस्ट इंटरनेशनल

उल्लेखनीय है कि 1917 की सोवियत क्रांति तक राष्ट्रीय मुक्ति आंदोलन के अंतर्गत कोई समाजवादी घटक नहीं था। 1914 में भी लेनिन दमित राष्ट्रों के बुर्जुआ मुक्ति आंदोलनों तथा दमनकारी राष्ट्रों के अंदर चलने वाले सर्वहारा मुक्ति आंदोलनों के बीच संभावनापूर्ण सहसंबंध की बात कर रहे थे।[10] उन्हें लगता था कि दमित राष्ट्रों के मुक्ति आंदोलनों का बुनियादी चरित्र अभी बुर्जुआ है। किंतु रूस की अक्तूबर क्रांति ने उस अलगाव को तोड़ दिया। उसके प्रभाव के फलस्वरूप मार्क्सवाद-लेनिनवाद न केवल चीन तक पहुंचा, जैसा कि माओ त्से-तुंग ने स्वीकार किया है,[11] बल्कि दुनिया के सभी

गुलाम देशों में समाजवादी विचारों का प्रचार-प्रसार हुआ। अस्तु, समाजवादी आंदोलन ने राष्ट्रीय आंदोलन को पूरा बल दिया। अब वामपंथी आंदोलन के सामने पूरी दुनिया के स्तर पर एक राजनीतिक प्रश्न यह था कि दुनिया के गुलाम देशों में बुर्जुआ जनतांत्रिक नेतृत्व में चलने वाले मुक्ति आंदोलनों के साथ उसके रिश्ते क्या हों?

1920 में नव-स्थापित 'कम्युनिस्ट इंटरनेशनल' (कोमिन्टर्न) के द्वितीय अधिवेशन में इस नए परिप्रेक्ष्य पर विचार-विमर्श किया गया। राष्ट्रीय उपनिवेशीय प्रश्न के संदर्भ में लेनिन ने अपनी जो 'प्रारंभिक थीसिस' प्रस्तुत की और उसे प्रस्तुत करते हुए उन्होंने जो व्याख्यान दिया, दोनों में उसकी झलक देखी जा सकती है।[12] लेनिन ने इस बात को स्वीकार किया कि इन परिस्थितियों में प्रत्येक राष्ट्रवादी आंदोलनों (उपनिवेशीय देशों के अंदर चलने वाले) का चरित्र बुर्जुआ जनतांत्रिक ही होगा, चूंकि पिछड़े हुए देशों में ज्यादातर किसान हैं जो बुर्जुआ पूंजीवादी रिश्तों का प्रतिनिधित्व करते हैं। किंतु वास्तविकता यह भी है कि प्रायः जहां दमित राष्ट्रों का पूंजीपति वर्ग राष्ट्रीय आंदोलन को समर्थन देता है, वहीं वह साम्राज्यवादी पूंजीपति वर्ग के साथ भी तालमेल रखता है, अर्थात वह सभी क्रांतिकारी आंदोलनों तथा वर्गों के विरुद्ध साम्राज्यवाद का साथ देता है। अतः बुर्जुआ जनतांत्रिक आंदोलनों के अंतर्गत हमें सुधारवादी तत्वों से क्रांतिकारी तत्वों को अलगाना होगा। उन्होंने कम्युनिस्टों को सलाह देते हुए कहा कि उन्हें उपनिवेशीय देशों के बुर्जुआ मुक्ति आंदोलनों को (जब वे वास्तव में क्रांतिकारी रूप धारण करें तो) अपना समर्थन दें। किंतु, उन्होंने 'क्रांतिकारी' शब्द को बड़े आश्चर्यजनक ढंग से 'मर्यादित' अर्थ प्रदान किया। उन्होंने 'क्रांतिकारी' शब्द का प्रयोग उस संदर्भ को परिभाषित करते हुए किया 'जहां बुर्जुआ राष्ट्रवादी हमारे काम में अर्थात किसानों और बहुसंख्यक शोषितों को क्रांतिकारी भावना के साथ संगठित करने तथा प्रशिक्षित करने के काम में हमें बाधा नहीं पहुंचाते।' वस्तुतः यह प्रकारांतर से उसी आह्वान का पूरक वक्तव्य था जिसके तहत सभी उपनिवेशों तथा पिछड़े देशों में स्वतंत्र रूप से कम्युनिस्ट कैडर तथा पार्टी संगठन खड़ा करने के लिए कहा गया था और जिसका उद्देश्य जनता को लामबंद करना था। किंतु कम्युनिस्ट जनता के सामने भविष्य का क्या नक्शा पेश करते? क्या वे पूंजीवादी विकास की अनिवार्यता को पंस कर सकते थे जिसकी चर्चा लेनिन पहले अपने एक व्याख्यान में कर चुके थे। इसके विपरीत लेनिन अब यह मानते थे कि जो पिछड़े हुए देश 'सोवियत प्रणाली' से गुजर रहे हैं, वहां कम्युनिस्ट साम्यवाद के लिए संघर्ष करें। उनका मानना था कि ऐसे देशों को पूंजीवादी व्यवस्था के पड़ाव से गुजरना अनिवार्य नहीं है।[13] दूसरे शब्दों में जहां उन्होंने पारस्परिक सहिष्णुता के आधार पर बने संयुक्त मोरचे के तहत क्रांतिकारी राष्ट्रवादियों को समर्थन देने की वकालत की, वहीं उन्होंने कम्युनिस्टों से यह आग्रह भी किया कि स्वतंत्रता

मिलने के बाद राष्ट्र के सम्मुख अपनी वैकल्पिक योजना का प्रारूप भी प्रस्तुत करें।

वस्तुत: यही बात बाद में चलकर 1925 में स्तालिन ने भारत के संदर्भ में कही। उन्होंने कम्युनिस्ट पार्टी से आग्रह किया था कि वे बुर्जुआ वर्ग के क्रांतिकारी तबके के साथ खुला मंच तैयार करें, राष्ट्रवादी-बुर्जुआ वर्ग के समझौतापरस्त वर्ग को अलगाएं और इस प्रकार साम्राज्यवाद के विरुद्ध संघर्ष में शहरी तथा ग्रामीण निम्न-मध्य वर्ग के विशाल जनसमूह का नेतृत्व करें।[14]

उपनिवेशों में साम्यवादी संगठन तैयार करने का जो आह्वान किया गया, उससे प्रेरित होकर ही एम.एन. राय ने ताशकंद की यात्रा की। वहां भारत से गए हुए मुसलिम मुहाज़िर बड़ी तादाद में रहते थे। उनमें से कुछ मुहाजिरों का झुकाव साम्यवाद के प्रति हो गया था। उन्हीं के आग्रह पर ताशकंद में अक्तूबर 1920 में कम्युनिस्ट पार्टी का गठन किया गया। पार्टी का मुख्यालय भी एम.एन. राय के साथ होता था जो निरंतर बाहर प्रशिक्षित कम्युनिस्टों को भारत भेजते रहते थे। दुर्भाग्यवश, शीघ्र ही उनकी गतिविधियों का पता चल गया और उन्हें भारी सजाएं भुगतनी पड़ीं। विशेष रूप से 1921-23 का पेशावर षड्यंत्र मामला उसकी ज्वलंत मिसाल है।

इन प्रारंभिक प्रयासों का (चाहे उनमें कितनी ही असफलता मिली हो) भारत के वामपंथी आंदोलन के निर्माण में उनकी विशिष्ट भूमिका रही है। प्रारंभिक कम्युनिस्ट स्वतंत्रता संग्राम सेनानियों (जैसे अकबर खान जिन्हें सात वर्ष का कठोर कारावास मिला तथा अन्य लोग जिन्हें कुछ कम समय के लिए वैसी ही सजा मिली) को कृतज्ञतापूर्वक याद करना चाहिए। किंतु वामपंथ के उद्‌भव की वास्तविक प्रेरणा स्वयं देश के अंदर से ही पैदा हुई।

भारत में समाजवादी तथा वामपंथी विचारों का उद्‌भव

भारत की स्वाधीनता तथा खिलाफत आंदोलन (1920-22) के दौरान तुर्की प्रतिरोध के प्रति एकजुटता के मुद्दे पर भारतीय राष्ट्रवाद तथा सोवियत रूस साथ-साथ थे। इस कारण राष्ट्रवादी तबके में सोवियत संघ के प्रति विशेष प्रकार की सहानुभूति उत्पन्न हुई। इसके अतिरिक्त, एक अन्य कारण भी था जिसने वस्तुत: भारत में समाजवादी विचारों के लिए उपजाऊ जमीन तैयार की और वह था भारत के राष्ट्रवादियों की भारत की गरीबी के प्रति गहरी संवेदनशीलता।

ब्रिटिश शासन की आलोचना करते हुए भारतीय राष्ट्रीय कांग्रेस के संस्थापकों ने भारतीय जनता की गरीबी को केंद्रीय मुद्दा बनाया। दादाभाई नौरोजी ने 1876 से ही लेख, प्रतिवेदन तथा परचे लिखने शुरू कर दिए थे। उन्होंने गरीबी के संदर्भ में आंकड़े

पेश किए और उसके कारणों की व्याख्या की। उन्होंने उक्त संदर्भ में ब्रिटेन को दिया जाने वाला कर, मुक्त बाजार द्वारा उत्पन्न विउद्योगीकरण, अनुचित कराधान तथा ब्रिटिश शासन द्वारा अपने हित में मुद्रा संचालन को इसके लिए जिम्मेदार ठहराया। नौरोजी के साहित्य को 'स्वान-सोने चीन एंड कंपनी' (लंदन) ने 1901 में प्रकाशित किया। यह संयोग ही है कि उक्त प्रकाशन संस्थान ने 1887 में एंगेल्स द्वारा संपादित मार्क्स की *कैपीटल,* खंड I, को भी प्रकाशित किया था।

1901 में रोमेश दत्त ने भी अपनी पुस्तक *इकानामिक हिस्टरी आफ इंडिया अंडर अर्ली ब्रिटिश रूल* प्रकाशित की। इसके प्रकाशन के दो वर्ष बाद ही इसका दूसरा भाग, *इकानामिक हिस्टरी आफ इंडिया इन दि विक्टोरियन एज* भी प्रकाशित हुआ। उक्त पुस्तक में उपनिवेशकालीन आर्थिक शोषण का व्यापक विवरण था। उस काल में राष्ट्रवादियों ने भारत की गरीबी की बाबत विस्तार से लिखा जिसका बड़ा प्रामाणिक अध्ययन बिपनचंद्र ने किया है।[15]

ब्रिटिश शासन के तहत होने वाले शोषण का राष्ट्रवादी दृष्टिकोण से सरल ढंग का आकलन तथा विश्लेषण किया गया और उसका प्रचार-प्रसार भी किया गया। 1909 में गांधीजी द्वारा लिखित *हिंद स्वराज* इसका शानदार नमूना है। यह सही है कि इन राष्ट्रवादियों ने खास तौर से अंग्रेजी शासकों को ही अपनी आलोचना का मुख्य निशाना बनाया था। उन्होंने भारतीयों के अपने कारखानों में काम करने वाले मजदूरों की दुरवस्था तथा जमींदारों द्वारा किसानों के शोषण-उत्पीड़न के बारे में प्राय: मौन ही रखा। फिर भी जनता की गरीबी को एक बार ऐसी कसौटी बनाने के बाद जिसके आधार पर उत्पीड़नकारी शक्तियों की शिनाख्त की जा सके, तो यह स्वाभाविक था कि भारतीय पूंजीपतियों और जमींदारों को भी उत्पीड़नकारी शक्तियों के रूप में पहचानना आसान हो गया था।

गांधीजी द्वारा 1917-18 में चंपारण और खेड़ा में किसानों की प्रारंभिक दौर की लामबंदी अपनी विशेष रणनीति के तहत की गई थी। उल्लेखनीय है कि दोनों ही इलाकों में भारतीय जमींदारों की उपस्थिति नहीं थी। किंतु 1918 में अहमदाबाद में उन्होंने बुनकरों का जो आंदोलन चलाया तो उन्हें स्वयं अपने समर्थकों यानी सूत मिल मालिकों से टकराना पड़ा। स्पष्ट है कि राष्ट्रीय आंदोलन के दौरान यदि जनता के दु:ख-दर्द और शोषण-उत्पीड़न के आधार पर कार्यक्रम बनाकर उससे संपर्क साधा जाता तो इस तरह की बाधाएं और भी दूर होतीं। यह आकस्मिक नहीं है कि ख़िलाफत तथा असहयोग आंदोलन (1920-22) की पृष्ठभूमि में जगह-जगह जमींदारों के खिलाफ किसान आंदोलन दृढ़तापूर्वक अभूतपूर्व स्तर पर चलाए गए, जैसे दरभंगा, बिहार का किसान आंदोलन (1920), अवध (यू.पी.) में 1921-22 में ताल्लुकेदारों के विरुद्ध

किसानों का उत्पात; मालाबार (केरल) में 1921 का मोपिला विद्रोह। इसी काल में हम यह भी देखते हैं कि मजूदर वर्ग भी अपनी आकांक्षाओं को अभिव्यक्ति दे रहा था, 1921 में 'आल इंडिया ट्रेड यूनियन' की स्थापना हुई, जिसमें गांधीजी को छोड़कर लगभग सभी महत्वपूर्ण राष्ट्रीय नेताओं ने हिस्सा लिया।

सी.आर. दास ने कांग्रेस के गया अधिवेशन के अपने अध्यक्षीय भाषण में इस नई आवश्यकता पर विशेष रूप से बल दिया कि राष्ट्रीय आंदोलन से मजदूरों और किसानों को व्यापक रूप से जोड़ा जाए। उसी वर्ष उन्होंने 'एटक' को संबोधित करते हुए देश की 98 प्रतिशत जनता के संदर्भ में 'स्वराज' की व्याख्या की। गांधीजी भी 1924 में जेल से रिहा होने पर समतावाद की ओर उन्मुख हुए थे और सर्वव्यापी मताधिकार की मांग करने लगे थे। वे अपने आपको इस अर्थ में समाजवादी कहते थे कि उनकी अपनी कल्पना का जो भारत था उसमें वे मशीन उद्योग पर राज्य के स्वामित्व की वकालत करते थे। 1925 में उन्होंने अपने *यंग इंडिया* पत्र में एम.एन. राय को भी जगह दी, बिना इसकी परवाह किए कि इससे ब्रिटिश सरकार नाराज होगी। गांधीजी के विरोध के बावजूद लेनिन की मृत्यु का शोक प्रस्ताव ए.आई.सी.सी. की बैठक में 63 के मुकाबले 54 मतों से गिर गया।[16]

किंतु उक्त मतदान से राष्ट्रीय आंदोलन से जुड़े क्रांतिकारी तबके में समाजवाद तथा सोवियत रूस के प्रति बढ़ती सहानुभूति का पता चलता है। 1923 से लगातार नेहरू ने 'स्वराज' अथवा 'होम रूल' की अस्पष्ट सी अवधारणा के स्थान पर स्वाधीनता की वकालत की और इस प्रक्रिया में कम्युनिस्टों के निकट आए।1927 तक आते-आते, उन्होंने कम्युनिस्टों के नेतृत्व में ब्रुसेल्स में आयोजित 'पीड़ित राष्ट्रीयताओं' के अधिवेशन में भाग लिया तथा साम्राज्यवाद के विरुद्ध बनी लीग में उन्होंने पद भी प्राप्त किया। उन्होंने सोवियत रूस का भ्रमण भी किया। इस वर्ष के अंत में सुभाषचंद्र बोस के साथ उन्होंने मद्रास कांग्रेस में एक प्रस्ताव भी पेश किया जिसमें पूर्ण स्वतंत्रता की मांग की गई थी तथा दोनों ने मिलकर 'इंडिपेंडेंस फार इंडिया लीग' की स्थापना भी की। 1934-35 में नेहरू ने समाजवाद और साम्यवाद की ओर अपने रुझान के बारे में भी लिखा और यह भी लिखा कि किस प्रकार मार्क्सवाद ने मेरे मस्तिष्क के अनेक अंधकारपूर्ण स्थलों को दीप्त कर दिया है। यकीनन वे 1920 के उत्तरार्द्ध में प्राप्त अपने अनुभवों के बारे में बता रहे थे।[17] क्रांतिकारियों में भी समाजवाद के प्रति इसी प्रकार का झुकाव दिखाई पड़ता है। मार्च 1926 में जब भगतसिंह ने 'नौजवान भारत सभा' का गठन किया था तो समाजवाद के प्रति उनका लगाव स्पष्ट हो गया था। 1928 में जब दिल्ली में चंद्रशेखर आजाद और भगतसिंह के नेतृत्व में सभी क्रांतिकारियों की सभी टोलियों की बैठक हुई तो उन्होंने अपने संगठन का नाम बढ़ाकर 'हिंदुस्तान सोशलिस्ट रिपब्लिकन एसोसिएशन' कर दिया था।

इन रुझानों से यह साफ जाहिर होता है कि उनके अंतर्गत सच्चे समाजवादी तत्व मौजूद थे। एम.एन. राय ने इन समूहों की इस काल में तीखी आलोचना की थी। किंतु,

लगता है वे उनसे कुछ ज्यादा अपेक्षा रखते थे जबकि लेनिन की राय में ये लोग 'बुर्जुआ डेमोक्रेट' थे।[18] बहरहाल यह एक ऐतिहासिक सचाई है कि इन्हीं तबकों से भारत में साम्यवादी आंदोलन के संस्थापक निकले।

कम्युनिस्ट तथा राष्ट्रीय आंदोलन (1922-29)

1922 तक कलकत्ता में मुजफ्फर अहमद, बंबई में एस.ए. डांगे, मद्रास में सिंग्रावेलू चेट्टियार तथा लाहौर में गुलाम हुसैन ने अपने-अपने ढंग से साम्यवादी विचारों का प्रचार-प्रसार शुरू कर दिया था। 'स्वराज पार्टी' के गठन से राष्ट्रीय आंदोलन के अंतर्गत एक वामपंथी दल की उपस्थिति स्पष्ट हो गई थी। 1922 में डांगे ने 'इंडियन नेशनल कांग्रेस' की तर्ज पर इंडियन सोशलिस्ट पार्टी का विचार पेस किया। अगले वर्ष चेट्टियार ने 'लेबर एंड किसान पार्टी आफ हिंदुस्तान' नामक दल का घोषणापत्र जारी किया। अप्रैल 1923 में गुलाम हुसैन 'इनकलाब' के संपादक (लाहौर) ने लखनऊ में एक सम्मेलन आयोजित करने का प्रस्ताव रखा। उस सम्मेलन में वे 'लेबर पीजेंट पार्टी आफ इंडिया' नामक राजनीतिक दल का गठन करना चाहते थे। किंतु इससे पूर्व कि ये प्रयास सफल हो पाते, ब्रिटिश सरकार ने सभी महत्वपूर्ण कम्युनिस्ट नेताओं को गिरफ्तार कर लिया तथा उन्हें 'कानपुर बोल्शेविक षड्यंत्र' मामले में फंसा दिया। मई 1924 में मुजफ्फर अहमद, शौकत उस्मानी, श्रीपाद अमृत डांगे तथा नलिनी गुप्ता को चार वर्ष का कठोर कारावास दिया गया। चेट्टियार को खराब स्वास्थ्य के कारण सजा नहीं हुई थी।[19] पेशावर के मामलों की तरह ही इन कठोर सजाओं का राष्ट्रवादी खेमे ने कोई विरोध नहीं किया था। यदि इसे राष्ट्रीय स्वाधीनता का मसला न भी माना जाए तो भी यह नागरिक स्वतंत्रता का मसला तो था ही किंतु इस खेमें में इसके प्रति घोर उपेक्षा दिखाई। राष्ट्रीय स्वाधीनता के मसले के रूप में न सही, नागरिक स्वाधीनता की दृष्टि से ही सही उसका इस मुद्दे के प्रति विचित्र प्रकार का उपेक्षापूर्ण दृष्टिकोण था।

आगे चलकर ढीले-ढाले ढंग के राष्ट्रवाद का कम्युनिस्टों ने जो विरोध किया आजकल के समीक्षक उसकी आलोचना करते हैं, किंतु इस संदर्भ में वे उक्त परिप्रेक्ष्य को नजरअंदाज कर जाते हैं।[20]

कानपुर षड्यंत्र मामले के बावजूद दो घटनाएं और भी घटित हुईं, जिन्होंने वाम तत्वों को पर्याप्त रूप से मजबूत किया। एक, स्वयं कानपुर में भारतीय कम्युनिस्टों का सम्मेलन जिसे वहां के एक स्थानीय राष्ट्रीय कम्युनिस्ट सत्यभक्त ने दिसंबर 1925 में खुले तौर पर आयोजित किया था। उस सम्मेलन में एम. सिंगरावेलु को अध्यक्ष बनाया गया तथा जानकीप्रसाद बागरहत्ता (वे ए.आई.सी.सी. के सदस्य थे) को महासचिव

बनाया गया तथा मुजफ्फर अहमद (जिन्हें बीमारी के कारण जेल से रिहा कर दिया गया था) और एस.वी. घाटे को कार्यकारिणी का सदस्य चुना गया। सम्मेलन को सरकार की नाराजगी की परवाह किए बिना, खुले तौर पर आयोजित किया गया था और सम्मेलन में एक प्रस्ताव पारित कर पेशावर तथा कानपुर के षड्यंत्र मामलों में फंसाए गए तेरह नामजद कम्युनिस्टों के प्रति एकता प्रकट की गई थी। पार्टी के संविधान में उसके उद्देश्य को भी बेलाग ढंग से परिभाषित किया गया था :

> ब्रिटिश साम्राज्यवाद से देश को मुक्त कराने के बाद देश में मजदूरों और किसानों का गणतंत्र स्थापित किया जाएगा जिसका आधार होगा उत्पादन के साधनों और वितरण का समाजीकरण।

घोषणापत्र का निम्नलिखित वक्तव्य भी बहुत महत्वपूर्ण था : 'किसी भी सांप्रदायिक संगठन के किसी भी व्यक्ति को कम्युनिस्ट पार्टी की सदस्यता नहीं दी जाएगी।'[21] शायद कम्युनिस्ट पार्टी पहली ऐसी महत्वपूर्ण राजनीतिक पार्टी थी जिसने सांप्रदायिक संगठनों से जुड़े व्यक्तियों को अपने से दूर रखा।

दूसरी महत्वपूर्ण घटना बंगाल में व्यापक जनाधार वाली वामोन्मुखी पार्टी का गठन था जो 1925 में कानपुर में होने वाले सम्मलेन से कुछ ही पहले हुआ था। यह पार्टी थी 'लेबर स्वराज पार्टी आफ दि इंडियन नेशनल कांग्रेस।' 1926 में इसका नाम बदलकर 'पीजेंट्स एंड वर्कर्स पार्टी आफ बंगाल' कर दिया गया। इसे प्रारंभ में वामपंथी स्वराजी हेमंतकुमार सरकार तथा क्रांतिकारी कवि नजरुल इसलाम से प्रेरणा प्राप्त हुई थी। मुजफ्फर अहमद ने इसके मुख्यपत्र *लांगल* के संपादक के रूप में कार्य किया था। पार्टी ने आर्थिक तथा सामाजिक मुक्ति पर आधारित भारत की पूर्ण स्वाधीनता पर बल दिया तथा साम्यवादी विचारों का प्रचार-प्रसार करते हुए *लांगल* ने पूरी दृढ़ता के साथ सुभाषचंद्र बोस के साथ अपनी एकता प्रकट की जो 1924 से ही मांडले जेल में थे। उसने किसानों के हित से जुड़े मुद्दों को भी उठाया तथा मजदूरों को संगठित करना शुरू किया। इसी पार्टी के आदर्श को सामने रखते हुए जनवरी 1927 में बंबई में 'बांबे वर्कर्स एंड पीजेंट्स पार्टी' का गठन किया गया। यू.पी. और पंजाब में गठित ऐसी पार्टियों के आधार पर दिसंबर 1928 में 'एन आल इंडियन वर्कर्स एंड पीजेंट्स पार्टी' का गठन किया गया। इन सभी पार्टियों में एक विशेषता समान थी, यह कि सभी स्तरों पर कांग्रेस और कम्युनिस्ट मौजूद थे। नई पार्टी की ताकत 30 दिसंबर 1928 को उस समय दिखाई पड़ी जब 20,000 औद्योगिक मजदूरों ने कलकत्ता में आयोजित कांग्रेस के पंडाल पर धावा बोलकर यह मांग की कि कांग्रेस 'पूर्ण स्वाधीनता' का प्रस्ताव पास करे और मोतीलाल नेहरू रिपोर्ट के तहत की गई 'डोमीनियन स्टेटस' की मांग को निरस्त करे। नेहरू ने उन मजदूरों का स्वागत किया

और उन्हें संबोधित भी किया। नेहरू ने 27 दिसंबर को सोशलिस्ट यूथ कांग्रेस की अध्यक्षता भी की जिसमें साम्यवाद को ही एकमात्र रास्ता घोषित किया गया था।

मेरठ दमन तथा नागिरक अवज्ञा आंदोलन, 1929-34

इस प्रकार क्रांतिकारी राष्ट्रवादी तत्वों तथा साम्यवादियों के बीच सहयोग के लिए जमीन तैयार कर दी गई थी। अंग्रेज सरकार दोनों के बीच बढ़ते सहयोग को देखकर भौचक थी।[22] 20 मार्च 1929 को देश के विभिन्न इलाकों से सभी महत्वपूर्ण कम्युनिस्ट तथा वामोन्मुखी मजदूर संगठनों के नेताओं को (जिनकी संख्या 29 थी) गिरफ्तार कर लिया गया और उन पर मेरठ में मुकदमा चलाया गया। उन पर यह आरोप लगाया गया था कि वे भारत में ब्रिटिश सरकार को उखाड़ फेंकने की साजिश कर रहे थे। बाद में दो और लोगों को गिरफ्तार करके मुकदमा चलाया गया। उक्त अभियुक्तों में बेन-ब्रेडले सहित तीन ब्रिटिश कम्युनिस्ट थे।[23] मुकदमा जनवरी 1933 तक चला। सभी को कठोर सजाएं सुनाई गईं। मुजफ्फर अहमद को आजीवन कारावास मिला। पांच लोगों को बारह वर्ष की सजा हुई जिनमें डांगे और स्प्रैट थे। ब्रेडले, मीर जाफर तथा उस्मानी को दस-दस वर्ष की सजाएं हुईं और शेष को चार से सात वर्ष की। अगस्त 1933 में अपील करने पर कठोर सजाएं कुछ कम कर दी गईं। किंतु 1933 के अंत तक अहमद, डांगे, स्प्रैट तथा उस्मानी जेल में ही थे। 23 जुलाई 1934 को ब्रिटिश सरकार ने कम्युनिस्ट पार्टी तथा उससे जुड़े सभी संगठनों को गैरकानूनी घोषित कर दिया तथा उनकी सदस्यता को अपराध घोषित कर दिया।[24]

'मेरठ षड्यंत्र मामले' के कारण कम्युनिस्ट आंदोलन पूरे चार साल से ज्यादा अरसे तक (1929-33) नेतृत्वविहीन रहा। दोबारा उसमें उस समय जान आई जब कांग्रेस ने 1930 के अंत में आयोजित अधिवेशन के तुरंत बाद नागरिक अवज्ञा आंदोलन की घोषणा की। उस अधिवेशन के अपने अध्यक्षीय भाषण में नेहरू ने खुलकर समाजवाद की वकालत की थी। मेरठ षड्यंत्र मामले के द्वारा ब्रिटिश सरकार ने कम्युनिस्टों को निष्प्रभावी बना दिया था। कम्युनिस्टों के नेतृत्व में चलने वाली मजदूर-किसान पार्टी को तोड़ दिया था तथा कांग्रेस ने अपने नए-नए जनांदोलनों द्वारा राष्ट्रीय आंदोलन के क्रांतिकारी तत्वों को अपनी ओर मिला लिया था। लगातार दमन सहने के कारण कम्युनिस्ट कोई केंद्रीय नेतृत्व विकसित नहीं कर सके। बंबई तथा कलकत्ता के कम्युनिस्ट अलग-अलग काम कर रहे थे। यहां तक कि 1932 में बंबई के 'समूह' में भी फूट पड़ गई थी। एम.एन. राय की 1929 में हुई वापसी तथा उनके द्वारा एक समानांतर कम्युनिस्ट पार्टी बनाने के प्रयास से कम्युनिस्टों के बीच और अधिक अस्थिरता आई। 1929 की

गिरफ्तारियों के तुरंत बाद मेरठ केस के अभियुक्तों के बचाव के लिए एक समिति बनाई गई। मोतीलाल नेहरू इस समिति के अध्यक्ष थे और जवाहरलाल नेहरू सदस्य थे। किंतु बाद में इन अभियुक्तों के प्रति कांग्रेस का उत्साह फीका पड़ गया; विशेष रूप से उस बयान के बाद जो गांधी, नेहरू द्वय तथा अन्य कांग्रेसी नेताओं ने 2 नवंबर 1929 को अपने हस्ताक्षर से जारी किया था। भगतसिंह और उनके दूसरे साथियों का (जिनको मृत्युदंड दिया गया था) गांधीजी के 11 बिंदुओं में कोई जिक्र नहीं था। ये 11 बिंदु 1930 के नागरिक अवज्ञा आंदोलन का बुनियादी आधार थे। कैदियों के दोनों समूहों के बारे में 4 मार्च 1931 को संपन्न हुए गांधी-इरविन समझौते के तहत भी कोई विचार-विमर्श नहीं किया गया।

उक्त परिस्थितियों में कोमिन्टर्न की नई समझ, जो 1 सितंबर 1928 को मास्को में संपन्न छठी कांग्रेस के बाद उभरी, का पहले से ही क्षुब्ध भारतीय कम्युनिस्टों के बीच स्वाभाविक रूप से स्वागत किया गया। भारत के विषय में उसका मूल्यांकन अपेक्षाकृत संकीर्ण था। अपनी उक्त समझ के तहत उसने माना था कि भारतीय राष्ट्रवाद ने कृषि क्रांति के साथ विश्वासघात किया है और उम्मीद है कि भविष्य में भी वह प्रतिक्रियावादी भूमिका अदा करे। अत: भारतीय कम्युनिस्टों का सबसे पहला काम यह है कि वे एक मजबूत कम्युनिस्ट पार्टी का निर्माण करें और दूसरे यह कि वे अपने नेतृत्व में कृषि क्रांति करें। इस प्रकार वे साम्राज्यवादियों, भूस्वामियों तथा समझौतापरस्त बुर्जुआजी के गठजोड़ को तोड़ें।[25] इससे निष्कर्ष यह निकला कि कांग्रेस के साथ किसी प्रकार के राजनीतिक मोरचा बनाने की बात सोची भी नहीं जा सकती थी। और न ही 'वर्कर्स एडं पीजेंट्स पार्टी' बनाने की बात सोची जा सकती थी—एक ऐसी दोहरी भूमिका वाली वर्गीय पार्टी जिसकी स्तालिन ने साफ-साफ वकालत की थी तथा जिसके निर्माण को लेकर स्वयं इतने सजग और आग्रहशील थे कि उन्होंने अपनी पार्टी तक नहीं बनाई थी।[26]

इस दूसरी वाली समझ का पालन करना तो आसान था, चूंकि मेरठ में कम्युनिस्टों की गिरफ्तारी के साथ ही (डब्ल्यू.पी.पी.) कोई काम नहीं कर सकी थी, और उसकी स्वाभाविक मृत्यु हो गई थी। जहां तक कांग्रेस का विश्वास करने का प्रश्न है, कम्युनिस्टों ने इस सलाह को गंभीरतापूर्वक लिया। 2 नवंबर 1929 को कांग्रेसी नेताओं द्वारा जारी बयान (जिससे नेहरू की अंतरात्मा को बड़ी पीड़ा पहुंची थी)[27] तथा नागरिक अवज्ञा आदोलन को, बकौल नेहरू[28] 'रिरियाहट भरे अंदाज में खत्म कर देने' से कम्युनिस्टों में कांग्रेस के प्रति बड़ी घृणा उत्पन्न हुई। जब गांधीजी ने परेल (बंबई) में 16 मार्च 1931 को एक मजदूर सभा को संबोधित किया और इरविन के साथ अपने समझौते की बाबत समझाना शुरू किया तो उनके कम्युनिस्ट विरोधियों ने उन पर यह कहकर फब्तियां कसीं कि उन्हें समझौते के वक्त मेरठ केस के अभियुक्तों, अपने ग्यारह बिंदुओं तथा 'स्वाधीनता के सार तत्व' की याद क्यों नहीं आई।[29] मेरठ केस के अभियुक्तों ने

अपने बचाव में दिए बयानों में गांधीजी की (1931 में लंदन के गोलमेज सम्मेलन में भाग लेने तथा उनके समझौतावादी रवैए के लिए) तीखी आलोचना की। यह कटुता इस हद तक बढ़ी कि कलकत्ता में 1934 में कम्युनिस्टों ने 'गांधीवाद के विरुद्ध लीग' जैसे समारोह के आयोजन में सहायता की।[30]

अपनी 'आत्मकथा' में नेहरू ने कुछेक पृष्ठों में 1934-35 में कम्युनिस्टों के कट्टरतावादी रवैए को सार रूप में पेश किया है। अपेक्षा के अनुसार नेहरू के कम्युनिस्टों के इस विचार को शेखचिल्लीनुमा बताया कि पूंजीपतियों और भूस्वामियों से जुड़े कांग्रेसी नेता नहीं चाहते कि अंग्रेज यहां से जाएं। लेकिन उन्होंने इतना स्वीकार किया है कि कम्युनिस्टों की कुछ सैद्धांतिक आलोचनाएं बहुत सक्षम और ठोस थीं तथा आगामी घटनाओं ने उन्हें सही ठहराया।[31]

कांग्रेस के अंदर कम्युनिस्ट समाजवादी तथा अन्य वामपंथी ताकतें, 1930-34

नागरिक अवज्ञा आंदोलन ने पहली बार बड़ी तादाद में राष्ट्रीय आंदोलन के साथ जनसाधारण को जोड़ा। उसके कारण कांग्रेस के अंदर समाजवादी तथा वामपंथी विचार बड़ी तीव्रता से फैले। साथ ही, रियायतों और समझौतों का दौर भी शुरू हुआ। 1934-35 में नेहरू यह ठीक सोचते हैं कि कांग्रेस में कुछ लोग ऐसे हैं और उनकी तादाद लगातार बढ़ रही है जो भूमि व्यवस्था तथा पूंजीवादी तंत्र में बदलाव चाहते हैं, किंतु वे कांग्रेस के मंच से यह सब व्यक्त नहीं कर सकते।[32] उनका यह कहना आधारहीन नहीं था। नेहरू ने स्वयं समाजवादी विचारों के पल्लवन और उनके पोषण के लिए बहुत कुछ किया था तथा मार्च 1931 में कराची कांग्रेस में उन्होंने मूलभूत अधिकारों से संबद्ध एक प्रस्ताव तैयार किया था जिसे गांधीजी ने पेश किया था। इस प्रस्ताव में लगान तथा ऋण में भारी कमी तथा मुख्य-मुख्य उद्योगों और खनिज संसाधनों को राज्य के अधीन करने का प्रस्ताव था। उस प्रस्ताव में सार्वभौमिक मताधिकार, नारी समानता, छुआछूत को समाप्त करने जैसे बुर्जुआ जनतांत्रिक अधिकारों का वादा भी था।[33] अगस्त 1931 में ए.आई.सी.सी. द्वारा इसका विस्तार करके एक समग्र कार्यक्रम के रूप में तैयार किया गया। गांधीजी के समर्थकों को भी यह स्वीकार्य था।

जुलाई 1931 में जयप्रकाश की सहायता से 'सोशलिस्ट पार्टी' की स्थापना की गई। इसके प्रतिरूप अगले कुछ वर्षों में अन्य प्रांतों में भी स्थापित हो गए। इनकी स्थापना विशेष रूप से कांग्रेस के अंदर काम करने वाले लोगों ने की। इन समूहों ने मिलकर 1934 में 'आल इंडिया कांग्रेस सोशलिस्ट पार्टी' की स्थापना की। इसके सदस्य नारायण

तथा नरेंद्र देव जैसे धुर मार्क्सवादियों से लेकर ब्रिटिश लेबर पार्टी के समर्थक मानू मसानी जैसे लोग थे। वे प्रारंभ में एम.एन. राय (जो कोमिन्टर्न से लंबे निष्कासन को काटकर लोटे थे) के प्रति आकृष्ट थे। एम.एन. राय का तर्क था कि कम्युनिस्टों को कांग्रेस के अंदर काम करना चाहिए और इस प्रकार उसके नेतृत्व में परिवर्तन लाना चाहिए।[34] कांग्रेस के अंदर जिस तरह सी.एस.पी. का प्रभाव बढ़ा, वह इस बात का संकेत था। उसकी पांतों में समाजवादी विचारों की स्वीकृति की भारी संभावना थी। निश्चित रूप से इसके कारण कांग्रेस के प्रति कम्युनिस्टों के रवैए में भी बदलाव आया।

राष्ट्रवादी मोरचे के निर्माण की दिशा में, 1936–37

1929 में मेरठ की गिरफ्तारियों के बाद 1933 तक कम्युनिस्टों को लगातार भारी दमन का सामना करना पड़ा।[35] महज कम्युनिस्ट होना ही 'सविनय अवज्ञा' का अपराध था। किंतु यह सब अव्यक्त रूप से ही लागू था। हालांकि उन्होंने गांधीजी के सविनय अवज्ञा आंदोलन का तिरस्कार कर दिया था, चूंकि उनकी दृष्टि में यह अत्यंत सीमित और निष्प्रभावी था, तथापि एस.जी. सरदेसाई जैसे अनेक कम्युनिस्ट सत्याग्रही के रूप में जेल गए। अन्य कम्युनिस्ट जैसे बंकिम मुखर्जी, अब्दुल रज्जाक खान तथा मोतीसिंह को सरकार के विरुद्ध क्रांतिकारी गतिविधियों के कारण भारी सजाएं हुईं।[36] ट्रेड यूनियनों में भी कम्युनिस्टों की स्थिति कमजोर हो गई थी। इसका कारण केवल दमन ही नहीं था, अपितु आर्थिक संकट तथा बढ़ती बेरोजगारी भी था। इसीलिए हड़ताल के लिए दिए जाने वाले आह्वानों के प्रति मजदूर वर्ग का रुझान बहुत उत्साहजनक नहीं था। माडरेट्स 1929 में एटक से अलग हो गए थे। नेहरू ने कम्युनिस्टों को सही ठहराया था तथा उस विभाजित हिस्से का 1931 में पुनः विभाजन हुआ और उसमें से कम्युनिस्टों ने अलग होकर 'रेडटक' का निर्माण किया।[37]

इन परिस्थितियों में तीन पार्टियों (चीन, ब्रिटिश तथा जर्मन) द्वारा 1932 में लिखे पत्र तथा 1933 में चीन की पार्टी द्वारा लिखे पत्र में जो यह परामर्श दिया गया था कि कम्युनिस्टों को अपनी अलग पार्टी बनानी चाहिए और आगे बढ़कर अपनी स्वतंत्र साम्राज्यवाद विरोधी भूमिका बनानी चाहिए, यथार्थवादी नहीं था। हालांकि, उन पत्रों में संयुक्त मोरचे की रणनीति का ज्यादा से ज्यादा उपयोग करने तथा ट्रेड यूनियनों के पुनर्गठन का सुझाव दिया गया था। इस हद तक उक्त पत्रों में दिए सुझावों से कम्युनिस्ट पार्टी को आंशिक रूप से अपनी स्थिति को सुधारने में सहायता मिली।[38]

1933 के आसपास स्थिति में उस समय बदलाव आने लगा जब मेरठ षड्यंत्र मामले के कैदी जेल से रिहा हुए। उनकी अपील पर उनकी सजाएं कम हो गई थीं। टूटे हुए गुट पुनः संगठित हो गए थे और कम्युनिस्ट पार्टी की एक अस्थायी समिति का निर्माण हो गया था। 1934 के उत्तरार्ध तक वाम आंदोलन में बहुत कुछ नई ऊर्जा आ गई थी तथा ट्रेड यूनियनों में पार्टी का काम तेजी से बढ़ रहा था और नई बनी 'कांग्रेस सोशलिस्ट पार्टी' के साथ नए संबंध स्थापित हो रहे थे जिसके अंदर अजय घोष तथा पी. सुंदरैया जैसे कुछ कम्युनिस्ट नेताओं ने काम करना शुरू कर दिया था। एम.एन. राय (जिन्हें स्वयं कानपुर में कठोर सजा सुनाई गई तथा जो 1936 तक जेल में रहे) के समर्थकों के साथ चले विवाद के कारण ट्रेड यूनियनों में रायवादियों के साथ साझा गतिविधियां चलाने में कोई बाधा नहीं थी। इसके परिणामस्वरूप 1935 में 'एटक' में कम्युनिस्टों की वापसी हुई। जुलाई 1934 में कम्युनिस्ट पार्टी तथा उससे जुड़े संगठनों पर सरकार द्वारा लगाए गए प्रतिबंधों तथा कम्युनिस्टों को बार-बार जेल में डाल दिए जाने के बावजूद ये सब बड़ी उपलब्धियां थीं।

राष्ट्रीय मोरचा, 1935-37

वामपंथी आंदोलन के इसी नवजागरण काल में 1935 में मास्को में कोमिन्टर्न का सातवां अधिवेशन हुआ। 1933 में जर्मनी में हिटलर के अभ्युदय के बाद फासीवाद के बढ़ते खतरे को देखते हुए जी. दिमित्रोव ने कांग्रेस को अपनी रिपोर्ट पेश करते हुए 'जनता के व्यापक संयुक्त मोरचे' की आवश्यकता पर बल दिया। इस संयुक्त मोरचे में सोशल डेमोक्रेट्स तथा अन्य फासीवाद विरोधी ताकतों को भी शामिल करने की बात कही गई थी।[39] इसके निष्कर्ष के रूप में उसी अधिवेशन में 'वांग मिंग' ने उपनिवेशीय देशों पर अपनी रिपोर्ट पेश करते हुए भारतीय कम्युनिस्टों से यह आग्रह किया कि वे 'राष्ट्रीय कांग्रेस' के अंदर काम करने की सलाह की उपेक्षा न करें। इसका अभिप्राय यह हुआ कि कांग्रेस को भी साम्राज्यवाद विरोधी संयुक्त मोरचे के एक स्वाभाविक अंग के रूप में देखा गया। उक्त मोरचे के विशिष्ट पक्षों की रजनी पाम द । तथा बेन ब्रेडले (दोनों ही ब्रिटिश कम्युनिस्ट पार्टी से संबद्ध) ने अपने एक महत्वपूर्ण आलेख 'दि एंटी इंपीरियलिस्ट पीपुल्स फ्रंट इन इंडिया' में व्याख्या की। इसे दत्त-ब्रेडले थीसिस (फरवरी 1936) की संज्ञा दी गई।[40]

उक्त थीसिस की प्रमुख स्थापनाएं निम्नलिखित थीं:

(1) व्यापक एकता के वांछनीय आधार बिंदु इस प्रकार हैं: (अ) साम्राज्यवाद के विरुद्ध सतत संघर्ष, (ब) श्रमजीवी जनता की बुनियादी आवश्यकता के लिए संघर्ष।

(2) कांग्रेस एक प्रमुख जन संगठन है जो स्वाधीनता के लिए संघर्ष करने वाले विभिन्न घटकों से बना है।

(3) कांग्रेस नेतृत्व की कुछ ऐसी कार्यवाहियां रही हैं जिन्होंने आंदोलन को भारी नुकसान पहुंचाया है; जैसे कि उसने साम्राज्यवाद के सामने घुटने टेक दिए हैं।

(4) अतः कांग्रेस नेतृत्व की आलोचना की आवश्यकता है, किंतु यह आलोचना इस उद्देश्य से की जाए कि वह अपनी वास्तविक भूमिका निभाए, इस उद्देश्य से नहीं कि उससे कांग्रेस के अंदर एकता के तत्व कमजोर हों।

(5) कांग्रेस में यह संभावना थी कि वह अपने संगठन तथा कार्यक्रम गें परिवर्तन-संशोधन करके साम्राज्यवाद विरोधी जन मोरचे के वास्तविक रूप को ग्रहण कर सके।

(6) मजदूरों, किसानों, युवाओं इत्यादि के जन संगठन तैयार किए जाएं तथा उन्हें कांग्रेस के साथ संबद्ध करने की कोशिश की जाए।

(7) कांग्रेस के जनतंत्रीकरण की मांग की जाए।

(8) पूर्ण स्वराज्य, नागरिक स्वतंत्रता (हड़ताल के अधिकार सहित), दमनकारी कानूनों के निरस्तीकरण, राजनीतिक कैदियों की मुक्ति, मजदूरों के अधिकारों की सुरक्षा (आठ घंटे के दिन सहित), किसानों के लगान में पांच प्रतिशत छूट तथा जमींदारों और साहूकारों से उनकी जमीनों की सुरक्षा आदि के आधार पर कांग्रेस की न्यूनतम कार्यक्रम पेश किया जाए।

(9) यह प्रश्न भी उठाया जाए कि क्या अहिंसा को कांग्रेस का बुनियादी सिद्धांत माना जाए, किंतु यह ध्यान भी रखा जाए कि इस मुद्दे पर संयुक्त मोरचा न टूटे।

(10) कांग्रेस समाजवादियों, ट्रेड यूनियनिस्टों, कम्युनिस्टों तथा वाम-कांग्रेसियों के वाम मोरचे को एकजुट किया जाए और इस कार्य में 'कांग्रेस सोशलिस्ट पार्टी' अपनी विशेष भूमिका निभा सकती है।

(11) वाम मोरचे को 1935 के अधिनियम के तहत होने वाले आगामी चुनावों में अपने प्रत्याशी खड़े करने चाहिए और दूसरी ओर चुनावों में राष्ट्रीय मोरचे के मत-विभाजन को रोकने की कोशिश करनी चाहिए।

(12) स्वतंत्र भारत का संविधान बनाने के लिए संविधान सभा के नारे को केंद्रीय नारे के रूप में पेश किया जाए।

दत्त-ब्रेडले थीसिस को भारतीय कम्युनिस्टों ने शीघ्र ही स्वीकार कर लिया और इसके सकारात्मक परिणाम भी शीघ्र ही सामने आए।[41] सी.एस.पी. की राष्ट्रीय कार्यकारिणी ने जो पहले से ही 'सातवीं कोमिन्टर्न' कांग्रेस के प्रभाव में थी, जनवरी 1936 में मेरठ में

हुई बैठक में यह तय किया गया कि वह कम्युनिस्टों के सी.एस.पी. में प्रवेश पर लगाए औपचारिक प्रतिबंध को घटा देगी। व्यक्तिगत स्तर पर अनुमति दी जाएगी।[42] यह प्रतिबंध मूल रूप से 1934 में लगाया गया था। उसके बाद कम्युनिस्ट, अप्रैल 1936 से सी.एस.पी. में आने लगे। इससे उन्हें कांग्रेस में भी प्रभावशाली ढंग से प्रवेश मिला।

जब अप्रैल 1936 में कांग्रेस का साधारण अधिवेशन हुआ और जिसकी अध्यक्षता पुन: जवाहरलाल नेहरू ने की तो उसमें वामपंथ ने बड़े महत्वपूर्ण ढंग से अपनी उपस्थिति का अहसास कराया। नेहरू ने समाजवाद की बात की, व्यक्तिगत संपत्ति को समाप्त करने की जरूरत पर बल दिया; सिर्फ विशेष परिस्थितियों में ही उसकी अनुमति हो। उन्होंने सोवियत संघ की नई सभ्यता का उल्लेख भी किया। हालांकि, जो प्रस्ताव वामपंथियों द्वारा पेश किए गए थे, जैसे जन संगठनों की संबद्धता, 1935 के एक्ट के तहत संपन्न चुनावों के बाद मिले मंत्रालयों का अस्वीकार, वर्किंग कमेटी का समानुपातिक चुनाव आदि, वे निरस्त तो कर दिए गए, किंतु उक्त प्रस्तावों पर उन्हें सम्मानजनक मत मिले।[43] नेहरू ने वर्किंग कमेटी में पहली बार सी.एस.पी. के तीन नेताओं को शामिल किया। इनमें जयप्रकाश नारायण भी थे। उसी समय 'अखिल भारतीय किसान कांग्रेस' (बाद में कांग्रेस के स्थान पर सभा कर दिया गया था) तथा प्रगतिशील लेखक संघ की स्थापना लखनऊ में आयोजित सम्मेलनों में हुई।[44] इन दोनों संगठनों में कम्युनिस्ट मुख्य शक्ति के रूप में उभरे। उन्होंने राष्ट्रीय आंदोलन को मजबूत करते हुए किसानों तथा लेखकों को संगठित किया और अपना वैचारिक प्रभाव भी बढ़ाया। रायवादियों तथा कम्युनिस्टों ने दक्षिणपंथी 'एटक' में रहते हुए दक्षिणपंथी 'नेशनल ट्रेड यूनियन फेडरेशन' के साथ समझौता किया, हालांकि अपेक्षित विलय एटक के 1936 के नागपुर सम्मेलन के समय नहीं हो पाया था। वह दो वर्ष बाद हुआ।

जनता पर वामपंथियों की पकड़ बढ़ती जा रही थी। 'आल इंडिया किसान सभा' की सदस्य संख्या में निरंतर वृद्धि होती जा रही थी और यह तथ्य हड़तालों और जन आंदोलनों में आने वाले उभार से पुष्ट हो रहा था। मई 1938 में कैमिला (बंगाल) में होने वाले सम्मेलन के समय 'अखिल भारतीय किसान सभा' की सदस्य संख्या पांच लाख से ऊपर थी। अप्रैल 1939 में गया सम्मेलन के समय यह सदस्य संख्या आठ लाख तक पहुंच गई थी। 1938 में 'अखिल भारतीय किसान सभा' ने लाल झंडे का बैनर बनाया था। औद्योगिक विवादों के कारण काम के दिनों का नुकसान होता है। इससे ट्रेड यूनियन की ताकत का पता चलता है। 1935 में औद्योगिक विवादों के कारण काम के दिनों में होने वाले नुकसान में कमी आई थी और वे घटकर दस लाख से भी कम हो गए थे। किंतु 1936 में बढ़कर 24 लाख हो गए और 1937 में लगभग 90 लाख तथा 1938 में 90 लाख से भी ज्यादा हो गए।[45] जब 1937 में ग्यारह में से आठ प्रांतों में कांग्रेस की सरकारें बनीं तब

कम्युनिस्टों पर से प्रतिबंध हटा दिया गया। इससे भी उनके प्रभाव क्षेत्र में वृद्धि हुई।

राष्ट्रीय संयुक्त मोरचे में संकट : 1938-39

जनता में वामपंथियों के प्रभाव में वृद्धि कांग्रेस के अंदर वामपंथियों की बढ़ती हुई ताकत (विशेष रूप से ए.आई.सी.सी.) में व्यक्त हो रही थी। जब कांग्रेस ने 1937 के चुनावों की तैयारी शुरू की तो फैजपुर कांग्रेस (दिसंबर 1936) में अनुमोदित घोषणापत्र का आधार कराची प्रस्ताव था जो स्पष्ट रूप से वामोन्मुखी था। 1939 में ए.आई.सी.सी. में बीस लोग घोषित रूप से कम्युनिस्ट थे। सी.एस.पी. के अंदर भी कम्युनिस्टों का प्रभाव बढ़ रहा था। ई.एम.एस. नंबूदरीपाद और सज्जाद जहीर सी.एस.पी. के संयुक्त सचिव थे। कम्युनिस्टों की सबसे बड़ी जीत 1939 के प्रारंभ में सुभाषचंद्र बोस का कांग्रेस के पुनः अध्यक्ष के रूप में चुना जाना था। सुभाषचंद्र बोस कांग्रेस के ऐसे क्रांतिकारी नेता रहे थे जिन्हें अपने स्वतंत्र विचारों के लिए बड़ी कीमत चुकानी पड़ी थी। फासीवाद के प्रति उनका मोह अब जाता रहा था। उन्होंने 1938 में नेहरू के उत्तराधिकारी के रूप में कांग्रेस की अध्यक्षता ग्रहण की थी और उनकी वामोन्मुखी नीतियों को जारी रखा था। जनवरी 1939 में उन्होंने दोबारा चुनाव लड़ा और वे गांधीजी के प्रत्याशी पट्टाभि सीतारमैया के 1,375 मतों के विरुद्ध 1,580 मतों से विजयी हुए। अखबारों ने इसे वामपंथ की जीत बताया और कांग्रेस में वामपंथी प्रभाव के भारी उभार के रूप में रेखांकित किया।

किंतु यह विजय अल्पकालिक रही। 1934 में गांधीजी ने समाजवादी विचारों के प्रति अपनी अरुचि व्यक्त की। उन्होंने यह तो स्वीकार किया कि कांग्रेस के अंदर समाजवादियों का प्रतिनिधित्व हो, लेकिन कांग्रेस पर उनका वर्चस्व उन्होंने कभी स्वीकार नहीं किया। जैसे-जैसे कांग्रेस के अंदर वामपंथियों का प्रभाव बढ़ता गया, वैसे-वैसे गांधीजी की दक्षिणपंथियों के प्रति सहानुभूति मुखर होने लगी। हालांकि उन्होंने नेहरू के साथ अपने संबंधों को बराबर बनाए रखा। अधिकांश की नजरों में नेहरू वामपंथियों के महत्वपूर्ण नेता थे।

जब कांग्रेस ने चुनाव लड़ने तथा मंत्रालय स्वीकार करने का फैसला लिया तो प्रत्याशियों के चयन तथा मंत्रालयों के नियंत्रण का फैसला एक संसदीय बोर्ड को सौंप दिया गया। उस संसदीय बोर्ड के सभापति वल्लभभाई पटेल तथा राजेंद्र प्रसाद उनके सहयोगी सदस्य थे। यह पूरी तरह से दक्षिणपंथी समिति थी। कम्युनिस्टों का प्रत्याशी के रूप में चयन नहीं किया गया था। यहां तक कि एटक से जुड़े एकमात्र प्रत्याशी जोगलेकर को भी समर्थन नहीं दिया गया। इससे क्षुब्ध होकर डांगे ने कांग्रेस से इस्तीफा दे दिया।[46] कांग्रेस के मंत्रालय गठित हो जाने के बाद सी.एस.पी. ने उनके साथ काम करने से मना कर

दिया। इसका परिणाम यह हुआ कि कांग्रेस मंत्रालयों पर दक्षिणपंथ के प्रतिनिधियों का वर्चस्व हो गया। अब यह एक विचारणीय मुद्दा है कि क्या उस समय वामपंथ द्वारा अपने आपको अलग रखना सही निर्णय था।

जब मंत्रालयों ने काम करना शुरू किया तो उनके तथा वामपंथी संगठनों, जैसे किसान सभा और एटक के बीच तनाव बढ़ने लगा। यह संकट बिहार में उपस्थित हुआ। सुप्रसिद्ध वामपंथी किसान नेता स्वामी सहजानंद सरस्वती ने बिहार की 'प्रदेश कांग्रेस कमेटी' की वर्किंग कमेटी से इस्तीफा दे दिया, ताकि वे स्वतंत्र रूप से भूस्वामियों के हितों को खुलेआम समर्थन देने वाली सरकार के विरुद्ध किसान संघर्ष को नेतृत्व दे सकें। यहां तक कि उक्त संदर्भ में नेहरू भी गांधीजी और दक्षिणपंथियों के साथ ऐसी आशंका व्यक्त कर रहे थे कि किसान सभाएं कांग्रेस को अंदर से कमजोर कर रही हैं। सितंबर 1938 में गांधीजी ने कांग्रेस की सफाई का प्रस्ताव पेश किया। उनके निशाने पर सीधे-सीधे वामपंथी थे। दिल्ली में संपन्न ए.आई.सी.सी. की बैठक उसी महीने कांग्रेस मंत्रालयों से यह आग्रह किया कि हिंसात्मक उपायों द्वारा वर्ग संघर्ष चलाने वालों के साथ सख्ती से निबटा जाए। लगभग उसी समय मिल मालिकों के प्रभाव के तहत बंबई सरकार ने बंबई इंडस्ट्रियल डिस्प्यूट्स बिल पेश किया। उसके विरुद्ध मज़दूर संगठनों ने एकजुट होकर 7 नवंबर 1938 को आम हड़ताल आयोजित की।[47] इन टकरावों के कारण वामपंथियों और दक्षिणपंथियों के बीच संबंध उत्तरोत्तर तनावपूर्ण होते चले गए। इसी आधार पर सुभाषचंद्र बोस कांग्रेस के त्रिपुरी सत्र (मार्च 1939) से पहले चुनावों में अपनी जीत के लिए समर्थन जुटाने में कामयाब रहे। किंतु कम्युनिस्ट और समाजवादी दोनों ही दक्षिण पंथियों के साथ पूरी तरह संबंध विच्छेद के पक्ष में नहीं थे, क्योंकि इससे 'नेशनल फ्रंट' खत्म हो जाता। इसीलिए जब दक्षिणपंथियों ने त्रिपुरी में एक प्रस्ताव के तहत सुभाषचंद्र बोस द्वारा गांधीजी की 'इच्छाओं' की अधीनता स्वीकार करने की बात की थी तो सी.एस.पी. तथा कम्युनिस्टों ने उस प्रस्ताव का विरोध नहीं किया ताकि संयुक्त मोरचे के बीच टूटन पैदा न हो। सुभाष बाबू ने (जिन्हें गांधी और नेहरू दोनों का विरोध झेलना पड़ा था) इस्तीफा दे दिया। उसके बाद वे और उनके अनुयायी जो फारवर्ड ब्लाक के रूप में संगठित थे, अलग-थलग पड़ गए और जुलाई 1939 के बाद अनुशासनात्मक कारणों के आधार पर कांग्रेस से बाहर कर दिए गए। हालांकि थोड़े समय के लिए फारवर्ड ब्लाक, रायवादी, सी.एस.पी. और कम्युनिस्टों की एक समन्वय समिति भी बनी थी।

दक्षिणपंथ के दबाव के तहत वाम एकता में और भी टूटन आने लगे। एम.एन. राय की एक समझ यह थी कि कांग्रेस के भीतर रहते हुए काम करना चाहिए। वस्तुतः यह नीति सातवीं कोमिन्टर्न कांग्रेस में पहले ही पारित हो चुकी थी। किंतु अब उनका सुझाव भी उत्तरोत्तर दक्षिणपंथ की ओर हो रहा था। उन्होंने 1937 में अपने अनुयायियों

से सी.एस.पी. से त्यागपत्र देने तथा किसान सभाओं का विरोध करने का आग्रह किया था। बोस के अनुयायियों की नियति को देखकर सी.एस.पी. को लगा कि कहीं उनका हश्र भी वैसा ही न हो और मसानी और लोहिया ने जब मई 1939 में इस मुद्दे पर दबाव डाला तो उसने भी कम्युनिस्टों की सफाई शुरू कर दी। अगले साल के मई माह तक कम्युनिस्टों को निकाल दिया गया किंतु उस प्रक्रिया में सी.एस.पी. की सदस्यता को भारी नुकसान हुआ। केरल की सी.एस.पी. जिसका नेतृत्व पी. सुंदरैया और सी. राजेश्वर राव कर रहे थे, एक तरह से कम्युनिस्टों की प्रादेशिक इकाइयों में बदल गई।[48] कम्युनिस्टों ने प्रमुख संगठनों जैसे एटक, आल इंडिया किसान सभा तथा आल इंडिया स्टूडेंट्स फेडरेशन पर कब्जा कर लिया जो अभी तक सी.एस.पी. के प्रभाव में थे।

हालांकि कम्युनिस्ट पार्टी वामपंथियों के सभी समूहों के बीच से एक बड़ी ताकत के रूप में उभरकर आई, किंतु आपसी मतभेदों के कारण साम्राज्यवाद विरोधी राष्ट्रीय मोरचा बहुत कमजोर हो गया। हमें यह याद रखना चाहिए कि उक्त मोरचा इसलिए भी कमजोर हुआ कि दक्षिणपंथ ने क्रांतिकारी शक्तियों के बढ़ते प्रभाव को खत्म करने के लिए सब कुछ दांव पर लगा दिया।[49]

साम्राज्यवादी युद्ध से लोक युद्ध तक, 1939-42

जब 3 सितंबर 1939 को द्वितीय विश्वयुद्ध शुरू हुआ तो उसे लेकर भारतीय राष्ट्रीय आंदोलन में मतभेद हो गए। एक ओर भारत के शासक के रूप में अंग्रेजों के प्रति घृणा थी, दूसरी ओर मानवता के शत्रुओं के रूप में नाजियों का विरोध था। कांग्रेस के मंत्रालयों को 'पार्टी हाई कमान' की ओर से यह निर्देश मिला कि वे इस्तीफा दे दें, क्योंकि ब्रिटिश सरकार ने बिना भारतीय जन प्रतिनिधियों के सलाह मशविरे के भारत को युद्ध में घसीट लिया। इसलिए कांग्रेस शासित प्रदेशों में प्रत्यक्ष शासन की घोषणा कर दी गई। इस सबके बावजूद कांग्रेस ने यह प्रस्ताव रखा कि यदि उन्हें कुछ ठोस रियायतें मिलें तो कांग्रेस युद्ध के दौरान ब्रिटिश सरकार का सहयोग कर सकती है। इन प्रस्तावों के जवाब में उन्हें अस्पष्ट से आश्वासन मिले जैसा कि 17 अक्तूबर 1939 के वायसराय के वक्तव्य तथा 8 अगस्त 1940 के 'अगस्त प्रस्ताव' से स्पष्ट है। ब्रिटिश सरकार के रुख से यह साफ जाहिर था कि उनकी चिंता का विषय युद्ध था। उसकी कीमत पर वह कोई भी रियायत देने को तैयार नहीं थी। अत: कांग्रेस को विवश होकर गांधीजी के नेतृत्व में अक्तूबर 1940 से व्यक्तिगत नागरिक अवज्ञा अभियान चलाना पड़ा। सरकार ने बड़ी तादाद में गिरफ्तारियां कीं और मई 1941 तक करीब बीस हजार लोगों को जेल में डाल दिया।

कम्युनिस्ट पार्टी ने कोमिन्टर्न के रुख के मुताबिक युद्ध को अंतर-साम्राज्यवादी

युद्ध माना।[50] इससे पहले म्यूनिख षड्यंत्र (1938) हो चुका था। उसके जवाब में रूस ने जर्मनी के साथ 'अनाक्रमण संधि' (1939) की थी। ऐसी स्थिति में यह जरूरी था कि अपनी साम्राज्यवादी शक्ति का विरोध करने के लिए 'नेशनल फ्रंट' की नीति को जारी रखा जाता। पुरानी वाम एकता की नीति को अब दोबारा लागू नहीं किया जा सकता था क्योंकि सी.एस.पी. का रुख लगातार रूस विरोधी होता जा रहा था। सुभाष बोस से व्यक्तिगत स्तर पर कुछ लोगों के संबंध रहे थे और इस बात के सबूत हैं कि 1940 की गर्मियों में भारत से रूस बच निकलने में कुछ कम्युनिस्टों ने उनकी मदद की।[51] इसके साथ ही, कांग्रेस द्वारा मंत्रालयों से त्यागपत्र देन और ब्रिटिश शासन सीधे तौर पर लागू होने के बाद कम्युनिस्टों पर 1934 वाला प्रतिबंध पुनः लगा दिया गया। गिरफ्तारी और जेल से बचने के लिए उनका लुका-छिपी का खेल पुनः शुरू हो गया। मई 1941 तक कम्युनिस्टों के ज्यादातर नेता अपनी 5,000 की विशाल सदस्य संख्या के साथ जेल में थे। जैसा कि महासचिव पी.सी. जोशी ने 1942 में नोट किया : 'इस सबका परिणाम यह हुआ कि हालांकि ऊपरी तौर पर नेशनल फ्रंट बना रहा, लेकिन वह आगे न बढ़ सका।'[52] उसकी वास्तविक स्थिति संदेहास्पद ही थी। उसका यदि अस्तित्व रहा भी तो महज कम्युनिस्टों की वजह से।

नाजी जर्मनी ने 22 जून 1941 को सोवियत यूनियन पर आक्रमण किया। इससे युद्ध का पूरा स्वरूप ही बदल गया। किंतु अन्य कम्युनिस्ट पार्टियों से अलग होकर, भारत की कम्युनिस्ट पार्टी का नेतृत्व (जिसका बड़ा हिस्सा जेल में था) अपने आपको इसके लिए तैयार करने में बड़ी कठिनाई का अनुभव कर रहा था कि विश्व स्तर पर बने संयुक्त मोरचे के सदस्य के रूप में इंगलैंड को मान्यता कैसे दे, क्योंकि लंबे अरसे से वह इसके विरोध में था। इस स्थिति में स्वभावतः ब्रिटेन की कम्युनिस्ट पार्टी ने भारत की कम्युनिस्ट पार्टी से अपनी नीति में बदलाव करने का प्रस्ताव रखा। अक्तूबर 1941 में आर.पी. दत्त ने एक लेख भी लिखा : 'ए पालिसी फार दि इंडियन पीपुल'। बहरहाल, दिसंबर में देवली कैंप में बंद कम्युनिस्ट नेताओं ने एक 'जेल डाक्यूमेंट' भी तैयार किया। उस दस्तावेज में उन्होंने जोरदार तर्कों के साथ अपनी नीति को बदलने और युद्ध को 'लोक युद्ध' के रूप में मान्यता देने की बात कही थी।[53] उसी माह युद्ध में जापान के प्रवेश करने तथा दक्षिण-पूर्व एशिया में उसको शीघ्र मिलने वाली सफलताओं के कारण भारत को भी युद्ध के मुहाने पर लाकर खड़ा कर दिया था। इसके कारण नीति में बदलाव की जरूरत और भी उग्र हो गई थी।

कांग्रेस के नेतृत्व ने अपनी नीति में पहले से ही बदलाव कर लिया था। सरकार को दिसंबर 1941 में कांग्रेस के सभी महत्वपूर्ण नेताओं को जेल से रिहा करना पड़ा था। उसके बाद बारदोली में उनका एक अधिवेशन हुआ और उसमें उन्होंने एक प्रस्ताव

पारित करते हुए यह लक्षित किया कि 'विश्वयुद्ध' में नई स्थिति पैदा हो गई है। उसके साथ ही भारत का दृष्टिकोण भी बदला है और वे युद्ध में स्वतंत्र और स्वाधीन भारत की ओर से 'मित्र राष्ट्रों' के सहयोग को तैयार हैं। कांग्रेस द्वारा अनुमोदित उक्त प्रस्ताव ने क्रिप्स मिशन (मार्च–अप्रैल) की भूमिका तैयार की जिसके तहत 'डोमीनियम स्टेटस' देने की पेशकश की गई जिसका अभिप्राय था साम्राज्य से अलग होने का अधिकार, संविधान सभा, प्रांतों को आत्मनिर्णय का अधिकार, अल्पसंख्यकों की सुरक्षा; किंतु सब युद्धोपरांत। फिलहाल हस्तांतरण को मुल्तवी कर दिया गया था। आखिरी मुद्दे पर कांग्रेस के साथ वर्ता टूट गई।

इसी बिंदु से कांग्रेसी नेतृत्व ने ब्रिटिश सरकार से अपनी टकराव की नीति अपनाई और 8 अगस्त 1942 को ए.आई.सी.सी. की बैठक में 'भारत छोड़ो' का प्रस्ताव पारित किया गया। हालांकि जर्मनी तथा जापान के साथ अपने विरोध को छोड़ने की कभी उन्होंने घोषणा नहीं की। कम्युनिस्टों ने प्रस्ताव का विरोध किया, किंतु उन्हें केवल 13 मत मिले। उनकी समझ 'एशियाई ताकतों' को पराजित करने की प्राथमिक आवश्यकता पर आधारित थी, अत: उन्होंने अंतर्राष्ट्रीयतावाद का नारा दिया। नेहरू ने यह स्वीकार किया कि गांधी द्वारा ब्रिटिश सरकार के खिलाफ एक नए आंदोलन का दबाव इस बात का प्रतीक था कि अंतर्राष्ट्रीयतावाद पर राष्ट्रवाद की विजय हुई है।[54] ऐसा लगता है कि जर्मन वोल्गा के किनारे सोवियत रक्षा पंक्तियों को तोड़ने को सन्नद्ध हैं तथा जर्मनी में मिस्र की सीमाओं पर ब्रिटिश साम्राज्य को खतरा पैदा कर रखा था; जापान ने भारत की पूर्वी सीमाओं पर उसकी घेराबंदी कर रखी है। उक्त परिप्रेक्ष्य में गांधीजी ने यह महसूस किया कि खतरे से घिरे संयुक्त मोरचे का सदस्य ब्रिटेन शीघ्र ही कांग्रेस से समझौते के लिए विवश होगा।[55] स्वयं प्रस्ताव में यह कहा गया था कि कांग्रेस इस बात के लिए चिंतित है कि चीन और रूस की सुरक्षा में किसी भी प्रकार की कोई बाधा उत्पन्न न हो। नेहरू ने कहा है कि गांधी और आजाद दोनों ने ही (अध्यक्ष के रूप में) अपने अंतिम भाषणों में समझौते के लिए बलपूर्वक अपनी इच्छा व्यक्त की और फौरी कार्यवाही के बजाए उन्होंने 'बातचीत' के मार्ग के बारे में विचार किया था।[56] किंतु ब्रिटिश सरकार ने व्यापक पैमाने पर धरपकड़ करके स्थिति को उग्र बना दिया तथा गिरफ्तारियों के विरुद्ध होने वाले सहज प्रतिरोध का हिंसात्मक रूप से दमन किया। तभी घटनाओं ने नाटकीय मोड़ लिया। लाल सेना ने 1942–43 की सर्दियों में स्तालिनग्राद पर अपनी ऐतिहासिक विजय हासिल की और ब्रिटिश सरकार अपने साम्राज्य की सुरक्षा की चिंता से मुक्त हो गई। अब वह युद्ध के दबाव में भारतीयों की किसी भी मांग को मानने के लिए विवश नहीं थी। इस परिस्थिति में भारत छोड़ो आंदोलन से भारत को कोई लाभ होने वाला नहीं था।

कम्युनिस्टों के भारत छोड़ो प्रस्ताव के विरोध को आधार बनाकर कांग्रेस ने कम्युनिस्टों के निष्कासन की मुहिम छेड़ दी। उसके बाद भी उनकी देशभक्ति पर प्रश्नचिह्न

लगाया जाता रहा है। किंतु इसमें कोई शक नहीं कि यदि फासीवाद की पराजय उस समय की जरूरत थी तो कम्युनिस्टों के तत्कालीन रुख को श्लाघनीय ही कहा जाएगा।

लोक युद्ध के संदर्भ में गठित संयुक्त मोरचा, 1942-45

22 जुलाई को वैधता मिलने (जिसके लिए ब्रिटिश सरकार से बातचीत होनी ही थी) तथा भारत छोड़ो प्रस्ताव के बाद कम्युनिस्ट पार्टी पुराने नेशनल फ्रंट में से अकेली ऐसी पार्टी रह गई थी जिसे दमन झेलना नहीं पड़ा। ब्रिटिश सरकार के प्रति उसने टकरावपूर्ण नहीं, स्वतंत्र दृष्टिकोण अपनाया। इसने कांग्रेस कैदियों को रिहा करने और राष्ट्रीय सरकार के गठन की मांग को बदस्तूर बनाए रखा। पार्टी की केंद्रीय समितियों द्वारा 19 सितंबर 1942 को जो प्रस्ताव पारित किया, उसमें यह मांग रखी गई कि ब्रिटिश सरकार यह माने कि

> वह भारत छोड़ो प्रस्ताव के बाद जनता और कांग्रेस पर दमन बंद करेगी। महात्मा गांधी तथा अन्य कांग्रेसी नेताओं को रिहा करेगी, कांग्रेस से अपना प्रतिबंध हटाएगी और अस्थायी राष्ट्रीय सरकार के गठन के सिलसिले में बातचीत शुरू करेगी। ब्रिटिश सरकार के राज्य सचिव अमेरी के प्रस्ताव को भी जिसमें गैर-कांग्रेसी दलों के गठबंधन की बात कही गई थी, पूरी तरह निरस्त कर दिया गया था (*पीपुल्स वार* का संपादकीय, 18 अक्तूबर 1942)।

अत: कम्युनिस्टों ने जहां कांग्रेस के असहयोग का विरोध किया, वहीं उसने ब्रिटिश सरकार की दमनात्मक नीति का भी विरोध किया। ये राजनीतिक रुझान थे, किंतु व्यवहार में कम्युनिस्टों ने ब्रिटिश अधिकारियों के साथ खुले तौर पर कोई सहयोग नहीं किया।[57] उन्होंने ट्रेड यूनियनों, किसान सभाओं का गठन किया। सीमित रूप से ही, वे जनता की दैनिक समस्याओं को लेकर भी संघर्ष करते रहे। इस स्थिति में वे कानूनी तौर पर आम आदमी के एकमात्र प्रवक्ता बन गए। जहां उन्होंने 'कोई हड़ताल नहीं' का नारा दिया, वहीं उन्होंने जमाखोरों के विरुद्ध अभियान चलाए और उचित राशन-वितरण के लिए भी आंदोलन किए। सीधे किसानों को संबोधित करते हुए उन्होंने 'ज्यादा अन्न उगाओ' जैसे अभियानों के लिए भी प्रयास किए। राहत कार्यक्रम भी आयोजित किए गए। इनमें सर्वाधिक प्रमुख 1943-44 में 'बंगाल के अकाल' के संदर्भ में आयोजित राहत कार्यक्रम था।

इस प्रकार की जनवादी गतिविधियों के साथ-साथ मार्क्सवादी साहित्य का भी व्यापक पैमाने पर प्रचार-प्रसार किया गया। गौर तलब है कि अब उसके वितरण पर प्रतिबंध नहीं था। इस सबसे कम्युनिस्ट पार्टी का भारी विकास हुआ। जून 1945 में एक गोपनीय सरकारी रिपोर्ट के मुताबिक पार्टी की सदस्य संख्या 30,000 तक पहुंच

गई थी। 1942 में यह सदस्य संख्या 5,000 थी। इसकी ट्रेड यूनियन की सदस्य संख्या करीब 50,000 थी। अब वह दस साप्ताहिक पत्र प्रकाशित करती थी और उसका मुखपत्र *पीपुल्स वार* की 25,000 से 30,000 तक प्रतियां प्रकाशित होती थीं। उसी रिपोर्ट में यह भी दर्ज किया गया था कि विद्यार्थियों में भी इसका प्रभाव बढ़ रहा है। यह प्रभाव किसानों में भी बढ़ रहा था।[58]

हालांकि पार्टी 1930 के उत्तरार्ध में बने नेशनल फ्रंट के सभी घटकों से अलग-थलग पड़ गई थी, लेकिन उसने उक्त उपलब्धियां अर्जित कीं। कांग्रेस का एक बड़ा धड़ा इसलिए पार्टी से दूर हो गया था, क्योंकि नेहरू के शब्दों में वह 'राष्ट्रवादी शक्तियों के हर अच्छे-बुरे काम में साथ नहीं थे।' जैसे भारत छोड़ो आंदोलन में उन्होंने उनका साथ नहीं दिया था।[59] पुराने वामपंथी सहयोगियों जैसे सी.एस.पी. के साथ पार्टी के संबंध विशेष रूप से कटुतापूर्ण हो गए थे। इन्हें कम्युनिस्ट विध्वंसक मानते थे क्योंकि वे ब्रिटिश सरकार के विरुद्ध चलने वाले सशस्त्र संघर्ष को सहयोग कर रहे थे। फारवर्ड ब्लाक के कार्यकर्ताओं को भी गद्दार मानते थे क्योंकि वे सुभाषचंद्र बोस का समर्थन करते थे जो जापान के सहयोग से आई.एन.ए. को पुनर्गठित करने का प्रयास कर रहे थे। एम.एन. राय को भी वे गद्दार कहते थे और उन्होंने उनकी इस राय को ब्रिटिश सरकार की गोद में जाकर पूरी तरह सही साबित कर दिया।

भारत छोड़ो प्रस्ताव से पहले भी ऐसा ही अलगाव हो गया था जिसके कारण नेशनल फ्रंट का एक नया स्वरूप उभरकर आया था और वह था कांग्रेस-मुसलिम लीग गठजोड़ जिसका कम्युनिस्ट पार्टी के साथ मित्रतापूर्ण सहयोग था। इस नई स्थिति के संबंध में *पीपुल्स वार* में एक आलेख के रूप में महत्वपूर्ण वक्तव्य प्रकाशित हुआ। यह वक्तव्य उसी दिन प्रकाशित हुआ जिस दिन भारत छोड़ो प्रस्ताव पारित हुआ था।[60]

हमें यह याद रखना चाहिए कि सांप्रदायिक समस्या के संबंध में कम्युनिस्टों की समझ वही थी जो कांग्रेस के अंदर वामपंथ की थी। 1928 में ही कम्युनिस्टों के नेतृत्व में गठित 'वर्कर्स एंड पीजेंट्स पार्टी' ने हालांकि सांप्रदायिक समस्या के उस समाधान को स्वीकार कर लिया था जिसे 'आल पार्टीज रिपोर्ट' (जो एम.ए. जिन्ना द्वारा खारिज कर दी गई थी) में प्रस्तावित किया गया था, तथापि उसका यह तर्क था कि यह प्रश्न इतना महत्वपूर्ण नहीं है कि उस पर इतना ध्यान दिया जाए, चूंकि हमारा अनुभव इस बात का साक्षी है कि जनसाधारण में सांप्रदायिकता की कोई भावना नहीं है।[61] अत: उसका मानना था कि जैसे ही जनता की आर्थिक मांगें सामूहिक संघर्ष के द्वारा पूरी होंगी तो उसके साथ ही सांप्रदायिकता की समस्या भी तिरोहित हो जाएगी। मुसलिम लीग को एक ऐसी उपयुक्त पार्टी समझा गया जिसमें रहकर कम्युनिस्ट काम कर सकें। हसरत मोहानी को इसी आधार पर पार्टी से निष्कासित कर दिया गया था। 1937-38 में कांग्रेस द्वारा संचालित मुसलिम जन संपर्क

अभियान में कम्युनिस्टों ने सक्रिय भाग लिया था। इसके कारण मुसलिम लीग ने कम्युनिस्टों का कठोर विरोध किया था।

अब अधिकारी की समझ यह थी कि परिस्थितियां बदल गई हैं। जब से मुसलिम लीग ने यह प्रचार अभियान चलाया था कि कांग्रेस के मंत्रित्व में मुसलमानों को दुर्व्यवहार झेलना पड़ा है, मुसलिम लीग का मुसलमानों में भारी प्रभाव बढ़ा और 1940 के लाहौर प्रस्ताव के साथ ही, जो पाकिस्तान की मांग का बुनियादी आधार बना, लीग ने विभाजन को एक ऐसे प्रस्ताव के रूप में स्वीकार किया जिसके बिना वह किसी भावी सांविधानिक संशोधन करने को तैयार नहीं थी। ब्रिटिश सरकार के सहयोग और प्रोत्साहन के कारण (उदाहरण के लिए, ब्रिटिश सरकार के सहयोग के तहत अल्पमत वाली मुसलिम लीग एन.डब्ल्यू.एफ.पी. तथा असम में मंत्रालय बना सकी थी) कांग्रेस ने उसका संगठित स्तर पर वैचारिक और राजनीतिक विरोध नहीं किया था। वस्तुतः कांग्रेस का नेतृत्व सभी स्तरों पर युद्धकाल में प्रायः जेलों में बंद रहा।[62] स्पष्ट है कि लीग की ताकत बढ़ जाने पर उसके साथ संवाद स्थापित करना जरूरी हो गया। यहां तक कि कम्युनिस्टों ने यह सही प्रस्ताव रखा कि कांग्रेस और लीग को एक दूसरे के निकट आना चाहिए और लीग को एक राजनीतिक दल के रूप में कुछ छूट भी देनी चाहिए। वस्तुतः कांग्रेस ने अपना यह दृष्टिकोण 1944 के गांधी-जिन्ना वार्ता के बाद अपना लिया था।

किंतु अधिकारी का लेख और सी.पी.आई. के नीतिगत वक्तव्य और भी आगे चले गए। उनमें यह स्थापित किया गया कि मुसलिम लीग का रूपांतरण हो गया है और 1938 से वह निम्न-मध्य वर्गीय मुसलिम जनता की साम्राज्यवाद विरोधी भावनाओं की प्रवक्ता बन गई है तथा लीग का सामंती-प्रतिक्रियावादी नेतृत्व अब औद्योगिक पूंजीपति नेतृत्व में रूपांतरित हो गया है। अतः उसकी भूमिका अब साम्राज्यवाद विरोधी हो गई है। वस्तुतः वर्गीय दृष्टि से और साम्राज्यवाद विरोध के संदर्भ में उसे कांग्रेस के समकक्ष ठहराया गया। दोनों दलों को 'नई राष्ट्रीय एकता' के संदर्भ में करीब आने के लिए कहा गया। इस प्रकार के संदर्भ में कांग्रेस का धार्मिक पूजा-अर्चना की स्वतंत्रता तथा अल्पसंख्यकों की सुरक्षा का कार्यक्रम अपर्याप्त था। अब कांग्रेस को आत्मनिर्णय के अधिकार को भी स्वीकार करना अनिवार्य था। पाकिस्तान की मांग को सही ठहराया गया। इसके साथ ही, सिंधी, बलूची, पठान तथा पंजाबी राष्ट्रीयताओं की अपने को अलग करने की मांग को सही ठहराया गया। आगामी रिपोर्ट (सितंबर 1942) में अधिकारी ने उक्त संदर्भ में मार्क्सवादी-लेनिनवादी दृष्टिकोण का हवाला दिया। उन्होंने विशेष रूप से स्तालिन के उक्त संदर्भ को उद्धृत किया जिसमें उन्होंने कहा था कि भारत में क्रांतिकारी उथल-पुथल के दौरान दर्जनों ऐसी अज्ञात राष्ट्रीयताएं उभरेंगी जिनकी अपनी भाषाएं और अपनी संस्कृतियां होंगी।[63] इस उद्धरण को प्रायः पाकिस्तान की मांग का औचित्य सिद्ध करने के लिए उद्धृत किया गया। हालांकि वास्तविकता यह है

कि स्तालिन ने कभी भी भाषाई राष्ट्रीयता से (जैसे पंजाबी मुसलिम, बंगाली मुसलिम) धार्मिक राष्ट्रीयता की निर्मिति की अवधारणा पेश नहीं की थी। इस तथ्य को भी नजरअंदाज किया गया।[64]

अधिकारी की इस थीसिस को सी.पी.आई. ने मई 1943 में संपन्न होने वाली अपनी कांग्रेस में एक राजनीतिक प्रस्ताव पारित कर अपनी सहमति की मुहर लगा दी, हालांकि प्रस्ताव की भाषा अपेक्षाकृत संतुलित थी।[65] किंतु इससे कुछ व्यावहारिक समस्याएं तात्कालिक रूप से खड़ी हो गईं। अब कम्युनिस्टों को लीग के अंदर काम करना था, जैसा कि उन्होंने कांग्रेस के अंदर रहकर किया था। उनसे यह अपेक्षा थी कि वे अब लीग के कार्यकर्ताओं के बीच प्रगतिशील विचारों का प्रचार-प्रसार करेंगे तथा जून (मई) 1945 में शायद इसी आधार पर जेड.ए. अहमद ने जवाहरलाल नेहरू को आश्वस्त किया था कि लीग के अंदर प्रगतिशील शक्तियां तेजी से पनप रही हैं।[66] राष्ट्रीयता का यह आवरण भी उस समय खिसक गया जब 1946 के चुनावों में कम्युनिस्ट पार्टी ने उन सभी मुसलिम सीटों पर जहां उसके अपने उम्मीदवार नहीं थे, सभी प्रतिद्वंद्वी उम्मीदवारों के विरुद्ध (कांग्रेस समेत) मुसलिम लीग के उम्मीदवारों को अपना समर्थन दिया, चाहे उन उम्मीदवारों का चुनाव क्षेत्र उत्तर-पश्चिम के मुसलिम राष्ट्रीयता वाले इलाके में है या नहीं।[67] अत: हर जगह कम्युनिस्ट और उनके समर्थक मुसलिम और गैर-मुसलिम के बीच विभक्त हो गए। यह स्थिति मुसलमानों के बीच प्रगतिशील विचारों के प्रचार-प्रसार की दृष्टि से घातक सिद्ध हुई। वस्तुत:, अनेक कम्युनिस्ट और प्रगतिशील लोग जो लीग में काम कर रहे थे, हमेशा के लिए कम्युनिस्ट आंदोलन छोड़कर चले गए।

शायद यह अधिकारी की थीसिस का ही विस्तार था जब दिसंबर 1945 में पार्टी ने सिखों के लिए सिखस्तान की अपनी योजना की घोषणा की और इस तरह पंजाब को तीन राष्ट्रीयताओं में विभाजित कर दिया।[68] सौभाग्य से पाकिस्तान के रास्ते पर बढ़ने की तुलना में यह एक अल्पकालिक विचलन था।

साम्राज्यवाद तथा सांप्रदायिकता विरोधी संघर्ष, 1945-47

जब दूसरा विश्वयुद्ध समाप्ति की ओर था और धुवीय शक्तियों का पतन होने ही वाला था तो यह स्पष्ट था कि अब कम्युनिस्ट लोक युद्ध की अपनी रणनीति से पुन: साम्राज्यवाद विरोधी संघर्ष की रणनीति पर आरूढ़ होंगे। दिसंबर 1945 में सी.पी.आई. की केंद्रीय समिति ने भारत में युद्धोतर काल को सत्ता संघर्ष का अभूतपूर्व अवसर बताया।[69] लाल सेना की सफलता, पूर्वी यूरोप के देशों का साम्राज्यवादी तंत्र से मुक्त होना, चीन में पीपुल्स लिबरेशन आर्मी की ताकत, दक्षिण-पूर्व एशिया में सशस्त्र स्वाधीनता संघर्ष

तथा साम्राज्यवादी देशों की जनता की चेतना पर साम्राज्यवाद की पकड़ ढीली होने से साम्राज्यवाद की नैतिक और भौतिक शक्ति का क्षरण हुआ। अतः भारत में भी साम्राज्यवाद विरोधी संघर्ष उग्र हुआ। मार्क्सवाद की भी पुनः पुरानी समझ की ओर वापसी हो रही थी अर्थात यह माना जाने लगा था कि भूस्वामियों और रजवाड़ों की साम्राज्यवाद के साथ गहरी सांठ-गांठ है और पूंजीपति वर्ग में भी समझौतावाद की प्रवृत्ति है, बड़े ब्रिटिश पूंजीपतियों तथा उनके हिंदुस्तानी भाइयों के बीच शीघ्र ही गठबंधन की संभावना देखी जा रही थी।

अतः राष्ट्रीय संघर्षों के साथ-साथ किसानों और मजदूरों के आर्थिक संघर्षों को भी जोड़ा जाए। अब 'हड़ताल नहीं के दौर' की समाप्ति की घोषणा कर दी गई थी। इस संदर्भ में कम्युनिस्टों की भूमिका को बलपूर्वक रेखांकित करते हुए इस दौर को 'कांग्रेस-लीग एकता' के बजाए 'संयुक्त राष्ट्रीय मोरचा' के रूप में परिभाषित किया गया।[70]

कम्युनिस्ट पार्टी ने आई.एन.ए. के मुकदमे के दौरान अपनी शक्ति का शानदार प्रदर्शन किया। लोक युद्ध काल में आई.एन.ए. के अपने विरोध को भुलाकर उसने आई.एन.ए. के सैनिकों को सामान्य राष्ट्रवादी भावना के अनुरूप स्वाधीनता संग्राम के सेनानी ही माना। फरवरी 1946 में औद्योगिक मजदूरों की हड़तालों के साथ विद्यार्थियों की हड़तालों को साथ-साथ चलाया गया था। इनके साथ ही बंबई में नौसेनिक विद्रोह (18-23 फरवरी) भी प्रस्फुटित हुआ। कांग्रेस, लीग तथा कम्युनिस्ट झंडे नौसेना के जहाजों और उनके अड्डों पर फहराए गए। कम्युनिस्टों द्वारा नौसेनिकों के समर्थन में आयोजित औद्योगिक मजदूरों की हड़ताल ने बंबई के जनजीवन को गतिहीन बना दिया था। सैकड़ों लोग ब्रिटिश सेना की टुकड़ियों और पुलिस के साथ संघर्ष करते हुए मारे गए। ये घटनाएं राष्ट्रीय आंदोलन के इतिहास में अपना अक्षुण्ण महत्व रखती हैं। चूंकि इन्होंने हमें स्वाधीनता के बहुत करीब ला दिया था।

कम्युनिस्टों के नेतृत्व में आर्थिक संघर्ष और भी तेज हुए। 1944 में बंगाल में शुरू हुआ तेभागा आंदोलन जो लगान को पैदावार का एक-तिहाई करने के उद्देश्य से शुरू किया गया था, आगामी तीन वर्षों में बंगाल के बहुत से इलाकों में फैल गया। 1944-46 में महाराष्ट्र में वर्ली आदिवासियों ने बेगार, ऊंचे लगान तथा सूदखोरी के खिलाफ हड़तालें कीं। अक्तूबर 1946 में त्रावणकोर-कोचीन के मजदूरों ने राज्यव्यापी हड़ताल की और आंदोलन को एक तेज राजनीतिक धार दी। वहां सेना ने सैकड़ों स्वयंसेवकों को गोली से उड़ा दिया। उन शहीदों को आज पुन्नप्रा-वयलार शहीदों के नाम से जाना जाता है। जुलाई 1946 में निजाम और उसके जमींदारों के खिलाफ तेलंगाना आंदोलन शुरू हुआ, जो 1951 तक चला। यह आंदोलन भारतीय इतिहास में किसानों का सबसे बड़ा सशस्त्र संग्राम था।[71]

कम्युनिस्टों ने शेख अब्दुल्ला की नेशनल कानफ्रेंस (मई 1946) के नेतृत्व में चलाए 'क्विट काश्मीर' आंदोलन में भी भागीदारी की।

कुछ अपवादों को छोड़कर (जैसे आई.एन.ए. का आंदोलन तथा कश्मीर छोड़ो आंदोलन) उक्त सभी कार्यवाहियां कम्युनिस्टों के नेतृत्व में संपन्न हुईं। इन संघर्षों और आंदोलनों को कांग्रेस और मुसलिम लीग का समर्थन नहीं मिला। अंग्रेजी नेतृत्व के पास भारतीय जनता के बीच अपने व्यापक जनाधार का बल था और उसी के आधार पर वह स्वतंत्रता की बात करना चाहता था। मुसलिम लीग के सीमित सांप्रदायिक उद्देश्य थे। वह अपने पाकिस्तान के नारे पर बल दे रहा था। 1946 में सीमित मताधिकार के आधार पर हुए चुनावों में साधारण चुनाव क्षेत्र में कांग्रेस का तथा मुसलिम-बहुल चुनाव क्षेत्रों में मुसलिम लीग का वर्चस्व था। प्रांतीय विधानसभा चुनावों में कम्युनिस्टों को सिर्फ 2.5 प्रतिशत मत मिले। शिमला सम्मेलन और कैबीनेट मिशन (1946) के आधार पर बनी योजनाओं और प्रति-योजनाओं के तहत सी.पी.आई. के लिए मुसलिम लीग के रुख को समर्थन देना मुश्किल था। इससे यह स्पष्ट था कि मुसलिम लीग का नेतृत्व पहले की तरह ही प्रतिक्रियावादी था। आर.पी. दत्त ने अपने एक लेख 'फ्रीडम फार इंडिया' (1946) में भी इसी तथ्य को रेखांकित किया था। उन्होंने तत्कालीन लीग के नेतृत्व को बड़े मुसलिम भूस्वामियों से निर्मित बताया था।[72] यह समझ 1942 में उक्त नेतृत्व के बारे में अधिकारी के विवेचन से पूरी तरह भिन्न थी। जमीनी सचाई पाकिस्तान के प्रश्न पर पुनर्विचार की मांग करती थी। रजनी पाम दत्त ने अपनी पुस्तक *इंडिया टुडे* के 1947 वाले संस्करण में समग्रता के साथ विचार किया है। वे राष्ट्रीयता के किसी भी सिद्धांत के तहत पाकिस्तान की अवधारणा को उचित नहीं मानते।[73] वे अपने इन विचारों को पहले ही *लेबर मंथली* के (मार्च 1946) अंक में प्रकाशित कर चुके थे। उनके इन विचारों के प्रति पार्टी ने मौन ही धारण किया था।[74] किंतु कालांतर में उनके लेखन ने यकीनन प्रभाव डाला होगा। अगस्त 1946 के केंद्रीय समिति के प्रस्ताव पर उस प्रभाव को लक्षित भी किया जा सकता है।[75]

विभाजन से पहले और विभाजन के दौरान होने वाले सांप्रदायिक दंगों ने कांग्रेस और लीग के बीच के अंतर को कोई ज्यादा स्पष्ट नहीं किया था। निस्संदेह कांग्रेस के अंदर सांप्रदायिक भावनाओं का उभार हो रहा था, किंतु गांधीजी ने जिस बहादुरी के साथ सांप्रदायिक हिंसा से हिंदुओं और मुसलमान दोनों को बचाया, उसका कोई जोड़ लीग के पास नहीं था। कम्युनिस्टों का जनता में व्यापक जनाधार नहीं था, न प्रभाव था। फिर भी, उन्होंने इस दौर में सांप्रदायिकता के विरुद्ध जो लड़ाई लड़ी, वह राष्ट्रीय आंदोलन में उनके योगदान का एक शानदार अध्याय है। उनके इस योगदान को समुचित महत्त्व नहीं मिला है।

जब 'माउंटबेटन अवार्ड' की घोषणा हुई तो पार्टी की केंद्रीय समिति ने यह

प्रस्ताव किया था कि वह जनतांत्रिक आधार पर इंडियन यूनियन के राष्ट्रीय नेतृत्व का भारतीय गणराज्य के निर्माण के कार्य में पूरी तरह सहयोग करेगी। राष्ट्रीय नेतृत्व के सामने प्रस्तुत अपने कार्यक्रम में उसने जो मांगें रखीं, वे इस प्रकार हैं : 'मुसलमानों के धार्मिक और सांस्कृतिक अधिकारों को पूर्ण सुरक्षा। मुसलमानों के विरुद्ध नौकरियों अथवा अन्य किसी क्षेत्र में कोई भेदभाव न हो। आर.एस.एस. जैसे संगठनों का तिरस्कार, जो मुसलमानों को भारतीय संघ में विजातीय घोषित करते हैं।'[76]

भारत में बढ़ते सांप्रदायिक उन्माद तथा बल्लभभाई पटेल के नेतृत्व में कांग्रेस के अंदर मजबूत होते दक्षिण पंथ के मद्देनजर सी.पी.आई. ने नेहरू को, जो जनता की आवाज थे, अपना समर्थन दिया तथा उनके और समाजवादियों (अक्तूबर 1947) के साथ संयुक्त मोरचा बनाने की आवश्यकता पर बल दिया। अगले महीने बिगड़ते हुए हालात से भयभीत होकर पार्टी ने नेहरू को अपना सहयोग देने का प्रस्ताव रखा और सरकार के प्रगतिशील पुनर्संगठन की आवश्यकता पर बल दिया। 30 जनवरी 1948 को गांधीजी की हत्या का सबसे गहरा आघात कम्युनिस्टों को लगा था और उन्होंने ही सांप्रदायिक ताकतों के विरुद्ध कार्यवाही की मांग को लेकर सबसे ज्यादा दृढ़ता दिखाई थी।

15 अगस्त 1947 को स्वतंत्रता मिलने के बाद यह दौर पूरा हुआ। नेहरू की सरकार को स्थायित्व मिल गया था। बड़े पूंजीपतियों, भूस्वामियों तथा साम्राज्यवादी अवशेषों के विरुद्ध संघर्ष के बड़े मुद्दे सामने थे। 1 दिसंबर 1947 से पी.सी. जोशी के स्थान पर बी.टी. रणदिवे का अधिक क्रांतिकारी नेतृत्व आ गया था। प्रकारांतर से नई परिस्थितियों के साथ सामंजस्य बिठाने की आवश्यकता महसूस की जा रही थी। राष्ट्रीय आंदोलन अपने उद्देश्यों को पूरा कर चुका था और अब एक नई नीति के निर्माण की आवश्यकता थी। जाहिर है कि स्वतंत्रता तो मिली, किंतु सत्ता संपत्तिशाली वर्गों के हाथों में चली गई। अभी भी साम्राज्यवादियों का प्रभाव शेष था। कम्युनिस्टों ने दृढ़ निश्चय किया कि वे स्वतंत्र भारत के उस सपने को साकार करने के लिए संघर्ष करते रहेंगे जिसे चरितार्थ करने की प्रतिज्ञा राष्ट्रीय आंदोलन ने जनता के सम्मुख की थी।

वे इस संघर्ष को जारी रखने की प्रक्रिया में अपने उस योगदान को भी भूल गए जो उन्होंने स्वयं स्वाधीनता पाने के लिए किया था। मैंने अपनी क्षमता और योग्यता के अनुसार इस संदर्भ में रिकार्ड को दुरुस्त करने की कोशिश की है। मैं कम्युनिस्ट आंदोलन के असंख्य सदस्यों और मित्रों के योगदान को याद करते हुए उन सभी को कृतज्ञतापूर्वक श्रद्धांजलि अर्पित करता हूं।

संदर्भ और टिप्पणियां

1. 1853 का महत्वपूर्ण 'फ्यूचर रिजल्ट्स आफ ब्रिटिश रूल इन इंडिया'. इसी से मैंने उद्धरण दिया है तथा 1857 के विद्रोह के संबंध में लिखे लेख *कार्ल मार्क्स एंड एंगेल्स, दि फर्स्ट इंडियन वार आफ इंडिपेंडेंस, 1857-59* में संकलित हैं. (अदिनांकित)
2. एडवर्ड डब्ल्यू. सईद *ओरिएंटलिज्म,* विंटेज बुक्स, न्यूयार्क, 1979, पृ. 153-57.
   सईद का मार्क्स संबंधी अध्ययन उतना ही सीमित है जैसे उनकी आत्मविश्वास से भरी टिप्पणियां. उदाहरण के लिए सईद मार्क्स के 1857 के संबंध में लिखे लेखों से अवगत नहीं हैं.
3. उद्धत द्वारा पी.सी. जोशी तथा के. दामोदरन, *मार्क्स कम्स टू इंडिया,* दिल्ली, 1975, पृ. 2.
4. *पावर्टी एंड अनब्रिटिश रूल इन इंडिया,* दिल्ली, 1962, पृ. 184.
5. देखें, मार्क्स का 19 फरवरी 1881 को एन.वाई. डेनियलन्सन को लिखा पत्र. मार्क्स एंड एंगेल्स, *आन कालोनियलिज्म* में प्रकाशित, मास्को, अदिनांकित, पृ. 304. 1880 के नौरोजी के मैमोरेंडम के वक्तव्यों से जो *पावर्टी एंड अनब्रिटिश रूल इन इंडिया* में प्रकाशित हुए, तुलना करें, पृ. 176, 182-83.
6. विलियम जे. फोस्टर, *हिस्टरी आफ थ्री इंटरनेशनल्स,* I दिल्ली (1956), पृ. 216-18.
7. वी.आई. लेनिन, *सेलेक्टिड वर्क्स,* लारेंस एंड विशार्ट, लंदन, 1953, IV, पृ. 297-304.
8. लेनिन की वह टिप्पणी याद आती है जो उन्होंने छह वर्ष बाद, 1914 में की थी कि आयरलैंड का मुक्ति आंदोलन जो बुर्जुआ आंदोलन था और जब उसने क्रांतिकारी रूप ग्रहण किया तो मार्क्स को भी आयरिश स्वतंत्रता का समर्थन करना पड़ा था. *दि राइट आफ नेशन्स टू सेल्फ डिटरमिनेशन,* वही, पृ. 278.
9. वही, पृ. 299-300.
10. वही, पृ. 278.
11. माओ जे दोंग, 'आन दि पीपुल्स डेमोक्रेटिक डिक्टेटरशिप', *सेलेक्टिड वर्क्स,* पीकिंग, 1969, IX, पृ. 413.
12. यह थीसिस लेनिन के *सेलेक्टिड वर्क्स,* X, लंदन, 1946, पृ. 231-38 में प्रकशित है. उनके भाषण के लिए भी देखें, वही, पृ. 239-44.
13. सभी उद्धरण लेनिन के भाषण से दिए गए हैं, पूर्वोक्त, एम.एन. राय की पूरक थीसिस (इसे कोमिन्टर्न द्वारा भी स्वीकार कर लिया गया था) में बुर्जुआ जनतांत्रिक राष्ट्रीय आकांक्षाओं को लेनिन की तुलना में अधिक आलोचनात्मक दृष्टिकोण के साथ प्रस्तुत किया गया था. किंतु जैसी कि ई.एच. कार ने टिप्पणी की है, व्यावहारिक रूप से इस पर ज्यादा ध्यान नहीं दिया गया *दि बोल्शेविक रिवोल्यूशन,* 1917-23, पेंग्विन बुक्स, 1953, III, पृ. 253-60.
14. जे.वी. स्तालिन, *वर्क्स,* मास्को, 1954, VII, पृ. 141. वस्तुतः स्तालिन ने उपनिवेशों में 'वर्कर्स एंड पीजेंट्स पार्टी' बनाने की आवश्यकता पर बल दिया था. ये मध्य वर्ग के अंतर्गत कम्युनिस्ट और क्रांतिकारी तत्वों के प्रतिनिधि थे (वही, पृ. 149-51). आदित्य मुखर्जी ने *स्टडीज इन हिस्टरी,* III (1-2, 1981) में टेक्स्ट को समीचीन ढंग से प्रस्तुत नहीं किया है. देखें 'विशेषांक', इसके बाद यह *लेफ्ट इन इंडिया,* विपनचंद्र, में प्रकाशित हुआ. देखें विपनचंद्र (सं.), नई दिल्ली, 1981, पृ. 28 तथा टिप्पणी.
15. विपनचंद्र, *दि राइज एंड ग्रोथ आफ इकानामिक नेशनलिज्म इन इंडिया: इकानामिक पालिसीज*

आफ इंडियन नेशनल लीडरशिप, 1880-1905, नई दिल्ली, 1966.

16. देखें गंगाधर अधिकारी (सं.) *डाक्यूमेंट्स आफ दि हिस्टरी आफ दि कम्युनिस्ट पार्टी आफ इंडिया*, II, दिल्ली, 1974, पृ. 431-35.
17. जवाहरलाल नेहरू, *एन आटोबायोग्राफी*, लंदन, 1942, पृ. 362-63.
18. इसके साथ 1935 में नेहरू की भी सहमति थी 'भारतीय राष्ट्रीय आंदोलन स्पष्टतः कोई श्रमिक अथवा सर्वहारा का आंदोलन नहीं है. यह बुर्जुआ आंदोलन है जैसा कि इसके नाम से ही प्रकट है और इसका लक्ष्य भी सामाजिक परिवर्तन नहीं, अपितु राजनीतिक स्वाधीनता प्राप्त करना है. (*आटोबायोग्राफी*, पृ. 366) 1924 में राय की तुलना में स्तालिन का दृष्टिकोण अधिक उदार था. उन्होंने भारत और चीन के राष्ट्रीय आंदोलनों के बारे में कहा था कि मुक्ति की दिशा में उनका प्रत्येक कदम, चाहे वह औपचारिक जनतंत्र की मांगों के विरुद्ध ही जाता हो, साम्राज्यवाद पर भारी प्रहार है; निश्चित ही क्रांतिकारी कदम है (फाउंडेशंस आफ लेनिनिज्म इन जे. स्टालिन, *वर्क्स*, VI, पृ. 149).
19. गुलाम हुसैन ने प्रत्यक्षतः अपने भावी आचरण के संदर्भ में सभी शर्तों को मान लिया था, अतः उन्हें रिहा कर दिया गया था.
20. आदित्य मुखर्जी, *दि लेफ्ट इन इंडिया* (सं.), विपनचंद्र, पृ. 1-40.
21. *डाक्यूमेंट्स आफ दि कम्युनिस्ट पार्टी आफ इंडिया* (सं.) गंगाधर अधिकारी, II, (1923-25), पृ. 661-70.
22. 21 फरवरी 1929 को भारत सरकार ने सभी प्रांतीय सरकारों को एक नीतिगत पत्र जारी किया जिसमें उसने यह संदेह व्यक्त किया कि नेहरू जैसे कांग्रेसी कम्युनिस्टों के साथ, जो कलकत्ता और बंबई के औद्योगिक मजदूरों के बीच सक्रिय हैं, अस्थायी रूप से गठजोड़ कर सकते हैं. जूडिथ ब्राउन ने *गांधी एंड सिविल डिसओबीडिएंस* (कैंब्रिज, 1977) में पत्र की टेक्स्ट को प्रस्तुत किया है. देखें, पृ. 60.
23. मेरठ मुकदमे से पहले के पेपर्स के लिए देखें, सुबोध राय, *कम्युनिज्म इन इंडिया*, अनपब्लिश्ड डाक्यूमेंट्स, 1925-1934, कलकत्ता, 1972-1980, पृ. 89, 163. ब्रिटिश मूवमेंट के तीन कैदियों में से लेस्टर हचिंसन के बारे में यह स्थापित नहीं किया जा सकता है कि वे ब्रिटिश कम्युनिस्ट पार्टी के औपचारिक रूप से सदस्य थे.
24. *डाक्यूमेंट्स* के लिए देखें, वही, पृ. 470-76 तथा 1935 में प्रतिबंध के तहत अहमदाबाद में कम्युनिस्टों की गिरफ्तारी के लिए पृ. 445-59.
25. *डाक्यूमेंट्स आफ दि हिस्टरी आफ दि सी.पी.आई.*, II (सी), 1928, पृ. 628.
26. जान पैट्रिक हैथौक्स से तुलनीय. *कम्युनिज्म एंड नेशनलिज्म इन इंडिया.* उक्त प्रश्न के संदर्भ में कोमिन्टर्न की छठी कांग्रेस में हुए वाद-विवाद के संक्षिप्त रूप के लिए देखें, *एम.एन. राय एंड कोमिन्टर्न पालिसी*, प्रिंस्टन, 1971, पृ. 108-28.
27. जवाहरलाल नेहरू, *आटोबायोग्राफी*, पृ. 197 (एक कड़वी गोली).
28. वही, वृ. 259.
29. गांधीजी के अपने समझौतापरक, अपितु एक संरक्षक के अंदाज में दिए उत्तर के लिए देखें, *कलेक्टिड वर्क्स आफ गांधीजी*, LXV, पृ. 298-300.
30. सुबोध राय, *अनपब्लिश्ड डाक्यूमेंट्स*, पृ. 389-91.
31. *आटोबायोग्राफी*, पृ. 361-69, पृ. 365-66.

32. वही, पृ. 367.
33. मूल प्रस्ताव तथा गांधीजी का उस पर दिया भाषण देखें, *कलेक्टिड वर्क्स आफ महात्मा गांधी,* LXV, पृ. 370-74. अपनी आत्मकथा (पृ. 166) में नेहरू ने यह ठीक ही कहा है कि प्रस्ताव में समाजवाद की अवधारणा प्रस्तुत नहीं की गई है. किंतु उनका यह वक्तव्य अति कथन है कि उक्त प्रस्ताव में निहित प्रत्येक चीज पूंजीवादी राज्य द्वारा आसानी से स्वीकार्य हो सकती है.
34. जान पैट्रिक हैथोक्स, *कम्युनिज्म एंड नेशनलिज्म इन इंडिया,* एम.एन. राय एंड कोमिन्टर्न पालिसी, पृ. 1920-39, प्रिंस्टन, 1931, पृ. 164. विशेष रूप से पृ. 225-30.
35. भगवान जोश जैसे आलोचकों ने इस तथ्य की उपेक्षा की है, *लेफ्ट इन इंडिया,* पृ. 196. जोश यह भूल जाते हैं कि कम्युनिस्टों का जैसा उत्पीड़न हो रहा था, वैसा तो कांग्रेस के किसी भी वर्ग के लिए अकल्पनीय था.
36. गौतम चट्टोपाध्याय से तुलनीय, *सुभाषचंद्र बोस एंड इंडियन कम्युनिस्ट मूवमेंट,* नई दिल्ली, 1987, पृ. 10.
37. जे.पी. हैथोक्स से तुलनीय, *कम्युनिज्म एंड नेशनलिज्म इन इंडिया,* पृ. 160-63, 180-84. उक्त विवरण में रायवादियों के प्रति स्पष्ट सहानुभूति झलकती है जिन्होंने कम्युनिस्टों का विरोध किया था और एटक में दूसरी बार टूट पैदा की थी.
38. भगवान जोश ने इन पत्रों की अंतर्वस्तु का जो विश्लेषण किया है, वह एकतरफा है (*लेफ्ट इन इंडिया,* पृ. 167-74), हैथोक्स, का विश्लेषण अधिक संतुलित है. देखें, पृ. 207-8.
39. दिमित्रोव की रिपोर्ट की टेक्स्ट के लिए देखें, गंगाधर अधिकारी (सं.), *फ्राम पीस फ्रंट टू पीपुल्स वार,* बंबई, 1944, पृ. 142-49. दिमित्रोव की रिपोर्ट को एक नई टेक्निकल लाइन के रूप में देखा जाता था, किंतु अब यह स्पष्ट रूप से लक्षित किया जा सकता है कि यदि उससे कहीं अधिक व्यक्त करती थी.
40. इस लेख का संपूर्ण पाठ सी.पी.एम. के मुखपत्र *दि मार्किसस्ट* के अक्तूबर 1995, मार्च 1996 अंक में प्रकाशित हुई है. देखें पृ. 53-66.
41. दत्त-ब्रेडले थीसिस के बाद बनने वाली कम्युनिस्ट नीति की जो आलोचना भगवान जोश ने की है, उसका अपना अंदाज है अर्थात स्वतंत्र रूप से कम्युनिस्ट पार्टी का निर्माण और संयुक्त मोरचे का गठन दोनों काम एक साथ नहीं हो सकते थे, देखें *लेफ्ट इन इंडिया,* पृ.110. प्रकारांतर से संयुक्त मोरचे के काम को आगे बढ़ाने का अभिप्राय था कम्युनिस्ट पार्टी द्वारा आत्महत्या. संयुक्त मोरचे की इस नई नीति के तहत सी.पी.आई. ने 1936 तथा बाद के वर्षों में जो उपलब्धियां अर्जित कीं, जोश ने उनकी अनदेखी की है.
42. ई.एम.एस. नंबूदरीपाद से तुलनीय *हाउ आई बिकेम ए कम्युनिस्ट,* त्रिवेंद्रम, 1976, पृ. 204 6.
43. उदाहरण के लिए ए.आई.सी.सी. के 225 सदस्यों ने मंत्रालय पद को अस्वीकार करने के लिए मत दिया जबकि 487 सदस्यों ने इसके विरुद्ध.
44. ई.एम.एस. नंबूदरीपाद, *हाउ आई बिकेम ए कम्युनिस्ट,* पृ. 207-10.
45. ये आंकड़े रजनी पाम दत्त की पुस्तक *इंडिया टुडे* (बंबई, 1947, पृ. 228-337) से लिए गए हैं.
46. भगवान जोश से तुलनीय, *लेफ्ट इन इंडिया,* पृ. 194-95.
47. कांग्रेस मंत्रालयों की श्रमिक कम्युनिस्ट तत्वों की घुसपैठ के भय से आक्रांत थी. इस संदर्भ में देखें, क्लाड मार्कोविट्स, *इंडियन बिजनेसमेन एंड नेशनल पालिटिक्स,* 1931-39, कैंब्रिज 1985, पृ.175-76.

48. केरल में सी.एस.पी के रूपांतरण के संदर्भ में देखें, ई.एम.एस. नंबूदरीपाद, *दि नेशनल क्वेश्चन इन केरल,* बंबई, 1952, पृ. 149.
49. *इंडियन नेशनल मूवमेंट : दि लौंग टर्म डायनेमिक्स,* दिल्ली, 1988 में विपनचंद्र ने भारतीय कम्युनिस्टों की यह कहकर आलोचना की है कि कांग्रेस के नेतृत्व के प्रति उनका रवैया पारस्परिक सद्भाव का नहीं था. उत्पल घोष ने उक्त आलोचना के प्रति अपना मौन भाव रखा है. देखें, *दि कम्युनिस्ट पार्टी आफ इंडिया,* 1937-47, कलकत्ता, 1996, पृ. 78-81. मैं भी उनसे सहमत हूं.
50. जी. दिमित्रोव ने अपनी रिपोर्ट में बड़े अधिकार के साथ प्रतिपादित किया है. 'दि वार एंड दि वर्किंग क्लास', 1939. जी. अधिकारी द्वारा संपादित, *फ्राम पीस फ्रंट टू पीपुल्स वार* में संकलित, पृ. 328-46.
51. जी. चट्टोपाध्याय, *सुभाषचंद्र बोस एंड दि इंडियन कम्युनिस्ट मूवमेंट,* पृ. 15-16.
52. देखें गंगाधर अधिकारी (सं.), *फ्राम पीस फ्रंट टू पीपुल्स वार,* पृ. 368.
53. उक्त दस्तावेज के संक्षिप्त रूप के लिए देखें उत्पल घोष, *दि कम्युनिस्ट पार्टी आफ इंडिया एंड इंडियाज फ्रीडम स्ट्रगल* पृ. 145-50. बाद में छह महीने के इस विलंब की आलोचना सी.पी.आई. में अंतर्राष्ट्रीयतावाद के अभाव के रूप में की गई. *कम्युनिस्ट* का संपादकीय, सं. 2, फरवरी 1949, पृ. 63.
54. कुछ पंक्तियों के बाद वे लिखते हैं: 'गांधीजी की सामान्य दृष्टि महत्वपूर्ण अंतर्राष्ट्रीय सोच की उपेक्षा करती प्रतीत होती है. वह राष्ट्रवाद के संकीण दायरे से बाहर नहीं आती.' *डिस्कवरी आफ इंडिया,* चौथा संस्करण, लंदन, 1956, पृ. 483.
55. विलियम एल. शिरर से तुलनीय *दि राइज एंड फाल आफ थर्ड रीख,* न्यूयार्क, 1983, पृ. 1193. 1942 की ग्रीष्म ऋतु के अंत तक एडोल्फ हिटलर एक बार फिर पूरी दुनिया के शिखर पर दिखाई पड़ता है.
56. *डिस्कवरी आफ इंडिया,* पृ. 487-89.
57. इस संदर्भ में कम्युनिस्टों का स्वाभिमान, एम.एन. राय तथा उनके इंडियन फेडरेशन आफ लेबर (जो नवंबर 1941 में कम्युनिस्टों के नेतृत्व में गठित एटक के विरोध में स्थापित हुआ था) की तुलना में अपने आप में एक मिसाल था. 1944 में यह उद्घाटित हुआ कि रायवादी संस्था ब्रिटिश सरकार के अनुदान पर जीवित थी, देखें, जे.पी. हैथोक्स, *कम्युनिज्म एंड नेशनलिज्म इन इंडिया,* पृ. 297 तथा टिप्पणी.
58. शशि बैराठी, *कम्युनिज्म एंड नेशनलिज्म इन इंडिया,* ए स्टडी इन इंटररिलेशनशिप, 1919-47, दिल्ली 199-200 द्वारा उद्धृत.
59. देखें 28 जून (मई) 1945 को कम्युनिस्ट नेता जेड.ए. अहमद से नेहरू की बातचीत, *सेक्यूलर डेमोक्रेसी* में प्रकाशित, XXV (37), 1997, पृ. 19.
60. *नेशनल क्वेश्चन इन इंडिया :* सी.पी.आई. डाक्युमेंट्स, 1942-47 में पुनर्मुद्रित. (इसके बाद नेशनल क्वेश्चन) (सं.) टी.जो. जेकाब, नई दिल्ली, 1988, पृ. 16-28.
61. देखें गंगाधर अधिकारी (सं.), *डाक्यूमेंट्स आफ दि हिस्टरी आफ सी.पी.आई.,* 111 सी (1928), पृ. 218.
62. तुफैल अहमद ने अपनी पुस्तक *मुसलमानों का रोशन मुस्तकबिल* के परवर्ती संस्करण में राष्ट्रवादी मुसलमानों की दृष्टि से पाकिस्तान की मांग की आलोचना की है. उक्त पुस्तक मूल

रूप से 1934 में प्रकाशित चौथा संस्करण 1944 तक. अली अशरफ द्वारा *टुवर्ड्स ए कामन डेस्टिनी*, नई दिल्ली, 1944. शौकतुल्लाह अंसारी ने भी 1944 में अपनी पुस्तक *पाकिस्तान : दि प्राब्लम आफ इंडिया* प्रकाशित की थी.

63. स्तालिन, *वर्क्स*, VII, पृ. 141. अधिकारी की रिपोर्ट में उद्धृत नेशनल क्वेश्चन में पुनर्मुद्रित, पृ. 54.
64. श्रीप्रकाश द्वारा स्तालिन की परिभाषा की आलोचना तर्कसंगत ढंग से नहीं की गई है. देखें *लेफ्ट इन इंडिया*, पृ. 235. उक्त परिभाषा के अंध समर्थन में ही सी.पी.आई. ने पाकिस्तान के संबंध में अपना यह रुख नहीं अपनाया, अपितु पाकिस्तान के संबंध में वह अपनी धारणा पहले ही निर्धारित कर चुकी थी और उसके बाद उसे बल प्रदान करने के लिए उसने स्तालिन की परिभाषा की गलत व्याख्या की. ई.एम.एस. नंबूदरीपाद ने अपनी पुस्तक *हिस्टरी आफ इंडियन फ्रीडम स्ट्रगल* (कलकत्ता, 1972, पृ. 39) में पार्टी की पाकिस्तान नीति की संयमित आलोचना की है.
65. देखें *नेशनल क्वेश्चन*, पृ. 98.
66. *सेक्यूलर डेमोक्रेसी*, XXV, (3), अप्रैल 1997, पृ. 22.
67. *नेशनल क्वेश्चन*, पृ. 117.
68. *नेशनल क्वेश्चन*, पृ. 126-27.
69. वही, पृ. 159. पी. सुंदरैया ने इस बैठक के विषय में कहा है कि उसमें केंद्रीय समिति की युद्धकालीन सुधारवादी नीतियों में संशोधन किया गया था. *तेलंगाना पीपुल्स स्ट्रगल एंड इट्स लेसन्स*, कलकत्ता, 1972, पृ. 39.
70. *नेशनल क्वेश्चन*, पृ. 177.
71. पी. सुंदरैया की पुस्तक *तेलंगाना पीपुल्स स्ट्रगल एंड इट्स लेसन्स* (कलकत्ता, 1972) में उस आंदोलन का विस्तृत ब्योरा है.
72. *नेशनल टुडे*, बंबई, 1947, पृ. 378-91.
72. *इंडिया टुडे*. बंबई, 1947, पृ. 378-91.
74. जावेद अशरफ से तुलनीय, देखें *सेक्यूलर डेमोक्रेसी*, मार्च 1997, पृ. 15-16. दत्त के लेख से असहमति पार्टी लेटर नं. 4 (मई 1946) में व्यक्त की गई थी. उसमें से जे. अशरफ ने कुछ उद्धरण दिए हैं. देखें, वही, पृ. 18.
75. सी.सी. अब पाकिस्तान के निर्माण को मुसलिम बुर्जुआजी तथा सामंती तत्वों के निहित स्वार्थों का परिणाम मानती है. ये तत्व भारत के प्रशासन में अपना हिस्सा सुरक्षित करने के लिए साम्राज्यवाद के साथ समझौते का प्रयास कर रहे थे. उद्धृत द्वारा श्रीप्रकाश, *लेफ्ट इन इंडिया*, पृ. 254.
76. *नेशनल क्वेश्चन*, पृ. 218-19. दस्तावेज में निस्संदेह यह स्थापित किया गया था कि स्वंतत्रता कामी साम्राज्यवाद विरोधी पाकिस्तानी जनता को भारत की तुलना में अधिक मुश्किल और खतरनाक स्थितियों को झेलना पड़ा. वही, पृ. 220.

10. उर्दू कविता के सांस्कृतिक स्त्रोत

स्कूल में जब हम उर्दू कविता पढ़ते थे तो हमें बताया गया था कि उर्दू कविता और फारसी कविता की भी मूल संवेदना इश्क है जिससे उसकी विभिन्न परंपराओं, रूपों तथा एक हद तक शब्द संपदा का विकास हुआ है। इश्के मजाजी (सांसारिक प्रेम) तथा इश्के हकीकी (ईश्वरीय प्रेम) के आधार पर कविताओं में अंतर स्थापित किया जाता था। किंतु सचाई यह है कि दोनों प्रकार के प्रेम का चित्रण एक जैसा होता था तथा दोनों के बीच अंतर करना मुश्किल होता था। बहुत बाद में मैं यह समझ सका कि इश्के मजाजी से ही इश्के हकीकी उत्पन्न होती है। यह जानने के लिए कि मानव प्रेम आध्यात्मिक प्रेम के प्रतिमान के रूप में कैसे स्थापित किया गया हमें उस नैतिक संकट का साक्षात्कार करना होगा जिसे लगभग 1200 वर्ष पहले इराक में पहली बार अनुभव किया गया था।

यह संकट कुछ इस प्रकार था : कुरान कहती है कि जो उसके आदेशों की अवहेलना करता है खुदा उसे दंड देता है तथा जो उसके आदेशों का पालन करता है खुदा उसे पुरस्कृत करता है। अत: हम खुदा के आदेशों का पालन इसलिए करते हैं कि वह हमें इस जन्म तथा अगले जन्म में सुख-समृद्धि से संपन्न करेगा और यदि हम ऐसा नहीं करते तो वह हमें दोजख की आग में झोंक देगा। दूसरे शब्दों में, क्या हम खुदा के आदेशों का पालन सिर्फ इसलिए करते हैं कि वह हमारे नफ्स (स्व) की उन्हीं आकांक्षाओं को पूरा करता है जो हमारे सांसारिक क्रियाकलापों के संदर्भ में भी कारणभूत होती है। इसका तात्पर्य यह है कि स्वार्थ भावना का वर्चस्व लौकिक तथा अलौकिक दोनों संसारों में समान रूप से विद्यमान होता है।

इस संदर्भ में एक कहानी प्रचलित है। इराक का शहर बसरा (जो राष्ट्रपति बुश के बमों का अकसर लक्ष्य होता है) की राबिया, जिसका देहांत 801 ई. में हुआ था तथा जिसे इसलाम का प्रथम ज्ञात सूफी माना जाता है, एक हाथ में पानी की बालटी तथा दूसरे हाथ में दहकते कोयलों की कड़ाही लेकर गलियों में घूमती थी। लोग इसका अर्थ पूछते तो राबिया कहती कि पानी की बालटी तो दोजख की आग बुझाने के लिए है और दहकते कोयले जन्नत में आग जलाने के लिए। दूसरे शब्दों में, जन्नत उनके लिए है जो नफ्स की आकांक्षाओं की पूर्ति के लिए लालायित रहते हैं, अत: वे भी उतने ही पापी हैं जितने नरकवासी। पांच सौ साल बाद चौदहवीं सदी के आरंभ में दिल्ली

के प्रसिद्ध चिश्ती संत निजामुद्दीन (देहांत 1325 ई.) जिसके उपदेशों को कवि अमीर हसन सिज्जी ने सावधानीपूर्वक *फवाइदुल फवाद* में संकलित किया है, आश्वस्त करते थे कि कयामत के दिन जब मोमिन (सच्चे भक्त) से पूछा जाएगा कि क्या वह जन्नत में जाएगा तो वह चिल्लाकर कहेगा कि ऐ खुदा! उसने इसके लिए उसके आदेशों का पालन नहीं किया।

अगर दूसरे जन्म की बेहतरी का खयाल न हो तो कोई खुदा के आदेशों का पालन क्यों करे। राबिया ने इस सवाल का भी उत्तर दिया है; और यह कि वह खुदा से बेपनाह मुहब्बत करती थी। खुदा की मुहब्बत ने मुझे इतना बेखुद कर दिया है कि अब मेरे मन में किसी और के लिए न प्रेम है, न घृणा। निकोलस द्वारा अनूदित कविता में वह खुदा को संबोधित करती है, 'तुम्हारे प्रति मेरी मुहब्बत —जिस पर तुम्हारा हक है — इतनी पाक और गहरी है कि तुम्हारे और मेरे बीच कोई परदा नहीं रहा है और मैं सिर्फ तुम्हें देखती रहती हूं।' इसी भाव को शहंशाह कवि बहादुरशाह जफर (देहांत 1826 ई.) बड़े सरल शब्दों में इस प्रकार व्यक्त करते हैं:

दिया अपनी खुदी को जो हमने मिटा
वो जो परदा सा बीच में था न रहा
रहा परदे में अब वो न परदा नशीन
कोई दूसरा उसके सिवा न रहा

(प्रेमी अपने प्रियतमा रूपी खुदा को तभी देख पाता है जब वह अपनी खुदी (अहम) को मिटा देता है। खुदी को इस तरह मिटाने को फना कहते हैं।)

बसरा की राबिया तथा जफर ने जिस प्रेम के गीत गाए हैं, उसे इश्क-हकीकी कहते हैं। किंतु अपने वास्तविक रूप में यह प्रेम सांसारिक यौन-प्रेम की तुलना में कहीं अधिक गहरा, एकनिष्ठ, तन्मय तथा वियोग में वेदनायुक्त होता है। सूफी संत शेख निजामुद्दीन *फवाइदुल फवाद* में बंदे और खुदा के बीच के संबंध को इस प्रकार चित्रित करते हैं जैसे वह मानव प्रेमियों के बीच का संबंध हो। दोनों प्रेमी प्रारंभ में परस्पर आकृष्ट होते हैं, फिर माशूका दूर हो जाती है और यदि वह आशिक की चिरौरियों से नहीं पिघलती तो अपने आपको परदानशीन कर लेती है और यदि आशिक मसले का हल नहीं निकाल पाता तो माशूका अपने आशिक से अलग हो जाती है। ऐसी स्थिति में माशूका का प्रारंभिक प्रेम विद्वेष में भी बदल सकता है। शिराज के हाफिज (मृत्यु 1389 ई.) ने इसी बात को बड़े सारगर्भित रूप में निम्नलिखित ढंग से व्यक्त किया है:

इश्क आसां नमूद अव्वल, वले उफ्ताद मुश्किलहा

(शुरू में जो मुहब्बत आसान लगती है, बाद में वही मुश्किल हो जाती है।)

प्रसिद्ध उर्दू शायर मीर तकी मीर (देहांत 1810 ई.) ने इश्क की पीड़ा को इस प्रकार व्यक्त किया है:

इब्तदाये इश्क है, रोता है क्या
आगे आगे देखिए, होता है क्या

दार्शनिक कवि गालिब (देहांत 1869 ई.) ने इसी भाव को निम्नलिखित ढंग से अभिव्यक्ति दी है:

इश्क से तबीयत ने जीस्त का मजा पाया
दर्द की दवा पाई, दर्द बेदवा पाया

(इश्क से जिंदगी की असली खुशी तो मिली किंतु दर्द की दवा पाने में बिना दवा का दर्द मिला।)

इस संबंध में शेख निजामुद्दीन ने एक घटना का जिक्र किया है। एक व्यक्ति को उसके किसी अपराध के लिए सजा मिली। जब उसे यातना दी गई तो उसने आह तक नहीं की। बाद में जब लोगों ने इसका कारण पूछा तो उसने कहा, 'मैं कैसे चिल्लाता। मैं जिस औरत को प्यार करता हूं, वह खिड़की से मुझे देख रही थी।' इस पर शेख ने यह व्याख्या दी कि यदि खुदा को माशूका के रूप में पाने के लिए इतने आत्मत्याग और समर्पण की आवश्यकता पड़ती है तो खुदा को उसके वास्तविक रूप में पाने के लिए तो असीम समर्पण की आवश्यकता होगी। खुदा को निवेदित कर्मकांडी प्रार्थनाएं तो महज एक परंपरा का निर्वाह प्रतीत होती हैं, तथापि जो अपने इष्ट के प्रति समर्पित हैं, वे प्रशंसा के पात्र हैं। अफगानिस्तान तथा मध्य एशिया के मुसलमानों ने देखा कि बुद्ध तथा बोधिसत्व की मूर्तियों के पूजक उनके प्रति पूरी आस्था के साथ समर्पित थे। बुद्ध का मूल शब्द बुद शीघ्र ही बुत (मूर्ति) में तबदील हो गया जिसका अरबी में अर्थ है : 'सनम'। ब्राह्मण आदर्श रूप में मूर्तिपूजक थे तथा फारसी कविता में ब्राह्मण की जो अवधारणा व्यक्त हुई, उसके अनुसार वह जुन्नार (जनेऊ अर्थात पवित्र धागा) पहनता था और कश्का (टीका) लगाता था। उसकी भक्ति भावना पूर्णत: नि:स्वार्थ थी, क्योंकि मूर्तिपूजा से उसे कुछ भी प्राप्त होने वाला नहीं था, न स्वर्ग, न सांसारिक भोग। अत: यही निष्काम प्रेम था जिसकी लालसा साधक को रहती थी।

निजामुद्दीन के एक समकालीन कवि अमीर खुसरो (मृत्यु 1325 ई.) ने लिखा :

खल्क मीगोयद कि खुस्रो बुत-परस्ती भी मुनद
आरे-आरे, मी कुनम, बा खल्के आलम कारनीस्त

(लोग कहते हैं कि खुसरो मूर्तिपूजक है। हां, मैं हूं, मुझे इससे क्या मतलब कि लोग मेरे बारे में क्या कहते हैं।)

और यह भी :

हर रथे मन तारगश्ता, हाजते जुन्नार नीस्त

(मेरे शरीर की हर शिरा एक पवित्र धागा हो गई है, मुझे जुन्नार की क्या आवश्यकता है।)

इस प्रकार कहा जा सकता है कि परंपरागत कुफ्र (या नास्तिकता) अपने प्रतिलोमी रूप में दिखाई पड़ने लगा। मूर्तिपूजा के रूप में वह निष्ठापूर्ण भक्ति का पर्याय बन गया। इसलाम स्वार्थी तथा प्रतिदान-कामी उपासना का पर्याय बन गया। मीर तकी मीर की उर्दू कविता में विद्रोही स्वर उभरा :

मीर के दोनों मजहब को तुम पूछते क्या हो, उनने तो
कश्का खैंचा, दैर में बैठा, कब का तर्क इसलाम किया

(मीर के धर्म और ईमान के बारे में क्या पूछते हो? उसने तो टीका लगा लिया है और मंदिर में बैठ गया है। उसने इसलाम से बहुत पहले अपना संबंध तोड़ लिया है।)

इस भाव का और भी साहसिक विस्तार हुआ। आशिक की कल्पना में बुत (माशूका) ने मानव शरीर धारण कर लिया तथा वह भी औरत की तरह चंचल और बेवफा हो गई और आशिक से समर्पण और निष्ठा की अपेक्षा करने लगी। गालिब ने कहा :

है वो नहीं खुदापरस्त, जाओ वो बेवफा सही
जिसको दीनों दिल अजीज, उसकी गली में जाए क्यूं

(माना कि वह खुदापरस्त नहीं है और बेवफा है, लेकिन जिसे अपना धर्म और दिल प्यारा है, वह उसकी गली में जाए ही क्यों!)

खुदा के प्रति प्रेम की पीड़ा, जिसमें मानव जीवन के सभी दर्द समा जाते हैं, आशिक को खुदा की एक तकलीफदेह नियामत लगती है जो आशिक को असीम कष्ट देती है। सूफी मत में अपने प्रेम की रक्षा के लिए आशिक तरीकत के रास्ते पर चलता है जिसमें पीर (गुरु) सालिक (शिष्य) को प्रेम की इस पीड़ा को सहने का तरीका बताता है। ग्यारहवीं सदी तक सूफी मत संहिताबद्ध हो चुका था तथा इस सदी के अंत में लाहौर में अल हुजवीरी ने कुश्फुलमहजूब नामक ग्रंथ लिख दिया था। सूफी मत के अपने रीति

रिवाज विकसित हो गए जो इसलाम के रूढ़ संस्कारों के अनुकूल नहीं थे। समा (संगीत) उसकी धर्म-सभाओं का एक जरूरी उपादान था, साथ ही सबसे महत्वपूर्ण तत्व पीर के प्रति पूर्ण निष्ठा को माना गया जिसके कारण दिल्ली के निजामुद्दीन जैसे सूफियों ने मक्का की हज करना कहीं न कहीं पीर के प्रति निष्ठा के भाव को ही व्यक्त करता है।

सूफी मत की इन प्रवृत्तियों ने फारसी कविता में नए प्रतीकों को जन्म दिया। पीर इस मत में पीरे मुगां के बराबर हो गया। वह आतिशकदा (आग का घर) तथा मधुशाला का भी मालिक बन गया। शिराज के हाफिज (मृत्यु 1389 ई.) की इन प्रसिद्ध पंक्तियों से यह तथ्य प्रकट होता है:

ब मैं सज्जादा रंगी कुन, गरत पीरे-मुगां गोयद
कि सालिक बेखबर न बुवद ने राहो रस्मे मंजिल्हा

(यदि पीरे मुगां तुमसे कहे तो प्रार्थना के कालीन को शराब के रंग में रंग दो, क्योंकि सालिक (इस रहस्यपूर्ण पथ के पथिक) को भी इस यात्रा के तौर-तरीकों और पड़ावों से अनभिज्ञ नहीं रहना चाहिए।)

शराब और साकी फारसी तथा उर्दू कविता की स्थायी संवेदना बन गई। शराब प्रेम की पीड़ा में सुकून का महज एक साधन भर नहीं है अपितु वह रूढ़िवादी दृष्टि के प्रति विद्रोह का प्रतीक है। इस मुद्दे पर हम अभी विचार करेंगे। यहां मैं प्रगतिशील कवि फैज की पंक्तियां उद्धृत करना चाहूंगा जिनमें उन्होंने फारसी तथा उर्दू कविता में व्यक्त शराब तथा मयखाने की परंपरागत भूमिका को एक क्रांतिकारी अर्थ प्रदान किया है :

मुहतासिब की खैर, ऊंचा है उसी के फैज से
रिन्द का, साकी का, मय का, खुम का पैमाने का

(निंदक की खैर मनाओ जिसकी निंदा के कारण शराब, साकी, शराब सुराही तथा प्याले को यह ऊंची इज्जत मिली।)

वियोग और उपेक्षा की वेदना के बिना शिकवा सहने और अपने 'स्व' को मिटाने के बाद जब प्रेम के मार्ग की मंजिल आती है तो ईश्वर से मिलन का क्षण आता है जिसे विसाल कहते हैं। यह भी खुदी को फना करने का क्षण होता है। खुदी के मिटने तथा विसाल का अर्थ है खुदा में अंतर्भुक्त होना —खुदी का खुदा हो जाना।

गालिब ने इस पहेली को बिना किसी आदर भाव के अपने खास अंदाज में इस प्रकार व्यक्त किया है :

न था कुछ तो खुदा था, कुछ न होता तो खुदा होता
डुबोया मुझको होने ने, न होता मैं तो क्या होता

गालिब से नौ सौ वर्ष पहले दसवीं सदी के आरंभ में मंसूर हल्लाज ने एक तार्किक निष्कर्ष निकाला था। उसने यह दावा किया था कि उसने फना की अवस्था अर्जित कर ली है। उसने 'अनअलहक' की घोषणा की थी। किंतु उसे निर्ममतापूर्वक मार दिया गया और वह पहला सूफी शहीद बना। मंसूर हल्लाज के समकालीनों के लिए जो चीज स्तब्धकारी थी, वही गालिब के समय तक इसलाम की दुनिया में स्वीकृति पा चुकी थी, थोड़ी सी प्रसिद्धि प्राप्त करने वाले हर सूफी को मरने पर विसाल प्राप्त हो जाता था अर्थात खुदा से उसका मिलन हो जाता था और उसकी याद में हर वर्ष मनाए जाने वाला उत्सव 'उर्स' (ईश्वर के साथ वैवाहिक संबंध-सूत्र में बंधना) शुरू हो जाता था। तथापि, 'अनहल-हक' के सूत्र ने मनुष्य की महान संभावना को पुनः प्राप्त करने की प्रवृत्ति को सुरक्षित रखा।

एक बार पाकिस्तान में जियाउल हक की तानाशाही के जुल्मों के विरुद्ध लाहौर में हजारों लोग जमा हुए। फैज ने अपनी गंभीर बीमारी में उस हुजूम में सुनाने के लिए एक नज्म भेजी, जिसकी अंतिम पंक्तियां इस प्रकार थीं:

उठेगा अनअलहक का नारा
जो मैं भी हूं और तुम भी हो
और करेगी खल्के खुदा
जो मैं भी हूं और तुम भी हो

जब वाचक ने 'अनअलहक' शब्दों का उच्चारण किया तो भीड़ ने करतल ध्वनि की। यह देखकर मंसूर हल्लाज बहुत खुश हुआ होगा लेकिन चकित भी, क्योंकि 'अनअलहक' के साथ जनता की संप्रभुता को जोड़ने की कल्पना उसने भी नहीं की होगी। युगों की यात्रा करते हुए विचार इस तरह अपना अर्थ बदलते रहे हैं।

शायद राबिया, मंसूर तथा परवर्ती सूफियों ने कुछ नैतिक प्रश्न तो खड़े किए लेकिन वे रूढ़िवादी विश्वासों को पूरी तरह नहीं झकझोर पाए। इब्न-अरबी (देहांत 1240 ई.) के मुक्त चिंतन ने पूरे आध्यात्मिक जगत में तहलका मचा दिया। इन विचारों की अपनी एक निहायत ही चुस्त तर्क पद्धति थी। एकेश्वरवाद को एक ठोस वैचारिक आधार प्रदान किया गया। एकेश्वरवाद का अभिप्राय था कि खुदा से भिन्न कुछ भी नहीं है और जिसे हम सृष्टि के रूप में देखते हैं वह महज एक ऐसी अनेकरूपता है जिसमें खुदा अपनी छवि देखता है। अतः यह ब्रह्मांड और उसमें निहित सर्वस्व मात्र एक भ्रमजाल है, क्योंकि वास्तविक अस्तित्व तो खुदा का है (वहदतुल वजूद)। इससे

कुछ ऐसे निष्कर्ष भी निकाले गए जो शायद इब्न-अरबी का मंशा न रहे हों। यदि सारे भेद काल्पनिक और झूठे हैं तो इसलाम और कुफ्र में क्या फर्क है। इब्न-अरबी ने फिरऔन के ईमान की चर्चा करके रूढ़िवादी तत्वों को नाराज कर दिया। जब उसके विचार रूमी (मृत्यु 1273 ई.) की कविता के माध्यम से फारसी कविता के पाठक तक पहुंचे तो फारसी कविता के अंदर करुणा और सहिष्णुता की नई भावधारा प्रवाहित हुई।

भारत में सोलहवीं सदी में इब्न-अरबी के विचार ही मुगल सम्राट अकबर के 'सुल्हे-कुल' (पूर्ण शांति) के आधार बने। इसमें सभी विचारों और मजहबों के प्रति सहिष्णुता थी तथा उनमें वैज्ञानिक दृष्टिकोण (माकूलात) को अपनाया गया था। इस नई भावधारा को अकबरी दरबार के प्रसिद्ध कवि उर्फी ने निम्नलिखित पंक्तियों में व्यक्त किया है:

चुनां बा नेकां बद, उर्फी, बसर कुन कज पसे मुर्दन
मुसलमानत ब जमजम शोयदो हिंदू बिसोजा जद

(उर्फी! लोगों के साथ — चाहे वे अच्छे हों या बुरे, इस तरह रहो कि जब तुम मरो तो मुसलमान तुम्हारे शरीर को पवित्र जल (जमजम) से धोएं और हिंदू तुम्हारा अग्नि संस्कार करें।)

ये पंक्तियां हमें कबीर की मृत्यु (1510 ई.) की घटना की याद दिलाती हैं। निश्चय ही वह घटना उर्फी के मानस में रही होगी जब कबीर का देहावसान हुआ तो हिंदू और मुसलमान दोनों ने उन पर अपना हक जमाया।

कबीर ने परंपरावाद और कर्मकांड की निंदा की थी और इसलामी परंपरा से प्राप्त मुवाहिद (एकेश्वरवाद) की अवधारणा को पुन: स्थापित किया था। उन्होंने महज ईश्वर के प्रति अपनी निष्ठा व्यक्त की थी, अन्य किसी अन्य धर्म और संप्रदाय के प्रति नहीं। दिल्ली के अब्दुल हक जैसे कट्टरपंथी धर्मशास्त्री ने अपने दादा के हवाले से कहा है कि किस प्रकार उन्होंने कबीर की गणना एक मुवाहित के रूप में की है —हिंदू या मुसलमान के रूप में नहीं। जब उसके बेटे ने यह जटिल प्रश्न किया कि यह कैसे संभव है तो उन्होंने महज इतना कहा कि अभी वह इस बात को नहीं समझ सकता। इस पर मेरे स्वर्गीय मित्र प्रो. अतहर अली यह टिप्पणी किया करते थे कि हम अभी भी उसे समझने लायक नहीं हुए हैं।

अब जरा गालिब को सुने :

हम मुवाहिद हैं, हमारा केस है तर्के रुसूम
मिल्लतें जब मिट गईं, अज्जाये ईमां हो गईं।

(हम मुवाहिद हैं। हमारा धर्म सभी तरह के कर्मकाडों से मुक्त है। कौमें

अपने को खत्म करके ही एक व्यापक आस्था का अंग बनती हैं।)

दूसरी अर्धाली में गालिब शायद यही कहानी चाहते हैं कि जब विभिन्न धर्म और संप्रदाय खत्म हो जाते हैं तो वे एक सर्वमान्य एकेश्वरवादी आस्था विकसित करते हैं। गालिब का यह तात्पर्य तो नहीं ही होना चाहिए कि जब कौमें मिट जाती हैं तो वे अपने कर्मकांडों और रीति-रिवाजों का बोझ अगली पीढ़ी के लिए छोड़ जाती हैं हालांकि यह एक दिलचस्प व्याख्या होगी।

गालिब के सिलसिले में मेरे प्रिय मित्र अशोक वाजपेयी ने बहुत पहले एक अत्यंत दृष्टि संपन्न टिप्पणी की थी। उन्होंने कहा था कि गालिब बुनियादी रूप से एक आधुनिक कवि हैं, चूंकि 'संशयवाद' उनका स्थायी भाव है। और 'संशयवाद' आधुनिक साहित्य की बुनियाद में है। उन्होंने यह भी कहा कि हालांकि गालिब का 'संशयवाद' मौलिक ढंग का है। उसकी जड़ें पश्चिम में नहीं हैं। निश्चय ही गालिब का संशयवाद समस्त उर्दू और फारसी काव्य में अपने चरम बिंदु पर है, किंतु यह भी सच है कि उसकी जड़ें शिराज के हाफिज (मृत्यु 1389 ई.) जैसे लोगों की परंपरा में हैं। हाफिज की पंक्तियां हैं :

वाइजन की जलबा बर मिहाबो मिम्बर मी कुनन्द
चूं बखल्वत मी खद आं कारे दीगर मी कुनन्द

(उपदेशक जब मंच से बोलता है तो वह उन्हीं चीजों की मुखालिफत करता है जिनका वह अकेले में इस्तेमाल करता है।)

तथा :

दोश अज मस्जिद सूए मैखाना आमद पीरे मा
चीस्त याराने तरीकत बाद अर्जी तदबीरे मा

(कल हमारा पीर मयखाने से निकलकर मयखाने में गया। इसके बाद धर्म-पथ पर चलने वाले सहयात्रियो! हमारे लिए कौन सा रास्ता बचा।)

गालिब ने इन दोनों शेरों का सार अपने एक शेर में इस प्रकार व्यक्त किया है:

कहां मयखाने का दरवाजा गालिब और कहां वाइज
पर इतना जानते हैं, कल वो जाता था कि हम निकलें

धर्मोपदेश के लिए तो मयखाने का दरवाजा दूर ही होता है, लेकिन गालिब का तजुर्बा यह है कि गालिब मयखाने से बाहर आ रहे थे तभी उन्होंने धर्मोपदेशक को प्रवेश करते देखा।

अब देखें कि अगले जन्म के बारे में हाफिज क्या कहते हैं:

बिदेह साकी मये बाकी कि दर जन्नत नरक ही याफ्त
किनारे आबे रुक्नाबादो गुलगश्ते मुसल्ला रा

(हे साकी! बची हुई शराब मुझे दो क्योंकि जन्नत में न रुक्नाबाद नदी का किनारा होगा और न फूलों का बिछौना।)

गालिब ने इसी अवधारणा को अपने एक शेर में बेलाग तरीके से इस प्रकार व्यक्त किया है:

हमको मालूम है जन्नत की हकीकत लेकिन
दिल के खुश करने को गालिब ये खयाल अच्छा है।

हाफिज ने भविष्य के ऐसे सपने बुने हैं जो नए संदर्भों में नए अर्थ ग्रहण कर लेते हैं।

1932 में केंद्रीय कारागार, हैदराबाद (सिंध) से जारी अपने प्रथम काव्यसंग्रह की भूमिका में हाफिज की निम्नलिखित पंक्तियां उद्धृत की हैं:

नफ्से बादे सबा मुश्क फिशां खाहद शुद
आलमे पीर दिगर बारा जवां खाहद शुद

(सुबह की ताजी हवा कस्तूरी की खुशबू वातावरण में फैला देगी तो यह बासी दुनिया फिर से जवान हो जाएगी।)

फैज हाफिज की ये पंक्तियां भी चुन सकते थे :

बिया ता गुल बर अफ्शानेमो मै दर सागर अन्दाजेम,
फलक रा सकफ बिश्गाफेमो तहें नौ दर-अन्दाजेम।

(आओ धरती पर फूल बिखेरें और जाम में शराब डालें, आसमान की छत को गिरा दें और नई नींव पर नई तामीर करें।)

आधुनिक स्थितियों का, विशेष रूप से राष्ट्रीय आंदोलन का, उर्दू कविता पर गहरा असर रहा है। यह असर इतना व्यापक है कि उसका विश्लेषण एक लेख में संभव नहीं है। उर्दू का राष्ट्रीय कवि और व्यंग्यकार अकबर इलाहाबादी (1846-1920) पक्का दकियानूसी था :

हम ऐसी सब किताबें काबिले जब्ती समझते हैं,
कि जिनको पढ़के बेटे बाप को खब्ती समझते हैं।

फिर भी वह ब्रिटिश शासन का कटु आलोचक था और उसने ब्रिटिश शासन की स्वेच्छाचारिता पर कड़ा प्रहार किया :

मैं तो अल्लाह को कलट्टर समझा

उसने 1906 के मुसलिमपरस्त शिमला प्रतिनिधिमंडल की वैसी ही भर्त्सना की जैसी 1911 के राज्याभिषेक दरबार की। उसने गांधी पर केंद्रित अनेक शेर कहे। यहां उनका यह शेर ध्यान देने योग्य है :

बुद्धू मियां भी हजरते गांधी के साथ हैं
एक मुश्ते खाक हैं, मगर आंधी के साथ हैं।

अकबर इलाहाबादी को लग गया था कि गांधीजी के प्रवेश से स्वतंत्रता आंदोलन को जनसाधारण की अकूत शक्ति का सहारा मिल गया है। यह तूफान अब रुकेगा नहीं। उर्दू कविता भी इस तूफान के जज्बे से न बच सकेगी।

अकबर कोई बड़ा कवि नहीं थे जबकि मुहम्मद इकबाल (1876-1938 ई.) निश्चय ही महान कवि थे। उन्होंने अतीत की परंपराओं से विद्रोह किया तथा फारसी और उर्दू कविता के बीच वैचारिक और सैद्धांतिक रिश्ता कायम किया। उन्होंने हाफिज पर सीधे आक्रमण करते हुए 'खुदी' के रूढ़िवादी ढांचे को निरस्त कर दिया। उनके विचारों पर राष्ट्रवाद, समाजवाद तथा अखिल इसलामवाद का गहरा प्रभाव था। वे नीत्शे के 'महामानववाद' की अवधारणा से भी प्रभावित थे। उनके विचारों में असंगति और अंतर्विरोध भी थे, किंतु उर्दू और फारसी भाषा पर उनके असाधारण अधिकार ने उन्हें ढंक लिया। गजल की मूल संवेदना इश्क रही है और उसका प्रत्येक शेर एक स्वतंत्र विचार का वाहक होता है, किंतु इकबाल के लिए यह काव्य शैली उपयुक्त नहीं थी, अतः उन्होंने अपनी भावाभिव्यक्ति के लिए नज्म अथवा मसनवी के रूपबंध को अपनाया। इसमें प्रायः सुसंबद्ध तर्क पद्धति का इस्तेमाल किया गया है। इकबाल ने राष्ट्रवादियों, साम्यवादियों तथा समाजवादियों को अपनी कविताओं में बड़े भावुकतापूर्ण ढंग से संबोधित किया है। 'सारे जहां से अच्छा हिंदोस्तां हमारा' जैसी कविताओं में इसे देखा जा सकता है। उन्होंने पूंजीवाद की भर्त्सना की है तथा किसानों और मजदूरों के शोषण के प्रति अपनी पीड़ा व्यक्त की है। उन्होंने जो कविताएं अखिल इसलामवादियों तथा मुसलिम पुनरुत्थानवादियों को संबोधित की हैं, उनमें उन्होंने इसलामी संस्कृति के अंदर पनपने वाली सूफी प्रवृत्ति तथा पश्चिमी संस्कृति को (जिसे वे बड़े विचित्र रूप से यूनानियों और फारसियों से जोड़ते हैं) अस्वीकार किया है। उनका उदारवादी और सांप्रदायिक रुझान ब्रिटिश सरकार को प्रसन्न करने वाला था, अतः उसने उन्हें 1922 में नाइटहुड की उपाधि प्रदान की।

उर्दू काव्य में इकबाल का स्थान अभी भी अद्वितीय माना जाता है और शायद यह सही भी है। यदि उन्हें कहीं कोई चुनौती दी जा सकती है तो उनके विचार क्षेत्र में। इक़बाल खुदी को खत्म करने के स्थान पर उसके समर्थन पर बल देते हैं, बेखुदी की

जगह खुदी की प्रतिष्ठा। मेरी दृष्टि में निम्नलिखित पंक्तियां उनकी उक्त अवधारणा को बड़े सबल रूप में स्थापित करती हैं :

खुदी को कर बुलंद इतना कि हर तकदीर से पहले
खुदा बंदे से खुद पूछे बता तेरी रजा क्या है।

रूढ़ नियतिवाद के साथ महामानववाद की अवधारणा (जिसके तहत यह माना जाता है कि मनुष्य इच्छानुरूप अपने भाग्य का निर्माण कर सकता है) का यह विचित्र संयोग बसरा की राबिया के उन नैतिक विचारों के बिलकुल विपरीत था जिनके तहत इस जन्म में या अगले जन्म में अपनी इच्छाओं की पूर्ति को कोई महत्व नहीं दिया गया था। खुदा की मदद से अपनी नियति का निर्माण करने वाले महामानव की इकबाल की इस भोली सी अवधारणा पर मुझे अंग्रेजी में पढ़ी एक कहानी याद आ रही है। एक अच्छा पादरी किसी छोटे से गांव के चर्च में उपदेश देने जा रहा था। भूलवश वह एक एक्सप्रेस ट्रेन में बैठ गया। वह गाड़ी उस छोटे स्टेशन पर नहीं रुकती थी। जब पादरी को अपनी गलती का एहसास हुआ तो उसने प्रार्थना की कि दयालू प्रभू इस एक्सप्रेस ट्रेन को रोक दे। उसकी प्रार्थना पर पहले तो ईश्वर उत्तेजित हुआ कि उसका काम रोजमर्रा की बातों में हस्तक्षेप करना नहीं है; किंतु जब गैब्रिएल की धर्मपरायणता का वास्ता दिया तो सर्वशक्तिमान प्रभु ने देवदूत को यह आदेश दिया कि पादरी के स्वागतार्थ आए उस स्थानीय प्रतिनिधि को गाड़ी रोकने के लिए पटरियों के बीच फेंक दो। इस मारक दुर्घटना से गाड़ी रुकनी ही थी। महामानव की इच्छाओं को खुदा नियति में फेरबदल करके पूरी करता है, लेकिन छोटे आदमी की कीमत पर।

धर्मव्यवस्था के बंधन से मुक्त प्रगतिशील आंदोलन से जुड़े कवियों की कुछ ऐसी समस्याएं थीं जिनसे इकबाल भी जूझ रहे थे। प्रगतिशील धारा के प्रतिनिधि कवि के रूप में हम फैज को ले सकते हैं। फैज अपनी कविताओं में उर्दू तथा फारसी कविता की मुख्य संवेदना प्रेम तथा प्रेम की भाषा की ओर लोटते हैं, किंतु वे उसे क्रांतिकारी मोड़ देते हैं। 'दो इश्क' कविता में यही भाव मुखर है। इस कविता में फैज इश्के मजाजी की गहराई, प्रिय के दर्शन के उल्लास, विरह की पीड़ा तथा परस्पर पूर्णता की बात करते-करते वे अपने दूसरे प्रेम की ओर संकेत कर देते हैं:

चाहा है उसी रंग में लैला-ए-वतन को

और उसके बाद वे उन तकलीफों का जिक्र करते हैं जो इस प्रेम के लिए सहनी होंगी और उन्होंने यह जिक्र ठीक इस अंदाज में किया है जिसमें कि खुदा का चाहने वालों की तकलीफों का किया जाता रहा है।

फैज का क्रांतिकारी महामानव बनने की आकांक्षा नहीं रखता, अपितु वह अपने 'आत्म' के प्रति पूरी तरह लापरवाह है। पुरानी कविता के प्रेमी की तरह। फैज अपने साथियों को यह सलाह देते हैं:

आज बाजार में पा ब-जौलां चलो
मस्त रक्सां चलो, दस्त अफ्शां चलो,

खाक बर सर चलो, खूं ब-दामां चलो
आज बाजार में पा ब-जौलां चलो।

(तुम आज बाजार मे तेज़ कदमों से चलो। बेफिक्र होकर, नाचते हुए। तुम्हारे सिर पर धूल हो और तुम्हारे दामन पर खून के दाग हों। आज तुम बाजार में तेज कदमों से चलो।)

कविता आत्मबलिदान के आह्वान के साथ खत्म होती है:

आज हमीं कत्ल हो आए, यारो, चलो।

हो सकता है फैज के दिमाग में हाफिज की ये पंक्तियां रही हों:

चू दर दस्तस्त रूदे खुश, बिजन मुजिब सुरुदे खुश
कि दस्त अफ्शां गजल खानेमो पा कोबां सर अन्दाजेम

(चूंकि मेरे हाथ में एक अच्छी वीणा है, गायक! इससे एक अच्छा गीत निकालो ताकि हम हाथ और पैर चलाते हुए तथा मस्ती में झूमते हुए एक सुंदर गीत गाएं।)

इसे अनंत संदर्भों के साथ जोड़ा जा सकता है। जब भगतसिंह अपने साथियों के साथ फांसी के तख्त की तरफ बढ़ रहे थे तो वे अपने पुरोधा रामप्रसाद बिस्मिल की इन पंक्तियों को गुनगुना रहे थे:

सरफरोशी की तमन्ना अब हमारे दिल में है
देखना है जोर कितना बाजू-ए कातिल में है।

ऐसी ही एक मिसाल हमें पुरानी फारसी कविता में मिलती है। यहूदी से ईरानी हुआ मुहम्मद सईद सरमद, जो शाहजहां के काल में भारत आया था, एक साहसी सूफी था। 1660 ई. में औरंगजेब के हुक्म से उसे फांसी दे दी गई थी। उसने अपने शिष्य अभयचंद से 'बुक आफ जेनेसिस' को मूल हीब्रू से शाही फारसी में अनुवाद कराया था। वह बड़ा

प्रभावशाली कवि था। एक भविष्यवक्ता के अंदाज में उसने एक शेर इस प्रकार कहा है:

देर अस्त कि अफ्सानए मंसूर कुहन शुद
मन अज सरे नौ जिंदा कुनम दारो रसन रा

(मंसूर और उसकी मौत को एक लंबा अरसा हो चुका है। मैं अपनी फांसी के लिए तख्ते को नए सिरे से तैयार कर रहा हूं।)

संदर्भ बदल गया है और कारण भी भिन्न है, किंतु सत्ता को चुनौती देने की भावना मंसूर और सरमद को बीसवीं (तथा इक्कीसवीं) सदी के क्रांतिकारियों से जोड़ती है।

इसी विरासत का हिस्सा है उर्दू कविता। हर दृष्टि में यह एक अमूल्य विरासत है। किंतु आज उर्दू की स्थिति चिंताजनक है। पचास के दशक के मध्य में जब फैज जेल से छूटे और उन्हें विदेश यात्रा की अनुमति मिली तो भारतीय और पाकिस्तानी छात्रों ने फैज के साथ लंदन में एक संयुक्त बैठक आयोजित की थी। मैंने फैज को उर्दू के भविष्य के बारे में अपनी आशंका को व्यक्त करते हुए सुना था। उर्दू पाकिस्तान के किसी भी प्रांत की भाषा नहीं है। एक अजनबी भाषा वहां सिवा बनावटी तरीकों के कैसे पनप सकती है। भारत में भी, जहां उर्दू बोलने वालों की संख्या सर्वाधिक है, उर्दू स्कलों, कालेजों से बाहर हो रही है। अत: फैज से असहमत नहीं हुआ जा सकता। आज भारत में भी उर्दू के संदर्भ में स्थिति भिन्न नहीं है, हालांकि पश्चिमी बंगाल समेत कई प्रदेशों की सदाशयी सरकारों ने उर्दू की रक्षा के लिए सकारात्मक कदम उठाए हैं। 'हिंदी का संस्कृतीकरण' (जिसके लिए भारतीय संविधान में स्पष्ट आग्रह दिखाई पड़ता है) बोलचाल की हिंदी (हिंदुस्तानी) के मुहावरे को इस ढंग से बदल रहा है जिसे दोबारा अर्जित नहीं किया जा सकता। स्वयं उर्दू ने उस मुहावरे का भरपूर इस्तेमाल किया था। दूसरी ओर, उर्दू के प्रति उसके सीमा पार के संबंधों को निशाना बनाकर लगातार घृणा फैलाई जाती रही है। मानो विचार, अवधारणाएं तथा शब्द-संपदा किसी अन्य राजनीतिक परिवेश में जन्म लेने के कारण अपनी सचाई और प्रामाणिकता खो देते हों। उधर वामपंथियों का तर्क है कि उर्दू भद्र वर्ग की भाषा है, उसकी कविता मूलत: दरबारी कविता है। वस्तुत: वे यह भूल जाते हैं कि सभी साहित्यिक भाषाएं अभिजात वर्गीय ही होती हैं।

ऐसी स्थिति में उर्दू का भविष्य अनिश्चित ही कहा जा सकता है। उर्दू कविता जिन विचारों से प्रभावित रही है उनकी एक विशृंखिल सी छवि मैंने यहां प्रस्तुत की है। उस छवि के पीछे अपना एक तर्क भी है, हो सकता है उसे मैं बहुत प्रभावशाली ढंग से पेश न कर सका होऊं, तथापि उर्दू के भविष्य के संदर्भ में उसकी उपेक्षा नहीं की जा सकती।

11. विवेकशीलता और इतिहास

मुझे ऐसा लगता है कि आज आधुनिक इतिहासलेखन की समूची भारतीय परंपरा संदेह के घेरे में खड़ी है जिसे विशेष रूप से राष्ट्रवादी इतिहासकारों ने पुष्पित और पल्लवित किया था। राष्ट्रवादी इतिहासकारों ने अपने इतिहासलेखन को तर्कसंगत और वैज्ञानिक आधार प्रदान किया था। आज अतीत की पुनर्रचना के संदर्भ में विवेकशीलता के इस्तेमाल पर आक्रमण किया जा रहा है। एक पेशेवर इतिहासकार के रूप में मैं उन प्रमुख बिंदुओं पर विचार-विमर्श करूंगा जो उक्त आक्रमण के दौरान उभरकर सामने आए हैं। मैं प्रारंभ में ही यह स्पष्ट करना चाहूंगा कि विवेकशीलता से मेरा कोई दार्शनिक अभिप्राय नहीं है, कांट की अवधारणा की तरह। मेरे मस्तिष्क में विवेकशीलता का वही अर्थ है जो सामान्य बोलचाल में लिया जाता है। अत: मेरे नजदीक विवेकशीलता का अर्थ है, किसी निर्णय तक पहुंचने के लिए तर्क और बुद्धि का इस्तेमाल, न कि किसी पूर्व निश्चित धारणा को आधार बनाना। मैं यह मानकर चलता हूं कि जो इतिहासकार अपने अथवा किसी भी देश के इतिहास का अध्ययन करना चाहता है, वह किसी धार्मिक, राष्ट्रीय अथवा नस्ली सिद्धांत को स्वीकार नहीं कर सकता। इसके विपरीत उसे एक ऐसी दृष्टि का इस्तेमाल और विकास करना चाहिए जिसे कोई भी व्यक्ति चाहे उसकी कोई पृष्ठभूमि, धर्म या देश हो, इस्तेमाल कर सके। दूसरे शब्दों में, उसे अपने देश के इतिहास को सार्वभौमिक दृष्टि से देखना चाहिए। भारतीय इतिहास को हम अफगानिस्तान अथवा इंग्लैंड के इतिहास से भिन्न रूप में नहीं समझ सकते। उसी तरह, इसलाम के इतिहास का अध्ययन भी हिंदू धर्म और ईसाइयत के संदर्भ में विकसित मानकों के आधार पर ही होगा। एक इतिहासकार के रूप में कोई यह नहीं कह सकता कि कोई विशेष धर्म ही सच्चा है अथवा अपने देश की आत्म-छवि ही प्रामाणिक है। गंभीर इतिहासकारों के लिए यह गौरतलब है कि जब प्रथम विश्वयुद्ध शुरू हुआ था तो इंगलैंड के जो बड़े इतिहासकार थे, उन्होंने एक वक्तव्य देकर युद्ध के लिए जर्मनी को जिम्मेदार ठहराया था और जो जर्मनी के बड़े इतिहासकार थे, उन्होंने प्रतिवाद करते हुए कहा कि पूरा दोष फ्रांस और इंगलैंड का है। इस घटना से हमें यह सबक मिलता है कि हम किस तरह तर्कहीन संकीर्णतावाद के शिकार हो जाते हैं। इतिहासकार घटनाओं की अपने-अपने देश के हितों की दृष्टि से व्याख्या करते हैं। भारत के संदर्भ में यह प्रसंग बड़ा शिक्षाप्रद

है। हमें भारतीय अतीत की व्याख्या लोक संपर्कवादी दृष्टि से नहीं करनी चाहिए। इस चेतावनी को ध्यान में रखते हुए हमें भारत की अवधारणा पर विचार करना चाहिए।

भारत एक देश है। यह एक राष्ट्र भी है, किंतु सभी देश राष्ट्र नहीं हैं। वस्तुतः सभी भौगोलिक क्षेत्र देश की परिभाषा में नहीं अंटते। एक विशेष ऐतिहासिक प्रक्रिया के तहत भौगोलिक क्षेत्र देश बनते हैं और उसी प्रक्रिया में आगे चलकर देश राष्ट्र बनते हैं। उदाहरण के लिए, ब्रिटेन के संदर्भ में जहां इस विषय में कोई विवाद नहीं है कि ब्रिटिश द्वीप भौगोलिक दृष्टि से यूरोप से पृथक हैं। किंतु रोमनों ने ब्रिटेन पर अपना आधिपत्य स्थापित किया तो उस समय वह एक देश नहीं था। अतः अंग्रेज इतिहासकार रोमन इंगलैंड की बात नहीं करते, वे रोमन ब्रिटेन की बात करते हैं। इंगलैंड ने एक देश का रूप उस समय धारण किया जब पुरानी अंग्रेजी इसकी भाषा बन गई और यह घटना नौवीं सदी से पहले की नहीं है। किंतु वह सोलहवीं सदी तक राष्ट्र नहीं बना। वह ट्यूडोर राजतंत्र के तहत ही राष्ट्र-राज्य बना। उसी तरह भारत में भी भारत की अवधारणा छठी सदी ई.पू. से पहले तलाश नहीं की जा सकती जब सोलह जनपदों की गणना की जाती है और शायद दृढ़ता के साथ तो इस अवधारणा को तीसरी सदी से पहले तलाश नहीं किया जा सकता। इस काल के अशोक के लघु शिलालेखों में एक देश के रूप में जंबूद्वीप की चर्चा मिलती है।

दूसरी ओर, एक राष्ट्र के रूप में भारत बहुत नया है। उक्त प्रसंग में राष्ट्र की परिभाषा की जांच पड़ताल बहुत जरूरी है। जान स्टुअर्ट मिल ने अपनी परिभाषा में इस बात पर बहुत बल दिया था कि कोई देश उस समय राष्ट्र बनता है जब उसके रहने वाले यह सोचने लगें कि उन पर शासन उन्हीं के बीच के लोगों का हो। जहां राजनीतिक एकता की चेतना मौजूद नहीं होती, वहां राष्ट्र का जन्म नहीं होता। अतः देश राष्ट्र से भिन्न होता है। मैं इस प्रसंग में राजा राममोहन राय के निम्नलिखित वक्तव्य को प्रायः उद्धृत करता हूं जो उन्होंने 1830 में दिया था कि 'भारत एक राष्ट्र नहीं हो सकता क्योंकि वह जातियों में विभक्त है।' उन्होंने धार्मिक समुदायों के विभाजन की बात नहीं कही थी। चाहते तो कह सकते थे। 1870 में केशवचंद्र सेन ने अपने भाषणों में इंगलैड में यह कहा था कि भारत एक राष्ट्र बन रहा है, क्योंकि वह समाज में व्याप्त पुराने ढंग के अन्यायपूर्ण विधि-विधानों और विभाजनों के विरुद्ध संघर्ष कर रहा है। उसमें नई शिक्षा के द्वारा सामाजिक सुधार की जागृति उत्पन्न हो रही है। उन्होंने ब्रिटेन से भी बेलाग तरीके से यह आग्रह किया था कि वह भारत के आधुनिक बनने में उसकी सहायता करे। अतः यह कहा जा सकता है कि भारतीय राष्ट्र का निर्माण काफी नई घटना है। भारत अपने अतीत की अनेक नाइंसाफियों को निरस्त करने की प्रक्रिया में ही राष्ट्र बना है। साथ ही, वह अपने अतीत की उपलब्धियों पर गर्व करते हुए भी राष्ट्र बना है। इन दोनों प्रक्रियाओं (अर्थात अतीत की उपलब्धियों पर गर्व तथा उसकी कमजोरियों का परिहार) जिसके कारण हम बंटे रहे की आधुनिक भारतीय राष्ट्र निर्माण

में महत्वपूर्ण भूमिका रही है। मैं यहां यह बलपूर्वक रेखांकित करना चाहूंगा कि यदि हम अपने अतीत की व्याख्या विवेकशीलता के आधार पर करना चाहते हैं तो उक्त दोनों दृष्टियां अपरिहार्य होंगी।

निस्संदेह ऐसे इतिहासकार भी हैं जो इतिहास को महज एक आख्यान के रूप में देखते हैं अर्थात जो इतिहास के विश्लेषण में कार्यकारण के किसी तार्किक आधार को आवश्यक नहीं मानते। अत: इतिहास उनके लिए घोषित रूप से कोई महान संदेश नहीं देता। उदाहरण के लिए, फिशर ने यह दावा किया था कि उसे इतिहास में कोई प्रवाह या लयात्मक गति दिखाई नहीं पड़ती। मार्क ब्लाख इस सदी का सबसे बड़ा इतिहासकार था। इस प्रसंग में हमें उसके निम्नलिखित वक्तव्य को भी ध्यान में रखना चाहिए। जर्मनों द्वारा फांसी पर लटकाए जाने से पहले अपनी अंतिम पुस्तक *हिस्टोरियंस क्राफ्ट* में उन्होंने कहा था कि 'यदि इतिहास की कोई उपयोगिता नहीं है तो उसका कोई अर्थ भी नहीं है।' हम अपने अतीत की ओर यह जानने के लिए मुड़ते हैं कि हमने पीछे क्या गलतियां की हैं ताकि भविष्य में उन्हें दोहराने से बचा जा सके और साथ ही, उसमें यह भी देख सकें कि हमने अतीत में क्या उपलब्धियां अर्जित की हैं ताकि आत्मविश्वासपूर्वक भविष्य का सामना कर सकें। अत: यह कहा जा सकता है कि इतिहास ने राष्ट्र के निर्माण में महत्वपूर्ण भूमिका निभाई है। उसी के जरिए हमने अतीत की अपनी कमजोरियों और गलतियों के विषय में जाना —किस प्रकार ब्रिटिश साम्राज्यवाद ने हमारा शोषण किया, साम्राज्यवाद का विरोध क्यों किया जाना चाहिए आदि आदि। इसी संदर्भ में हमें राष्ट्र निर्माण की आवश्यकता भी महसूस हुई। इसमें कोई आश्चर्य नहीं है कि इसी वजह से प्रारंभिक राष्ट्रवादियों की इतिहास में गहरी दिलचस्पी थी। रमेश दत्त ने प्राचीन भारत की सभ्यता के बारे में लिखा और शायद आर्थिक इतिहास के बारे में लिखने वाले वे सबसे बड़े लेखक थे। दादाभाई नौरोजी न केवल बड़े अर्थशास्त्री थे, अपितु वे महत्वपूर्ण आर्थिक इतिहासकार भी थे। उन्होंने धन-अपवाह की प्रक्रिया के स्रोतों की तलाश की। उन्होंने यह भी बताया कि किस प्रकार बिंटिश शासन के तहत भारत की गरीबी उग्र से उग्रतर हुई है। और किस प्रकार वह भारत को आधुनिक राष्ट्र नहीं बनने दे रहा है।

निश्चित रूप से अपने इतिहास के प्रति तर्कसंगत दृष्टिकोण का यह सार-तत्व है। इसका अभिप्राय यह है कि हम अपने देश को व्यापक सांस्कृतिक परंपरा के विकास के रूप में देखते हैं। साथ ही, हम उसे विश्व के एक अंग के रूप में भी देखते हैं। भारत एक राष्ट्र के रूप में विकसित ही नहीं होता यदि यहां आधुनिक विचारों का आगमन नहीं होता। भारतीय संकीर्णतावादियों अथवा इसलामी फंडामेंटलिस्टों के आधुनिक समर्थक ही नहीं, कुछ दूसरे लोग भी इस बात पर बहुत बल देते हैं कि ये विचार पुराने दर्शनों और पुरानी संस्कृतियों में भी मिलते हैं। वे विचार इतने वायवीय रूप में होते हैं

कि उनमें कोई सार-तत्व ही नहीं होता। यदि प्राक्-आधुनिक विचारधाराओं की अंतर्वस्तु और उसके सार-तत्व की गहरी छानबीन की जाए तो पता चलेगा कि उक्त विचारों की औपचारिक रूप से कोई पूर्व परंपरा नहीं मिलती। पुरानी संस्कृतियों की विचारधाराओं में जो कुछ आकस्मिक और अव्यवस्थित रूप से बिखरा मिलता है, वह फ्रांसीसी क्रांति (1789) तथा उन्नीसवीं सदी के समाजवादी आंदोलन के तहत आधुनिक पश्चिमी संस्कृति का बुनियादी आधार था। पश्चिम के वैचारिक स्रोत की मौजूदगी के बाद यह तर्क निराधार है कि आधुनिक भारत का विकास उसके प्रभावों से मुक्त रहते हुए भी हो सकता था। प्राय: यह महसूस किया जाता रहा है कि पश्चिम के प्रभाव को स्वीकार करना अथवा उपनिवेशवाद की कोई रचनात्मक भूमिका स्वीकार करना (जैसा कि मार्क्स ने वक्तव्य दिया था) हमारे राष्ट्रीय स्वाभिमान के प्रतिकूल है। अत: हमें इस प्रकार के किसी प्रभाव को स्वीकार नहीं करना चाहिए। यह वस्तुत: शुतुरमुर्गीय मानसिकता है।

हमारे अंदर एक और प्रवृत्ति घर करती जा रही है और वह यह कि हम सारी गुणवत्ता अथवा महानता भारत की वर्तमान राजनीतिक सीमाओं के इस पार ही देखते हैं। मौजूदा राजनीतिक सीमाओं के अंतर्गत सोचने की संकीर्णता की हद यह है कि 1992 में जब मैं इंडियन कौंसिल आफ हिस्टोरिकल रिसर्च का अध्यक्ष था तो उक्त संस्था द्वारा अकबर की 450वीं जन्म शताब्दी मनाने का निश्चय किया गया। कुछ भाजपाई मित्रों ने यह तर्क दिया कि अकबर भारतीय नहीं था चूंकि वह उमरकोट में पैदा हुआ था जो अब पाकिस्तान में है। यह कोई आपवादिक घटना नहीं है। पुरातात्विक विज्ञान की दृष्टि से जिस पूरी दुनिया में 'सिंधु घाटी की सभ्यता' के नाम से जाना जाता है (यहां तक कि पाकिस्तान के पुरातात्विक विज्ञान विभाग द्वारा भी उसे इसी नाम से अभिहित किया जाता है) उसे अब हड़प्पा कर दिया गया है, मानो वह कोई बहुत बड़े राजनीतिक महत्व का मसला हो। हालांकि हड़प्पा भी पाकिस्तान में है। हमारी चिंता हमेशा यह रहती है कि 1947 के बाद जो भारत हमें प्राप्त हुआ है हम उसे भी अधिकाधिक प्राचीनता प्रदान करें। 1947 से पहले हम सिंधु घाटी की सभ्यता पर उतना ही अभिमान करते थे जितना कोई और करता था। अब हमारा ध्यान पश्चिमी उत्तर प्रदेश और हरियाणा की 'चित्रित धूसर भांड संस्कृति' पर संकेंद्रित किया जा रहा है। जब यह स्थिति पेशेवर इतिहासकारों और पुरातत्ववेत्ताओं के स्तर तक पहुंच जाए तो हमें पाठ्य पुस्तकों में यह पढ़कर आश्चर्यचकित नहीं होना चाहिए कि हमारे देश को हमेशा ही विदेशी आक्रांताओं द्वारा पददलित किया जाता रहा है। मुसलमान विदेशी हैं। वे बारहवीं सदी से इस देश को लूट रहे हैं। ऐसे प्रश्न भी पूछे जाते हैं कि क्या भारत 700 वर्षों से गुलामी झेल रहा है या 200 वर्षों से।

जो यह मानते हैं कि भारत 700 वर्षों से गुलाम है, वे तर्क देते हैं कि दिल्ली सुलतान और मुगल बादशाह दोनों ही विदेशी शासक थे। प्रोफेसर अर्जुनदेव ने एक

बार टिप्पणी की थी कि जब मुसलमानों के बारे में ऐसे वक्तव्यों के प्रति आधिकारिक रूप से रोक लगाने की कोशिश की गई तो पाठ्य पुस्तक लेखक भारतीय संस्कृति के दोषों — जैसे स्त्रियों को अलग-थलग डाले रखने, सतीप्रथा और ऐसी ही अन्य बुराइयों को हूणों के मत्थे मढ़ने लगे जबकि तथ्य यह है कि अभी तक एक भी हूण शासक की पहचान नहीं की जा सकी है — तोरमाण तथा मिहिरकुल ने कभी भी अपने आपको अपने अभिलेखों में हूण नहीं कहा है।

वास्तविकता यह है कि दुनिया का कोई भी देश विदेशी आक्रमण से मुक्त नहीं रहा है, चाहे वह चीन हो, इंगलैंड हो, फ्रांस हो या रूस। आधुनिक समय से पहले ये विदेशी आक्रमण अपनी समस्त विनाशलीला के बावजूद एक ऐसा माध्यम थे जिनके द्वारा विभिन्न देशों के बीच पास्परिक रूप से सांस्कृतिक उर्वरता उत्पन्न हुई तथा तकनीक का प्रसार हुआ। दुनिया के स्तर पर तेरहवीं सदी का मंगोल साम्राज्य अपने आतंक के बावजूद तकनीक का सबसे बड़ा संप्रेषक था। बारूद, चुंबकीय कुतुबनुमा, छापाखाना और चरखा जैसी चीजें चीन और मध्य एशिया से उन मार्गों द्वारा यूरोप पहुंचे जो खानाबदोशी आक्रमणों के तहत खोले गए. इन्होंने तकनीकी विकास का वह आधार तैयार किया जिसने सामंतवाद को नष्ट करके आधुनिक यूरोप के बीज बोए। कोई यह कैसे सह सकता है कि विदेशी आक्रमणों से भारतीय संस्कृति को कुछ भी प्राप्त नहीं हुआ। हम गांधार कला, यूनानी खगोलशास्त्र, फारसी साहित्य और चित्रकला की ओर ध्यान दें। क्या विदेशी विजयों की अनुपस्थिति में भारत द्वारा इन उपलब्धियों की कल्पना की जा सकती है ?

मध्यकाल से पूर्व के इतिहास के बारे में ऐसी ही विवेकहीन दृष्टि का वर्चस्व है। भारतीय राष्ट्र की अवधारणा को सुदूर अतीत में खोजने का आग्रह किया जाता है। लगभग सिंधु घाटी की सभ्यता तक उसका इतिहास तलाशा जाता है और यह भी कहा जाता है कि हिंदू धर्म का बुनियादी स्वरूप यथावत रहा है, उसमें कोई ऐतिहासिक विकास नहीं हुआ है। उसकी जड़ें सिंधू घाटी की सभ्यता तथा ऋग्वेद काल में मिलती हैं। और यह कि भारतीय संस्कृति ने अपनी शिखर उपलब्धियां उसी सुदूर अतीत में अर्जित कर ली थीं। यों तो इस तरह के संकीर्णतावादी दावे घोषित रूप से कभी नहीं किए गए, किंतु दुर्भाग्यवश भारतीय इतिहासकारों और पुरातत्ववेत्ताओं भारत को आर्यों का मूल निवास स्थान मानने का पूर्वग्रह सामान्य रूप से मिलता है। जब आर.सी. मजुमदार 'भारतीय विद्या भवन शृंखला' (हिस्टरी एंड कल्चर आफ इंडियन पीपुल) का संपादन कर रहे थे तो के.एम. मुंशी जो उस शृंखला के सरंक्षक थे, ने उनसे आग्रह किया कि वे यह लिख दें कि 'आर्य भारत से बाहर गए थे'। आर.सी. मजुमदार ने प्राचीन भारत के वैभव और गौरव के बारे में बहुत कुछ लिखा था। यहां तक कि उसके उपनिवेशों के बारे में भी लिखा, किंतु इस घनघोर 'मिथ' को वे स्वीकार नहीं कर सके। उन्होंने

आर्यों पर बहुत विद्वतापूर्ण और सूचनापूर्ण अध्याय दिया था, तथापि उन पर यह दबाव डाला गया कि परिशिष्ट में आर्यों की देशज उत्पत्ति का उल्लेख कर दें। उस समय इसको एक सनक समझा गया। किंतु आज तो लगता है कि आर्यों की देशज उत्पत्ति की अवधारणा ने एक शासकीय स्तर प्राप्त कर लिया है। 1979 में जनसंघ ने अपने दूसरे अवतार के रूप में सरकार में अपनी स्थिति को सुदृढ़ कर लिया था तो उसी समय आर.एस.एस. द्वारा गठित 'इंडियन हिस्टरी एंड कलचर' का दूसरा सत्र आयोजित किया गया तो उसके अध्यक्ष प्रोफेसर खालिक अहमद निजामी ने इतिहासकारों से आग्रह किया कि वे समय को देखें। वस्तुत: वे उस दृष्टि का जिक्र कर रहे थे जो पूर्ववर्ती वैज्ञानिक दृष्टि से भिन्न थी। बी.बी. लाल जो इस बदले हुए समय पर नजर रखे हुए थे, ने एक लेख लिखा जो 1981 में उसी संस्था द्वारा प्रकाशित *इतिहासलेखन के पूर्वग्रह* नामक ग्रंथ में छपा। इसमें उन्होंने भारोपीय भाषाओं की विदेशी और भारतीय उत्पत्तियों को एक ही धरातल पर रखा। अत: जो बात 1950 में एक सनक थी और जो आर.सी. मजुमदार को अस्वीकार्य थी, अब उसे भारोपीय भाषाओं के प्रसार के संदर्भ में वैज्ञानिक दृष्टि का आवरण पहनाया जा रहा था। हद तो यहां तक पहुंच गई है कि प्रख्यात पुरातत्ववेत्ता एस.आर. राव ने यह दावा किया है कि उन्होंने वैदिक संस्कृत के आधार पर सिंधु घाटी की लिपि को पढ़ लिया है। उनके इस दावे की महादेवन ने आलोचना की है और गंभीर भाषा वैज्ञानिकों ने भी राव के इस दावे को स्वीकार नहीं किया है। तथापि लोथल के संबंध में आर्कियोलाजिकल सर्वे आफ इंडिया ने अपने एक आधिकारिक प्रपत्र में उन्हीं के पाठ को निर्विवाद और असमीक्षित रूप में जारी किया है। उनके पाठ के अनुसार संस्कृत बहुत प्राचीन एकाक्षरी भाषा ठहरेगी। उसमें हमारे गहरे संस्कृति-प्रेम की भी चर्चा की गई है। यहां तक कि यदि यह सिद्ध किया जा सके कि सिंधु घाटी के लोग ही आर्य थे तो हम संस्कृत और उसकी महानता का भी बलिदान करने को तैयार हैं। उसी पुस्तक *भारतीय इतिहासलेखन के पूर्वग्रह* में के.सी. वर्मा ने एक लंबा लेख लिखा है जिसमें उन्होंने यह स्थापित किया है कि द्रविड़ लोगों की कोई अपनी भाषा नहीं थी और संस्कृत ने द्रविड़ भाषाओं से कुछ भी नहीं लिया है। अत: हम एक विघटनकारी बहस का सूत्रपात कर रहे हैं यदि हम यह आग्रह करते हैं कि इंडो-यूरोपियन अथवा आर्य भारत से बाहर गए और यदि हम यह कहते हैं कि द्रविड़ों का अतीत बहुत गौरवशाली नहीं रहा है। वे उत्तर भारतीय अर्थात आर्य संस्कृति का ही अंग रहे हैं।

हमारे विद्वानों में जो नव आर्य हैं, वे यह भूल जाते हैं कि कोई भी एक नस्ल ऐसी नहीं है जिसे इंडो-यूरोपियन के रूप में पहचाना जा सके। अधिकांश भारतीय तथा पूर्वी ईरानी अफ्रीकनों और आस्ट्रेलियाइयों के समान लंबे सिर वाले होते हैं। यूरोपियनों स्लाव तथा पश्चिमी ईरानियों के समान चौड़े सिर वाले नहीं होते जिनसे हम आर्यों को जोड़ना चाहते हैं। अत: यह असंभव है कि एक ओर कोई ऐसी नस्ल थी

जिसे स्लाव तथा यूरोपियनों का विकास हुआ और दूसरी ओर भारतीय आर्यों की, अथवा उनकी जो भारतीय आर्यों जैसी अवधारणा में विश्वास करते हैं, उत्पत्ति हुई। सिंधु घाटी से मिलने वाले आधे से ज्यादा कंकालों को आज के उत्तर भारतीय लोगों की तरह भूमध्यसागरीय कोटि के रूप में वर्गीकृत किया गया है। उत्तर भारत में इन्हीं की बहुलता है। भौतिक नृतत्वशास्त्रियों के अनुसार इनके शुद्ध प्रतिनिधि न तो यूरोप में पाए गए और न गढ़वाल हिमालय में, अपितु अरब प्रायद्वीप में मिलते हैं जो सभी भाषाओं का हृदय प्रदेश है।

इसके अतिरिक्त जब से डेविड मैकेल्पिन ने प्रोटो इलैमाइट तथा द्रविड़ भाषाओं के बीच संबंध सूत्र की तलाश की है, भाषिक इतिहास ने यह स्पष्ट कर दिया है कि एक समय ऐसा भी था नवपाषाण युग में कि जब पश्चिमी ईरान से लेकर दक्षिण भारत तक प्रोटो-इलैमो और द्रविड़ भाषाओं के बीच संब्रंध सूत्रों की एक शृंखला रही थी। अत: यह बहुत संभव है कि भारतीय अथवा वे लोग जो भारत में रहते थे 2000 ई.पू. में किसी भारोपीय भाषा के बजाए आद्य इलैमाइट तथा आद्य द्रविड़ भाषाएं अथवा उनके जुड़ी हुई भाषाएं बोलते थे। मैं इस प्रसंग में और अधिक विस्तार में नहीं जाना चाहूंगा, किंतु इतना अवश्य कहूंगा कि तुलनात्मक कालक्रम विज्ञान (ग्लोटो क्रोनोलाजी), घोड़े के पुरातात्विक साक्ष्य तथा हरमट्टा द्वारा स्थापित इंडो-ईरानी बोलियों का फिनो-उग्रियान के साथ भाषिक संबंध आदि के आधार पर यह भली भांति स्थापित कर दिया गया है कि 2000 ई.पू. के आसपास भारोपीय भाषाएं अथवा शब्दावली भारत की दिशा में कालक्रमागत रूप से बढ़ रही थी। उक्त साक्ष्य के बावजूद राव और दूसरे लोग कभी ॠग्वेद और कभी-कभी तो महाभारत को भी बड़ी सरलता से चौथी सहस्राब्दी ई.पू. में स्थापित कर देते हैं। यह तो कुछ उसी तरह होगा जैसे कोई डार्विन के विकासवाद के सिद्धांत को पहले आदम की कहानी के समकक्ष ठहरा दे।

आज स्थिति यह है कि यदि आप अपना अखबार खोलें तो लगभग हर सप्ताह या पंद्रह दिन बाद *टाइम्स आफ इंडिया* जैसे अखबार में छपा हुआ मिलेगा कि अमुक व्यक्ति ने सिंधु घाटी की लिपि को पढ़ लिया है और उसने उसे ॠग्वेद से जोड़ा है या अमुक व्यक्ति कहता है कि महाकाव्य की कोई घटना 3600 ई.पू. घटित हुई थी। ऐसी ऊलजलूल बातें नई महत्वपूर्ण खोज के रूप में प्रकाशित कर दी जाती हैं। इन मुद्दों पर गोष्ठियां और सम्मेलन होते रहते हैं। मैं 1993 में इंडियन हिस्टरी कांग्रेस के वार्षिक अधिवेशन में मैसूर गया था। कांग्रेस के संपन्न होने के फौरन बाद एक सेमीनार आयोजित किया गया ताकि कांग्रेस के दूषित प्रभावों को दूर किया जा सके। उसमें यह स्थापित किया गया कि आर्यों का मूल निवास स्थान भारत था। मुझे यह देखकर बड़ा आश्चर्य हुआ कि उस सेमीनार में देश के प्रतिष्ठित इतिहासकार और पुरातत्ववेत्ता भी मौजूद थे। अत: कहीं न कहीं कुछ गड़बड़ तो है। मैं अब यह महसूस करने लगा हूं कि अब सही

समय आ गया है कि लोगों को यह बताया जाए कि अंध लोकवाद इस देश के लिए कितना घातक है। आर्यों के मूल निवास स्थान के बारे में हमारे पूर्वग्रह से हमारी संस्कृति के द्रविड़-स्रोतों और आर्य-स्रोतों के पुजारियों के बीच विवाद उत्पन्न हो जाएगा, हालांकि हमारी सभ्यता के विकास को समझने की दृष्टि से इस तरह के विवाद का कोई अर्थ नहीं है, किंतु इससे नस्ली कटुता और बढ़ेगी।

इतिहास के एक अन्य क्षेत्र में भी यह विवेकहीनता लगातार बढ़ रही है। पिछले 200 वर्षों से हमने इस तथ्य को स्वीकार कर लिया है कि हमारे समाज में अनेक प्रकार की नाइंसाफियां थीं, विशेष रूप से जाति व्यवस्था के संदर्भ में इस तथ्य को बलपूर्वक रेखांकित किया गया। राजा राममोहन राय से लेकर केशवचंद्र सेन, गोखले से गांधी तक ने अतीत की इस केंद्रीय संस्था की आलोचना की। हमारी राष्ट्रीय चेतना और हमारा राष्ट्रीय आंदोलन इसे निरस्त करते हुए ही आगे बढ़ा। अब हम जिस अंदाज में अपने अतीत को महिमामंडित करते हैं और जिसकी हम कोई सीमा तय नहीं करते, न उसकी वस्तुनिष्ठ समीक्षा करते हैं उसके परिणामस्वरूप इन अन्यायपूर्ण व्यवस्थाओं की आलोचना का प्रभाव हमारी चेतना से तिरोहित होता जा रहा है। मध्य प्रदेश, राजस्थान तथा उत्तर प्रदेश में इतिहास की पाठ्य पुस्तकों में जो कुछ हुआ, वह वहां की सरकारों को ध्यान में रखते हुए किया गया। हालांकि जनता ने बाद में उन सरकारों को बदल दिया, किंतु उनकी वापसी की आशंका तो थी ही। इतिहास की पाठ्य पुस्तकों में जाति व्यवस्था की जो आलोचना की गई या तो उसे हटा दिया गया अथवा उसमें भारी फेरबदल कर दिया गया। दुर्भाग्यवश इन परिवर्तनों और संशोधनों के विरुद्ध जो प्रतिक्रिया हुई वह बहुत शक्तिशाली नहीं थी जैसी कि अपेक्षा थी। अतः यह एक आम धारणा बन गई है कि हमारी प्राचीन संस्कृति में कोई गैर-बराबरी थी ही नहीं या बहुत कम थी। इस तर्क को पश्चिमी विद्वान भी एक भिन्न परिप्रेक्ष्य में बल दे रहे थे। उदाहरण के लिए, लुई ड्यूमों ने अपनी पुस्तक *होमो हायरार्किकस* (जिसका फ्रांसीसी संस्करण, 1970 में छपा था) में यह तर्क दिया था कि भारतीय संस्कृति के संदर्भ में पश्चिमी दृष्टि लागू नहीं की जा सकती। लूई ड्यमों ने यह भी तर्क दिया है कि जाति व्यवस्था के इतिहास के संदर्भ में अर्थशास्त्र के नियमों को लागू नहीं किया जा सकता, क्योंकि एक विज्ञान के रूप में अर्थशास्त्र का उदय बहुत नया है और भारतीयों को अर्थशास्त्र के विषय में कोई जानकारी नहीं थी जैसा कि मैंने अन्यत्र भी कहा है कि यदि हम इस तर्क को मान लें तो हम उस व्यक्ति का कोई जीवन चरित्र ही नहीं लिख सकते जिसने अपना कोई आत्मचरित न लिखा हो अथवा सामंतवाद के विघटन के आर्थिक कारणों की समीक्षा ही नहीं कर सकते, क्योंकि यूरोप में चौदहवीं-पंद्रहवीं सदी में अर्थशास्त्र था ही नहीं। ड्यूमा का यह दावा कि भारतीय संस्कृति को उसके ही मानकों के आधार पर समझा

जाए अर्थात पवित्रता और प्रदूषण पर आधारित सोपानक्रम की विचारधारा के संदर्भ में देखा जाए। यह दृष्टि पूरी तरह विवेक विरुद्ध है। किंतु फिर भी, चूंकि भारत के संदर्भ में यहां स्वतंत्र वैचारिक परिप्रेक्ष्य पर बल दिया गया है, अत: यह हमारे राष्ट्रीय अहम को तुष्ट करता है। इसके अतिरिक्त, चाहे हम स्वदेशी की कितनी ही बात क्यों न करें, किंतु ज्योंही यूरोपियन विद्वान हमारी अद्वितीयता का उल्लेख करता है तो हमारे अंदर एक विशेष प्रकार का उत्साह भर जाता है। किंतु वेबर ने तर्क दिया है कि जाति व्यवस्था भारतीय गतिशीलता में बाधक थी और उसका सांस्कृतिक विकास भी जाति व्यवस्था की संकीर्ण व्याख्या पर आधारित था। मौरिस डि मौरिस ने अपने एक महत्वपूर्ण लेख *वैल्यूज ऐज आबसटेकल्स टू इकानामिक ग्रोथ इन साउथ एशिया* में यह सही उल्लेख किया है कि जाति व्यवस्था एक सामाजिक संस्था है और जैसे अन्य समाजों में आर्थिक प्रभाव सक्रिय रहते हैं, उसी तरह जाति व्यवस्था भी उनसे प्रभावित होती है। जाति व्यवस्था हमारे समाज का एक महत्वपूर्ण तत्व है। इसने वर्गीय शोषण को और अधिक मजबूत किया है। मैंने जो तर्क अन्यत्र दिया है, उसी को यहां दोहराना चाहूंगा कि जाति व्यवस्था हर शासक वर्ग के लिए लाभप्रद रही है, चाहे वह गुप्त साम्राज्य हो, दिल्ली सल्तनत हो, मुगल हों या ईस्ट इंडिया कंपनी। इसने अतिरिक्त उत्पादन को बढ़ाने में सहायता पहुंचाई जिसे सेवा-श्रमिकों, जाति बहिष्कृतों तथा निम्न जाति के लोगों से वसूला जा सकता था। सिर्फ यही नहीं था कि इसके तहत पवित्रता के आधार पर बने सोपानक्रम में ब्राह्मण सबसे ऊपर बैठ गए थे। यह एक ऐसी संस्था थी जिसने सभी शासक वर्गों को लाभ पहुंचाया, वे चाहे वैष्णव थे, शैव थे, मुसलिम या ईसाई। अत: यह कहना बेतुकी बात है, जैसा कि इंडियन हिस्टरी कांग्रेस के एक अध्यक्ष ने 1960 में कहा था और जो हम 1940 के आसपास ब्रिटिश शासनकाल में इतिहास की पाठ्य पुस्तकों में पढ़ते थे कि जाति व्यवस्था में गुण और दोष दोनों हैं। उच्च वर्ग की दृष्टि से इसमें गुण थे, जबकि निम्न वर्गों और स्त्रियों की दृष्टि से इसमें दोष ही दोष हैं। इस संदर्भ में निश्चय ही यह प्रश्न उभरता है कि इतिहासकार अपने को किनके साथ जोड़कर देखता है। 1928 में नेहरू समिति की रिपोर्ट तथा 1931 में कांग्रेस के कराची प्रस्ताव के बाद राष्ट्रीय आदर्श के रूप में स्वीकृत वयस्क मताधिकार के तहत बहुमत के सर्वोच्च कल्याण ही इतिहासकारों की चिंता का विषय होना चाहिए और जाति व्यवस्था के संदर्भ में भी उन्हें वही रुख अपनाना चाहिए जैसा कि वे अन्य संस्थाओं के संदर्भ में अपनाते हैं।

अब मैं उस तीसरे बिंदु पर आता हूं जहां लोग और वे इतिहासकार भी जिनकी धार्मिक आस्थाएं हैं, लगातार यह कहते रहते हैं कि मार्क्सवादी लोग इतिहास में धर्म की भूमिका को पर्याप्त महत्व नहीं देते। उनकी आलोचना को बल इसलिए भी मिला

है कि एडवर्ड सईद ने अपनी पुस्तक *ओरिएंटलिज्म* में साम्राज्यवादियों और समाजवादियों को एक साथ खड़ा कर दिया है। उसने विलियम जोंस और मार्क्स दोनों को एक ही टोकरी में डाल दिया है। 1978 में उक्त पुस्तक के प्रकाशन के बाद जिस प्रकार ड्यूमा भारतीय अपवादवाद अथवा वैशिष्ट्यवाद के पैगंबर बन गए हैं, उसी तरह सईद उन लोगों के पैगंबर बन गए हैं जो यह मानते हैं कि एशियाई धर्म और संस्कृति का अध्ययन उसी के मानकों के आधार पर करना चाहिए, आधुनिक विचारों अथवा आधुनिक मानकों के आधार पर नहीं जिनका पल्लवन यूरोप में हुआ। सईद की पुस्तक एक नई बाइबिल बन गई है जिसे इसलामी इतिहासकार बार-बार संदर्भित और संबोधित करते हैं। आप इसलाम का अध्ययन तब तक नहीं कर सकते जब तक कि आप मुसलमान नहीं हैं अर्थात यदि आप इलहाम में आस्था नहीं रखते और शरीयत को स्वीकार नहीं करते। मेरे मित्र प्रोफेसर अतहर अली ने बड़ा सटीक प्रश्न किया था कि तब पैगंबर काल में यहूदियों और ईसाइयों के इतिहास का अध्ययन कैसे किया जा सकता है। क्या एक ही समय में तीन इतिहास लिखे जाएंगे अर्थात सातवीं सदी 'हैजाज' में यहूदियत के आधार पर यहूदियों के इतिहास का अध्ययन, उसी क्षेत्र और उसी काल में ईसाइयत के मानकों के आधार पर ईसाइयत का अध्ययन और उसी काल में इसलाम द्वारा निर्धारित मानकों के आधार पर इसलामी इतिहास का अध्ययन। अंतर्विरोधों से ग्रस्त अर्ध-इतिहासों की भूलभुलैयों में अरब ही नहीं, हैजाज के इतिहास की पुनर्रचना भी संभव नहीं है। अत: मैं इतिहास की उस अवधारणा को स्वीकृत नहीं करूंगा जो किसी व्यक्ति विशेष के मानकों के आधार पर बनी हो, अपितु मैं और भी आगे जाना चाहूंगा। यह कि यदि इतिहास में धर्म की भूमिका महत्वपूर्ण रही है तो धर्म के संदर्भ में इतिहास की भूमिका भी महत्वपूर्ण रही है। धर्मों की स्थापना और उनका विकास भी ऐतिहासिक परिघटना के रूप में हुआ है। अत: उनका अध्ययन भी निष्पक्ष रूप से तथा समालोचनापरक ऐतिहासिक दृष्टि से किया जाना चाहिए। मैं अपने व्यक्तिगत अनुभव से यह जानता हूं कि जब-जब मैंने विश्वविद्यालय के श्रोताओं के सामने यह कहा कि सभी धर्म इतिहास-सापेक्ष होते हैं तो सामान्यत: इसकी अनुकूल प्रतिक्रिया नहीं हुई। किंतु सचाई यही है कि सभी धर्मों का विकास होता है। धर्म की आत्मछवि बड़ी हद तक उस अर्थ अथवा आशय से निर्धारित होती है जो उस धर्म के अनुयायी धार्मिक ग्रंथों के शब्दों को प्रदान करते हैं। उन परिस्थितियों से प्रभावित होती है जिनमें उस धर्म के अनुयायी रहते हैं तथा उस प्रक्रिया के तहत भी बनती है जिसमें उस धर्म के अनुयायी सामंजस्य और टकराव के साथ अन्य धर्मों के संपर्क में रहते हुए उन धर्मों की छवि गढ़ते हैं। यदि आप पहले से ही हिंदू धर्म अथवा इसलाम की परंपराओं को वैध मान लेते हैं तो हिंदुस्तान के धर्मों का इतिहास नहीं लिख सकते। यदि कोई हिंदू धर्म को ही एकमात्र वैध परंपरा

मान लेता है तो वह निश्चित रूप से इसलाम की वह छवि बनाएगा जो मुसलमानों द्वारा निर्मित इसलाम की छवि से पूरी तरह भिन्न होगी।

मैं उक्त प्रसंग में दो उदाहरण पेश करना चाहूंगा; पहला आर.सी. मजुमदार का जो इसलाम की कथित हिंदू छवि पेश करते हैं; 'हिंदुओं ने भारत की मुसलिम विजय के प्रति आक्रोश व्यक्त किया। वे बड़ी हसरत के साथ उस दिन की प्रतीक्षा में थे जब वे मुसलमानों (म्लेच्छों) का समूल विनाश करके हिंदुओं की भूमि आर्यावर्त का नाम सार्थक करेंगे'। 'मुसलमानों का विनाश' (इन शब्दों को स्वयं मजुमदार ने कोष्ठक में रखा है) के द्वारा ही हिंदुओं की भावनाओं को शांत किया जा सकता है। प्रसंगवश, यह उल्लेख भी आवश्यक है कि इस प्रकाशन-योजना (ग्रंथ) को भारत सरकार ने छठे दशक के प्रारंभ में अनुदान भी दिया था। दूसरे पक्ष की ओर से इश्तियाक हुसैन कुरैशी का उदाहरण भी द्रष्टव्य है जो 1947 से पहले दिल्ली के एक प्रमुख बुद्धिजीवी थे :

> हिंदू धर्म इसलाम के लिए बहुत खतरनाक है, चूंकि यह सहज, सूक्ष्म और गहरा है, किंतु इसके परिणाम बहुत घातक हैं। यह चुपचाप बरगद के पेड़ की शाखाओं की तरह फैलता है। अत: इसलाम की रक्षा के लिए आपका कर्तव्य यह है कि आप हिंदू धर्म के इस बरगद को काट दें।

क्या कोई इतिहासकार दोनों धर्मों की एक दूसरे के द्वारा प्रस्तुत छवि को स्वीकार कर सकता है ? यह आश्चर्यजनक नहीं है कि इन परस्पर विरोधी छवियों में, चाहे वह म्लेच्छों की हो या काफिरों की, कोई भी छवि सही नहीं है। आर.सी. मजुमदार मुसलमानों के अंदर जनतांत्रिक विचारों का प्राय: जिक्र करते हैं। उनकी राय में इलसाम के अनुयायियों में आपस में अद्‌भुत ढंग की समानता है। इश्तियाक कुरैशी भी लगभग उसी शैली में बात करते हैं। किंतु जब हम तेरहवीं-चौदहवीं सदी के मूल मुसलिम स्रोतों को देखते हैं तो वहां 'समानता' जैसा शब्द दिखाई भी नहीं पड़ता। बरनी जो उस काल का एक विद्वान धर्मशास्त्री और इतिहासकार है, जन्म पर आधारित श्रेष्ठता की वकालत करता है। वह कहता है कि समाज के लिए यह सोपानक्रम बहुत जरूरी है और शरीयत द्वारा शासित समाज बिना सोपानक्रम के सुचारु रूप से नहीं चल सकता। यदि हम मुसलिम ग्रंथों में हिंदुओं की आलोचना पर नजर डालें तो चाहे वे सूफी हों और पुराणपंथी, तो वहां जाति व्यवस्था की आलोचना नहीं मिलती। उनकी दृष्टि में जो निंदनीय है वह बहुदेववाद और मूर्तिपूजा है। वस्तुत: अमीर खुसरो तो सतीप्रथा की प्रशंसा करता है। आठवीं सदी से जब मुहम्मद बिन कासिम ने सिंध पर कब्जा किया तो ब्राह्मण उसके पास पहुंचे और उन्होंने कहा कि सिंध के जाट जो चरागाही खानाबदोश हैं, वे बड़े घृणित किस्म के नौकर हैं और उनके बारे में नियम यह रहा है कि वे पगड़ी नहीं पहनेंगे, न जूते पहनेंगे। वे जहां भी जाएंगे, कुत्ते अपने साथ रखेंगे। वे जीनधारी घोड़ों

पर नहीं चढ़ेंगे। ये सारे प्रतिबंध मनुस्मृति में चांडालों के लिए निर्धारित थे। मुहम्मद बिन कासिस ने उक्त सभी नियमों को अनुमोदित कर दिया और उन सभी अयोग्यताओं को पुष्ट कर दिया। अरब शासन के तहत जाटों को कोई राहत नहीं मिली। बालाजुरी अमरान, जो खलीफा मुतासिम बिल्लाह के तहत सिंध का गवर्नर था, नौवीं सदी में यह आदेश दिया कि जाट कुत्तों के साथ ही घूम-फिर सकते हैं। मुसलमानों को 'समानता' के जिहादी के रूप में चित्रित करना अनैतिहासिक है। हिंदू और मुसलमान दोनों ही मुसलिम शासकों की प्रजा थे। मुसलिम शासकों ने कभी जाति व्यवस्था के साथ छेड़छाड़ नहीं की। वस्तुत: इस व्यवस्था के तहत वे अतिरिक्त उत्पादन को हड़प लेते थे और यदि जाति व्यवस्था न होती तो उनके लिए कभी यह संभव न था। इसके अतिरिक्त यह भी नहीं भूलना चाहिए कि बंधकों को दास बनाना तथा युद्ध के साथ-साथ दासों के लिए धावा बोलना आम बात थी। दास आम तौर पर मुसलमान बन जाते थे और नीचे के शासक वर्गों ने भी इसलाम स्वीकार किया था। उनके धर्म-परिवर्तन के पीछे उनकी धार्मिक निष्ठा भी थी और राजनीतिक दबाव भी। यह धर्म-परिवर्तन के कारण इसलाम का प्रसार तो हुआ, किंतु किसी भी सुलतान के तहत धर्म-परिवर्तन राज्य की नीति का हिस्सा नहीं बना। बरनी के अनुसार, जब एक धर्मशास्त्री ने इल्तुतमिश को यह सुझाव दिया कि वह हिंदुओं के सामने यह विकल्प रखे कि या तो वे इसलाम स्वीकार करें अथवा तलवार का सामना करें तो इल्तुतमिश भी उस सुझाव से जोश में आ गया। किंतु उसका वजीर निजामुलमुल्क जुनैदी उसे एकांत में ले गया। उसने कहा, 'क्या बात है? यदि आपने ऐसी कोई कोशिश की तो हम सब कत्ल कर दिए जाएंगे। हम आटे में नमक के बराबर हैं।' इस प्रकार सुलतान को आत्मघाती कदम उठाने से रोक दिया गया। अत: देखा जा सकता है कि इतिहास की ठोस वास्तविकता दोनों समुदायों के प्रवक्ताओं की व्याख्या से कितनी भिन्न है। राष्ट्रवादी इतिहासकार इस बिंदु पर लगातार बल देते रहे हैं। मैं यहां प्रोफेसर मो. हबीब के प्रसिद्ध उद्धरण को प्रस्तुत करना चाहूंगा जो उन्होंने 1924 में अपनी पुस्तक *महमूद आफ गजनी* में दिया था। उन्होंने बेलाग तरीके से कहा था कि 'महमूद की पूजा वे मुसलमान करते हैं जिन्होंने भगवान श्रीकृष्ण के उपदेश को भुलाकर छोटे-छोटे देवताओं की पूजा करना शुरू कर दिया है।' आज किसी इतिहासकार के लिए ऐसा साहसपूर्ण वक्तव्य देना मुश्किल होगा। ऐसे मुसलमानों के हिंदू प्रतिरूपों के लिए भी यही बात दोहराई जा सकती है।

मैं ऐसा नहीं मानता कि अरबों और सुलतानों की विजयों के कारण भारतीय अर्थव्यवस्था और संस्कृति में कोई परिवर्तन नहीं हुआ। 1956 में डी.डी. कोसंबी ने अपनी पुस्तक *एन इंट्रोडक्शन टू दि स्टडी आफ इंडियन हिस्टरी* में यह कहा था कि इसलामी आक्रांताओं ने नई तकनीकों के इस्तेमाल और प्रसार में पुरानी रूढ़ियों को ध्वस्त कर डाला। शायद इस वक्तव्य के संदर्भ में पी.के. गोडे के अनुसंधानों के प्रभाव

को तलाशा जा सकता है। पी.के. गोडे एक विलक्षण संस्कृतज्ञ थे। उनकी पक्षपात विहीन वैज्ञानिक दृष्टि हम सबके लिए मानक हो सकती है। प्रौद्योगिकी के इतिहास के अध्ययन के आधार पर हम यह जानते हैं कि समकोणीय दंत-चक्र, जो रहट द्वारा पानी उठाने की दृष्टि से बहुत महत्वूपर्ण था, चरखा जिसे गांधीजी ने स्वदेशी का प्रतीक बना दिया था। यह यंत्र भी प्राचीन भारत में मौजूद नहीं था। इसका प्रथम बार जिक्र इसामी (1350) ने अपने माप संबंधी इतिहास में किया है। जहां तक शराब के आसवन का प्रश्न है, मुसलमानों ने और अधिक बुदबुदहीन (बिना झाग का) बनाने में अपना महत्वपूर्ण योगदान दिया। तेरहवीं सदी में शराब का आसवन न केवल देहली में होता था, अपितु कोल (अलीगढ़) में भी होता था जो मेरा गृहनगर है, अलीगढ़ विश्वविद्यालय का केंद्र। मुसलमान अपने साथ कागज भी लेकर आए और उसके साथ समूचा सांस्कृतिक, राजनीतिक, आर्थिक परिदृश्य भी बदला।

डाट, गुंबद, चूना और जिप्सम का इस्तेमाल करते हुए मेहराबों और ईंटों द्वारा निर्माण कार्य शुरू हुआ। उक्त चीजें शूरसेनी स्थापत्य कला की विशेषताएं थीं। सबसे पहले इनका इस्तेमाल दिल्ली में शुरू हुआ। वहां से अन्यत्र फैला। करघे में पैडल पंद्रहवीं सदी से पहले आया। इससे बुनाई की गति बहुत बढ़ गई थी। रेशम का उत्पादन बंगाल और कश्मीर में शुरू हुआ। प्रोफेसर आर.एस. शर्मा ने 300 ई. तथा 1000 ई. के बीच शहरों का पराभव दिखाया है और उसके बाद उनका पुनरोद्भव। किंतु तेरहवीं और चौदहवीं सदी में कसबों का बड़ी तेजी से विस्तार हुआ। ए.एस.आई. द्वारा तुगलाबाद शहर का जो हवाई फोटो लिया गया है, उससे भी उक्त तथ्य की पुष्टि होती है। अन्य शहरों के सतही अवशेषों तथा यात्रियों द्वारा दिए गए विवरणों और वृत्तांतों से भी सल्तनत काल के नगरों और शहरों का पता चलता है। वैचारिक स्तर पर अरबी तथा फारसी के माध्यम से यूनानी बुद्धिवाद और विज्ञान से व्यापक परिचय हुआ। इसलाम के यूनानी ज्ञान ने जो वैज्ञानिक चेतना निर्मित की उसी का शानदार उदाहरण अलबरूनी की प्रसिद्ध पुस्तक *किताबुलहिंद* (1035 ई.) थी। उक्त पुस्तक में भारतीय दर्शन और विज्ञान का जैसा वस्तुनिष्ठ विवेचन किया गया है, वह बेजोड़ है। इस बुद्धिवाद का अकबर के दरबार में पुनर्जागरण हुआ। मध्यकालीन यूनानी-अरबी विज्ञान का अंतिम उदाहरण सवाई राजा जयसिंह के रूप में दिखाई पड़ता है। वह जयपुर का शासक था और बहुत बड़ा खगोलशास्त्री था। इसलामी संपर्कों के फलस्वरूप मुगलकाल में चित्रकला तथा स्थापत्य कला में भी अद्भुत विकास हुआ। धार्मिक दृष्टि से दो धर्मों की उपस्थिति के कारण उनमें टकराव भी हुआ और मेलजोल भी। चुनौती और उसकी प्रतिक्रिया से आवेशित परिवेश में एक नितांत मौलिक और भिन्न ढंग की चीज पैदा हुई जिसके तहत दोनों धर्मों को अस्वीकार कर दिया गया। निम्न वर्गों से आए नामदेव, कबीर, सैन तथा रैदास और नानक ने एकेश्वरवाद का प्रचार-प्रसार किया। सोलहवीं सदी के इस वैचारिक आंदोलन की परिवर्तनकामी शक्ति का अभी भी ठीक-

ठीक मूल्यांकन नहीं हो सका है। अकबर और जहांगीर के काल के एक मुसलिम धर्मशास्त्री अब्दुल हक मुहदिस देहलवी ने एक बार अपने पिता के बहुत बुद्धिमत्तापूर्ण वक्तव्य का हवाला देते हुए कहा था :

> मुसलमान हैं और हिंदू काफिर भी हैं, किंतु एक तीसरी श्रेणी भी है जिन्हें मुवाहिद कहा जाता है, एकेश्वरवादी। वे न हिंदू हैं, न मुसलमान। समाज में उनकी स्थिति को तब तक नहीं समझा जा सकता जब तक कि आदमी में परिपक्वता न आ जाए। हाल ही में इंडियन हिस्टरी कांग्रेस के अध्यक्ष ने यह ठीक ही पूछा था कि क्या हिंदुस्तान के लोग इतने परिपक्व हुए हैं या नहीं कि वे यह समझ सकें कि हिंदू धर्म और इसलाम ही हर चीज का अंतिम सत्य नहीं है।

अंत में, मैं उपनिवेशवाद और राष्ट्रीय आंदोलन के संदर्भ में विवेकशीलता की स्थिति की छानबीन करना चाहूंगा। पश्चिमी विश्वविद्यालयों और पश्चिमी विद्वानों द्वारा जैसा शोध कार्य हो रहा है, जैसे ड्यूमा का जाति विषयक दृष्टिकोण, यह हमारे संकीर्ण राष्ट्रवाद के समर्थकों को बड़ा अनुकूल लगता है। इन नए साहबों का दृष्टिकोण पूर्ववर्ती आधिकारिक दृष्टिकोण से बहुत भिन्न है। पहले यह माना जाता था कि भारतीय राज्य पूर्वी निरंकुश तंत्र हैं। भूराजस्व लगान (रेंट) के बराबर है। अत: जो भी शासक होता था, उसका समाज पर नियंत्रण होता था। मिल और मैकाले की यही धारणा थी और प्रकारांतर से वे यही स्थापित कर रहे थे कि अंग्रेजों ने मुगलों को सत्ताच्युत करके भारत को भी अपने हित में नियंत्रित और ढालने की कोशिश की थी। भारतीय जनता का हित उनकी दृष्टि में गौण था। मुख्य रूप से यही उपनिवेशवाद की आत्मछवि थी। किंतु दूसरी ओर अब यह तर्क दिया जाता है कि अंग्रेजों की विजय कोई महत्वपूर्ण घटना नहीं थी, अपितु यह एक सतही घटना थी। अत: राष्ट्रीय आंदोलन हवाई था; वह काल्पनिक शत्रुओं के विरुद्ध लड़ाई थी। इससे यह निष्कर्ष भी निकलता है कि ब्रिटिश निजाम से पूर्व न कोई शक्तिशाली राज्य था, न साम्राज्य। और जब अंग्रेजों ने उन हवाई राज्यों को विस्थापित किया तो भी वस्तुत: उन्होंने किसी उपनिवेशीय शासन की स्थापना नही की। बर्टन स्टाइन ने 1980 में अपने 'सेगमेंटरी स्टेट' (विखंडित राज्य) सिद्धांत के द्वारा एक नई बहस की शुरुआत की। फुसमैन ने 1982 में अपने एक लेख में मौर्य साम्राज्य पर पुनर्विचार करते हुए उक्त सिद्धांत को बल प्रदान किया और एक केंद्रीय राज्य के रूप में उसकी प्रामाणिकता पर प्रश्नचिह्न लगाया। सी.ए. बेली ने अपनी पुस्तक *रूलर्स, टाउन्समैन एंड बाजार्स* (1983) में मुगल नौकरशाही का विश्लेषण किया है और अपने 'कारपोरेट ग्रुप्स' की तलाश की है। उन्होंने अपने हित में मुगलों को छोड़कर अंग्रेजों के प्रति अपनी निष्ठा घोषित कर दी और इस प्रकार भारतीय साम्राज्य की निर्मिति

में अपना योगदान दिया। वस्तुतः ब्रिटिश विजय जैसी कोई घटना घटित ही नहीं हुई थी। अंग्रेजों के विस्तार और प्रसार में अंग्रेजों और भारतीयों का मिला-जुला उद्यम निहित था। शायद उसमें अंग्रेजों से भी ज्यादा भारतीयों का योगदान था। 1986 में आंद्रे-विंक ने अपनी पुस्तक *सोवेरेंटी इन इंडिया* में यह तर्क दिया है कि राज्य की कोई नीति नहीं थी। भारतीय राज्य व्यवस्था में एक फितना था अर्थात एक समझौता था (अरबी शब्द का विचित्र अर्थ उन्होंने किया है)। फ्रैंक पर्लिन ने एक अन्य अरबी शब्द *वतन* के द्वारा यह स्थापित किया है। भारतीय राजनीति में राज्य के बजाए स्थानीय स्तर पर 'काश्तकारी' (भूमिधरी) की प्रमुख भूमिका थी। न्यू कैंब्रिज योजना के अंतर्गत जो लेखन हो रहा है, उसमें यह स्थापित किया गया है कि यह उपनिवेशीय संक्रमण था अर्थात भारतीय समाज का उपनिवेशीय व्यवस्था में उसी तरह संक्रमण हुआ जिस प्रकार सामंती यूरोप का पूंजीवादी यूरोप में हुआ। न्यू कैंब्रिज स्कूल का भी यही कहना है कि ब्रिटिश साम्राज्य जैसी किसी चीज का अस्तित्व नहीं था; जो था, वह भारतीय साम्राज्य था (भाग 2), 'ट्रांजीशन टू कालोनियलिज्म' तथा भाग 3, भारतीय समाज। मेरे मित्र हरबंस मुखिया का कहना है कि उपनिवेशीय समाज 'उपनिवेशीय राज्य' की रचना नहीं है। ऊपरी तौर पर यह भारतीयों की अपनी निर्मिति है। प्रकारांतर से यह भी कहा जा सकता है कि अमरीका की स्पेनिश विजय का श्रेय अजटेक्स तथा इन्कास को जाता है।

ऐसा लगता है कि हम इतिहास नहीं कोई परीकथा पढ़ रहे हैं, जहां न किसी दस्तावेजी साक्ष्य का कोई अर्थ है, न सांख्यिकी का। जैसे डिनर के बाद के मनोरंजन के लिए पेश की गई कहानियां हों। किसी चीज की कोई प्रामाणिकता नहीं। बेली ने अमीर खुसरो की मजार को इलाहाबाद में बता दिया। उनकी पहली पुस्तक इलाहाबाद पर ही थी। उन्हें तो इलाहाबाद के बारे में बेहतर ढंग से जानना चाहिए था। वे अपनी इस खोज से इतने आत्ममुग्ध हुए कि उन्होंने इलाहाबाद के खुसरो बाग को एक धार्मिक स्थल मान लिया और यह भी कल्पना कर ली कि वह इलाहाबाद के मुसलिम बुद्धिजीवियों का केंद्र रहा होगा। डिनर के बाद की इन कहानियों में ऐसी अनेक दिलचस्प गलतियां मिलेंगी। सबको सुनाने का अवकाश यहां नहीं है। फिर भी, आंकड़ों को लेकर जो उपेक्षा मिलती है, उसका उल्लेख आवश्यक है। दादाभाई नौरोजी तथा आर.सी. दत्त ने तो आंकड़ों का ही विश्लेषण किया था, किंतु आश्चर्य है कि अनिल सील की सुप्रसिद्ध पुस्तक (जो राष्ट्रवाद पर है) में कहीं भी आर्थिक सांख्यिकी का जिक्र नहीं है। अतः वे यह कह सकते हैं कि उन्नीसवीं सदी के उत्तरार्ध में भारत ब्रिटेन के लिए एक बोझ था। उल्लेखनीय है कि उस समय भारत के धन का अपवाह अपने चरम पर था। वे कोई आर्थिक आंकड़े नहीं देते। जो कुछ आंकड़े उन्होंने दिए हैं, वे आधुनिक शिक्षा के बारे में हैं या फिर ऐसी सूचनाएं हैं कि दादाभाई नौरोजी को बंबई के बनियों और वकीलों से कितना पैसा मिलता था और वे उस धन पर कितना निर्भर थे। हमें यह याद रखना

चाहिए कि ईस्ट इंडिया कंपनी के सरकारी आंकड़ों के मुताबिक 1780 में सलाना अपवाह लगभग 0.5 मिलियन पौंड या 0.9 मिलियन पौंड था जो उस समय बंगाल के राजस्व से ज्यादा था। उसके बाद उन्नीसवीं सदी में वि-उद्योगीकरण शुरू हुआ। इस बाबत पर्याप्त बहस हो चुकी है। राष्ट्रीय आंदोलन के निर्माण में उक्त कारकों की महत्वपूर्ण भूमिका रही है। कैंब्रिज स्कूल और उसके समर्थक इनको नजरअंदाज करते हैं। मुझे लगता है कि सबाल्टर्न स्कूल के हमारे मित्रों (प्रोफेसर रणजीत गुहा और उनके अनुयायी) के लिए ब्रिटिश साम्राज्यवाद और भारतीय राष्ट्रवाद (मजदूर वर्ग, किसान और पूंजीपति वर्ग जिसके प्रमुख घटक थे) के बीच का अंतर्विरोध कोई खास अर्थ नहीं रखता। उनके लिए सबाल्टर्न वर्गों (जिनमें वे जमींदारों को भी शामिल करते हैं) की स्वायत्तता ज्यादा महत्वपूर्ण है। सबाल्टर्न इतिहासकार भी राष्ट्रीय आय और निर्यात के आंकड़ों, धन-अपवाह, कराधान (परोक्ष कराधान से भारतीय किसान वर्ग के शोषण का पता चलता है) आदि पर कोई विचार नहीं करते। किंतु, यदि हम यह जानना चाहते हैं कि उस समय भारत की क्या स्थिति थी तो हमें राष्ट्रीय स्तर की सांख्यिकी को अवश्य ध्यान में रखना होगा। हमें यह देखना चाहिए कि भारत की अधिसंख्य जनता पर क्या गुजर रही थी; तब उपनिवेश का अर्थ समझ में आएगा और यह भी समझ में आएगा कि राष्ट्रीय आंदोलन क्यों उठ खड़ा हुआ। अत: दादाभाई नौरोजी और दत्त के समान हमारे निष्कर्ष भी इन्हीं बिंदुओं पर आधारित होने चाहिए।

अंत में, मैं क्षमा चाहूंगा कि मुझे इतिहास में विवेकशीलता के पक्ष में इतना समय लेना पड़ा। मैंने यह महसूस किया है कि यदि भारतीय इतिहासकारों और पुरातत्ववेत्ताओं को अपनी प्रतिष्ठा की रक्षा करनी है तो विवेक विरोधी दृष्टियों से टकराना ही होगा। क्या हम भारत को एक आधुनिक राष्ट्र बनाना चाहते हैं ? एक ऐसा राष्ट्र जो सामाजिक बराबरी पर आधारित हो, जिसके लिए राष्ट्रीय आंदोलन के दौरान लड़ाई लड़नी पड़ी थी। या हम एक विभाजित और खंडित राष्ट्र चाहते हैं जो संकीर्ण ढंग के कल्पित अतीत पर आधारित एक खंडित और विभाजित राष्ट्र चाहते हैं ? जाहिर है कि ऐसे राष्ट्र की परिणति हमारे महाविनाश में होगी। इतिहासकार और साधारण नागरिक के रूप में यह हम सबका कर्तव्य है कि हम सब कंधे से कंधा मिलाकर भारतीय राष्ट्र की रक्षा के लिए सन्नद्ध हों।

ग्रंथ सूची

(1) इतिहास का माकक्र्सवादी विश्लेषण और उसकी समस्याएं, साइंस एण्ड ह्यूमन प्रोग्रेस, डी.डी. कोसम्बी कमेमोरेशन वॉल्यूम, 1974.

(2) भारतीय राष्ट्र की परिकल्पना, सोशल साइंटिस्ट, सित.-अक्तू., 1999.

(3) भारत की आत्म समीक्षा, दि टाइम्स लिटरेरी सप्लीमेंट, जुलाई, 28, 1966.

(4) मार्क्सवादी-इतिहास-लेखन की समस्याएं, वी.पी. चिन्तन मेमोरियल लेक्चर, 1994.

(5) राष्ट्रीयताओं का उद्‌भव, सोशल साइंटिस्ट, सं. 37, 1976.

(6) इतिहास की मार्क्सवादी व्याख्या, सेमीनार, नवम्बर, 1962.

(7) विटफोगिल के प्राच्य निरंकुशतावाद का सिद्धांत, प्रोसीडिंग ऑफ दि एशियन हिस्ट्री काँग्रेस, 1961.

(8) भारत के संदर्भ में मार्क्स की दृष्टि, दि मार्किस्ट, I, 1983.

(9) वामपंथ और राष्ट्रीय आन्दोलन, सोशल सांइंटिस्ट, मई-जून, 1990.

(10) उर्दू कविता के सांस्कृतिक स्रोत, कलकत्ते में दिया गया एक भाषण, 2002.

(11) विवेकशीलता और इतिहास, ज़ाकिर हुसैन मेमोरियल लेक्चर, 1994.

अनुक्रमणिका